昭通扶贫

昭通市脱贫攻坚大决战实录

昭阳卷

政协昭通市委员会 组编

中国文史出版社
CHINA CULTURAL AND HISTORICAL PRESS

图书在版编目（CIP）数据

昭通市脱贫攻坚大决战实录. 昭阳卷 / 政协昭通市委员会组编. -- 北京 : 中国文史出版社 , 2021.12

ISBN 978-7-5205-3176-4

Ⅰ. ①昭… Ⅱ. ①政… Ⅲ. ①扶贫—工作概况—昭阳区 Ⅳ. ① F127.743

中国版本图书馆 CIP 数据核字 (2021) 第 187195 号

责任编辑：窦忠如　秦千里　方云虎
特约编辑：窦广利　张幼平　邓文华

出版发行：中国文史出版社
社　　址：北京市海淀区西八里庄路 69 号院　邮编：100142
电　　话：010－81136606　81136602　81136603（发行部）
传　　真：010－81136655
印　　装：廊坊市海涛印刷有限公司
经　　销：全国新华书店
开　　本：787 毫米 × 1092 毫米　1/16
印　　张：26.5
字　　数：366 千字
版　　次：2021 年 12 月北京第 1 版
印　　次：2021 年 12 月第 1 次印刷
定　　价：1980.00 元（全 19 册）

《昭通市脱贫攻坚大决战实录》丛书

编 委 会

总　序

成联远

贫困是人类社会的顽疾，消除贫困是人类梦寐以求的理想，人类发展史就是与贫困不懈斗争的历史。

中国共产党从成立之日起，始终高度重视解决贫困问题，持续向贫困宣战。党的十八大以来，以习近平同志为核心的党中央，把脱贫攻坚摆在治国理政的突出位置，团结带领全党全国各族人民打响了人类历史上规模最大、力度最强、惠及人口最多的脱贫攻坚战。经过8年持续奋斗，如期完成了新时代脱贫攻坚目标任务，现行标准下近1亿农村贫困人口全部脱贫，贫困县全部摘帽，消除了绝对贫困和区域性整体贫困，脱贫地区处处呈现山乡巨变、山河锦绣的时代画卷！这是中国共产党团结带领全国各族人民艰苦奋斗所创造的又一个彪炳史册的人间奇迹，生动展示了中华民族摆脱贫困、走向复兴的强大力量。

昭通地处云、贵、川三省接合部的乌蒙山区腹地，是集革命老区、地震灾区、散居民族地区、生态敏感脆弱地区为一体的深度贫困地区，是全国贫困人口最多、贫困程度最深、脱贫任务最重、攻坚压力最大的地级市。全市11个县（市、区）中有国家级贫困县10个，1379个村（社区）中有贫困村1235个，629万人口中有贫困人口185.07万人，正可谓全国脱贫看云南、云南脱贫看昭通。

历史的洪流浩浩荡荡，精彩的答卷壮阔恢宏。近年来，特别是习近平总书记于2015年视察昭通以来，市委、市政府始终铭记习近平总书记的殷殷嘱托，感恩党中央的亲切关怀，始终把脱贫攻坚作为最大的政治任务，全面落实精准扶贫、精准脱贫方略，团结带领全市各族干部群众，攻坚克难、感恩奋进，发扬钉钉子精神，敢于啃硬骨头，奋力夺取了脱贫攻坚大决战全面胜利。全市现行标准下185.07万农村贫困人口、1235个贫困村、10个贫困县全部退出贫困序列，贫困群众人均收入由2015年的2703元增加到9899元，昭通千百年来的绝对贫困问题历史性地画上句号，全面建成小康社会取得历史性成就。昭通的奋力崛起、华丽转身，是云南乃至全国扶贫开发事业的一个缩影。

荆棘载途，玉汝于成。一切向前走，都不能忘记走过的路。在脱贫攻坚工作中，数万名扶贫干部倾力奉献、苦干实干，将最美的年华无私奉献给了脱贫事业，涌现出许多感人肺腑、可歌可泣的先进事迹。“感动南网”的彝良县牛街镇水田村第一书记吴长碧，用柔弱肩膀扛起扶贫重任；把病情报告单“藏”起来去扶贫的女干部金碧琼，一直坚守在扶贫第一线；特别是即将结婚却没有等到婚礼那一刻的“90后”扶贫干部王秋婷、积劳成疾牺牲在扶贫一线的驻村工作队队长李永春等25名扶贫干部，更是用生命诠释了共产党人的初心使命；还有216对“父子兵”、1284对“夫妻档”，572名干部“轻伤不下火线”，他们用身影、心血和汗水，交出了让党和人民满意的答卷。为全面记录新时代昭通艰苦卓绝、波澜壮阔的脱贫攻坚历史进程，客观反映乌蒙大地发生的翻天覆地历史性巨变，真实记录各级干部群众在脱贫攻坚中的感人故事，经市委同意，我们组织相关县市区、部门、专家对2015年至2020年我市开展脱贫攻坚的重大事件、典型故事进行搜集整理，编写《昭通市脱贫攻坚大决战实录》，旨在通过回望昭通脱贫攻坚的壮阔历程，探索总结蕴含其中的宝贵经验和深刻启示，赓续传承伟大的脱贫攻坚精神，从历史回望中照见未来，以更坚定的信心、更昂扬的斗志，继续走好新时代的长征路，奋力谱写昭通高质量跨越发展新篇章。

以昭通脱贫攻坚的壮阔历程资鉴后世。回望昭通脱贫攻坚的壮阔历程，市委、市政府团结带领全市各族人民披荆斩棘、栉风沐雨，攻克了一个又一个贫中之贫、坚中之坚，脱贫攻坚取得了重大历史性成就。昭通脱贫攻坚任务之艰前所未有，全市基础条件薄弱、致贫原因复杂、发展滞后明显，贫困面积大、贫困人口多、贫困程度深，贫困发生率高达 34.8%，“大山大水大峡谷、天寒地冻不出种、人多地少矛盾多”是昭通最大的市情。昭通脱贫攻坚规模之大前所未有，全市 11 个县市区中有国家级贫困县 10 个，其中深度贫困县 7 个；1235 个贫困村中，有深度贫困村 691 个；农村贫困人口高达 185.07 万人，占全省贫困人口的 1/5 以上，平均每天脱贫人数达到 1000 人以上。昭通脱贫攻坚成效之巨前所未有，全市累计投资 1658 亿元，规划的 12 条高速公路全部落地建设，打通了 11 个“出滇入川进黔”大通道，通车里程达 750 公里；累计新建或改造农村住房 55.89 万户；215.4 万人饮水安全得到巩固提升，自来水普及率达 94%；累计硬化农村公路 1.86 万公里，建成公路安全生命防护工程 1.05 万公里；因地制宜规划建设集中安置区 23 个，35.47 万名搬迁群众全部搬入新居；全市生产总值 5 年连跨 5 个百亿级台阶，年均增长 8%，达 1289 亿元。脱贫地区经济社会发展大踏步赶上来，整体面貌发生历史性巨变，极大增强了人民群众的获得感、幸福感、安全感。我们通过收集广大奋战在一线同志的真实故事，以“当事人”的亲身经历，将昭通脱贫攻坚艰苦卓绝、成效卓著的壮阔历程系统完整地记载下来，形成档案性的历史资料，以资后人，以鉴后世。

探索总结昭通打赢脱贫攻坚大决战的深层逻辑。习近平总书记强调：“办好中国的事情，关键在党。”有了党的坚强领导，脱贫攻坚就有了坐镇中军帐的“帅”，亿万人民就有了众志成城的“主心骨”。面对夺取脱贫攻坚大决战全面胜利的历史重任，市委、市政府始终坚持把党的领导贯穿各项工作全过程，坚持以脱贫攻坚统领经济社会发展全局、以党的建设统领推动各项工作落实“双统领”，强化铁的纪律和硬的作风“双保障”，努力实现党的建设和脱贫攻坚“双推进”。始终坚持以人民为中心的发展思想，提出“坚持以人民为中心、以群众工作为主线，抓住精准、统筹、务实三个关键，实现思想、工作和情感三个认同”的“133”工作思路，让人民群众真正成为脱贫攻坚这棵参天大树的主干。始终坚持精准扶贫、精准脱贫方略，围绕“扶持谁”“怎么扶”“怎么退”“退出后怎么办”四个重点，着力扣好精准识别、精准施策、精准退出、巩固提升“四粒扣子”，构建了一整套行之有效的政策体系、工作体系、制度体系，用发展的办法消除贫困根源。始终深入贯彻落实“五级书记抓扶贫”“党政同责促攻坚”的要求，坚持“一把手”负总责，切实强化市县抓落实机制，着力构建各级领导干部责任上肩、挂甲上任的组织体系。始终坚持集中精锐力量投向脱贫攻坚主战场，累计选派 4592 名驻村工作队队员、823 名驻村督导员、6.37 万名各级帮扶干部充实到扶贫一线，鲜红的党旗始终在脱贫攻坚主战场上高高飘扬。这些宝贵经验、深刻启示，我们通过编撰实录的形式如实记录，推动脱贫攻坚的认识和实践实现一个新的飞跃，为以后的改革发展提供重要的历史借鉴和方法指导。

赓续传承新时代脱贫攻坚昭通精神。伟大事业孕育伟大精神，伟大精神引领伟大事业。脱贫攻坚伟大斗争，锻造形成了“上下同心、尽锐出战、精准务实、开拓创新、攻坚克难、不负人民”的脱贫攻坚精神，这是中国精神、中国价值、中国力量的充分彰显。回望昭通脱贫攻坚大决战的壮阔历程，市委、市政府团结带领全市各族人民风雨同舟、携手与共、砥砺奋斗，努力闯出了一条以脱贫攻坚统领经济社会发展全局，倒逼产业形态、基础设施、城乡建设、生态文明等各个领域创新突破的“昭通路径”，奋力跑出了争先进位、赶超跨越的“昭通速度”，锻造锤炼了为民务实、实干求真的“昭通作风”，树立展示了“文明友善、开放包容”的“昭通形象”，淬炼形成了敢打善拼、坚韧求成、再硬的骨头也要嚼碎的脱贫攻坚“昭通精神”，这是一笔昭通当代脱贫攻坚人留给后世的宝贵精神财富。我们着力做好时代的忠实记录者，发挥文史资料“存史、资政、团结、育人”功能，赓续传承、大力弘扬新时代脱贫攻坚昭通精神，激励全市 600 多万名各族儿女在新征程上再鼓干劲、再聚合力、再立新功。

引领我们不断从胜利走向新的更大胜利。春江浩荡暂徘徊，又踏层峰望眼开。脱贫摘帽不是终点，而是新生活、新奋斗的起点。我们如期完成新时代脱贫攻坚目标任务，为实现两个百年奋斗目标以坚定信心、强劲动力，必将激励我们不断从胜利走向新的更大胜利。站在新的历史交汇点上，推动滇东北开发提速和崛起的奋斗史诗正在书写，我们必须从决战决胜脱贫攻坚的实践中汲取智慧和力量，进一步增强“四个意识”、坚定“四个自信”、做到“两个维护”，不断提升政治判断力、政治领悟力、政治执行力，在以习近平同志为核心的党中央的坚强领导下，永远保持慎终如始、戒骄戒躁的清醒头脑，永远保持不畏艰险、锐意进取的奋斗韧劲，永远保持永不懈怠、一往无前的精神状态，真抓实干、埋头苦干，脚踏实地、久久为功，在推动昭通高质量跨越发展的新征程上奋勇前进！

（作者时任中共昭通市政协党组书记、政协昭通市委员会主席）

本卷序言

江先奎

习近平总书记强调："到2020年现行标准下的农村贫困人口全部脱贫，是党中央向全国人民作出的郑重承诺，必须如期实现。"

党的十八大以来，面对昭阳贫困面大、贫困程度深、致贫原因复杂、攻坚任务艰巨、摘帽时间紧迫的严峻形势，区委、区政府始终牢记习近平总书记嘱托，坚决贯彻落实习近平总书记关于脱贫攻坚的重要论述以及中央、省、市部署要求，团结带领94.2万昭阳儿女，聚焦"两不愁、三保障"突出问题，全区动员、全员出战，进行了一场波澜壮阔、感天动地的脱贫攻坚大决战。累计投入各类扶贫资金近110亿元，持续开展"十大扶贫行动"，大力发展苹果、马铃薯、蔬菜、食用菌、生态养殖、绿色铝、绿色硅、电子加工等产业，实现贫困群众全覆盖；建成相当于中等城市规模的全国最大跨县安置区——靖安新区和第四大集中安置点——红路馨居，承接跨县搬迁安置9256户40549人，完成区内搬迁8876户37630人，4.8万户19.4万群众住上了"安全房"，住房、教育、医疗、饮水等"两不愁、三保障"问题全面解决，20.3万现行标准下的贫困人口全部脱贫，145个贫困村全部出列，全区摘帽退出贫困县序列，困扰昭阳千百年的绝对贫困问题得到了历史性解决。

上下同欲者胜，风雨同舟者兴。在这场史无前例、史诗般的大战役中，区委、区政府勇担责任，全力作战；区人大、区政协忠诚履职，用力助推；

区级领导下沉一线、奋力战斗；广东东莞不远千里，鼎力相助；国家、省、市帮扶单位不辞辛劳，倾力相帮；全区各级各部门主动作为，精准施策；广大驻村队员舍小家、顾大家，与基层干部同甘苦共奋战；各级帮扶干部心贴贫困群众，真帮实扶；社会各界送温暖、献爱心……汇集成了新时代脱贫攻坚的滚滚洪流，全区上下一路闯关夺隘、攻城拔寨，打赢了一场又一场艰难硬仗，攻克了一个又一个贫困堡垒，奋力夺取了脱贫攻坚的历史性胜利。

奋斗充满艰辛，成绩来之不易。脱贫攻坚战斗史，就是昭阳高质量赶超跨越发展的奋进史。昭阳经济实力实现历史性跨越，城乡面貌发生历史性变化，产业发展取得历史性成就，改革开放取得历史性突破，民生事业取得历史性进展，干部作风发生了根本性的转变。脱贫攻坚的生动实践，破解了困扰昭阳多年的一系列发展难题，干成了一大批昭阳人民引以为傲的大事好事，谱写了脱贫攻坚的“昭阳历史”，创造了城市建设的“昭阳模式”，彰显了产业培育的“昭阳特色”，干出了易地搬迁的“昭阳速度”……一桩桩骄人的业绩可圈可点，一个个感人的故事荡气回肠。

凡是过往，皆为序章。以文史资料的方式为时代画像、为时代立传、为时代明德，对脱贫攻坚的历史进程、历史事件进行记录、留存，充分发挥文史资料存史、资政、团结、育人的作用，为后人留下宝贵的历史资料，是历史赋予我们的使命和作为昭阳干部义不容辞的责任。按照市委、市政协和区委的部署安排，区政协以对人民、对历史、对现实、对未来高度负责的精神，及时组织编撰《昭通市脱贫攻坚大决战实录 · 昭阳卷》，从政治的高度、历史的维度、实践的角度，再现昭阳脱贫攻坚的奋斗历程，勾勒昭阳大地的华丽蝶变，叙述昭阳脱贫攻坚的动人故事，诠释昭阳干部的民生情怀和担当作为，不断激励昭阳干部群众不忘过去，珍惜当下，努力创造昭阳更加美好的未来。

是为序！

2020 年 12 月

（作者时任中共昭通市委常委、昭阳区委书记）

目 录

第一编　本卷综述

第二编　基础设施建设

第三编　产业就业扶贫

第四编　易地搬迁扶贫

第五编　民生扶贫

第六编　挂钩帮扶及社会扶贫

第七编　东西帮扶协作扶贫

第八编　组织保障促扶贫

第一编　本卷综述

概　述

昭阳区是昭通市委、市政府所在地，是全市政治、经济、文化和信息中心，位于云南省东北端，地处云、贵、川三省接合部和国家“攀西—六盘水”经济开发区核心地带，属国家乌蒙山片区区域发展与脱贫攻坚的主战场、金沙江水电开发前沿城市和滇、川、黔、渝接合部的重要枢纽城市。2001年被云南省确定为国家扶贫开发重点县，2017年被云南省确定为深度贫困县。全区总面积2167平方公里，辖20个乡镇、街道，198个村（社区），2940个村（居）民小组，居住着汉、回、彝、苗等27个民族，总人口96.03万人。

2013年，昭阳区严格按照扶贫开发建档立卡工作步骤和流程要求，开展了扶贫开发建档立卡工作。2014年，经云南省扶贫开发办公室确认，昭阳区建档立卡贫困人口51688户186013人，建档立卡贫困村90个。2017年动态调整，贫困村增加到145个，云南省扶贫开发领导小组确定昭阳区为深度贫困县。2018年云南省扶贫开发领导小组审定昭阳区深度贫困村50个。通过多轮扶贫对象动态调整，截至2019年年底，昭阳区有建档立卡贫困人口48695户201222人。

2019年全区生产总值完成338.48亿元，增长11.5%，其中第一产业增加值35.24亿元，增长5.1%；第二产业增加值150.94亿元，增长12.7%；第三产业增加值152.3亿元，增长11.7%。规模以上固定资产投资完成241.68

亿元，增长 18.08%。社会消费品零售总额完成 122.45 亿元，增长 11.8%。地方一般公共预算收入实现 14.04 亿元，增长 7.2%。城镇常住居民人均可支配收入实现 34612 元，增长 8.6%；农村常住居民人均可支配收入实现 11796 元，增长 12.1%。城镇登记失业率控制在 3.8% 以内。居民消费价格总水平涨幅为 3.1%。人口自然增长率控制在 9.3‰。

2015 年到 2019 年，全区生产总值由 216.1 亿元增加到 338.48 亿元，年均增长 9.3%，规模以上固定投资由 150.42 亿元增加到 241.68 亿元，年均增长 20.36%，地方一般公共预算收入由 11.46 亿元增加到 14.04 亿元，年均增长 5.19%，社会消费品零售总额由 85.96 亿元增加到 122.45 亿元，年均增长 9.25%，城镇常住居民人均可支配收入由 24863 元增加到 34612 元，年均增长 8.62%；农村常住居民人均可支配收入由 7969 元增加到 11796 元，年均增长 10.3%。

昭阳区认真贯彻落实习近平总书记关于精准扶贫系列重要论述，按照中央和省、市坚决打赢脱贫攻坚战的决策部署，以脱贫攻坚统揽经济社会全局，精准聚焦“两不愁、三保障”总体目标，举全区之力决战决胜脱贫攻坚。

压实各级各部门责任

在区委书记、区长任双组长的扶贫开发领导组体制下，设立由区委副书记、常务副区长任双指挥长的指挥部，构建全域联动的作战体系。以乡镇为主战场，成立了由区级领导挂帅的 20 个乡镇、街道战区指挥部；以行业扶贫为主攻方向，设立 23 个由区级领导挂帅的行业部门战区指挥部；以村（社区）为作战单元，成立了 153 个村（社区）作战指挥部，全区 54 名处级及以上领导“挂乡盯村”，70 名驻村督导员驻村督导，1 个中央单位、5 个省级单位、7 个市级单位和 87 个区直部门包村到户，145 支驻村扶贫工作队 484 名队员驻村扶贫，7273 名党员干部职工联户帮扶，一包到底。

对区、乡、村三级脱贫攻坚指挥部和党员干部采取“自下而上、自上而下”相结合的方式，将工作具体细化，构建人人有责的责任体系。区委、区政府班子成员，各乡镇、街道、行业部门主要负责人向区委递交《脱贫攻坚军令状》；乡镇、街道党政班子成员、站（所）长，各村（社区）党组织书记、主任和驻村第一书记与乡镇党委签订《脱贫攻坚承诺书》，以责任倒逼干部沉下去、细下去、实下去、稳下去，既保证了工作力度，又维持了干群关系温度，达到思想、工作、情感“三个认同”。

坚持社会动员，强化帮扶力量，构建社会参与的帮扶体系。不断做实深化东西部扶贫协作对口帮扶资源和中国建筑建材集团、省人大常委会机关、省建投集团等企业和党政机关定点帮扶资源，用实用好社会帮扶资源。近年来，东莞市及其对口帮扶镇（街）组织发动社会捐款捐物累计达 8743 万余元，引进恒大集团援建蔬菜大棚 2200 栋，争取三峡集团帮扶资金 9816 万元；加大“中国社会扶贫网”注册力度，累计完成贫困户注册 46188 人，社会扶贫工作得到有效加强。

构建政府主导、民主监督、社会配合、调研评估的监督体系。印发了《昭阳区领导干部日常监督管理办法（试行）》《昭阳区治理乡镇领导干部走读的暂行规定》等文件，出台了《关于对科级领导干部进行提醒、约谈、函询和诫勉的实施办法（试行）》和“红黄牌”“九必须九严禁”等系列制度规定，提出最严“16 个凡是”铁律，织密了制度的笼子，彻底扫除监督死角；专门成立 2 支督察队、10 支督战队和扶贫资金及资产收益监督检查中心、扶贫资金绩效评价中心，针对个案问题定点督查、针对倾向性问题专项督查、针对普遍性问题全面督查，点线面全方位督查，为扶贫干部套紧了“紧箍”，也系紧了“安全带”；畅通“12317”扶贫监督举报电话，调动社会成员的参与性。搭建监督平台，积极听取政协委员、民主人士在教育扶贫、健康扶贫、产业扶贫等方面的意见建议，切实把民主监督的过程变成发现解决问题，推动政策落实的过程。强化专业化的外部监督，对各级各类巡查、督查、检查等发现问题，一项一项剖析自查，一个不漏全面整改，切实做到问题不解决决不收兵，整改不到位决不松劲，不断增强整改的外部推力和内生动力。

构建协同作战的驻村帮扶体系。明确第一指挥长每月驻乡镇时间不少于10天；其余处级领导、区直部门主要负责人、乡镇挂村干部、帮扶干部每月驻村时间不少于15天，区直部门日常保证80%的职工下乡到村开展脱贫攻坚工作，乡镇干部每月驻乡镇时间不少于25天，让干部职工深入实际、深入群众，帮群众之需、解群众之难，真正做到了事事有人抓、件件有人管、样样有落实。

精准对接群众需求

由区级领导牵头，按照“五查五看”“三评四定”“两公示一比对一公告”的标准和程序，对全区153个有贫困人口的村委会开展全覆盖、无遗漏的“大调研、大遍访”工作，为精准扶贫扣好“第一粒扣子”，做到精准识别到户到人。

对标致贫原因，精准施策到户到人，分类推进产业脱贫行动、易地扶贫搬迁脱贫行动、转移就业脱贫行动、资产收益脱贫行动、危房改造脱贫行动、生态扶持脱贫行动、社会保障脱贫行动、医疗保障脱贫行动、教育扶持脱贫行动、基础设施和其他脱贫行动等“十大脱贫行动”；坚持一户一策、一村一业、多措并举的原则，精细编制了《昭阳区2018年至2020年脱贫攻坚区级项目库规划方案》，实现一户一策精准治贫，多措并举巩固成效；采取“龙头企业＋基地＋党支部＋合作社＋贫困户”等模式，不断提高产业的组织化、科技化水平，不断拓展群众的增收渠道。

全面推进水、电、路等基础设施建设和宽带网络、广播电视、活动场所等公共服务以及普惠脱贫项目建设，推进农业基础设施、产业体系建设，确保项目实施到户到人，改善乡村生产生活条件，确保家家受益人人受惠，增强群众获得感。

健全脱贫攻坚财政投入保障机制，2016 年以来投入各类扶贫资金 108.29 亿元（2016 年 20.93 亿元，2017 年 26.15 亿元，2018 年 17.66 亿元，2019 年 43.55 亿元），已出列贫困村平均每村投入资金 0.75 亿元，实现资金落实到户到人。

坚持宣传培训到户到人，深入开展“五查五看一感恩”活动和“感党恩、听党话、跟党走”主题教育活动，增强内生动力，印制 2 万册《昭阳区脱贫攻坚知识要点》、9000 册《昭阳区脱贫攻坚政策知识简明读本》、1 万册《脱贫攻坚口袋书》和 5 万余份《扶贫政策知识汇编》，进一步提高扶贫干部熟悉、了解、掌握、运用脱贫攻坚政策知识的能力；由区法院、区检察院、区司法局、区公安分局四部门联合印发《关于依法打击扶贫领域违法犯罪行为的通告》和《关于依法打击整治子女侵犯老年人合法权益的通告》各 3000 份，张贴在各村组进行广泛宣传教育；印制 50000 本《脱贫光荣证》，准确记录，并让群众知晓进入和退出贫困户的时间，以及脱贫“四不脱”原则。

对标对表精准施策

抓好产业发展和就业增收。把产业发展作为脱贫攻坚的治本之策，采取“龙头企业 + 基地 + 党支部 + 合作社 + 贫困户”等模式，重点发展苹果、马铃薯、蔬菜等主导产业，积极发展生猪、肉牛、蛋鸡等养殖业。2018—2019 年全区投入产业资金 6.4 亿元，覆盖贫困户 40632 户 16.4 万人。全区苹果产业已达 60 万亩，产量 80 万吨、产值 80 亿元，户均苹果年收入可达 2.5 万元以上，带动建档立卡贫困户 16900 户 61591 人；马铃薯大面种植 7.3 万亩、基地建设 8500 亩，带动建档立卡贫困户 8448 户 34653 人；冷凉蔬菜种植 2.4 万亩，带动建档立卡贫困户 2167 户 9200 人；种植中草药、水果豌豆、车厘子、食用菌、天麻、甘蔗等特色经作 3.7 万亩，带动建档立卡贫困户 1157 户 4776 人；生猪养殖 4968 头，带动建档立卡贫困户 745 户 3169 人；肉牛养殖 2579 头，带动建档立卡贫困户 2579 户 10587 人；建设万羽养鸡场 3 个，共养鸡 13.63 万羽，带动建档立卡贫困户 414 户 1602 人；生态养蜂 500 箱，带动建档立卡贫困户 125 户 635 人。采取外出务工就业一批、结合产业发展就近就业一批、依托本地龙头企业和各行业吸纳就业一批、开发扶贫岗位安置就业一批、开发乡村扶贫车间解决一批、乡镇（街道）自行解决一批“六个一批”措施，全力推动劳动力就业。开展贫困劳动力就业培训 12101 人次，开展岗位推送 46055 人次、政策宣传 45541 户。设立就业创业服务站 25 个，目前，已转移就业劳动力 35.93 万人，占全区劳动力总数的 85.7%，其中建档立卡劳动力就业 10.38 万人，占建档立卡劳动力总数的 88.15%。易迁劳动力就业 14856 人，占易迁劳动力总数的 83.97%；扶持建设就业扶贫车间 40 个，吸纳贫困劳动力就业 540 人；“一有两无”家庭 7139 户，通过人社部门开发公益公服岗位 5137 个，林草部门开发生态护林员 4211 个，民政部门 2019 年开发殡葬信息员 184 个，实现“一有两无”家庭就业动态“清零”。引进企业入驻工业园区，提供就业岗位 1 万余个。通过采取多种措施，实现了“户户有增收项目、人人有脱贫门路”，为建档立卡贫困户实现长期稳定增收奠定了坚实基础。坚持“优势互补、长期合作、聚焦扶贫、实现共赢”原则，深入推进东西部扶贫协作工作。签订了“1＋N”协议 30 余项，其中部门协作协议 12 项、镇镇结对协议 7 项、村村结对协议 10 余项。开展各类培训 20 余场次，培训教师和医生共 300 余人次。对口帮扶到广东职业院校贫困学生 702 人（2019 年 424 人）；有序组织劳务输出共 20 余批次，培训贫困劳动力 1667 人，帮助贫困人口稳定就业 28561 人，其中到广东就业 1277 人，省内就近就业 18931 人，其他地区就业 8353 人；2017 年至 2019 年，东莞市及结对镇（街）广泛引导和动员社会组织参与脱贫攻坚，捐款捐物累计达 8743 万余元，其中资金 2468.318 万元、物资折价 6274.7 万元。

实施易地搬迁和危房改造。按照全面消除农村 C、D 级危房、保障群众安全住房的要求，昭阳区坚持以房找人、以户找房的基本路径，组织 12 家行业部门先后开展了 18 次联合比对、认定，组建了 17 个 140 余人的农村危房改造工作小组，各工作组至少配备 1 名第三方机构专业鉴定人员，对 62302 户“四类重点对象”逐户实地核实认定，对村组疑似危房全面排除，全面掌握危房存量数据，实现了“家底清”；按照全面清零“四类重点对象”和“非四类重点对象”危房的要求，2019 年针对 19403 户危房总存量进行认真排查梳理，确定符合享受农危改政策的危房存量 13016 户（“四类重点对象”6122 户、无力建房“非四类重点对象”6850 户、享受过政策又成危房 44 户），不符合享受农危改政策的危房存量 6387 户。截至目前，省级下达任务数 13016 户，已全部竣工验收并投入使用；不符合享受农危改政策的 6387 户中，因有商品房及其他安全住房、家庭成员有公职人员、子女有安全住房老人单独住危房的 4360 户，通过调动农户自身能力积极改造，其余 2027 户争取农房抗震改造资金，通过以奖代补方式帮助解决其安全住房问题。2014 年至 2019 年，共投入农危改补助资金 94935 万元，实施农村危房改造和抗震安居工程 48566 户，覆盖 194264 人。其中“四类重点对象”27238 户 108952 人。严格执行“六类地区”标准，解决“一方水土养不起一方人”问题，按照“依山就势、错落有致，保持特色、记住乡愁”建设理念，严格“方案制订、对象确定、地点测定、规划审定、队伍选定、工程鉴定、群众认定”工作环节，科学制订易地扶贫搬迁工作实施方案，精准识别搬迁对象，精准测定安置地点，依托山水田园风光，统筹产业发展和公共服务，制订易地搬迁规划，统一设计施工图，层层明确时间表，守住“人均面积不超标（25 平方米 / 人）、群众负债不超额（1 万元 / 户）、搬迁重建必折旧”三条红线，采取选择“有资质、有信誉、有实力、有责任”施工队伍统建和群众自建方式，完成易地扶贫搬迁点建设 24 个，实现“十三五”易地扶贫搬迁计划搬迁建档立卡贫困人口8078户34418人全部入住、同步搬迁1487户5754人陆续入住。坚持以脱贫攻坚人居环境1档标准为基线，制订《昭阳区农村人居环境整治村庄清洁行动实施方案和考核办法》，统筹协调全区相关部门，全力推进“村庄改造示范点建设、生活垃圾治理、生活污水治理、厕所革命、同步推进破除农村陈规陋习”五大歼灭战，破解人居环境提升难题，助力脱贫攻坚。2019年建垃圾中转站、垃圾房、钩背箱等垃圾处理设施设备913项，建设公厕109个。制订村规民约，实施定期清扫、专人保洁、集中清理，农村“脏、乱、差”环境有效改善。

推进控辍保学和教育扶贫。严格落实“双线六长”责任制，依法开展控辍保学四个步骤，区委、区政府主要领导带头包保劝返学生，各级各部门全力做好控辍保学工作，多措并举确保劝返一人、稳定一人，2019年全区义务教育阶段适龄儿童少年32232人就学得到有效保障，义务教育阶段建档立卡适龄少年儿童无因贫失学辍学。坚持以人民为中心，以办人民满意的教育为宗旨，出台《昭阳区教育振兴三年行动计划》（2018—2020年），2018年以来投入资金近20亿元，新建和改扩建城乡学校14所，新增学位1.61万个，累计补充教师1034名。完成改薄校舍建设177个28.7万平方米，完成C级危房加固维修和拆除重建项目122个5.8万平方米，完成厕所革命改造项目146个1.03万平方米。全区办学条件实现历史性突破，基本实现义务教育学校标准化建设目标。积极整合各类扶贫资助项目，阳光规范操作，初步建立从学前教育到高等教育“全覆盖、无缝对接”的资助保障体系，基本达到“精准资助、应助尽助”。2017年以来，共发放各类资助资金3.38亿元，资助76.3万人次，其中卡户22.61万人次1.2亿元；共实施“雨露计划”资助建档立卡贫困学生9090名、资金2727万元。紧紧围绕义务教育均衡发展这一目标任务，大胆探索并实施“强校带弱校”联合办学模式，坚持每年拿出大额资金对优秀教师进行表彰奖励，全面推行“坐班制、绩效考核、校园文化建设、校园环境卫生”等四项措施，不断改善办学条件，促使教师安心从教、学生安心学习。目前，全区145个贫困村和8个非贫困村贫困家庭适龄儿童少年义务教育入学率均达到国家规定标准以上，全区 211 所（含教学点）义务教育阶段学校均实现网络宽带校校通。2019 年 4 月，昭阳区义务教育均衡发展通过国家督导评估认定，所有义务教育阶段学校达到基本办学条件。

落实健康扶贫和政策保障。全区建档立卡贫困人口基本医保、大病保险已 100% 参保；全面推进建档立卡贫困人口大病救治工作，32 种大病患者 3574 名纳入专项救治管理，救治率达 100%；全面提高建档立卡贫困人口长期慢性病医疗保障待遇，建档立卡贫困人口高血压患者 9203 人，规范管理 8528 人、规范管理率 92.67%，建档立卡贫困人口糖尿病患者 1804 人，规范管理 1635 人、规范管理率 90.63%，建档立卡贫困人口严重精神障碍患者 1714 人，规范管理 1555 人、规范管理率 90.72%，肺结核患者 217 人，规范管理 217 人、规范管理率 100%，四种慢病规范管理率均已达到规定要求，其余慢病人员 3436 人按照慢病签约一批管理，进行每年一次的随访管理。全区由 832 人组建了 218 个家庭医生团队，按照“签约一人，履约一人，做实一人”原则，优先签约服务重点人群和重点病种。续签和新签总人数 126556 人，严格实行“先诊疗后付费”和“一站式”即时结报政策，为建档立卡贫困人口方便看病、看得起病、看得上病提供保障。深入开展城乡低保专项治理“回头看”、精准施保百日行动、阳光低保等行动，多措并举推进精准扶贫社会保障兜底一批工作，做到“应保尽保、应兜尽兜、应救尽救”。2019 年发放 2351 户 4086 人城市低保对象低保金 1119.18 万元，发放 25413 户 46001 人农村低保对象低保金 11969.23 万元，发放 1749 户 1849 人城乡特困供养对象救助资金 1595.44 万元，发放 22969 户 23956 人临时救助资金 2362.08 万元，发放享受孤儿、事实无人抚养儿童、艾滋病毒感染儿童等基本生活保障补助人数 460 人补助资金 653.59 万元。对标对表区、乡、村三级医疗卫生机构达标“村 3 条”“乡 6 条”“县 5 条”标准，昭阳区现有 2 所公立医院达到二级甲等医院，20 个乡镇、街道均有 1 所标准化乡镇卫生院，145 个贫困村均建有 1 所标准化村卫生室，每个村卫生室至少有 1

名乡村医生执业，区、乡、村三级医疗机构已全部达标。

夯实基础设施和配套提升。严格对照脱贫出列摘帽标准，按照“缺什么、补什么”原则，多种模式实施补短板工程。针对村出列短板，实施建制村安全生命防护工程322.97公里；对贫困村居住50户以上自然村且不实施易地扶贫搬迁的村组公路硬化285.6公里；改造（新建）危桥6座。目前，全区187个村（社区）全部通硬化路，145个贫困村已通硬化路且危险路段已设置安全防护设施，公路硬化率100%。2016年至2018年，全区共投入资金4650.76万元，巩固提升了8.5629万人饮水安全保障水平，其中建档立卡贫困人口7096户3.1414万人。2019年实施了农村饮水安全巩固提升项目98件，安装消毒设备148套，覆盖全区20个乡镇、街道24.24万人，2019年下半年通过农村饮水安全再次摸底排查，又投入资金3089.8363万元，覆盖14个乡镇、街道68个行政村401个村民小组10.09万人，其中建档立卡贫困人口7043户3.0542万人。2015年以来投资2.85亿元，新建及改造10千伏线路284.67公里、400伏线路524.3公里，安装变压器436台，总容量123085千伏安，安装户表29480户。目前，145个贫困村已全部通10千伏动力电，145个贫困村所辖自然村已全部通生活生产用电和380V动力电，每个村的配电变压器具备供380伏三相动力电能力，均已达到脱贫出列考核标准。加强广播电视和网络通信建设，通过有线、无线和直播卫星三种覆盖方式，实现所有贫困村广播电视覆盖率达99%以上；建成通信基站3090个、铁塔2314个，铺设宽带网络传输线6259公里，4G通信网络实现行政村全覆盖，极大方便了群众及时使用广播电视和通信网络。新建脱贫出列村文化活动场所111个，全区145个贫困村（社区）均有公共服务和活动场所。

强化党建和脱贫引领。整顿提升了23个软弱涣散村（社区）党组织，集中整顿了16个村（社区）党组织，进一步巩固“整乡推进、百村示范、千组晋位”三级联创工作成果，巩固提升了87个党建示范点创建质量。持续推进“万名党员进党校”、青年人才党支部建设等工作，不断增强基层党组织的创造力、凝聚力、战斗力。强化基层一线干部教育培训，每年组织扶贫开发领导组成员单位科级干部、驻村扶贫工作队队员、乡镇（街道）站所（中心）负责人、村（社区）“两委”负责人分层分类全员培训1次以上，全面提升各级干部打好脱贫攻坚战的能力和本领。大力选拔在脱贫攻坚中想干事、能干事、敢担当、善作为的基层一线干部，2019年从脱贫攻坚一线提拔科级干部比例达83.3%。提高基层一线干部评先评优比例，对工作实绩突出、成效明显的挂职领导干部、驻村扶贫工作队队员等扶贫干部，在评先评优、表扬奖励、推荐后备领导干部时优先考虑；事业单位工作人员定期奖励比例（名额）向脱贫攻坚等基层一线倾斜，给予工作人员嘉奖、记功。持续加大长期在一线工作干部交流轮岗力度，2016年以来累计调整同一岗位工作超过5年的干部113名，切实增强基层干部的获得感、幸福感和荣誉感。加大生活关心力度，关心关爱干部身体、心理健康。出台了《昭阳区干部正向激励和容错纠错办法（试行）》，建立健全容错纠错机制，切实为敢于担当的干部撑腰鼓劲。各级党员领导干部把带领贫困群众脱贫致富放在第一位，冲锋在前、积极作为、率先垂范，落实扶贫工作挂钩联系制度，带头结对帮扶，做到问题在一线发现、工作在一线落实、成效在一线体现，实现了群众工作和脱贫攻坚一个战场、两场战役的双赢，在脱贫攻坚一线锤炼了党性，厚植了党的执政根基。

截至2019年年底，昭阳区已累计脱贫46914户194778人（其中2019年全区实现减贫9902户41785人），现行标准下的建档立卡贫困人口减少到1781户6444人，贫困发生率由2014年年底的22.01%下降到1.27%，全区145个贫困村全部出列，达到贫困县退出标准。2020年4月21日至25日，昭阳区接受了脱贫攻坚贫困县脱贫出列第三方评估验收。5月17日，省人民政府发布贫困县退出通知，昭阳区获批退出贫困县序列。2020年6月28日，全区剩余未脱贫人口全部达到脱贫标准。7月20日至8月10日，昭阳区接受脱贫攻坚国家普查，全区贫困人口201222人全部实现脱贫。

（编委办）

穷尽一切办法　啃下脱贫攻坚"硬骨头"

江先奎

习近平总书记强调："到2020年现行标准下的农村贫困人口全部脱贫，是党中央向全国人民作出的郑重承诺，必须如期实现，没有任何退路和弹性。这是一场硬仗，越到最后越要紧绷这根弦，不能停顿、不能大意、不能放松。各省区市都层层签了军令状，承诺了就要兑现。"

这场脱贫之战，承载着人民之福，凝结着民族之梦，汇聚了全球目光。面对这个必须完成的政治任务、这场没有退路的背水之战、这场攻城拔寨的决胜之战、这场歼灭贫困的人民之战、这场检验干部成色的作风之战，昭阳区举全区之力，打响了这场艰苦卓绝的战斗——全区脱贫攻坚大决战。

吹响最强号角　发起全面总攻

昭阳区是全省27个深度贫困县（区）之一，全区有贫困村145个，建档立卡贫困人口4.87万户20.12万人，每年要脱贫4万人以上，每天要脱贫110人左右。面对前所未有的脱贫任务和短板问题，面对这场必须考满分的政治大考、时代大考和能力大考，以我为"班长"的区委向党和全区各族群众立下铮铮誓言，下定决心坚决夺取昭阳脱贫攻坚大决战的全面胜利。

2014 年以来，我坚持每年召开区、乡、村三级干部大会，认真学习贯彻落实习近平总书记关于脱贫攻坚工作的重要论述，以及党中央国务院、省委、省政府、市委、市政府对脱贫攻坚工作的部署要求，专题研究部署我区脱贫攻坚工作，切实统一思想、凝聚共识。会上，我们讨论通过并印发了坚决打赢脱贫摘帽攻坚战、加强干部作风建设、全面开展农村人居环境专项治理等决定，层层签订责任书，人人立下军令状，以党性做保证、以帽子作抵押，吹响最强集结号，集结最强战斗力，发起全面大总攻，进行全面大决战，做到了思想行动全部向脱贫摘帽一线统一、工作重心全部向脱贫摘帽一线转移、项目资金全部向脱贫摘帽一线倾斜、干部队伍全部向脱贫摘帽一线集结、帮扶力量全部向脱贫摘帽一线汇聚、激励问责全部向脱贫摘帽一线聚焦，动员一切可以动员的力量，采取一切可以采取的措施，克服一切必须克服的困难，用最严作风和最严考核坚决啃下“最硬骨头”。尽管今年受新冠肺炎疫情影响，但我们仍然坚持目标不移、重点不变、工作不松，一手抓防疫、一手抓脱贫，两手抓两手硬。通过全区上下的艰苦努力，昭阳区脱贫攻坚取得了全面胜利，顺利通过了“国检”“省检”。

构建作战体系　高效指挥战斗

誓言立下、践行宗旨，必须一诺千金，坚决兑现。为此，我带领区委班子认真研究、深入讨论，结合昭阳工作实际，构建了指挥有力、运转高效、步调一致的“五个作战体系”。

构建全域联动的作战体系。2016 年 3 月，区委、区政府成立了脱贫攻坚工作领导组，由我和区长担任双组长，下设指挥部由区委专职副书记和常务副区长担任双指挥长。2018 年 3 月，区委、区政府决定以乡镇为主战场成立战区指挥部，由处级领导和乡镇、街道党（工）委书记担任战区第一指挥长；各部门主要负责人担任村级作战指挥长。全区所有处级领导“挂乡盯村”、所有区直部门“包村到户”、所有党员干部“包户到人”，挂包到底、负责到底。

构建人人有责的责任体系。在每年召开的脱贫攻坚三级干部大会上，区委、区政府班子成员及乡镇、街道、行业部门主要负责人向区委递交“军令状”；乡镇、街道、村（社区）领导干部及驻村第一书记分别签订“承诺书”，以责任倒逼干部沉下去、实下去，与群众同吃同住同劳动，融为一体、干在一起、打成一片。

构建社会参与的帮扶体系。按照习近平总书记关于东西部对口帮扶的部署要求，广东省东莞市石碣镇、中国建材集团、省人大常委会机关、省建投集团等党政机关和企业定点对口帮扶昭阳区。自帮扶以来，东莞市捐款捐物累计 8700 万余元，三峡集团帮扶 9816 万元，恒大集团援建蔬菜大棚 2200 栋，帮扶成效明显。

构建多元共治的监督体系。2015 年 10 月至 2019 年 3 月期间，昭阳区制订出台了“九必须九严禁”、《昭阳区脱贫攻坚红牌警告制度》等制度规定，提出了“16 个凡是”铁律，成立 2 支脱贫攻坚督察队、10 支脱贫攻坚督战队及扶贫资金监督中心，畅通“12317”扶贫监督举报电话，强化专业化外部监督，扎紧了制度笼子，织密了监管网络，确保了工作推进、资金安全、干部安全。

构建协同作战的驻村入户体系。明确乡镇战区第一指挥长每月驻乡镇不少于 10 天；村级作战指挥长每月驻村不少于 15 天，部门日常保证 80% 的挂包干部进村入户开展工作；乡镇干部每月驻乡镇不少于 25 天；村组干部每天吃住在一线、工作在一线，天天盯着扶贫干。

落实精准措施　确保到户到人

“哪个干部包保你家？包保干部来过你家几次？包保干部给你们做了些什么事？今年家里收成怎么样？你打算怎么脱贫？”这是我在走访贫困群众时，与他们促膝交谈最多的话……

这只是我在脱贫攻坚路上的一个缩影。自脱贫攻坚工作开展以来，我坚持每个月不少于10天到乡镇、村组，现场指导和调研脱贫攻坚、产业建设、危房改造、易地搬迁等工作。为确保脱贫工作务实、脱贫过程扎实、脱贫结果真实，我带领全区上下精准实施了“五个到户到人”。

精准识别到户到人。2017年5月，为进一步全面摸清贫困群众底数，市委决定对贫困群众进行再识别、再精准，并召开了精准识别摸底调查动员暨业务培训会议。按照市委的部署要求，2017年5月18日，我主持召开了五届区委常委会第18次会议，传达学习市委有关会议精神，研究部署我区精准识别摸底调查工作，严格按照“三评四定”“两公示、一比对、一公告”等程序，扎实开展了贫困对象数据采集和动态调整工作。通过再次精准识别，实现了扶贫对象精细化管理、扶贫资源精确化配置、贫困对象精准化扶持、贫困对象常态化管理，实现了贫困对象应纳尽纳、应扶尽扶、受扶及时、信息完整，切实扣好了脱贫攻坚“第一粒扣子”。

政策宣传到户到人。自2014年以来，我带领全区上下扎实开展了“挂包帮”“转走访”，印制了“脱贫攻坚知识要点”“政策汇编”“口袋书”等简明读本和“脱贫光荣证”，印发了《关于处级以上干部派驻乡镇、街道担任脱贫攻坚第一工作队队长、副队长的通知》，要求所有挂包干部必须扎实开展“五查五看一感恩”和“感党恩、听党话、跟党走”活动，对挂包群众宣讲脱贫政策，帮助解决实际困难，实现了所有挂包干部和贫困群众“全覆盖”“全熟悉”。

精准施策到户到人。为确保帮扶措施精准，我坚持进村入户，督察督办

“精准”工作开展的情况。2017年6月3日，我在洒渔镇新立村调阅贫困群众资料时发现，部分贫困群众帮扶措施不精准、针对性不强。对此，区委要求洒渔镇党委作出深刻检讨并立即整改落实，在精准识别和做好前期工作的基础上，对标致贫原因、聚焦脱贫标准。2018年4月1日，我主持召开了全区脱贫攻坚工作大会，明确了工作重点就是扎实开展好产业扶贫、资产收益扶贫、劳动力转移就业扶贫、易地扶贫搬迁扶贫、农村危房改造扶贫、生态扶贫、社会保障兜底扶贫、健康扶贫、教育扶贫、其他扶贫“十大行动”；2019年3月，为坚决夺取脱贫攻坚大决战的全面胜利，精准聚焦“两不愁、三保障”，我们坚决打赢了产业、就业、资产收益、生态、易地扶贫搬迁、教育医疗、危房改造、问题“清零”等“十大歼灭战”，同时编制2018—2020年脱贫攻坚区级项目库规划方案，实现了一户一策精准治贫。

项目实施到户到人。全区全面推进水、电、路、讯、活动场所等建设，确保了项目建设到村、到户，实现了家家受益、人人受惠。

资金落实到户到人。2016年以来，全区共投入各类扶贫资金108.29亿元，实现了资金落实到户到人。

聚焦短板弱项　打好“六套拳法”

聚焦“群众增收”，打好“产业发展＋就业增收”组合拳，实现群众不愁吃、不愁穿。产业发展是脱贫攻坚的治本之策，也是昭阳发展的最大短板之一。为此，我坚持只要一有时间，就下乡镇村组、到田间地头，现场调查研究、现场探索方法、现场解决问题。在深入调研的基础上，我每年主持召开常委会议、专题会议至少20次，专题研究我区产业脱贫的根本出路，加快产业结构调整步伐，最终探索走出了一条深度贫困地区现代产业助推脱贫、产业高质量发展的路子，采取“龙头企业＋基地＋党支部＋合

作社 + 贫困户”等模式，重点发展苹果、马铃薯、蔬菜等主导产业。目前全区苹果种植已达 60 万亩，建成了全国最大苹果扶贫产业园海升基地 6 万亩、马铃薯高标准示范基地 7.3 万亩、冷凉蔬菜 2.4 万亩、蔬菜食用菌大棚 5000 余个，积极发展生猪、肉牛、蛋鸡、中草药等种、养殖业，覆盖贫困群众 4.06 万户 16.4 万人。全区采取外出务工就业一批、产业发展就近就业一批、依托本地龙头企业和各行业吸纳就业一批、开发扶贫岗位安置就业一批、开发乡村扶贫车间解决一批、乡镇（街道）自行解决一批“六个一批”措施，实现劳动力转移就业 35.93 万人，占全区劳动力的 85.7%，其中建档立卡劳动力就业 10.38 万人，占卡户劳动力的 88.15%，易迁劳动力就业 14856 人，占易迁劳动力的 83.97%；7139 户“一有两无”家庭实现动态“清零”。

聚焦“危房清零”，打好“易地搬迁 + 危房改造”组合拳，实现住房有保障、环境有提升。易地扶贫搬迁是解决“一方水土养不起一方人”的最有效途径。按照习近平总书记“五个一批”的重要指示要求，在省委、省政府和市委、市政府的部署安排下，我多次主持召开常委会议、专题会议研究我区易地扶贫搬迁工作，始终坚守搬迁对象精准的“界线”、住房建设面积的“标线”、搬迁不举债的“底线”、项目规范管理的“红线”，建设安置点 25 个，区内搬迁群众 9565 户 40172 人（建档立卡 8078 户 34418 人、同步搬迁 1487 户 5754 人）、跨县搬迁群众 9256 户 40549 人（大关、永善、彝良、镇雄、盐津、昭阳建档立卡 6976 户 31160 人，同步搬迁 2280 户 9389 人）；用不到一年时间，建成全国最大的跨县安置区——靖安安置区和全国第四大安置点——红路安置点，创造了易地搬迁的建设奇迹、搬迁奇迹，探索闯出了“扶贫车间 + 产业就业 +”“五位一体”（中心—县区〈乡镇〉工作站—社区—楼栋—志愿服务）的服务管理路子。同时，按照“危房不住人，住人无危房”“以房找人、以户找房”要求，截至 2019 年，全区实施农村危房改造和抗震安居工程 4.86 万户，覆盖 19.43 万人；消灭农村危旧房 13016 户，拆旧复垦 30815 户 282 万平方米。

聚焦“学有所教”，打好“控辍保学 + 教育扶贫”组合拳，阻断贫困代际传递、斩断“穷根”。教育是阻断贫困代际传递的治本之策。自 2014 年以来，我坚持每年主持召开全区教育工作大会，持续加大教育投入，努力办人民满意的教育，全区教育工作一年上一台阶。2018 年，昭阳区出台教育振兴三年行动计划，新建和改扩建学校 14 所、补充教师 1034 名，完成改薄校舍建设 177 个、C 级危房加固维修和拆除重建项目 122 个、厕所革命改造项目 146 个，所有义务教育阶段学校实现网络宽带校校通，办学条件不断改善。初步建立从学前教育到高等教育“全覆盖、无缝对接”的资助保障体系，2017 年来资助学生 76.3 万人次（其中卡户学生 22.61 万人次），实施“雨露计划”资助卡户学生 9090 名。全面落实控辍保学措施，义务教育阶段建档立卡学生无因贫失学辍学，所有贫困家庭适龄儿童少年义务教育入学率均达到国家规定标准。2019 年 4 月，我区义务教育均衡发展通过国家督导评估认定。

聚焦“病有所医”，打好“健康扶贫 + 政策保障”组合拳，降低因病返贫风险、稳定脱贫。习近平总书记强调：“用健康扶贫赶走脱贫‘拦路虎’。”2014 年以来，我带领全区上下认真贯彻落实中央、省、市关于健康扶贫的政策措施，扎实开展健康扶贫工作，实现了全区卡户群众基本医保、大病保险参保率 100%，大病救治率 100%，长期慢性病规范管理率达到规定要求；严格实行“先诊疗后付费”“一站式”即时结报政策，全面保障了卡户群众方便看病、看得起病、看得上病；精准扶贫社会保障兜底做到“应保尽保、应兜尽兜、应救尽救”；逐年提高农村低保标准，目前我区标准 4200 元 / 人 / 年，略高于预脱贫标准，切实保障了贫困对象基本生活；对标对表“村 3 条”“乡 6 条”“县 5 条”标准，全区现有二级甲等公立医院 2 所，20 个乡镇、街道均有 1 所标准化卫生院，145 个贫困村均有 1 所标准化卫生室，每个村卫生室至少有 1 名医生执业，区、乡、村三级医疗机构全部达标。

聚焦“发展基础”，打好“基础设施 + 配套提升”组合拳，强化发展支撑、提升发展后劲。基础设施建设落后是贫困地区脱贫攻坚的一大短板。

为全面补齐这一短板，我多次主持召开专题会议，研究部署我区脱贫攻坚中存在的人居环境“脏、乱、差”、饮水不够安全、村组道路差等基础设施建设短板问题。通过近年来的努力，我区 145 个贫困村（社）实现了公路硬化率 100%、饮水安全全面达标、动力电和生活用电全通、4G 通信网络全覆盖、公共服务和活动场所全部有、广播电视覆盖率 99% 以上。坚持以脱贫攻坚人居环境 1 档标准为基线，扎实开展爱国卫生运动和人居环境大整治行动，全力推进“村庄改造示范点建设、生活垃圾治理、生活污水治理、农村厕所革命、破除农村陈规陋习”五大歼灭战，改造完成示范村庄建设 28 个 1.3 万户，昭阳区入选云南省 20 个旅游扶贫示范县之一，全力破解人居环境整治难题，助力脱贫攻坚。

聚焦“基层党建”，打好“党建引领 + 脱贫引领”组合拳，筑牢一线堡垒、牢记使命。脱贫攻坚大决战能否打赢，关键在干部。2014 年以来，针对昭阳基层党组织软弱涣散，少数干部不作为、慢作为甚至乱作为的问题，我坚持定期专题研究党建工作和党风廉政建设工作，持续开展了“两整顿两创建”活动，建立“十项规定、十要十不准、十条底线和红线”等制度规范，强化“五治五解决”措施，分门别类集中狠刹不正之风，乡镇、街道重点治散聚合力，解决了城区“应付式”、坝区“走读式”、山区“轮班式”问题；党政机关重点治懒提效率，解决了“不守时、不尽责、不敬业”问题；服务行业重点治乱正风气，解决了“门难进、脸难看、事难办”问题；党政“一把手”重点治弱强素质，解决了能力偏弱，号召力、感召力、执政能力不强的问题；村（社区）重点治软鼓干劲，解决了基层党组织软弱涣散，凝聚力、战斗力不强的问题。这几年，我们整顿了一大批软弱涣散村（社区）党组织，创建了一大批党建示范点；每年组织区、乡、村三级干部职工分层分类全员培训 1 次以上，全面提升各级干部打好脱贫攻坚战的能力和本领；大力选拔脱贫攻坚一线干部，至 2019 年从脱贫一线选拔的科级干部比例达 83.3%；持续加大长期在一线工作干部交流轮岗力度，2016 年来累计调整同一岗位工作超过 5 年的干部 113 名，探索出了一条具有昭阳特点的共建共治共享、党建与脱贫攻坚“双推进”的新路子。几年来，全区各级党员干部坚持把带领贫困群众脱贫致富放在第一位，冲锋在前、战斗在前，带头结对帮扶，做到问题在一线发现、工作在一线落实、成效在一线体现，实现了群众工作和脱贫攻坚一个战场、两场战役的“双赢”，在脱贫攻坚一线锤炼了党性，党的执政根基不断加强。

如期兑现承诺　交出满意答卷

在脱贫攻坚这场只能赢不能输的硬仗中，我带领全区各级党员干部用一组组真实的数据和一个个生动的事例，向党和全区群众兑现了庄严承诺，交出了一份用心血和汗水浇铸的满意答卷。

脱贫人数和成果前所未有。4.87 万户 20.12 万人全部脱贫，145 个贫困村全部出列，摘掉了贫困区的帽子，困扰昭阳人民千百年来的绝对贫困问题得到彻底解决。这在昭阳发展史上、减贫史上前所未有，具有里程碑的意义。

脱贫能力提升前所未有。只要有信心，黄土变成金。脱贫攻坚既是摆脱物质贫困的实践过程，也是弘扬自强不息精神的实践过程。在这几年的脱贫历程中，我们基层党组织和党员干部的组织力、凝聚力、战斗力空前提高，农村治理能力和治理水平得到全面提升；我们的贫困群众深切感受到了习近平总书记的为民情怀，感受到了党的服务宗旨和服务质量、感受到了社会各界的真情帮扶，广大群众的精神面貌焕然一新，不但有了干劲，而且对未来美好生活充满了信心和希望。

经济社会发展前所未有。我们坚持以脱贫攻坚统揽经济社会发展全局，全面推进昭阳经济社会各项事业高质量发展。全区经济一年上一台阶，全区生产总值从 2015 年的 216.1 亿元增加到 2019 年的 338.48 亿元，年均增长 9.3%，规模以上固定投资从 150.42 亿元增加到 241.68 亿元，年均增长

20.36%，特别是苹果、马铃薯等高原农业特色产业，以及水电铝、合盛硅等旗舰工业产业，推动昭阳产业向现代化方向大步迈进。城乡面貌一年一变化，昭通中心城市建成区面积达60平方公里，城镇人口近60万人，城镇化率59.27%，正由中等城市向大城市加快迈进，城乡面貌发生了翻天覆地的深刻变化，特别是近10万易迁群众搬进昭阳、入城上楼，昭阳正在实现城乡人口分布格局重构、产业发展结构重组、山区自然生态环境重塑“三位一体”的全面协调发展。社会事业一年一改善，昭阳区干成了许多过去想干而没干成的大事好事，这五年是投资项目最多、投资强度最大、民生保障最多的五年，有效解决了许多过去想解决而没有解决的难题；城乡常住居民人均可支配收入分别从2015年的24863元、7969元，增长到2019年的34612元、11796元，年均增长8.62%和10.3%，干部更加有自信心和精气神，群众更加有获得感和幸福感，城乡文明程度明显提升。

干部作风转变前所未有。脱贫攻坚，看的是干部的担当劲，拼的是干部的精气神。这几年，全区广大党员先锋模范作用充分发挥，自觉投身到脱贫攻坚、易地扶贫搬迁、产业建设、征地拆迁、劳动力就业、农村危房改造、环境整治等一个个主战场中，攻下了一个个堡垒，破解了困扰昭阳多年的系列发展难题，干成了一大批昭阳人民引以为傲的要事好事，谱写了脱贫攻坚的“昭阳历史”，创造了城市建设的“昭阳模式”，彰显了产业培育的“昭阳特色”，干出了易地搬迁的“昭阳速度”，打造了党建提升的“昭阳品牌”，讲好了改革发展的“昭阳故事”，呈现了生机勃勃的“昭阳活力”，充分展现了我们昭阳干部勇于担当、敢拼实干、战天斗地、一往无前的“铁军”风采，赢得了各级领导的普遍认同，赢得了全区各族群众的普遍赞誉，展示了全区上下团结一心、努力拼搏、昂扬向上的精神风貌，凝聚了全区干部群众思发展、谋发展、推发展的磅礴力量。

（作者时任中共昭通市委常委、昭阳区委书记）

不忘初心战脱贫　牢记使命奔小康

陶　毅

习近平总书记强调："言必信，行必果。农村贫困人口如期脱贫、贫困县全部摘帽、解决区域性整体贫困，是全面建成小康社会的底线任务，是我们作出的庄严承诺。"经过长达五年的奋斗，昭阳区顺利退出贫困县序列，省级脱贫攻坚成效考核等次为"好"。2020年4月26日，在汇报了全区脱贫攻坚基本情况后，我接受了评估组的访谈，与来自云南师范大学的专家老师分享了这一路的艰辛与幸福，不经意间，我的眼里有了泪水，只因我们肩上扛的使命太沉，只因我们对贫困群众的爱太深，只因我们走过的这一路实在太艰辛。回顾过去的五年，昭阳的脱贫攻坚工作成效显著，振奋人心。在中央和省、市的坚强领导下，我们闯出了一条以脱贫攻坚统领经济社会发展全局，倒逼产业形态、基础设施、城乡建设、生态文明等各个领域创新突破的"昭阳路径"，锻造了一支敢于担当、甘于奉献、勇于攻坚、无坚不摧的"昭阳铁军"。

责任在肩　始终坚持不忘初心牢记使命

昭阳区地处云、贵、川三省接合部，是昭通市委、市政府所在地，是全市政治、经济、文化和信息中心，全区总面积2167平方公里，辖20个乡镇、街道，198个村（社区），2940个村（居）民小组，总人口96万人。这里历史悠久，人文荟萃，气候宜人，资源丰富。然而，厚重的历史文化、浓郁的风情、秀丽的山川却难掩经济上的窘困。

多年以来，历届区委、区政府都把扶贫开发作为工作的重中之重，仅“十二五”规划实施以来，全区就投入扶贫项目资金18.6亿元，累计减少贫困人口8.9万人。但由于历史和自然等诸多原因，贫困人口依然较多，贫困面依然较大，贫困程度依然较深，贫困始终是困扰着昭阳发展的印记。据统计，截至2014年末，全区仍有建档立卡贫困乡镇11个、贫困村90个、建档立卡贫困人口20.12万人，贫困发生率22.01%，有960余个自然村不通公路，有整体性D级危房10.02万户，丧失基本生存条件群众1804户7396人，是全省27个深度贫困县（区）和73个国家重点扶持县（区）之一。产业支撑力不强，群众素质偏低，自我发展能力不足，贫困代际传递现象凸显等，都是摆在我和同志们面前的严肃课题。

还记得那是2014年11月13日，组织任命我担任区委副书记、代理区长，主持政府全面工作还不足两月，为了解全区扶贫开发工作和“8・03”地震灾后恢复重建情况，我到了苏家院镇顺山村的官家沟村民小组，那里是昭阳区平坝与山区的交界点，也是“8・03”地震昭阳受灾最严重的村民小组，距城区仅30公里，是苏家院镇唯一的山区村。时值深秋，越野车走过集镇，道路变得崎岖坑洼，走进官家沟，被震裂的土坯房里，老人蜷缩在火塘边，餐具与猪食混杂一地，一旁就是畜圈，用小门隔开，卧房里盖的被子单薄，粪气扑鼻，孩子们都躲得远远的，怕见生人。听村支书介绍：“虽然顺山离集镇不远，这几年各级党委、政府都投入了大量资金搞建设，基础设施有了较大改善，但靠近二半山区的像官家沟这样的几个村民小组受制于地形地貌，条件较差，特别是这次地震，又把很多人家特别是家里没有劳动力的群众一震回到“解放前”。之后，我和镇里的干部又走了几户，情况大致如此。这次走访让我感到震动，我做梦也没有想到，一个站在半山坡就能远眺城市的农村，贫困到如此地步。作为一方“父母官”，这样的境况怎能不让人痛心疾首。

次日，我又到了大山包、大寨子、炎山、田坝等西凉山片区乡镇的老林、雨霏、小田、二坪等边远村。在雨霏村委会，破旧的房屋，泥泞的院落，几个村干部围了上来，说是干部，也是农民，我挨个向他们询问村里状况，从他们回答的语气和面容上，我看得出，他们对摆脱贫困没有信心，不愿打破千百年来不变的日子，不要说贫困的乡亲，连乡村干部都没有更多对美好生活的向往，这才是让我最沉重的。回来后，我辗转反侧，夜不能寐，想起那体弱多病、蜷缩在火塘边的老人，想起那吃不饱、穿不暖的孩子，想起对未来一脸茫然的村干部，我心里实在不是滋味，当千百年的轮回已然成为习惯，这才是最可怕和难以根除的梦魇。在接下来的一段时间内，我陆续走完了全区所有乡镇，特别是边远山区乡村几乎每村必达，都说“家家有本难念的经”，致贫致困原因，各村、各户情况各不相同。有的自然村至今还未通路、通电；有的受制于自然条件，出门就是悬崖，典型的“一方水土养活不了一方人”；有的土地贫瘠，口粮除了洋芋就是苞谷；有的吃水要翻山越岭靠人背回来，简陋的茅草屋里连件像样的电器都没有；有的一辈子没有进过城，一生守望着那一座山、那一条江，重复着千百年来不曾变化的生产生活方式，处在低需求、自给自足的自然经济状态。

习近平总书记在发表2015年新年贺词时强调：“我们要满腔热情做好民生工作，特别是要做好扶贫开发和基本生活保障工作，让农村贫困人口、城市困难群众等所有需要帮助的人们都能生活得到保障、心灵充满温暖。”这句话至今还萦绕在我的耳旁。2015年2月5日，在昭阳区四届人大三次会议上，我正式当选为区人民政府区长，我深知，一张张选票，不仅是组织和各位代表对我的认可，更承载着全区 90 多万各族人民的期盼与重托。从当选的那一刻起，带领群众脱贫致富奔小康的历史“接力棒”就交在了我的手里，带着这一份沉甸甸的历史责任，我责无旁贷，只能一往无前。

科学决策是打赢脱贫攻坚战的前提和保障，只有建立一套横向到边、纵向到底、上下联动、齐抓共管、十指连奏的责任体系，才能凝心聚力、点石成金，弹出精准扶贫最强音。为贯彻落实“六个精准”的基本方略，在书记的正确领导下，我在学习和坚持专项扶贫、行业扶贫、社会扶贫等多方力量、多种举措有机结合和互为支撑的“三位一体”扶贫格局基础上，在不断的探索和实践中，结合昭阳实际，牵头构建了全域联动的作战体系、人人有责的责任体系、社会参与的帮扶体系、多元共治的监督体系、协同作战的驻村入户体系，真正做到了纵向到底、横向到边、“精准扶贫、不落一人”“精准脱贫，不掉一人”。

航向在手　始终坚持守正创新纠偏补差

脱贫攻坚是一项系统工程，开对“药方子”才能拔掉“穷根子”。习近平总书记指出：“扶贫开发贵在精准，重在精准，成败之举在于精准。要在扶持对象精准、项目安排精准、资金使用精准、措施到户精准、因村派人精准、脱贫成效精准上想办法、出实招、见真效。要坚持因人因地施策，因贫困原因施策，因贫困类型施策，区别不同情况，做到对症下药、精准滴灌、靶向治疗，不搞大水漫灌、走马观花、大而化之。”自中央全面吹响脱贫攻坚战冲锋号以来，围绕“两不愁、三保障”目标和“571”标准，我先后牵头编制了《昭阳区“十三五”脱贫攻坚规划（2016—2020）》《昭阳区打赢精准脱贫攻坚战三年行动实施方案》《年度脱贫退出到村到户规划方案》《昭阳区 2018 年至 2020 年脱贫攻坚项目库实施方案》《昭阳区贫困退出后续巩固提升措施方案》等政策文件。但在具体的操作过程中，我们也走了不少弯路，比如，对脱贫攻坚的复杂性、艰巨性认识不足，虽有打攻坚战、啃“硬骨头”的思想准备，但对精准政策要求理解不深不透，顶层设计不完备，执行政策有偏差，把应当属于经济社会发展全局的事情也纳入了扶贫政策范围；扶贫对象不精准，曾经错评 753 户 2749 人，漏评 624 户 2275 人，错退 1150 户 4186 人；扶贫措施不精准，简单发猪发羊发钱，没有真正做到因人因户因村施策，群众的获得感和满意度不高；把美丽乡村建设、抗震安居房、易地扶贫搬迁工程笼统地来抓，易地扶贫搬迁不符合 6 类区域要求，存在超面积建房、贷款建房、按户补助等问题；产业结构单一，与群众“双绑”机制不健全，产业扶贫项目返贫风险大，与持续稳定脱贫致富的要求还有较大差距；资金审批拨付程序较多、兑付不及时，专项扶贫资金存在滞留，资金使用效益低。这些问题，一度成为我们精准扶贫路上的“拦路虎”。

现在回想起来，那些走过的弯路，究其原因，就是没有深刻学习好、领会好、把握好习近平总书记关于精准扶贫精准脱贫重要论述，一方面是贫困摆在那里、有些急于求成，一方面是想通过脱贫攻坚把一切事都解决了。作为昭阳区脱贫攻坚的主要指挥者之一，我有责任纠错纠偏。经过开始的实践和探索，特别是 2017 年的精准识别“回头看”和存在问题的全面整改，我始终坚持以习近平新时代中国特色社会主义思想为指导，认真聆听、仔细领会习近平总书记关于脱贫攻坚的每一个讲话、每一次调研，深刻把握习近平总书记关于精准扶贫精准脱贫重要论述的丰富内涵、深刻思想，紧紧围绕“两不愁、三保障”和“六个精准”要求，在省、市党委、政府的坚强领导下，从组织领导、方案设计、责任压实、政策落实、资金投入，队伍保障、作风纪律、宣传发动等方面，对全区脱贫攻坚工作进行再梳理、再安排、再部署。同时，始终坚持结果导向、问题导向，特别是面对各级检查考评反馈的问题短板，始终以最坚决的态度、最务实的举措，认真开展整改落实，深刻剖析问题背后的思想认识差距、工作方法差距、工作力度差距和工作成效差距，及时研究解决工作中遇到的问题，在坚持大稳定的前提下对工作思路进行小调整，聚焦群众增收、危房清零、学有所教、病有所医、发展基础、基层党建，打好“产业发展＋就业增收”“易地搬迁＋危房改造”“控辍保学＋教育扶贫”“健康扶贫＋政策保障”“基础设施＋配套提升”“党建引领＋脱贫引领”组合拳，昭阳区的脱贫攻坚驶入了快车道。

清单在心　始终坚持亲力亲为狠抓落实

思路有了，关键是抓落实。对脱贫攻坚每一个阶段、每一个时期的重点任务，我都坚持清单化管理，不督促销号誓不罢休。几年来，我组织召开政府常务会、专题办公会、现场推进会、政策培训会、脱贫摘帽誓师大会等各类会议180余次，听取阶段任务完成情况汇报，安排部署下阶段任务。特别是为了解决大家对脱贫攻坚政策不熟悉、目标不清晰等问题，我安排办公室彻底梳理开展脱贫攻坚以来的政策措施，结合昭阳区实际，用PPT课件形式，为全区各级领导干部讲解脱贫攻坚业务知识4次，既提要求，更教方法，帮助大家理清思路、明确目标、掌握政策、抓好落实。

在具体工作中，我始终坚持亲力亲为，带头开展贫困村遍访，带头发现问题，督促整改落实。还记得2017年，针对精准识别问题，我第一时间下沉到全区20个乡镇、街道部分村、组、农户调研后，先后组织召开2次政府常务会、3次专题办公会，要求严格按照中央和省、市决策部署，紧盯错评率、漏评率、错退率、漏退率“4个归0”和精准识别摸底调查入户率、农户信息准确率、评审公示率、系统录入准确率“4个100%”目标，统一识别政策，统一标准口径，统一解答内容，统一档案资料，组织开展建档立卡“回头看”行动，进行全覆盖拉网式的摸底调查。经过为期4个月艰苦细致的工作，全面摸清了贫困群众规模分布、居住条件、就医就学、收入来源、致贫原因及贫苦人数、脱贫需求等情况，按照“五查五看”和“三评四定”的工作程序“挤水分”，做到了贫困人口不错不漏，致贫原因、脱贫需求“一本清”，年底第三方考评，我区错评率、错退率、漏评率三项指标都低于省、市指标。

“房子”“票子”是我关注的重点。在农危改工作中，针对很多同志局限于指标、对改造标准把握不住等问题，我先后4次主持召开农危改培训会、专题会、现场推进会，安排对全区所有农村房屋开展拉网式排查，按照标准统一、政策统一、眼光统一的要求，同步开民房屋鉴定，对漏识别的C、D级危房，由区财政整合资金兜底进行改造，经过五年的努力，全区农村危房实现了应改尽改。

易地扶贫搬迁是脱贫攻坚硬骨头中“硬骨头”。为解决群众“村头搬村尾”“原地搬原地”等问题，我和书记经过多次商量，由我牵头召集相关部门研究政策通道，率先吃了将搬迁群众一次性搬迁进城安置的第一只“螃蟹”，得到了各级领导的充分肯定和认可，并要求大面积推广。从2018年开始，昭通市启动了规模浩大的易地搬迁进城工程。按照市委、市政府的决策部署，昭阳区除自身要搬迁3万人外，还要承担大关、盐津等5个县跨县安置4万余人。在安置点建设过程中，大到土地征迁、资金筹集、规划审批、设施配套、产业匹配，小到墙面涂料、绿化树种、标牌贴挂、工程建设，我坚持过问到每一个细节，从靖安、红路、永丰等安置点启动建设到搬迁入住，我已记不清到过多少次现场，很多同事开玩笑说：“陶毅同志才是昭阳区最大的包工头。”

资金管理是打好脱贫攻坚战的重要保障。让每一分钱都花在刀刃上是我对资金管理的极致追求，在这个价值目标的引领下，我牵头制订了扶贫资金管理办法，组建了扶贫资金及资产收益监督检查中心、扶贫资金绩效评价中心，对上级下达的每一笔资金，我都坚持亲自听取汇报、亲自审定资金分配方案。在每一年的政府全会和廉政工作会议上，我都对资金管理工作提要求、教方法，给大家打“预防针”，特别是2019年3月全区召开的脱贫攻坚千人大会，我提前安排发改、财政、扶贫、住建等部门认真梳理资金、项目管理的最新政策和规定，并结合多年来的工作经验，用通俗易懂的方式和语言，向大家讲解资金管理、项目招投标、基本建设程序等相关要求，帮助各级干部理清思路、释疑解惑。

产业和就业是打赢脱贫攻坚战的主要支撑，也是巩固脱贫成果的薄弱环节。五年来，我始终坚持将抓产业、促就业的主体责任扛在肩上、抓在手上，牵头制订产业招商引资政策、劳动力转移就业奖补政策、稳岗补贴政策等，每年至少两次带队外出招商，先后引进了陕西海升、西充百科、江夏吉之汇、菊满堂、粤旺等 20 多家农业龙头企业和合盛硅业、立时、立勤、立鑫等 30 余家工业及电子企业。同时，全力打造优质营商环境，建成了扶贫产业园、综合物流园、智能物联园等一批产业孵化基地。对前来昭阳区考察和已在昭阳区投资兴业的客商，无论工作有多忙，我都会抽时间接待，听取他们的意见建议，解决他们的困难、问题和诉求。对落地昭阳区的项目，我都要排出时间去调研，现场解决工作推进中的困难和问题，很多项目还不止去一次，比如陕西海升冷链物流园项目，我前前后后调研多达 23 次，几乎参与了项目施工组织的全过程，确保了项目的顺利建成投用。2020 年新冠肺炎疫情防控期间，我第一时间主持制订应对疫情影响推进复工复产、复商复市、劳力转移输出各项优惠政策，多次深入企业、车间调研，引进了全市第一家医疗器械厂，统一组织输出劳动力近 10 万人，有力巩固了脱贫攻坚成果。

在五年的时光里，我参与了习近平总书记亲自指挥的这场史诗般波澜壮阔的脱贫攻坚战，虽然付出了很多，但看着贫困乡亲的日子一年比一年好起来，觉得一切辛苦都是值得的，这种成就感就是支撑我坚持战斗直到最后胜利的动力。

昭阳区精准脱贫一路走来，有挫折起伏，但一直稳扎稳打，各方面工作均取得了历史性变化，创造了历史性的成就，为实现“两个一百年”奋斗目标打下了坚实基础。

综合实力实现了大跨越。经济总量从216.1亿元增加到338.48亿元，迈上300亿元新台阶；工业产值从148.41亿元增加到214.49亿元；规模以上固定资产投资每年均突破200亿元；人民群众的“钱袋子”更鼓，城镇和农村常住居民人均可支配收入从24863元、7969元增加到34612元、11796元，金融机构人民币存贷款余额从651.79亿元增加到1066.12亿元，突破1000亿元。

基础设施实现了大提升。渝昆高铁昭阳段、扶贫综合物流园、西绕城高速、新机场迁建、宜昭高速、都香高速等一大批重点项目建设全速推进，沥青路、水泥路、电力、通信等基础设施通乡进村入户，“昭通不通”基本成为历史，互联互通的区域开放大枢纽、大通道、大平台即将形成，为推进乡村振兴、建设引领滇川黔区域发展的省际中心城市打牢了根基。

现代产业实现了大发展。70万吨水电铝全面建成投产，80万吨水电硅项目开工建设，华坚、顺华、立时、立勤、立新等一大批工业项目入驻扶贫产业园，全面开启了昭阳工业化时代。建成全国最大高标准矮砧密植苹果基地6万亩，苹果种植规模突破60万亩，连续举办三届苹果展销会，成功创建苹果“一县一业”示范县，“昭阳红”成为全国网红，建成了马铃薯、食用菌、蔬菜、生态养殖等一大批高标准示范基地，现代农业取得重大突破。

城乡面貌实现了大变样。抓住易地搬迁历史性机遇，靖安新区快速崛起，中心城区省耕公园、乌蒙水乡公园、文体新区三大核心商圈基本成型，苹果小镇、温泉小镇、朱提小镇启动建设，改造城郊接合部民居5万户，深入推进城乡人居环境整治、爱国卫生运动7大专项行动，城市建成区面积从37.1平方公里增加到59.95平方公里，城镇人口从28.93万人增加到57.02万人，城镇化率从35.3%增加到59.27%，“一城三区、若干小镇、产城融合、城乡一体，100万亩苹果、100万人口高度融合的苹果之城”建设格局初具雏形，中心城市正由中等城市向大城市迈进。

民生福祉实现了大改善。新建、改扩建城区中小学校17所，新增校舍31万平方米，新增中小学位2.8万个，新增教师1281名，义务教育从基本均衡向优质均衡转变。区、乡、村三级医疗机构标准化建设全面完成，滇东北区域医疗中心开工建设。入学难、看病难、择校热、看病贵等“老大难”问题基本解决。

干部作风实现了大转变。坚持在脱贫攻坚一线比作风、比干劲，争分夺秒、大干快上，昭阳大地处处是攻坚的“战场”、建设的“热土”、发展的“高地”，多项工作走在全市乃至全省前列，展现了特别能吃苦、特别能战斗、特别能攻坚、特别能奉献的昭阳铁军风采，赢得了各级领导的充分肯定和社会各界的广泛赞誉。

打赢脱贫攻坚战，是我们党向全世界作出的庄严承诺。脱贫摘帽不是终点，而是新生活、新奋斗的起点。我将坚持以习近平新时代中国特色社会主义思想为指导，继续以踏石留印的狠劲、水滴石穿的韧劲、九牛爬坡的拼劲，为实现全面建成小康社会目标，激情奋战，昂扬奋进！

（作者时任中共昭阳区委副书记、区长）

敢于改革创新抓落实　坚决打赢脱贫攻坚战

周　祥

坚决打赢脱贫攻坚战，是以习近平同志为核心的党中央向全党、全国作出的庄严承诺，是中华民族向全世界数十亿计贫困群众呈献的“中国方案”，是习近平总书记亲自挂帅、亲自出征、亲自督战的伟大战役。2015年1月19日总书记亲临昭通视察，作出了“要以更加明确的目标、更加有力的举措、更加有效的行动抓好脱贫攻坚，确保扶到点上、根上，让贫困群众真正得到实惠”的重要指示。“脱贫攻坚已经到了啃硬骨头、攻城拔寨的冲刺阶段，必须以更大的决心、更明确的思路、更精准的举措、超常规的力度，众志成城实现脱贫攻坚目标，决不能落下一个贫困地区、一个贫困群众。”2015年11月27日至28日，习近平总书记在中央扶贫开发工作会议上作出重要指示之时，我时任昭阳区委常委、区纪委书记，2016年11月我转任区委常委、区委组织部部长。当时的我，脱贫攻坚的重心主要在抓实纪律保障、组织保障和挂钩盘河镇开展脱贫攻坚、驻村扶贫等工作。2018年5月，组织安排我任区委副书记，根据分工，区委明确由我具体抓全区脱贫攻坚工作；2019年5月，组织又明确由我任靖安易地扶贫搬迁安置区临时党工委书记，作为区委具体负责脱贫攻坚的副书记和全国最大跨县易地扶贫搬迁安置区的首任临时党工委书记。我为自己能够亲身参与、指挥、推动、见证这场人类历史上最伟大的战役而无比自豪。

“看似寻常最奇崛，成如容易却艰辛。”每每有人问起：“对昭阳区脱贫攻坚和靖安易地扶贫搬迁跨县安置区工作，你的一个自我评价、自我定位是什么？”我总会说：“总书记有指示，中央、省、市有要求，我只是个步子紧一点、胆子大一点、落实快一点的‘勤务员’。在脱贫攻坚这场攻坚战中，作为一名‘战斗员’‘指挥员’和‘勤务兵’，我用了心、用了情、用了力，上不负组织、领导栽培，下不负群众、百姓期盼。”这是我的心里话，也是我的一点感悟。五年来，我始终坚持以习近平总书记扶贫工作重要论述为指引，忠诚担当、守正创新，大胆破题、亲力亲为，决战脱贫攻坚、决胜全面小康，首创区乡村“三级联合作战法”全面推行、首辟“资产收益扶贫资金链接战策”全面推开、首推“易地扶贫搬迁多方联动战术”全面推广，得到了中央、省、市各级领导的一致认可，得到了广大贫困群众、搬迁群众的一致好评。

首创“三级战法” 攻城拔寨势如破竹

习近平总书记强调：“到 2020 年现行标准下的农村贫困人口全部脱贫，是党中央向全国人民作出的郑重承诺，必须如期实现，没有任何退路和弹性。”昭阳区地处乌蒙山片区区域发展与脱贫攻坚主战场，是国家重点扶持贫困县及云南省确定的深度贫困县之一。全区总面积 2167 平方公里，辖 20 个乡镇、街道，198 个村（社区），2940 个村（居）民小组，居住着 27 个民族 96.03 万人，有建档立卡贫困户 48695 户 201222 人，按计划进度来看，每年要脱贫 4 万人以上，每天要脱贫 110 人左右，特别是要从零开始，在建好 25 个安置点，完成区内搬迁 9565 户 40172 人的同时，用不到一年的时间建成全国最大跨县易地扶贫搬迁安置区——靖安易地扶贫搬迁跨县安置区，承接跨县搬迁 9256 户 40549 人，任务无比艰巨、压力无比巨大。

2016年初冬的昭阳已寒意肆起，盘河镇放马坝村这个高山之巅、毗邻彝良的偏远山区小村更是雾气弥漫，一入深秋，寒冷的北风就开始拼命地吹，蹂躏这块贫瘠的土地和生活在这片土地上的贫困群众。而此时，脱贫攻坚已经过去将近一年，这里的贫困面貌还是没有得到根本转变，特别与艰巨任务不相匹配的是，开战之初职责不清、力量分散、政出多门、落实走样所产生的影响，一直延续到这个服务群众“最后一公里”的地方。这样的情况，我看在眼里、急在心头，我清醒地认识到过去的“三板斧”已经无法适应脱贫攻坚“大决战”的需要，必须在现有工作基础上进行一次体制机制“外科手术式”的大调整、大变革，才能从根本上解决问题，决战决胜脱贫攻坚。在组织明确由我主抓脱贫攻坚工作后，经过充分调研、反复思考，我亲自研究草拟，创造性地出台了《中共昭阳区委　昭阳区人民政府关于健全完善脱贫攻坚区级主令乡镇部门主攻村级主战三级作战指挥体系的决定》，明确在区委书记、区长任脱贫攻坚双组长架构下，成立由区委副书记、常务副区长任双指挥长的指挥部，从各主要行业部门抽调专人，统一集中办公，实行区级“主令”，确保脱贫指挥“一盘棋”；以乡镇、街道及行业部门为区域设立脱贫攻坚战区，成立由区级挂钩领导、分管领导任指挥长的指挥所，力量下沉、人员下沉，实行乡镇与部门“主攻”，冲刺脱贫攻坚“主战场”；以145个贫困村（社区）为脱贫攻坚作战单元，成立由区级挂钩领导和区直挂钩部门、乡镇、街道主要负责同志为指挥长的作战室，单位只留1人，其余全部到村到户到人，实行村级“主战”，形成统一指挥、步调一致、精准发力的工作格局。

“一石激起千层浪”，此决定的出台彻底激活了全区脱贫攻坚战役，“三级作战法”开始在全区全面推行，96万党员干部以“贫困不除、愧对历史，群众不富、寝食难安，小康不达、誓不罢休”的决心和毅力，深入贯彻落实习近平总书记关于扶贫工作的重要论述，瞄准“两不愁、三保障”目标，紧盯“户脱贫、村出列、区摘帽”靶心，以“党性作保证、帽子作抵押、饭碗作筹码、人格作担保”，吹响最强集结号、发起最后“大决战”，一往无前、决战决胜脱贫攻坚。2019年末，全区累计减贫46914户194778人，贫困发生率由2014年年底的22.01%下降到1.27%；2020年6月，1775户6412名剩余贫困人口全部脱贫，最后贫困堡垒被彻底攻克；2020年8月10日，脱贫攻坚普查全面完成，普查员上报、普查指导员复核、派驻工作组审核验收、市级审核验收、省级审核验收均达100%，千百年来扣在昭阳人民头上的贫困帽子终于被彻底摘掉。我可以无比自豪地说，自己在顶层设计上的创新之举，彻底理顺了决战决胜脱贫攻坚的体制机制，96万昭阳儿女用一场场脱贫攻坚战役的“大捷”，诠释了对总书记的绝对拥护；用脱贫摘帽的“完胜”，践行了对党的绝对忠诚。

首辟“资金战策”　产业扶贫涅槃蝶变

习近平总书记指出：“发展产业是实现脱贫的根本之策。”昭阳低纬度、高海拔，光照充足、昼夜温差大，是发展高原特色农业产业的最佳区域，苹果、马铃薯、蔬菜等种植历史悠久、品质天然，却一直面临“小、散、弱、乱”和无组织、无规模、无品牌、无标准的“四无”困境。随着脱贫攻坚战的步步推进，产业发展成了昭阳脱贫摘帽的最大短板和弱项，也成为我最大的一块“心病”。我深知“脱贫的问题终究是发展的问题，产业不发展，脱贫摘帽就只会是一句空话、套话、唬人的话。发展的关键在产业，产业的瓶颈在资金，只有将有限的资金用在无限的产业上，将贫困群众与产业发展链接起来才能走出困境，实现多赢”。

2018年6月20日，站在永丰镇新民社区荒冲村山顶的烟叶地里，我满心忧虑——烟叶是昭阳的传统产业，但随着烟草市场的变化，现在的烟叶早已不再是“争着买”的状态了。很多干部和群众不止一次地和我说：“现在的烟叶，只能把人困在土地上，饿不死，但也富不了。”市委、区委要求，要结合脱贫攻坚的深入推进、集中优势，对传统的“老、旧、弱、小”产业进行一次“大变革”。方向已经非常明确，就是大力发展苹果产业，擦亮昭阳苹果品牌，路径是“大龙头＋大基地＋大产业”，困难则是资金和衔接。非常之时、非常之事，当有非常之举、非常之策。就在我百思不得其解、苦苦寻求破题之法时，2017年5月31日，财政部、农业部、国务院扶贫办联发的《关于做好财政支农资金支持资产收益扶贫工作的通知》让我找到了最佳答案。我随即查资料、作调研，很快，由我亲自带头研究拟定的《昭阳区开展资产收益扶贫工作实施意见》出台了，我成功找到了脱贫攻坚、产业发展、扶贫资金三者间的“链接战道”，成了昭通市乃至云南省在资产收益扶贫领域“率先吃螃蟹的人”。昭阳区“一乡一业、一村一品，组组有看点、户户有支撑”的产业发展思路、“资产抵押、固定收益、股金分红、务工收入”的产业扶贫路径、“龙头企业＋基地＋支部＋合作社＋贫困户”的产业扶贫模式、“引进大企业、建设大基地、形成大规模”的产业扶贫机制均得到了中央、省、市的一致认可。汪洋等党和国家领导人先后莅临昭通视察，陈豪、阮成发等省级领导也多次亲临现场指导，全省“一县一业”现场会在昭阳区圆满召开。

在我们的推动下，昭阳区苹果种植达60万亩，助推脱贫1.7万户6.2万人，建成海升6万亩全国最大苹果扶贫产业园，机制模式成为引领现代农业产业发展的方向，“昭阳红”成为昭阳苹果品牌的“新标”；建成7.3万亩高标准马铃薯示范基地，助推脱贫1万余户4万余人，昭通大洋芋成为川渝贵饮食中的“新宠”；粤旺、江夏·吉之汇、西充百科等龙头企业建成蔬菜食用菌大棚5000余个，覆盖贫困群众3200余户1.3万余人，昭阳蔬菜成为粤港澳餐桌上的“新贵”。我可以无比骄傲地说，我在产业扶贫上的突破之举，彻底破除了昭阳区产业发展与脱贫攻坚的双重瓶颈，实现了产业升级与脱贫致富的涅槃蝶变。

首推“联动战术” 靖安新区再造奇迹

习近平总书记要求：“贫困人口很难实现就地脱贫的要实施易地搬迁，按规划、分年度、有计划组织实施，确保搬得出、稳得住、能致富。”昭通市委、市政府深入贯彻落实总书记重要讲话精神，特别是视察昭通时提出的“三个更加”“扶到点上、根上”和视察云南时提出的“深入做好易地搬迁工作”的重要指示精神，充分考虑全市“大山大水大峡谷、天寒地冻不出种、人多地少矛盾多”的区域特点和深度贫困地区群众彻底走出大山、“斩断穷根”、摆脱贫困的现实需要，把易地扶贫搬迁作为啃下脱贫攻坚“最硬骨头”的“铁齿铜牙”，以“搬不动山就搬人”的愚公精神，本着对历史负责、对未来负责、对群众负责的态度，在昭阳区靖安镇选址建设全国最大的易地扶贫搬迁跨县安置区，确保能搬则搬、应搬尽搬、整村搬迁，承接跨县安置大关、永善、彝良、镇雄、盐津、昭阳5县1区搬迁群众9256户40549人，包括建档立卡6976户31160人、同步搬迁2280户9389人，其中大关5318户22635人（建档立卡3778户16592人、同步搬迁1540户6043人）、永善2436户10868人（建档立卡1968户8720人、同步搬迁468户2148人）、彝良922户4520人（建档立卡847户4184人，同步搬迁75户336人）、镇雄26户146人（建档立卡21户120人、同步搬迁5户26人）、盐津86户351人（同步搬迁86户351人）、昭阳468户2029人（建档立卡362户1544人、同步搬迁106户485人）。一搬跨千年、一步“斩穷根”，真正让人搬到人该待的地方、让树长到树该长的地方，实现城乡人口分布格局重构、产业发展结构重组、山区自然生态环境重塑。

“时间太紧、任务太重，不打破条条框框的束缚、不突破各个环节的掣肘、不采取超常规的举措，我们就愧对组织的信任、愧对4万搬迁群众的期盼。”2019年5月，在第一次新区临时党工委（管委会）专题会议上我和与会同志如此说道：“我们必须始终坚持问题导向、目标导向、结果导向，用九个组织化、体系化，翻过工程建设的‘雪山’、蹚过稳定搬家的‘草地’、越过服务管理的‘鸿沟’，干不死就拼命干，若不成功便成仁。”在我的带领下，新区坚持指挥体系组织化，形成市委坐镇、县区委作战、各党（工）委做事的“三级作战体系”，高位推进、高效运转；坚持规划设计组织化，形成规划设计工作组、设计单位、第三方优化单位“三方联动体系”，无缝对接、高度统一；坚持征地拆迁组织化，形成区、镇、村、组“四级开锁体系”，创下平稳征地拆迁、流转土地的“昭阳纪录”；坚持工程建设组织化，形成指挥部与建设单位、勘察单位、设计单位、审图单位、监理单位、施工单位、检测单位“八方攻坚体系”，创造了3天半建一层楼的建筑奇迹；坚持挂联走访组织化，形成临时党工委（管委会）处级领导挂县区、科级干部包乡镇、一般干部帮村进组入户的“三级融入体系”，变群众“不愿搬”为“主动搬”；坚持摇号分房组织化，形成现场布置、安全检查、交通保障、现场引导、现场分房摇号、后勤保障、宣传报道、医疗救护“八组联动体系”，所有搬迁群众户户见面，如愿抽到新房；坚持群众搬家组织化，形成临时党工委（管委会）与搬迁县区的“双责任搬家体系”，所有搬迁群众按时搬家入住；坚持服务管理组织化，形成基本公共服务、社区服务、基层组织“三重保障体系”，以服务人、凝聚人、管理人、改变人为目的，以网格化服务管理为核心，用现代城市、现代社区管理理念，开发易地扶贫搬迁智慧服务管理信息系统，依托大数据平台，对搬迁群众档案实行“红黄绿”分类标注，对应“日访、周访、月访”精细化服务管理，提供了“基层党建＋社区管理＋群众自治”的新时代“枫桥经验”“靖安方案”，实现搬迁人口“零遗漏”“零返回”，疫情防控“零病例”；坚持产业就业组织化，形成“搬迁＋产业基地”“搬迁＋扶贫车间”“搬迁＋劳务输出”的“三个搬迁＋”的“产业就业支撑体系”，确保搬迁群众“可就业、可发展”，探索出了“引进大龙头、建设大基地、形成大规模、助推大脱贫”＋“点对点、一站式”的产业就业“靖安路径”，通过盘活“人”这一要素，安置区实现了“人地钱”的有效循环。目前，靖安新区已全面建成，搬迁群众已全部入住，有转移意愿的劳动力全部就业，靖安易地扶贫搬迁跨县安置区已经成为矗立在昭通大地上的新地标，一个充满生机和活力、洋溢幸福和欢乐的新乐园正踏步而来、振翅而飞。

靖安易地扶贫搬迁跨县安置区从无到有，从一片荒芜到建成一个中等县城规模的安置区，汪洋主席亲临视察，陈豪书记、阮成发省长等省委、省人大、省政府、省政协领导多次调研指导，经过一年多的艰苦奋斗，安置区建设得到了党中央、国务院和省委、省政府的高度认可，成为中央党校教授讲解中国共产党领导和我国社会主义制度政治优势的鲜活教材，克服了太多的“不容易”，创造了太多的“不可能”，形成了太多的“不简单”。我可以无比荣耀地说，我所创立的“九个组织化”联动战术，在各个细节的创造之举，彻底攻克了建设、搬迁、管理、服务等环节的相互掣肘，跑出了“靖安速度”，体现了“靖安效率”，展现了“靖安作风”，锻造了“靖安铁军”，为中国工程建设及大规模搬迁贡献了“靖安方案”“昭阳方案”。

“为有牺牲多壮志，敢教日月换新天。我是党培养多年的党员干部，在脱贫攻坚这场没有硝烟的历史性战役中，我不上谁上？”每每身处异乡的妻儿打来电话，我总是这样安慰。“鞍马犹未歇，战鼓又催征。”站在新的历史起点上，我将不忘初心、牢记使命，乘势而上、持续奋斗，继续做敢于改革创新抓落实的“勤务员”，积水成渊、积沙成塔，为实现中华民族伟大复兴的中国梦而奉献自己的一切力量。

（作者时任中共昭阳区委副书记、靖安易地扶贫搬迁安置区临时党工委书记）

披荆斩棘战贫困　砥砺奋进迎小康

费忠平

欲治兵者，必先选将。区委、区政府安排我统筹全区脱贫攻坚工作，我深感荣幸，但也深知昭阳的贫困之冰，非一日之寒；也明白破冰之功，非一春之暖。在区委、区政府的坚强领导和统一安排部署下，我和全区广大党员干部一道，以昭阳铁军“党性作保证、帽子作抵押、饭碗作担保”的铮铮誓言毅然决然地投入了脱贫攻坚这场艰苦卓绝的“大会战”“大决战”之中。

高站位　强统筹　凝心聚力挑重担

统筹全区脱贫攻坚工作以来，我始终坚持以习近平新时代中国特色社会主义思想为指引，认真贯彻落实习近平总书记考察云南和视察昭通重要指示精神，在省、市、区党委、政府的坚强领导下，以踏石留印、抓铁有痕的决心坚决扛起政治责任，把脱贫攻坚作为最大的政治责任、最大的民生工程、最大的发展机遇，把脱贫摘帽作为最重大最紧迫的政治任务来抓好，紧盯“两不愁、三保障”，严格落实“六个精准”和“五个一批”，压实区、乡、村三级责任，整合一切资源，汇聚一切力量，克服一切困难，以善作善成的韧劲、精准精细的干劲、敢打敢拼的闯劲，聚全区之力坚决打好打赢脱贫攻坚战。全区贫困人口由2014年年初的48695户201222人到2020年全部“见底清零”，有效防止返贫，实现了高质量脱贫摘帽和脱贫攻坚普查，脱贫成果不断巩固提升。昭阳区脱贫攻坚工作取得了历史性、决定性的胜利，谱写了中国减贫奇迹的昭阳篇章。

唱主角　抓主业　善作善成勇担当

自脱贫攻坚工作开展以来，我先后在区财政局、区委办、区政府工作，虽然工作岗位变动，但我为了贫困群众脱贫的初心未变、扶贫“扶志”“扶智”的使命未变，始终怀着对党和人民的无限忠诚，带着对事业的强烈责任感，到不同岗位工作后迅速转变角色，即刻投入脱贫攻坚中心战场，勇做脱贫攻坚战役洪流之中的“急先锋”“狙击手”，让自己带领的班子成为“尖刀连”，全力推动脱贫攻坚工作开展。几年来，我团结带领区财政局干部职工为全区脱贫攻坚打好算盘、算好细账、做好保障；压实区委办和直属工委定点扶贫洒渔镇工作责任，真正让干部既“帮”又“扶”、既“挂”又“包”、既“驻”又“住”，始终让党旗在扶贫一线高高飘扬。到区政府分管扶贫工作后，我严格按照总书记“承诺了就要兑现”的“总攻令”，牢固树立脱贫摘帽就是主责主业的主人翁意识，对照精准扶贫、精准脱贫的总体要求，创新工作思路、集中全部精力、汇聚一切力量，苦干实干、奋力拼搏，坚决打好打赢脱贫攻坚战。

转角色　强调研　把脉问诊寻良方

自2019年任区委常委、常务副区长以来，我接过全区脱贫攻坚的接力棒，迅速进入角色，扛起政治责任。面对“昭阳区是全省27个深度贫困县（区）之一，有贫困村（社区）145个，建档立卡贫困人口48695户201222人”的区情、贫情，我深知全区脱贫任务十分艰巨、自己肩上的责任十分重大。

为全面真实了解和掌握全区贫困情况，几年来，我经常从忙碌的分管工作中抽出时间，积极深入部门、乡镇、贫困村、贫困户走访调研，向干部了解情况、与群众促膝长谈，几年来，用1142次调研摸清了全区贫困症结，用597次入户走访问诊群众致贫病因，用无数脚步丈量了全区的每一寸土地。每到夜晚，我又拖着疲惫的身躯回到办公室，认真学习、仔细研究中央、省、市、区关于脱贫攻坚的政策措施，深入思考谋划如何高质量脱贫、如何巩固提升脱贫成效、如何有效衔接乡村振兴。那遍布田间村落的一串串脚印，摆放在办公室的一摞摞调研笔记，印发在文件上的一条条帮扶举措，都是我精心开展脱贫攻坚最有力的见证。

建体系　压责任　披荆斩棘展作为

打好打赢脱贫攻坚战，必须有一套自上而下指挥有力、运转高效、步调统一、责任完备的“作战体系”。为此，在认真贯彻落实上级政策措施和广泛深入调研的基础上，我积极推动构建“全域联动、社会参与、人人有责、多元共治、协同作战”的“五大攻坚体系”。在区委书记、区长任双组长的扶贫开发领导组体制下，设立由区委副书记、常务副区长任双指挥长的指挥部；以乡镇为主战场，成立了由区级领导挂帅的20个乡镇（街道）战区指挥部；以行业扶贫为主攻方向，设立23个由区级领导挂帅的行业部门战区指挥部；以村（社区）为作战单元，成立了153个村（社区）作战指挥部，全区54名处级及以上领导“挂乡盯村”，70名驻村督导员驻村督导，1个中央单位、5个省级单位、7个市级单位和87个区直部门包村到户，145支驻村扶贫工作队482名队员驻村扶贫，7273名党员干部职工联户帮扶，一包到底，同时层层签订承诺书、军令状，以责任倒逼干部沉下去、细下去、实下去、稳下去，既保证了工作推进力度，又维持了干群关系温度，实现了思想、工作、情感“三个认同”。

强举措　打组合　精准施策促攻坚

昭阳区区位独特与交通不便、历史悠久与发展滞后、资源丰富与产业弱小、文化厚重与教育落后、山川秀美与生态脆弱并存。面对薄弱基础，面对深度贫困，面对20余万贫困群众，我始终坚持把“精准”作为第一要义，紧扣“571”标准，围绕“两不愁、三保障”突出问题，聚焦“群众增收、危房清零、学有所教、病有所医、发展基础”，精准制订脱贫计划，集中全部精力打赢打好“产业发展＋就业增收”“易地搬迁＋危房改造”“控辍保学＋教育扶贫”“健康扶贫＋政策保障”“基础设施＋配套提升”“五套组合拳”，确保群众不愁吃、不愁穿、住房有保障、医疗有保障、教育有保障、饮水有保障。

调结构　稳增长　夙夜在公谋发展

发展才是硬道理、发展才是筑基石。只有持续推动经济社会发展、有效扩大投资，才能不断新增就业岗位、编密织牢民生保障网。几年来，我强化工作调度、压实压紧责任，及时研究解决经济运行中出现的新问题、新情况，全面贯彻落实减税降费政策，增强市场活力，释放税制改革红利，落实稳增长、促进民营经济发展等系列政策措施，稳定社会预期，增强市场信心，推动经济健康快速增长、促进投资较快落地见效。强化落实重点项目工作推进制度，压实行业部门监管责任和项目单位主体责任，着力推进项目建设，加快推进工业、农业、房地产发展等，不断强化审批、土地、环评、供水、供电、资金等要素保障，强化政策研究，创新融资模式，拓宽融资渠道。稳住传统服务业，重点抓好批发、零售、住宿、餐饮等行业发展，不断增加第三产业工作岗位，推动贫困群众就近务工就业。统筹资金保“三保”、坚决守住不发生系统性风险的底线，为脱贫攻坚提供财力支撑。大力推动金融扶贫，71 次召开专题会议进行安排、部署、调度，认真发动、宣传扶贫小额信贷政策，协调银行，对符合贷款的农户开通绿色通道，争取在最短的时间内将贷款发放到贫困户手中，有效解决建档立卡贫困户春耕备耕发展生产所需资金，充分发挥了扶贫小额信贷助推产业发展作用，促进了贫困户的自我发展，调动了贫困群众内生动力。

建新房　强后扶　废寝忘食盯项目

易地扶贫搬迁，这是从根子上解决“一方水土养活不了一方人”的最有效途径。但对于这样的惠民政策，依然有众多贫困群众不愿意搬迁进城入镇。

2019 年 4 月，通过反复做思想工作并带领群众实地踏勘后，群众想搬迁的愿望日益增强。我紧紧盯着红路、永丰两个安置点建设进度不放，明确时间节点、挂图作战。经过日夜鏖战，两个安置点如期建成投用，群众如期搬迁入住。

我们按照建设配套搬家、就业产业支撑、管理服务保障“三步走”思路，全力做好后续扶持工作。推进医院、学校等民生项目建设，确保搬迁群众就医、就学有保障；全面强化就业产业支撑，加快推进扶贫车间、蔬菜和食用菌大棚、特色产业基地建设运营，规范合理开发公益公服岗位，确保搬迁群众就近就业。依托昭阳扶贫产业园区和正在建设的19.4万平方米的昭阳智能物联扶贫产业园的区位优势，强化与讯尔、志远等企业合作，帮助易迁劳动力就近就业；全方位加强管理服务保障，以安置区临时党工委（管委会）、党支部、社区组织为主要力量，创新党建、理事会、楼栋长、户代表等机制，着力构建功能完备、服务优良的网格化管理服务体系，帮助搬迁群众适应新环境、融入新社区、开启幸福新生活。

转就业　强产业　尽心竭力促增收

切实增加群众收入是脱贫攻坚工作中最重要的一环、实现全区117000余建档立卡劳动力充分就业是群众脱贫的希望所在。我们按照市委“保存量、扩增量，抓重组、优结构，建机制、促稳定”要求部署，紧扣“农村劳动力转移就业率75%、贫困劳动力转移就业率85%、易迁劳动力转移就业率90%”目标任务，直面自然环境恶劣、土地贫瘠、产业单一等客观现实和贫困劳动力思想观念滞后、文化素质不高、整体技能偏低、劳动力资源开发不足、生活习惯不同等主观问题，从精准实施培训、精准引导转移就业、做好服务保障等方面着手，建立了“政府推动、企业主导、供需对接、培训转移、稳定就业”的劳务输出长效机制，着力举办“订单式”培训，实施“定向式”输出，加强与企业的对接，按照岗位需求招收贫困劳动力。按照自主外出就业、转岗就业、区内企业就业、村集体劳务队就业、公益性岗位就业，为群众转移就业开辟稳定的通道。发展壮大农村合作经济组织，促进农民工向产业化工人转变；积极扶持乡镇民营经济发展和返乡农民工创业，创造更多就业机会，带动和吸引劳动力就地就近转移就业；对无条件外出务工的，依托区内产业发展和扶贫产业园，由乡镇采取开辟公益性岗位、组建村级劳务施工队或协调区内企业吸纳用工等措施，动员群众就近就地务工就业。建立长期培训制度，在乡镇、街道建立培训中心，确保贫困户普遍掌握1—2项实用技能，积极促进群众脱贫增收。建立区、乡镇、村（社区）三级联动帮扶机制，建立完善服务平台，持续推进贫困户和易迁户零就业家庭实现动态“清零”。

强化产业支撑，围绕“村村有亮点、组组有看点、户户有支撑”目标，坚定“大产业＋新主体＋新平台”的高质量发展理念，以良种良法、高度组织化和集约化模式、“党支部＋合作社”“三个全覆盖”为要求，建立健全利益联结机制，连片打造特色优势扶贫产业，提升区域产业辐射带动和可持续发展能力，确保有产业发展条件的贫困家庭户户都有增收产业。

强协作　拓领域　真抓实干结硕果

区委、区政府成立了扶贫协作工作领导小组，不断加强与东莞等东部地区的协作扶贫，构建了沟通协作快捷顺畅的扶贫协作联席会议和协调推进机制。签订了镇镇结对、村村结对帮扶协议，形成了区、乡、村立体协作帮扶新格局。不断推进苹果、蔬菜等农产品“由西向东”输出，增加群众收入。不断增进互访交流，拓宽协作领域，签订了“1+N”扶贫协作协议30余项。不断推进项目实施，方便群众出行、增加群众收入、改善办学条件、增强医疗服务、提升人居环境、增强“造血”功能。持续开展“自强、诚信、感恩”等主题实践活动，加大扶贫协作宣传力度，形成了“结对帮扶一家亲、砥砺携手奔小康”的浓厚氛围。

提效率 激活力 “加减乘除”优环境

几年来，我们严格按照深化“放管服”改革、优化营商环境的决策部署，坚持把深化“放管服”改革、优化营商环境作为转职能、提效率、激活力、促发展的重要抓手，以打造“办事不求人、审批不见面、最多跑一次”营商环境为目标，以“市民之家”为依托，在帮扶和服务企业上做“加法”，提升企业竞争力；在审批程序上做“减法”，激发市场主体活力；在打造特色上做“乘法”，实现特色产业全面升级；在监管执法上做“除法”，构建良好社会信用体系，为昭阳高质量跨越式发展增添了新动能。结合机构改革，落实了一系列就业优惠政策，着力优化提升营商环境，不让一个项目、一个投资主体因政府的不诚信和服务不到位而流失。积极推进“双随机一公开”监管方式创新，打造一视同仁的招商环境，以风清气正的法制环境，让投资者有更多的获得感。加强诚信体系建设，营造从政府到企业、从社会到个人都重信守诺的良好氛围。

严把关 实普查 求真务实强支撑

严格按照中央、省、市关于脱贫攻坚普查的工作安排部署，我们提前谋划部署，在乐居镇仁和村进行了先行先试，正式开展普查后，我带领区普查办一班人，积极配合彝良派驻昭阳区普查工作组，按规定、按程序、保质量、求效率开展昭阳脱贫攻坚普查工作，扎实做好 552 名派驻普查员的服务保障工作。坚持日分析研判机制，每天晚上和彝良派驻工作组通过电视电话形式与 20 个乡镇、街道分析存在问题，及时予以解决。

通过派驻普查员深入昭阳 20 个乡镇、街道 153 个村（居）委会，进入每一户建档立卡贫困户家庭，利用PAD设备采用国家普查程序实施建档立卡户普查表的入户访问登记，截至8月10日23时，昭阳区圆满完成了48695户201222人建档立卡贫困户现场登记数据采集及上报任务，上报率达100%；普查指导员共完成48695户的数据复核任务，复核率达100%；彝良派驻普查工作组、昭通市脱贫普查办、云南省脱贫普查办均完成对昭阳区48695户数据的审核验收任务，验收率均达100%，昭阳脱贫攻坚普查工作现圆满收官，为昭阳脱贫摘帽、圆梦小康提供了强有力的数据支撑，经得起历史和人民的检验。

如今，昭阳区脱贫攻坚取得了赫赫战绩，但我也深知，脱贫攻坚既是一场攻坚战，更是一场持久战。习近平总书记强调："脱贫摘帽不是终点，而是新生活、新奋斗的起点。"对此，我将以"燕子垒窝"的恒劲、"蚂蚁啃骨"的韧劲、"老牛拉车"的干劲、"滚石上山"的拼劲，勤勉务实、奋勇担当，在全面打赢脱贫攻坚战、建成全面小康的路上披荆斩棘、一往无前，践行一名共产党员的初心和使命，诠释一名党员干部的实干与担当。

（作者时任中共昭阳区委常委、常务副区长）

在脱贫攻坚大决战中充分履行职责

罗正国

2020年5月，昭阳区准备脱贫出列摘帽。这场脱贫攻坚大决战，让我们经历了一场干部作风的大洗礼、群众观念的大转变、产业结构的大调整、城乡面貌的大变化、治理能力的大提升。

回顾2015年以来开展这场脱贫攻坚大决战，注定是人生中最难忘的一段经历，也注定是最值得回味、最令人自豪的一段人生经历。在这场脱贫攻坚大决战中，我先后担任昭阳区委常委、组织部部长、昭阳工业园区党工委书记、昭阳区人大常委会主任，始终紧紧围绕脱贫攻坚目标要求，围绕区委脱贫攻坚十大行动，充分履行职责，发挥作用，为昭阳区脱贫攻坚贡献自己的力量。

2015年，我担任区委常委、组织部长和昭阳工业园区党工委书记。按照区委的安排，我挂钩联系盘河镇，先后多次到盘河镇各个村开展调研，了解群众的贫困程度、致贫原因以及盘河镇整乡推进政策项目实施情况等。2015年9月5日，我们与镇党委共同召开了乡村干部和挂钩部门干部参加的协调会议，落实区委关于“挂包帮”“转走访”的工作要求。在会上，我明确要求：乡、村、挂钩单位以及工作队队员必须进一步摆正位置，端正态度，明确职责，形成工作合力，推动脱贫攻坚任务顺利完成；镇、村两级必须扛起脱贫攻坚的主体责任，克服“等靠要”思想，主动作为，统筹整合好挂钩单位、工作队队员和挂包干部力量，形成合力，做好本镇本村的脱贫攻坚工作；挂钩单位要切实履行好帮扶责任，认真组织本单位干部职工配合村上做好入户走访调查、完善建档立卡资料、宣传扶贫相关政策、研究制订帮扶措施、收集村情民意、化解矛盾纠纷、推动基层组织建设等工作，同时充分利用部门资源和优势，力所能及地帮助镇村和贫困群众解决一些实际困难和问题；在入户走访的过程中，要教育引导群众转变观念，树立自立自强、靠自身努力脱贫致富光荣的思想。这次会议统一了思想和认识，促进了脱贫攻坚工作健康有序开展。

2016 年，是区、乡、村三级党组织换届年。打赢脱贫攻坚战，关键在人。如何把干部工作做好，把人才工作做好，把乡村两级领导班子建设好，为打赢脱贫攻坚战提供有力的组织保障、干部保障和人才支持，是组织部长必须思考的问题。

从 2016 年年初，我们按照区委关于换届工作的要求，组织力量对全区 20 个乡镇、街道党政班子运转情况、各级干部在脱贫攻坚中的表现情况等进行深入细致的调研。在全面掌握情况的基础上，把好干部标准和区委对干部的“干事、担当、忠诚、团结、廉洁”要求作为选干部、用人才的重要标准，优化结构、选优配强各级领导干部，做好干部调整方案，做到了群众对干部选拔任用工作的“零举报”，树立了良好的用人导向，营造了风清气正的用人环境。2016 年 4 月底，全区 17 个乡镇党委圆满完成了乡镇换届选举任务。

2016 年 5 月，昭阳区认真组织村党支部委员会、村民委员会和村务监督委员会换届选举工作。全区派出 10 个指导组，由区委常委带队到各乡镇指导村“两委”和监督委员会换届选举，确保换届选举工作依法进行。5 月底，全区 128 个村（社区）圆满完成了村“两委”和监督委员会的换届选举任务，为昭阳区打赢脱贫攻坚战役提供了坚强的组织保障。

2016 年 9 月 14 日，我采用随机调研走访的方式，利用中秋节这个时间节点，没有与镇上、村上打招呼，直接到盘河镇新华村二组徐新华等 10 户农户家中，一方面进行慰问，一方面了解群众享受脱贫政策措施、村组干部在脱贫工作中的表现等情况，鼓励群众树立靠自身努力和自身能力发家致富才光荣的思想，并对他们提出的饮水问题责成盘河镇政府及时研究解决。

2017年3月，我当选区人大常委会主任后，区委安排我挂钩田坝乡的脱贫攻坚工作，区人大机关2017年至2018年10月挂钩田坝村，2018年11月后调整挂钩木厂村。2017年6月研究增派3名干部支援凉山村的精准识别摸底调查工作，直到2018年11月结束。几年时间，我走遍了田坝乡的所有行政村和绝大部分村民小组，走访了200多户贫困户。

2017年6月3日，我到田坝乡对精准识别摸底调查工作开展情况进行调研。白天随工作队队员入户，亲身感受入户调查摸底的艰辛，晚上8点参与田坝乡召开的脱贫攻坚专题办公会议，听取各村对摸底调查进展情况以及在摸底调查中遇到的问题，对摸底调查工作进行研判，对一些调查指标如农户收入和支出如何界定、住房等级如何鉴定以及一些工作队队员在工作中存在机械算账、“死抠”数字，村“两委”和工作队“两张皮”现象突出等问题作了统一。我在会上提出了四点要求：一是要克服厌战情绪，从讲政治的高度，克服困难，耐心细致地把摸底调查工作做好。二是要认真细致，做到各项数据精准，符合逻辑，经得起检验。三是要增强工作责任心，特别是村“两委”不能把工作一推了之，必须加强协调配合，共同参与，形成工作合力。四是乡党委、政府和村“两委”要为工作队开展工作提供有力保障。6月8日，我们召开了摸底调查研讨会，邀请区委脱贫攻坚领导组副组长安启能到会指导，对摸底调查工作进行再培训，进一步统一口径，统一思想。6月13日，我参加了田坝乡召开的党委班子民主生活会，会议对田坝乡党委班子团结干事、作风建设、制度建设、基层组织建设等问题提出了明确要求。

7月12日至13日，我们到凉山村、田坝村、酒房村、水屯村，对工作队队员到岗情况进行督查，现场抽查驻村扶贫工作队队员填写的摸底调查表50余户，了解摸底调查质量，并为凉山村送去了一台电脑和打印机。12日下午，我参加了田坝乡的动态管理工作会议，要求工作队队员在贫情分析中既要实事求是，认真细致，做到精准，又不要“死抠”“教条”，在贫情分析中一定要做到客观公正，让老百姓信服，要求村“两委”和村民小组长必须在贫情分析中发挥主导作用，敢于担当，敢于说出实情，绝不允许不公平不公正、优亲厚友等事情发生，同时对脱贫攻坚纪律再次作了强调。

2018 年 4 月 22 日，围绕区委脱贫攻坚“十大行动”，我到田坝乡对产业扶贫、劳动力转移就业、易地扶贫搬迁、扶贫资金使用等进行调研，并召开田坝乡党委班子会议，在听取工作汇报的基础上，对贯彻落实脱贫攻坚“十大行动”提出要求。要求田坝乡结合实际，认真对照研究，一个行动一个行动地梳理，把措施具体化，决不能只是发一个文件或开一个会传达就了事。对产业扶贫资金的使用，不能只是简单地把钱发下去，要认真研究政策，发挥村级合作社的作用，有组织地进行产业升级改造，让产业扶贫资金发挥出最大效益，让老百姓持续稳定增收，让村级集体经济得到发展壮大，增强村级组织为民服务的能力。对易地搬迁要全力以赴，整合乡村组干部、工作队队员、挂包干部力量，反反复复、不厌其烦地做好思想动员工作，向群众讲清楚易地搬迁的政策、好处及搬迁后的长远发展等，最大限度地动员符合条件的群众搬迁。对劳动力转移就业，要实事求是，积极而为，既要在开展就业培训、开发就业岗位、提供就业信息等方面做好服务，又要最大限度地动员有条件的劳动力通过外出务工增加收入。对教育、医疗卫生、社会保障等要一项一项地梳理，认真查缺补漏，每项工作都要做到心中有数。针对部分班子成员对上级政策吃不透，对基层情况吃不准，安排工作不清楚，不能很好地结合本乡实际，照搬照抄，一文了之、一会了之等现象，要求乡党委、政府切实转变作风，建立工作研究机制，对区委召开的每一次会议，首先由乡党委会认真研究，结合实际提出具体的贯彻落实措施后，再召开会议进行安排部署，彻底解决了以往开了会仍不知道要做什么、怎么做等问题，增强了工作落实的效果，提高了工作效率，促进了干部作风转变。

5月18日上午，我与交通局长和葵、副局长赵启富等领导到田坝乡凉山村现场研究解决西田线至大山4.7公里、西田线至安家屋基0.9公里村组道路建设的遗留问题，进一步理清了思路，明确了责任，提出了相关问题的解决办法，促进了两条村组道路的建设进度。5月18日下午，我参加田坝乡农村人居环境整治专项行动动员会议，要求乡村组干部要充分认识农村人居环境整治工作的重要性和必要性，建立起乡考核村、村考核组、组考核户的农村人居环境整治提升考核激励机制，形成人人参与人居环境整治的浓厚氛围，同时从区人大工作经费中拨出3万元，按照每个村5000元安排，作为人居环境整治行动启动经费，帮助区人大挂钩的木厂村解决3万元，作为村考核村民小组长、村民小组长考核农户的考核激励经费，促进了田坝乡人居环境整治行动的有效开展。2018年10月22日，我们对田坝乡“村村清，户户清”“回头看”暨脱贫攻坚动态管理工作进行督查。

2019年4月7日至9日，我们来到田坝乡的6个村，了解各村开展农村危房“清零”行动工作开展情况、村干部对本村脱贫攻坚相关情况的熟悉掌握程度以及在工作中存在的问题，督促村干部履行好脱贫攻坚工作职责。5月21日，我们召开田坝乡脱贫攻坚研判会，对危房“清零”、人居环境整治、劳动力转移就业等进行再研究、再安排，对凉山村人居环境“脏、乱、差”的问题，区人大拿出3.5万元补助一些入户道路的硬化。对危房“清零”中的“硬骨头”，要采取“一户一策、一户一人”的办法紧盯不放，确保问题得以解决。6月5日，田坝乡召开“五清”工作和农危改“清零”工作研判会，在听取乡上挂钩各村的领导汇报有关情况后，要求挂钩单位进一步压实挂包干部的责任，加强督促检查，确保走访、遍访工作实实在在，不流于形式。7月4日，我们在木厂村走访慰问了老党员，并给木厂村党员上了党课，教育引导广大党员不忘党的历史，不忘党员义务，在决胜脱贫摘帽、冲刺全面小康的进程中，发挥党员的先锋模范作用，引导群众树立“自强诚信感恩”的思想，激发内生动力，发扬自力更生、艰苦奋斗的精神，通过自身的辛勤努力，在党和政府的关心帮助下，脱贫致富奔小康。

2019年7月10日，我参加了市委巡察组巡察田坝乡工作反馈会。在听取反馈问题后，针对巡察反馈问题整改，我对田坝乡党委提出了要求：一要提高站位，端正态度，认真对待巡察反馈问题，积极推进整改。二要压实责任，落实清单，确保反馈问题件件有交代，整改落实到位。三要举一反三，触类旁通，进一步查找同类问题并切实加以解决。四要利用好巡察结果，以整改为契机，进一步加强作风建设，以求真务实的作风抓好脱贫攻坚各项工作。五要进一步严肃脱贫攻坚工作纪律、组织纪律、财经纪律等。

2019年7月24日，我给凉山村党员上党课，要求凉山村党支部规范地应用好“三会一课”制度，加强党员教育管理和监督；要求村“两委”成员严格按政策规定，公平公正地处理好每一件事；要求广大党员牢记党员义务，在脱贫攻坚中发挥好先锋模范作用。8月10日，我参加了凉山村党支部的专题组织生活会并作指导。9月6日、10日，我参加田坝乡脱贫攻坚调度会，对务工收入证明、生产经营收入证明等的收集以及动态管理工作进展等进行调度。

2019年11月2日，田坝乡召开脱贫攻坚迎检准备会，我认真指导做好迎检方案，确保田坝乡的检查验收工作健康顺利开展。11月26日，我对凉山村、木厂村环境卫生整治工作提出了具体要求。

2020年1月7日，我们慰问木厂村搬入红路馨居、幸福馨居的贫困群众，教育引导贫困群众“自强诚信感恩”，增强脱贫致富的信心。3月19日，我到田坝村、水屯村、二坪村督战脱贫攻坚工作，进一步查找问题，查缺补漏。4月8日，我又前往田坝、炎山、大山包、大寨督战人居环境、安全住房、劳动力转移就业、饮水工程项目建设进度。

2020年4月20日，我陪同省第三方考核评估验收工作组到田坝乡进行考核评估验收。田坝乡的脱贫攻坚工作得到了考核评估验收组的充分认可，顺利通过考核验收。至此，田坝乡的脱贫攻坚工作取得了阶段性的胜利。

在完成好个人挂钩田坝乡脱贫攻坚任务的同时，我还充分发挥人大的职能作用，助力脱贫攻坚，对涉及脱贫攻坚的重大事项及时召开常委会议作出决定（决议）。2019 年 2 月，区人大常委会组织草拟了《关于动员全区干部群众全力以赴决胜脱贫摘帽冲刺全面小康的决议》，并在昭阳区第五届人民代表大会第三次会议上通过，号召全区各级各部门、各级人大代表、广大干部群众，全力以赴决战决胜脱贫攻坚，推动形成脱贫攻坚工作强大合力，每年都选择一些涉及脱贫攻坚的专题，开展调研，听取报告，提出意见，加强对脱贫攻坚工作的监督，推动了脱贫攻坚有关问题的妥善解决。

对人大机关先后挂钩的田坝村、凉山村、木厂村，区人大常委会积极帮助解决实际困难和问题，先后争取和协调资金 300 万余元，解决农村道路基础设施、村级办公条件、人居环境提升等问题，组织机关党支部与村党组织开展结对共建活动，指导帮助村级党组织完善制度，规范活动，加强党建，促进基层党组织战斗堡垒作用和党员先锋模范作用的发挥，先后选派 11 名工作队队员，驻田坝村、凉山村、木厂村开展脱贫攻坚精准识别、驻村帮扶等工作。脱贫攻坚期间，驻村“第一书记”郑景长期超负荷工作，累倒在入户走访的路上；队员孙超带病坚持工作，组织机关干部开展脱贫攻坚大走访、大遍访，做好挂包帮扶工作。崔敏挂包的张连迁是易地搬迁户，户主年迈，两个儿子为智障者，崔敏自掏腰包为其购买了沙发、茶几等必备用具，并亲自帮助布置“新房”；易莉桦挂包的刘方银之子刘廷军，要参加事业单位考试，找相关单位出具证明遇到困难，易利桦亲自协调，使其顺利参加了考试；董睿武直接与用人企业对接，帮助挂包的王登成解决就业问题……这些感人的事例，感动了群众，赢得了群众的信任、理解和支持，较好地实现了群众对脱贫攻坚的思想认同、工作认同和情感认同，同时也进一步磨炼了干部的意志。

（作者时任昭阳区人大常委会主任）

传递“政协温度” 助推脱贫攻坚

陈光萍

习近平总书记强调：“言必信，行必果。农村贫困人口如期脱贫、贫困县全部摘帽、解决区域性整体贫困，是全面建成小康社会的底线任务，是我们作出的庄严承诺。”这一重大政治任务，考验着各级党委、政府的组织能力和执行能力，同样考验着政协组织的协同能力和落实能力。

2016 年 11 月，根据组织安排，我到昭阳区政协担任党组书记，主持政协工作。2017 年 2 月 23 日，在政协昭阳区五届一次全体会议上我当选为昭阳区政协主席。在全区上下如火如荼、全力以赴开展脱贫攻坚工作的关键时候，如何在推进精准扶贫、精准脱贫中发挥政协作用，如何为打赢脱贫攻坚战献计出力、作出贡献，成了 2017 年 3 月 6 日我们党组会议的核心议题。随后，昭阳区政协便以时不我待的紧迫感、责任感和使命感，充分发挥自身优势，奋发作为，彰显担当，用勤勉和坚守，团结与智慧，为打赢脱贫攻坚战注入了灼灼如火的政协温度。

真帮实扶　发挥政协干部带头作用

按照区委安排，我挂点靖安镇任靖安战区指挥长。区政协包保五星村，机关干部帮扶五星村1—8组136户建档立卡贫困户。

五星村属民族杂居村，居住着汉、回、苗、彝等民族，全村共1088户4323人，其中建档立卡户408户1840人。五星村种植业结构单一，居住环境条件差，除部分外出务工外，基本没有其他经济来源。挂点五星村后，我从加强脱贫攻坚工作组织领导入手，成立了以我为组长的挂钩帮扶工作领导小组，切实加强对脱贫攻坚帮扶工作的领导，并推荐了经验丰富的正科级干部担任驻村第一书记，选派了4名年富力强的副科级干部担任驻村队员，深入落实脱贫攻坚的部署安排。此后，我与所有政协干部一起下沉五星村，开始挂包帮扶工作。

在多次调研走访掌握了五星村的村情、贫情后，我从住房差、行路难、产业少、资金缺、发展慢等群众最迫切、最现实的难题入手，与区直相关部门、乡村负责人座谈研讨产业发展项目，协调各方资源，组织召开各种扶贫协调会、调度会，开展各种技能培训和感恩教育活动，全力推进五星村的脱贫攻坚工作。

在我的带领下，整个政协无论是处级干部还是普通职工，大家都坚持一半以上的时间下沉到乡村，聚焦“两不愁、三保障”，与基层干部一起分析研究动态管理、收入核算、危房改造、人居环境整治、入户路串户路和庭院硬化等工作。大家都把挂钩户当亲人，放弃节假日，到挂钩户家中同吃、同住、同劳动，从感情上拉近与群众的距离，与贫困群众一起分析致贫原因和短板问题，“志智同扶”，全力解决思想贫困和问题短板。自2017年来，我们累计协调文化扶贫资金15万元、产业扶贫资金200万元、科技扶贫资金205万元、基础设施项目扶贫资金694万元，帮助五星村硬化村组道路39.5公里，安装饮水安全管道16.1公里，硬化庭院8950余平方米，发展了马铃薯种植和黄牛养殖两项产业，推动了村庄的基础设施建设和产业发展。

2018 年 6 月，我已调整到苏家院镇担任战区指挥长，一天接到曾挂包帮扶过的靖安镇五星村建档立卡贫困户陈申周的电话："陈主席，你哪天来五星村到我家里来坐坐，我的新房子修好了，门口的院坝也打起水泥了，到处都干干净净的了！"听到电话里激动的声音，我感到非常欣慰。尽管不再挂钩帮扶陈申周家，但我依然还是牵挂和关注着他们，因为他家和苏家院镇迤那村的陶永刚家是我投入精力最多的挂包户。

陶永刚患有精神疾病，妻子赵庆莲患有腰椎间盘突出症，家中两女一儿，大女儿陶禹娟在四川警官学院读书，儿子陶禹森和小女儿陶禹绕正读初中，全家 5 口人就赵庆莲一个劳动力，生活比较困难。赵庆莲虽然很勤劳，但思想保守固执，内生动力不足，生活习惯不好，不太讲卫生，门口污水横流、牲畜粪便遍地都是，家中锅碗瓢盆、衣服鞋子乱堆乱放。挂钩他家，我很是花了大力气和时间，从思想上、卫生习惯上逐渐引导，在子女学习上给予资金帮助，从建房上帮助协调补助款额，为赵庆莲争取了保洁员的公益性岗位，并介绍毕业后待业在家的陶禹娟到区综合执法局临时工岗位上班……陶永刚家逐渐有了稳定的收入，也建起了新房，每次看到我，全家人都会露出灿烂的笑容。

2020 年 4 月 3 日，"协商在基层"试点工作在苏家院镇拉开了序幕。在坪子村，针对群众呼声最高的问题，我带着委员们组织镇、村、组及群众代表召开"院坝会"进行协商，对失去功能的抗旱塘进行了改造，建设了文化广场，实施了村庄风貌改造、雨污排放处理、亮化工程和道路绿化工程，人居环境得到很大改善；针对群众田埂地角纠纷，通过现场协商，面对面调解，讲政策，摆道理，消除了纠纷和矛盾。在木瓜林自然村，通过院坝会协商，扭转了村内的风气和面貌，群众顾虑消除了，矛盾化解了，一直困扰的道路拓展、沟道改造、活动场地建设等工作顺利推进。

如今，无论是走进五星村还是迤那村，一栋栋新建的砖混房屋错落有致，院前屋后整洁卫生；一条条干净的水泥路直达群众家门口；连片的马铃薯基地、苹果基地里，村民们正在辛勤劳作；文化小广场上，孩子们在欢快地追逐嬉戏……绿荫树上挂硕果，光荣榜上见文明，群众有了看得见、摸得着的幸福感和获得感。

各尽所能　发挥政协委员“主体”作用

在扛起政协的重担后，我把目光瞄准了身后聚集着的290名政协委员，让委员“专家”们在熟悉的领域尽展所长，发挥委员团体力量，助推昭阳打赢脱贫攻坚战。自2017年以来，我们通过召开动员会、座谈会、发出倡议书等多种形式进行广泛动员，团结带领290名政协委员积极投身脱贫攻坚主战场，通过多种形式搭建平台，提供载体，发挥政协委员的团体力量。特别是2018年8月31日全省政协系统启动脱贫攻坚助推行动以来，我们以专委会为纽带，以界别组活动为重点，以助推易地扶贫搬迁、产业扶贫、就业扶贫、生态扶贫、教育扶贫、健康扶贫、扶志扶贫“七个助推行动”和为精准脱贫提出一条好的建议、为贫困户劳动力提供一个就业岗位、为贫困户产业发展提供一项技术服务、资助一名贫困学生、走访一户贫困户、帮助贫困户选择一个合适的产业项目、为贫困户产品销售提供一个渠道、为贫困村开展一次义医义诊、为贫困村开展一次文化活动以及为贫困村开展一次爱心义捐“十个一活动”为载体，把政协委员的力量有效激活起来，整合起来，组成了一支助推脱贫攻坚的生力军，真正让委员动起来，履职尽责。

推行“万企帮万村”，重产业抓就业，生态扶贫辅发展。政协出专家、选人才、送技术，区工商联联合企业，大家一拍即合，携手合作，搭建了“机关支部 + 企业支部 + 基地 + 合作社 + 农户”的产业发展模式，促成了36家民营企业与7个乡镇的38个贫困村签订了45份“万企帮万村”协议书，有力助推了全区的产业扶贫。为拓宽贫困卡户的就业渠道，2019 年 6 月 4 日我们组织召开了就业扶贫座谈会，参加会议的 12 家企业委员主动承担社会责任，踊跃发言，表示将积极参与脱贫攻坚工作。随后，海升集团、祺祥科技生物公司、惠乾集团、中骏生物科技公司等企业吸纳了建档立卡群众 170 余人进入公司务工；瑞仪光电集团吸纳了 82 名高考毕业生到公司进行为期 2 个月的社会实践，帮助每名学生实现收入 1.2 万元。同时，我们鼓励 22 名非公经济界别政协委员大力发展生态蔬菜种植、生态黄牛养殖等产业，吸纳群众入股定期分红，为贫困卡户提供大量就业岗位，带领贫困户一起致富，创新生态扶贫方式，助力贫困群众如期脱贫。截至 2020 年 7 月底，昭阳区政协共计引资 385.37 万元，帮助全区贫困群众发展苹果、马铃薯、苦荞等种植产业 3 个，提供产品销售渠道 18 次，开展科技培训服务 6 次，帮助贫困人口就业 263 人。

爱心义捐，解急难传温暖，聚焦教育、扶志扶贫。如果说帮助就业和扶持产业是“授人以渔”，那么爱心义捐则是近水解急火。三年多来，区政协先后 9 次组织了爱心义捐活动，筹集义捐资金 72.17 万元，帮助众多贫困卡户解决了迫在眉睫的困难和问题。2018 年 11 月 2 日，昭通安然公益会长臧庆富委员义捐给靖安镇五星村卡户群众价值 3 万余元的冬衣 710 件，传递了政协委员的温暖；2019 年 1 月 22 日，与顺山村签约的 5 家“万企帮万村”爱心企业向苏家院镇顺山村 31 组卡户肖光才家捐赠 1.5 万元，用于危房翻建；4 月 2 日，昭通新知图书城向靖安镇五星村捐赠了 10 万元的图书，并帮助西凉山片区 5 个乡镇每所小学每个班建立了流动图书室；4 月 11 日，昭通宜通页岩砖厂、华新水泥、德云建材等企业向实施危房改造的卡户群众捐赠了 3 万匹砖和 280 余吨水泥……在我们的倡议下，企业家们主动作为，爱心如潮。2019 年 5 月 28 日，我们向全体区政协委员发出了《捐资助学倡议书》，委员们踊跃捐资、慷慨解囊，短短时间内就筹集到了 27.2 万元爱心捐款，切实为全区 420 余名贫困学生解决了读书难问题。8 月 7 日，在靖安镇洪家营村，以 700 分的优异成绩被清华大学土木类专业录取的建档立卡户学生田井银接过爱心助学金后，开心地说道："感谢区政协的关心，感谢政协委员们的爱心，我会继续努力学习，用自己的实际行动来回馈社会、回报家乡！"始于教育坚于扶志，关注教育扶贫的同时，不忘扶志扶贫，我们联合民革云南省委、民革昭通市委，组织委员到靖安镇五星村五星小学开展"同心·家风建设进昭阳"大讲堂；组织机关干部和委员 43 人深入苏家院镇顺山村、迤那村和靖安镇五星村召开院坝会，开展"村庄是我家，清洁靠大家"活动，教育引导群众养成良好卫生习惯；组织 34 名政协委员深入贫困村、贫困户，开展"诚信、自强、感恩"暖冬行动，为困难群众送去棉被 258 床。

关注患者疾痛，疫情防控做表率，健康扶贫在一线。2019 年 7 月 23 日，昭阳区助推脱贫攻坚健康义诊活动正式拉开帷幕。全区医卫界别的 13 名政协委员专家分赴靖安、小龙洞、苏家院等乡镇开展健康义诊、送药送医下乡 8 次，为群众看病 1100 余人次。12 月 2 日，昭阳区儿童先心病免费筛查干预项目启动，我们积极配合云南省阜外心血管病医院，到昭阳区 20 个乡镇、街道学校开展为期 1 个月的儿童先心病筛查，确诊的 82 名先心病儿童得到了免费治疗。2020 年年初，全区一大批医疗卫生界别、非公有制经济人士界别、中国共产党界别的政协委员，积极投身新冠肺炎疫情防控第一线，做出了模范表率行动。2020 年 2 月 17 日，云南城投益雄药业有限公司董事长罗修会委员向昭阳区各乡镇一线捐赠了 2 吨酒精、1.2 吨 84 消毒液。2020 年 2 月 18 日，昭通月中桂食品有限公司财务总监赵飚委员带着 74 件昭通特产绿豆糕，看望慰问了昭阳区奋战在脱贫攻坚一线和战"疫"一线的基层工作者。

深入调研，建言献策，助推易地扶贫搬迁。围绕易地搬迁群众的安置入住、创业就业、社区服务、思想引导以及志愿者帮扶等方面工作，我们组织了 18 名政协委员深入靖安镇、北闸镇等易地搬迁安置点进行调研，提出可行性意见建议 10 条，为区委、区政府建言献策，促进了易地扶贫搬迁工作的开展，受益群众 600 余人。

立足优势 发挥政协组织“智库”作用

人民政协具有人才荟萃、智力密集的优势，是助推脱贫攻坚的“智囊团”“人才库”。2017年以来，我们充分发挥委员多为各界专家、活跃在基层这一优势，组织委员开展调研视察、协商议政等，形成了一批有价值有分量的意见和建议，为区委、区政府推进脱贫攻坚科学决策提供了重要的智力支持。

专题调研切合昭阳发展需要，“涉猎”广泛。2017年3月17日，我们组成调研组到靖安镇西魁梁子调研了马铃薯产业发展；2017年12月13日，组成调研组走访了永丰、苏家院、青岗岭、布嘎、乐居、太平等乡镇、街道相关校点，对昭阳区义务教育均衡发展进行调研；2018年6月14日，组织委员到靖安、苏家院等乡镇通过实地查看、听取汇报的方式，对全区人居环境提升工作进行视察；2018年10月18日，组成调研组深入苏甲乡益雄、青岗岭乡龙霖、苏家院镇顺山等中药材基地对中医药产业发展情况进行访谈调研；2019年6月14日，组织调研组到大寨子乡卜鲁期自然村调研就业扶贫车间运行情况。三年来，我们每次调研都紧紧围绕脱贫攻坚工作中群众迫切需要解决的问题展开，充分发挥了委员们的“多才多艺”和“文武双全”，涵盖面极其广泛。

对策立足高远有的放矢，政协“智库”作用突出。2017年以来，我们组织各行业委员，围绕易地扶贫搬迁、水电铝项目、电商农业、稳岗就业、合作社发展、乡村振兴以及苹果、马铃薯、蔬菜、葡萄、中草药产业发展、建档立卡户留守儿童的教育、建档立卡贫困户留守老人的养老及医疗卫生问题、农村营养餐改善计划、“农转城”子女入学及偏远山区少数民族教育等方面课题，开展了21次专题调研和12次现场视察，形成了24篇调研报告，其中《强化职业教育，解决劳务输出短板》《全区易地扶贫搬迁工作的调研及建议》《昭阳区苹果产业发展专题调研报告》《大寨子乡就业扶贫车间调研报告》等14篇高质量的调研报告得到了区委、区政府的高度重视，及时批转至相关部门组织落实，促进了全区脱贫攻坚工作有的放矢、扎实开展。2020年5月23日，在政协昭阳区五届五次全会上，罗天滑等5名政协委员关于《昭通苹果助力群众致富》的5个发言受到了区委的高度重视，市委常委、区委书记江先奎当场就作了批示，要求政府分管领导牵头，带领相关部门研究落实。随后，这些真知灼见被纳为重点提案。

聚沙成塔，众志成城，政协助力脱贫攻坚效果显著。在这条脚沾泥土、心系群众的扶贫路上，我们坚定前行，用脚步丈量贫穷到脱贫的距离，用行动诠释政协就在群众身边，用真情和汗水履职尽责，为群众办了很多实事好事。当前，昭阳区的脱贫攻坚工作虽然取得了阶段性成果，但后续巩固工作任务仍然很重，我还将继续和政协全体机关干部及委员们一起，用实干“力度”传递昭阳政协积极作为的扶贫“温度”，重整行装再出发，在逐梦的道路上快马加鞭、不胜不休!

（作者时任中共昭阳区政协党组书记、主席）

打造一支“不走”的驻村扶贫工作队

和玉林

2015年以来，昭阳区坚持党建、脱贫“双推进”，持续组建、优化驻村扶贫工作队伍，注重能力培养、需求引导、平台对接、严管厚爱，着力打造一支“不走”的驻村扶贫工作队，积极助力昭阳区脱贫攻坚、促进乡村振兴，取得良好成效。全区于2020年5月退出贫困县序列，向党和人民交出了一份满意的答卷。

2015年9月21日，昭阳区按照中央、省委、市委关于选派驻村扶贫工作队、第一书记的文件精神，就选派驻村扶贫工作队队员、驻村第一书记有关事项下发通知，昭阳区驻村扶贫工作队开始组建。

按照驻村工作队组建要求，昭阳区驻村工作队由总队长、副总队长、驻村第一书记（工作队队长）、驻村队员组成。1名总队长由省委选派；1—2名副总队长从省级或市级挂区部门（单位）处级干部中选派；贫困村驻村第一书记（工作队队长）、工作队队员，由中央、省、市、县（区）相关单位选派。2015年至2020年，除总队长、副总队长外，派驻我区驻村队员分别为2015年243名，其中央直部门1个（中国林业科学研究院），派驻队员1名；省级部门3个（省食品药品监督管理局、十四冶建设集团云南水利水电公司、云南铝业股份有限公司），派驻队员12名；市级部门45个，派驻队员97名；区级部门45个，派驻队员133名。2016年派驻驻村队员477名，其中央直部门 1 个（中国建材集团），派驻队员 1 名；省直部门 3 个（国家统计局云南省调查总队、省粮食局、云南建投集团），派驻队员 22 名；市直部门 19 个，派驻队员 81 名；区级部门 97 个，派驻队员 373 名（含 2 名大学社村干部）。2017 年派驻村队员 435 名，其中央直部门 1 个（中国建材集团），派驻队员 1 名；省直部门 3 个（国家统计局云南省调查总队、省粮食局、云南建投集团），派驻队员 16 名；市直部门 5 个，派驻队员 10 名；区级部门 97 个，派驻队员 408 名。2018 年派驻驻村队员 472 名，其中央直部门 1 个（中国建材集团），派驻队员 1 名；省直部门 5 个（云南省人大常委会办公厅、国家统计局云南省调查总队、省粮食局、云南建投集团、云南省中西医结合医院），派驻队员 30 名；市直部门 6 个，派驻队员 14 名；区级部门 100 个，派驻队员 428 名（含选调生及乡镇大学社村干部 14 人）。2019 年派驻驻村队员 481 名，其中央直部门 1 个（中国建材集团），派驻队员 10 名；省级单位 5 个（云南省人大常委会办公厅、国家统计局云南省调查总队、省粮食局、云南建投集团、云南省中西医结合医院），派驻队员 30 名；市直部门 6 个，派驻队员 12 名；区级部门 86 个，派驻队员 429 名（含乡镇大学社村干部 6 人）。2020 年派驻驻村队员 482 名，其中央直部门 1 个（中国建材集团），派驻队员 10 名；省级单位 5 个（云南省人大常委会办公厅、国家统计局云南省调查总队、省粮食局、云南建投集团、云南省中西医结合医院），派驻队员 30 名；市直部门 6 个，派驻队员 12 名；区级部门 86 个，派驻队员 430 名（含乡镇大学社村干部 6 人）。

队员如何选派？一直以来，队员选派是我们驻村扶贫工作领导小组工作的重点、难点、痛点。针对队员选派调研中发现的实际问题，我们将队员的组建工作要求同实际情况相结合，对症下药、精准“滴灌”、靶向治疗。一方面是严格选派标准，统筹选派单位始终聚焦政治过硬、能力过硬、作风过硬的基本要求，将政治素质好、党性观念强、勇于奉献，有事业心和责任感，熟悉了解党务工作，有一定基层工作经验或农村生活经历，有一定的组织协调能力，在本单位工作表现好的年轻同志选派出来。另一方面是结合选派单位实际，对确实存在困难的单位做了选派任务的部分调整或要求派出单位就队员选派情况作了相关说明，并按要求做好情况报备。

2018 年 10 月 18 日至 11 月 30 日，中央第十二巡视组对云南省开展脱贫攻坚专项巡视。巡视组在反馈意见中指出：昭阳区选派驻村工作队队员没有“尽锐出战”，有的单位安排工勤人员担任驻村扶贫工作队队员，有的帮扶干部对帮扶对象的具体情况毫不知情等。针对巡视组反馈问题，我们结合全区机构调整，以问题反馈为导向，按照云南省《关于开展驻村工作队队员选派工作“回头看”的通知要求（云组通〔2019〕16 号），及时向未按要求派驻的 28 家单位提出了整改意见，并于 2019 年 3 月 13 日下发通知，对做好驻村队员调换工作提出要求。之后，我们按照队员选派轮换“大稳定小调整，任务跟着机构走”的原则，严格落实驻村队员选派工作。

2019 年 4 月起，全区驻村工作队队员基本稳定，我们严格按照省委组织部、省扶贫办关于做好 2019 年度贫困村驻村工作队调整轮换工作的通知要求，原则上对 2018 年以来选派的驻村工作队队员不作调整轮换。因年龄偏大、身体不适、能力不强或因机构改革等原因不宜继续驻村等特殊情况确需调整的，经派出单位报区委组织部审核、驻村工作领导小组会议研究同意后调换。2015—2020 年，驻村工作队总队长共调整轮换 3 名，驻村工作队队员共调整轮换 470 名。

队员如何派驻？2015—2017 年，昭阳区共有贫困村 90 个，2018 年起新增贫困村 55 个，共有贫困村 145 个。为做好精准派驻，我们一方面根据贫困村实际需求、派出单位帮扶资源和驻村干部综合能力，统筹整合驻村工作力量，坚持因村因人科学组建工作队，始终坚持把熟悉党建工作的干部派到基层党组织软弱涣散、战斗力不强的贫困村；把熟悉经济工作的干部派到产业基础薄弱、集体经济脆弱的贫困村；把熟悉社会工作的干部派到矛盾纠纷突出、社会发育滞后的贫困村，充分发挥派出单位和驻村干部自身优势，帮助贫困村解决脱贫攻坚面临的突出困难和问题。另一方面突出重点、全面覆盖，严格按照中央、省、市要求，向深度贫困村倾斜派驻队员。每个驻村工作队派驻 3—5 人，原则上深度贫困村选派 5 人，贫困村和已脱贫出列的村选派 3 人，脱贫攻坚期内贫困村退出的，驻村工作队不撤离，帮扶力度不削弱，全区所有贫困村均按照要求实现了派驻驻村工作队全覆盖。

队员如何管理？队员的管理和驻村帮扶作用发挥息息相关，为管好用好工作队这支生力军，我们聚焦制度建设和体系建设，多渠道、多举措抓好队伍管理。一是在脱贫攻坚领导小组的领导下，及时成立和调整各阶段驻村扶贫工作领导小组及其下设机构，全面统筹驻村帮扶各项工作。我们及时对“挂包帮”“转走访”工作联席会议办公室（以下简称联席办）人员设置、工作职能作了调整，于 2016 年 7 月 29 日，下发了关于调整区“挂包帮”“转走访”工作联席会议办公室机构设置的通知（区脱指发〔2016〕1 号）。为进一步抓好队伍管理，2018 年 6 月 15 日，区委、区政府重新调整了驻村扶贫工作领导小组，单独下设驻村办，原联席办继续保留，全区驻村扶贫工作统一在领导小组的领导下开展，由驻村办、联席办具体负责督促落实，同时明确了乡镇、街道党（工）委是工作队的属地管理责任主体，派出单位是工作队队员的管理责任主体，区级主管部门是工作队的统筹主体，严格要求 20 个乡镇、街道及时成立驻村扶贫工作协调小组，并安排专人具体负责驻村扶贫工作队队员日常管理工作。二是及时制订了驻村管理办法和管理制度，有序规范队员驻村工作。第一批工作队队员组建完成后，我们于 2015 年 12 月 25 日下发了关于严格落实 2015 年度驻村扶贫工作队队员有关管理规定的通知（农队领发〔2015〕1 号），就有关规定作了明确要求，2016 年派驻队员到岗后，我们先后于 2016 年 4 月 28 日、2016 年 5 月 10 日制订下发了《昭阳区驻村扶贫工作队管理办法》（区联通〔2016〕2 号）、《昭阳区驻村扶贫工作队队员管理制度》（区联通〔2016〕3 号），明确了队员职能职责，规范了工作程序，严明了组织纪律要求。在后期的管理中，我们结合调研和遍访工作中了解的情况，制订和完善了《昭阳区驻村扶贫工作队选派管理实施细则》《昭阳区驻村工作经费管理使用细则》

《关于进一步加强驻村扶贫工作队队员安全教育管理工作的通知》等制度、办法和细则，有效解决了调研和遍访过程中发现的部分队员不住村、不在岗、不履职、工作推诿扯皮、办事拖沓等行为。三是结合区委及各部门脱贫攻坚督查检查、视频抽查、“云岭先锋”手机APP签到情况，以“严管就是厚爱”的管理理念，把部门督查同联合督查有效结合，把网络抽查同实地督查相结合，用铁的纪律和严的作风，全力保障队员驻村履职工作。从2016年起，我们对督查检查或各类巡查反馈中存在的违纪问题进行严肃处理，在广大驻村队员中起到了良好的警示作用。四是通过电话提醒、函询了解等形式，严格督促派出单位落实驻村队员每年工作经费、驻村补贴发放、保险购买等，为队员做好事、办实事打牢基础，为队员吃住在村、履职尽责解决后顾之忧。五是结合《昭阳区“挂包帮”“转走访”驻村第一书记、工作队队员考核实施细则》，认真开展全区驻村队员季度考核、推优，把优秀队员选出来、推出去，树立起鲜明的选人用人导向。

能力如何提升？驻村工作中，能力不足是队员面临最大的挑战和风险，坚决打赢打好脱贫摘帽歼灭战，我们一手抓党建培训，一手抓业务培训，在认真组织开展好每年度新派驻队员岗前培训的同时，每年我们都要组织协调或协同配合相关行业部门开展好党建知识宣讲和业务知识培训2—3次。在党建培训中，我们以学习宣传和贯彻落实党的十九大精神、习近平新时代中国特色社会主义思想、习近平扶贫工作重要论述、习近平考察云南重要讲话为主要内容，引导一线驻村队员自觉增强“四个意识”、坚定“四个自信”、做到“两个维护”，把驻好村、办好事、服好务、作奉献转化为打赢脱贫攻坚战、全面建成小康社会的具体行动。在业务培训中，我们紧紧围绕贫困户脱贫出列5条标准、贫困村脱贫出列7条标准，对标驻村帮扶工作中存在的弱项和短板，定目标、理思路、明措施，并通过扶贫政策业务知识测试、实地督查指导等方式，对学习成果进行检验。

工作如何抓实？为了不让任何一名群众在脱贫致富奔小康的路上掉队，我们以党建为引领，抓党建促脱贫，以“不脱贫就脱帽”的攻坚决心，精准发力、靶向治疗。一是聚焦对象精准。2016年至2018年是驻村队员扣好对象精准“纽扣”最繁忙的两年，由于上级有关系统数据不兼容问题以及有关政策的调整频率较快，队员们总是在填写表册上反反复复折腾，“5+2”“白加黑”成了工作常态。为确保对象精准，我们通过分片包组的形式，严格要求队员落实摸底排查工作全覆盖，重点梳理排查发现的新识别、返贫、补录、清退等动态管理拟调整对象，始终坚持层层审核把关，做到户情翔实准确、调整理由充分、审核意见客观公正。二是聚焦措施精准。驻村帮扶工作开展以来，我们就紧扣户脱贫村出列标准，对标对表梳理帮扶情况，找准制约脱贫出列存在的问题和短板，围绕建档立卡贫困户家庭情况、致贫原因、脱贫意愿，结合区委、区政府脱贫攻坚“十大扶贫行动”，精准制订帮扶措施，始终做到因户因人施策。三是聚焦成效精准。为实现户脱贫村出列、全面建成小康社会的目标，我们善作善成，坚韧求成，既在“干”字上下功夫，又从“细微”处着手，在撸起袖子加油干的同时，针对存在的短板和弱项下足“绣花功夫”。一方面，我们以解决“两不愁、三保障”突出问题为抓手，大干快干实干，结合区委、区政府各个时期脱贫工作目标任务，充分利用和发挥好各种资源，千方百计为贫困村谋产业、谋项目、谋资金，力所能及地为群众解决水、电、路、就学、就医等难题。另一方面，我们以群众满意度为标准，通过开展“五查五看一感恩”“三讲三评”“不忘初心、牢记使命”主题教育等，同群众讲道理、摆事实、论成果，号召和引导广大人民群众感党恩、听党话、跟党走。

成效如何展现？从杂乱无序、危险破旧的土坯房到错落有致、安全稳固的砖混房，从坑洼泥泞、垃圾遍地的狭窄村组道路到宽阔平坦、整洁干净的小康大道，从思想守旧、“等靠要争”到创新进取、主动作为，从产业的“散小弱”到“一村一品”、遍地开花。驻村工作队的加入，让村庄美起来了，群众富起来了，产业强起来了。为展示好驻村帮扶工作，我们以讲好扶贫故事为主线，多形式开展宣传。一是为群众讲好“我是谁”？设计制作印有“昭阳区驻村扶贫工作队精准扶贫”字样的驻村工作队标识帽，让工作队队员在开展遍访中主动亮明身份。二是向组织报告“我在做什么”？聚焦区委、区政府阶段性重点工作和驻村工作故事，收集、归纳、提炼、总结、撰写好每一篇党建、脱贫“双推进”工作简报，编写好每一期驻村工作剪影，并通过媒体推送的形式，宣传好我们工作队在驻村工作中开展的具体工作。三是向社会各界讲好“我们如何做”？深入挖掘驻村工作中的特色亮点、先进事迹，通过信息推送、成果交流、媒体报道等方式，充分展示昭阳区驻村工作队在脱贫攻坚工作中的典型经验做法、取得的显著成效，掀起“比学赶超”的驻村帮扶工作氛围。

2020 年 4 月 21 日至 25 日，昭阳区接受了脱贫攻坚贫困县脱贫出列第三方评估验收。5 月 17 日，省人民政府发布贫困县退出通知，昭阳区获批退出贫困县序列。7 月 20 日至 8 月 10 日，昭阳区接受了脱贫攻坚国家普查，全区 20.1 万贫困人口全部达到脱贫标准，482 名驻村队员亲身参与和见证了这些历史，向党和人民、向历史交上了一份满意的脱贫答卷。

为巩固脱贫成果，驻村工作队还将继续带着组织的重托和人民群众的期盼，克服各种压力和困难，坚持思想不松、要求不变、力度不减、标准不降，以“归零”心态和“再出发”的气魄，向乡村振兴的康庄大道大踏步迈进。

（作者时任昭阳区驻村扶贫工作队总队长）

让党的声音“飞入寻常百姓家”

沈　洋

2017年12月，根据组织安排，我从昭通市文联副主席的岗位上，调到昭阳区担任区委常委、区委宣传部部长，从文艺工作者变为宣传工作者，我深感使命在肩、责重千钧。

昭阳是我的故乡，也是全国唯一市级政府驻地为国家级贫困县区，全国脱贫看云南，云南脱贫看昭通，昭通脱贫看昭阳和镇雄。昭阳区的脱贫攻坚，是全国脱贫工作的重中之重、坚中之坚、难中之难，具有较强的典型性和普遍的示范意义。

在决战脱贫攻坚、决胜全面小康的征程中，区委宣传部结合工作实际主动融入、积极作为，切实开展思想扶贫、舆论扶贫、精神扶贫、文化扶贫四大行动，充分发挥宣传思想文化工作的思想激励、舆论推动、智力支持、文化支撑作用，为全区脱贫攻坚工作加油助力。张志同志在担任区委常委、区委宣传部部长期间，勇于担当作为，认真履职尽责，紧紧围绕脱贫攻坚“挂包帮”“转走访”工作中涌现的感人故事进行宣传报道，宣传昭阳区脱贫攻坚工作的最新政策、重大意义、创新举措、特色亮点、实践经验、鲜活事例；宣传党员领导干部深入基层一线解决实际问题，为群众办实事好事，在直接联系群众、服务群众中受教育、转作风的情况；宣传乡镇扶贫工作队队长和驻村工作队队员牢记重托、履职尽责、真心帮助群众脱贫致富的感人故事。2017年9月，全区深入开展了“自强、诚信、感恩”主题实践活动，及时成立了由区委副书记施华松任组长，区委常委、区委宣传部部长张志任常务副组长的区级“自强、诚信、感恩”主题实践活动工作领导小组。活动开展以后，就全区扶贫工作中涌现的好人好事、先进典型等进行专门宣传报道30余篇。昭阳信息网和昭阳党建网刊播、刊载脱贫攻坚宣传报道30余条，昭通电视台2套节目昭阳频道刊播、刊载脱贫攻坚宣传报道198条次，区新闻中心制作反映脱贫攻坚奋斗历程的专题片3部。

万物得其本者生，百事得其道者成。宣传工作是做人的工作，是在人的头脑中搞建设。2017年12月，组织安排我到昭阳区工作，接替张志同志继续做好昭阳区宣传思想暨意识形态工作，同时兼任昭阳区新闻中心主任。刚到新的工作岗位，12月14日，省委第三巡视组就进驻昭阳区开展机动式巡视，在巡视结束后，巡视组机动巡视反馈意见提出，昭阳区在宣传思想方面存在“以群众工作为主线对群众教育引导、正面典型宣传不足，激发内生动力落实不到位，‘等靠要’现象仍然存在，贫困户不思脱贫、不愿脱贫、不想脱贫，隐瞒收入的情况较为普遍”等问题。作为刚到任的宣传部长，省委巡视组反馈问题的严肃性和落实巡视整改要求的重要性，让我感觉肩上的担子很重，也让我真切地感受到，唯其艰难方知勇毅，唯其磨砺始得玉成，正可谓越是难干越是难得。作为党和人民群众的“喉舌”部门，唯有用力、用心、用脑、用情做好宣传工作，才能把党和政府的声音传播好，把人民群众的心声反映好，才能当好党和人民满意的“喉舌”，我们党的舆论宣传工作才能做得更好。

思想的束缚是最大的束缚，观念的落后是最大的落后。宣传工作引领风气之先，最需要打破思想的桎梏、解开观念的枷锁。针对反馈的问题，我在宣传部班子会上，传达了区委第39次常委会会议精神并研究安排落实省委第三巡视组机动巡视反馈意见。我告诉班子成员，要充分认识扶志扶智工作在脱贫攻坚工作中的重要作用，要引导群众逐步树立自强自立、诚信为本、知恩感恩的意识，消除以“贫”为荣的惰性消极思想，集中解决好我区脱贫攻坚工作中存在的部分群众“等靠要”思想严重、诚信意识不强、集体主义淡化等问题，确保巡视反馈意见一一整改到位。为确保整改工作落到实处，区委宣传部成立了以我为组长的整改工作领导小组，负责整改方案的制订和整改工作的落实。通过在区级媒体开辟“扶贫路上”“脱贫攻坚”“小康路上”等宣传专栏，在贫困村寨入口、村道两边、村寨公共场所、农家房前屋后刷写标语，在全区范围内营造脱贫光荣的文化氛围等一系列卓有成效的整改措施，昭阳区贫困群众逐步树立了自强自立、诚信为本、知恩感恩的意识，消除以“贫”为荣的惰性消极思想，集中解决了我区脱贫攻坚工作中存在的部分群众“等靠要”思想严重，盲目攀比，在调查走访中不讲真话、不说实情等问题，进一步激发了群众自力更生精神，增强了脱贫内生动力。

新闻事业担负着反映舆论、引导舆论的一个重要任务。我们党历来有一个传统，就是运用报纸、广播、电视等宣传工具，宣传党的路线、方针、政策，教育人民，反映人民的呼声，弘扬正气，揭露消极腐败现象，动员组织广大群众投身社会主义建设事业。在脱贫攻坚新闻宣传工作中，区委宣传部在宣传形式上也做了一些创新。为积极倡导“低碳环保出行、绿色节俭办事”的理念，让广大记者深入基层，贴近实际、贴近生活、贴近群众，围绕全区脱贫攻坚工作，2018 年首创了“单车记者走基层”大型宣传采访活动，走进旧圃镇、苏家院镇、大山包镇、布嘎乡、守望乡、永丰镇等脱贫攻坚一线，宣传党的精准脱贫政策，增强群众自主脱贫内生动力。主动对接央视《决不掉队》栏目组到昭阳历时半月拍摄，推出 45 分钟的脱贫攻坚教育均衡发展电视节目在央视 10 套播出；邀请湖南卫视杧果 TV 到昭阳区拍摄制作“变形记”节目 6 期 240 分钟，在杧果 TV 播出，点击数亿次，在全国产生了较大影响。我们还在苹果花盛开的四月，邀请云南日报、春城晚报、都市时报等省市区 30 多家媒体 130 多名记者作家，开展了“百名记者作家走进昭通苹果园”等系列主题宣传活动，对李克强总理到过的洒渔镇余家大冲群众易地搬迁安置点思源馨居进行回访，倾听群众心声，看易地搬迁安置点的喜人变化。活动中，倡导“同进一家屋，同吃一顿饭，共同话桑麻”“与群众谈一席话，帮群众办一件事，与群众结一份缘”，得到了群众的一致好评。同时还组织记者小分队，分别深入城市建设、脱贫攻坚、产业发展、乡村振兴等工作现场进行集中采访报道，组织记者不断向中央、省、市媒体投稿，加强沟通协调，不断增强昭阳对外宣传力、影响力，有效提升昭阳的对外形象。

昭通是中国南方优质苹果生产基地，是南方最适宜种植苹果的地方。近年来，随着昭通苹果美誉度的进一步提升，昭通苹果声名在外，却难为世人分享。看到这种情况，2018 年 8 月，我带领宣传部的同志到昭阳区主产苹果的几个乡镇实地走访，通过走访，了解到群众销售苹果的渠道非常单一，只能通过外地商贩进村收购或是自行采摘之后运到集镇销售，品质再好的苹果，价格也很难上去。其次，群众文化水平偏低，用不了智能手机，上不了网，就搭不上互联网销售的快车，做不了苹果销售的“微商”。走访回来之后，就如何宣传推介好昭通苹果，促进贫困群众增收致富，我召集负责宣传的同志多次商议后，策划了由《滇池·大美昆滇》杂志社、昭阳新闻全媒体来承办“我们帮你卖苹果”活动，同时我们还组织了“我们帮你卖洋芋”“我们帮你卖葡萄”等主题宣传营销活动，既宣传推介了昭阳的农特产品，又促进了农民增收致富。围绕脱贫攻坚工作，我们还制作了一系列专题片，《秋韵昭通　苹果之城》《乡村振兴昭阳红》《即将崛起的山水新城》《脱贫摘帽走进新时代》和《央视发现之旅系列宣传片》等共 80 余部专题片，全方位、多角度展示了昭阳区各项事业发展的良好局面。

2018 年 8 月，为贯彻落实好习近平总书记在全国宣传思想工作会议上关于成立县级融媒体中心的重要讲话精神，结合昭阳区实际，区委、区政府成立了昭阳区融媒体中心建设工作领导组，由我担任领导组组长。通过不断尝试，总结经验，9 月 3 日，昭通市首家县级融媒体中心——昭阳区融媒体中心正式挂牌运行。中心按照“举旗帜、聚民心、育新人、兴文化、展形象”的使命要求，积极探索新时期媒体融合发展思路，形成了“1 个中心、2 个协会、3 个品牌活动、12 个媒体平台”的“12312”宣传格局。昭阳区作为全国脱贫攻坚的主战场之一，建好昭阳区融媒体中心是“讲昭阳好故事、传播昭阳好声音”的重要举措，对助推脱贫攻坚取得决定性胜利具有十分重大的意义。

“撸起袖子加油干”是时代赋予我们这一代人的使命，通过不懈努力，苦干实干，2019 年昭阳区宣传思想工作得到市委、区委领导的高度认可。立足新时代脱贫攻坚新战役，积极配合人民日报、中央广播电视总台、新华社、云南日报等媒体到昭阳开展主题采访工作，昭阳区在省级主流媒体发表文章上百条，其中《云南日报》14 条，云南电视台 12 条。围绕脱贫攻坚，我们邀请 80 余名作家、摄影家及省、市、区主流媒体记者等宣传力量，开展“昭通乡村旅游助推脱贫攻坚”“2019 昆明商洽会”“百名作家记者走进脱贫攻坚一线”等主题宣传活动。2019 年，昭阳区在国家主流媒体共发表文章 16 条，《人民日报》5 条，中央电视台 6 条，新华社 5 条。其中，2019 年 12 月，在得知央视记者即将到昭阳区采访易地扶贫搬迁的消息后，我随即安排负责外宣的同志，制订了详细的采访方案。为力求把昭阳易地扶贫搬迁情况最准确、最及时地呈现在全国人民面前，我们从最具代表性的易地扶贫搬迁群众中选出要接受采访的对象，我也全程参与了此次采访。得益于各项采访工作准备充分，昭阳区易地扶贫搬迁安置情况在 2019 年 12 月 18 日、29 日接连在央视新闻联播中播出，29 日播出的《搬出大山包、苗家迎来新生活》播出时间三分半钟，打破了昭阳历史纪录，接着新华网、人民网、央视网、学习强国等中央主流媒体也集中报道了昭阳易地扶贫搬迁情况。众多国家主流媒体及省市媒体聚焦昭阳，引起了热烈反响，极大鼓舞了昭阳干部群众，更加坚定了昭阳各族干部群众打赢脱贫攻坚战的信心和决心。

为全方位、立体式、多角度呈现脱贫攻坚以来昭通发生的巨大变化以及昭通独有的区域特色、人文特质，在工作之余，我坚持文学创作，在昭阳区永丰镇三甲村挂职体验的基础上，经过 5 年的基础素材积累，历时一年创作完成了长篇小说《万物生》。2019年《万物生》经过改编，由中共云南省委宣传部、中共昭通市委、昭通市人民政府、龙虎风云（北京）影视文化传媒有限公司等联合摄制，于2019年9月20日在昭通开机拍摄，2020年1月9日在昭通杀青，拍摄时间111天，将于2020年下半年在央视及各省卫视播出。《万物生》题材独特、新颖、厚重，紧扣现实，内容丰富，涵盖了生态环境、乡村振兴、脱贫致富、产业发展等内容，全方位展示了改革开放以来农村发生的翻天覆地的变化，特别是结合昭通实际，书写了脱贫攻坚工作中年轻干部在农村广阔大地排除万难、热心助农、挥洒青春的感人故事，塑造了新时期扎根一线、推动精准脱贫、深入实施乡村振兴战略的干部形象，弘扬了昭通干部群众百折不挠、坚韧抗争、敢于创造的拼搏精神，对昭通内聚力量、外树形象有着积极的助推作用。《万物生》拍摄经历了昭通苹果从种植、开花、成熟到采收、销售的全过程。剧组在昭阳区永丰镇苹果庄园搭建了万物生拍摄基地，并先后在苏家院镇、洒渔镇、旧圃镇、大山包镇及主城区多处选景、置景，辗转于昭通城各大公园、学校、宾馆、酒店、咖啡厅、茶楼、商铺、农家及标志性的特色街巷、村庄等外景地拍摄。昭通苹果发源地最古老的“苹果树王”、全国单体面积最大的现代化万亩苹果庄园、大山包国家公园、鸡公山大峡谷、黑颈鹤、磅礴云海、万亩稻田和昭阳八景之“洒渔烟柳”“珠泉涌碧”等昭通独有景观也成为电视剧首选外景地，昭通彝族、回族、苗族等民族风俗风情和服饰等元素在剧中均有展现。

为收集农村变化的大量第一手资料，我到昭通市各县区及昭阳区永丰镇、旧圃镇等乡村体验采访，在大量走访的基础上，2019年我创作的反映昭通脱贫攻坚工作的20万字长篇报告文学《磅礴大地——昭通扶贫记》发表于《中国作家》杂志头条。报告文学从昭通苹果和马铃薯两大产业的培育、应对地震灾难的从容不迫和坚韧抗争，到正在进行的脱贫攻坚战、易地扶贫大搬迁，我都在作品中一一呈现。2020年1月10日，《中国作家》杂志在北京中国现代文学馆召开研讨会，中国作协副主席何建明等二十余位文学评论家、作家对该报告文学给予了充分肯定。该书被列为云南省委宣传部、省作协庆祝新中国成立七十周年重点扶贫图书出版发行，并参加了昆明和北京的图书展销会。《易地记》是我 2019 年创作的反映昭通易地扶贫搬迁的中篇小说，之所以写这部中篇小说，就是想记录下这场轰轰烈烈的易地扶贫搬迁的真实状态，记录下中国农民在时代大潮中背井离乡奔小康的感人故事。《易地记》在《边疆文学》庆祝新中国成立七十周年专刊发表后，被《小说选刊》2019 年第 12 期选载，获得云南省庆祝新中国成立 70 周年“我和我的祖国”文学类征文一等奖，在全国产生了广泛的影响，提升了昭通的知名度。因为这部反映脱贫攻坚易地扶贫搬迁的小说《易地记》，我获得了云南省作家协会“2019 年度作家奖”。2020 年 7 月该小说被改编成电影《安家》，于 8 月 17 日在全国最大的易地扶贫搬迁安置区靖安新区正式开机，将于 2020 年年底在央视六频道播出，并在全国农村流动数字院线放映。

2020 年 5 月 17 日，云南省政府发布通知，正式批准昭通市昭阳区等 31 个县（市、区）退出贫困县序列。至此，昭阳区戴了多年的国家级贫困县区帽子终于被摘掉，昭阳人民也告别了贫困，走上了奔向全面小康的幸福大道。人生逢盛世，奋斗正当时。宣传工作是党的一项极端重要的工作，是中国共产党领导人民不断夺取革命、建设、改革胜利的优良传统和政治优势。宣传战线肩负时代重任，我能同昭阳人民一起攻坚，全身心投入“中国梦・昭阳篇章”的时代洪流，是无比幸运的事，也是无比幸福的事。

（作者时任中共昭阳区委常委、宣传部长）

强化组织保障　决战脱贫攻坚

耿礼俊

2018 年，我受组织安排，来到昭通市昭阳区工作，任昭阳区委常委、区委组织部长，正式开启我在昭阳区的工作之旅。

2018 年 10 月 21 日，区委召开常委会，听取了由我代表昭阳区委组织部所作的脱贫攻坚项目实施情况汇报。我着重汇报了三个方面的思考和打算：一要超前谋篇布局，打好党建引领“组合拳”。要强化系统思维、整体推进，建立健全“五级书记抓扶贫”工作机制，推动各级力量、各类资源向脱贫攻坚一线倾斜，着重在抓党建促脱贫攻坚、发展壮大村级集体经济、村组活动场所阵地建设、持续整顿软弱涣散基层党组织、强化农村基层基础保障、加强基层党组织标准化规范化建设等方面系统谋划，构建党建引领脱贫攻坚新格局。二要树明用人导向，激励一线干部“拼搏劲”。在坚持严格管理的同时，突出正向激励、容错纠错和关心关爱，激励干部在脱贫攻坚一线勇担当、善作为，推动脱贫攻坚一线干部在制度和规矩的范围内放心放手大胆干。三要强化教育引导，激发贫困群众“精气神”。注重激发贫困群众的内生动力，坚持扶贫同“扶智”“扶志”相结合，通过扎实深入认真开展好“三讲三评”“自强、诚信、感恩”等活动，加强对贫困群众的思想引导、精神鼓励，通过身边人、身边事教育示范带动，充分调动贫困群众脱贫致富的积极性。汇报得到区委的肯定和认同，同时也要求区委组织部抓紧解决剩余问题。

聚焦主业　认真履职

区委组织部作为脱贫攻坚领导组成员单位，在全区的脱贫攻坚事业中承担着重要职能。

在选好用好干部方面。2017 年 7 月 7 日，区委组织部印发了《昭阳区关于在脱贫攻坚第一线考察识别干部的实施意见》，聚焦脱贫成效实绩选拔任用干部。经过几年的工作，2019 年间，全区累计提拔脱贫攻坚一线干部 75 名，占全年提拔干部总数的 83.3%，其间调整了 1 名状态不佳的乡镇干部进行免职处理。2019 年 7 月 3 日，制订出台了《昭阳区进一步加大关心关爱力度促进基层一线干部担当作为的意见》，明确将干部评先评优、职称评审、先进典型等政策向基层倾斜，2019 年，共调整（提拔）了 66 名在同一岗位工作超过 5 年的干部，进一步激发了干部投身脱贫攻坚一线干事创业的热情，激励广大干部勇于担当作为。

在发展壮大村集体经济和村组活动场所建设方面。2017 年 7 月 19 日，区委成立了村组活动场所建设工作领导小组，由区委组织部领导带队进行实地察看，与乡、村、组干部一道对选址、建设数量、布局等进行现场研究、论证，确保了项目的可行性和真实性。通过争取财政资金 7541.5021 万元、群众自筹资金 2000 余万元，圆满完成了 303 个小组活动场所和 23 个村级活动场所的建设任务。2019 年 5 月 10 日，区委组织部牵头成立了昭阳区发展壮大村级集体经济工作领导小组并建立了联席会议制度，分别于 2019 年 6 月 10 日、2020 年 4 月 17 日制订印发了《昭阳区发展壮大村级集体经济三年行动计划（2018—2020 年）》《昭阳区村级集体经济资金管理办法（试行）》等一系列文件，严格执行 2018 年下发的《昭阳区发展壮大村级集体经济管理办法（试行）》，结合各村的产业发展及“一村一策”思路，全面推广“村集体 + 龙头企业 + 基地 + 专业合作社 + 贫困户”模式，共投入资金 5758 万元完成 157 个村级集体经济项目建设，全面消除了贫困村中的“空壳村”，实现全区 145 个贫困村村级集体经济收益均达 2 万元以上的最低目标，集体经济收益总额达 757 万元。

在基层党组织建设方面。2019 年 4 月 22 日，制订下发了《关于认真抓好 2019 年党支部规范化建设达标创建工作的通知》，在持续巩固 2018 年党支部达标创建成果的基础上，2019 年实现了 1317 个党组织达标。通过整合省、市、区三级党费 98 万元，用于全区 16 个易地扶贫搬迁安置点党组织活动开展和活动场所建设，并在涉迁乡镇成立了临时党支部，靖安易迁安置区、北闸红路易迁安置点、永丰易迁安置点党组织建设实现了全覆盖。针对村级党组织软弱涣散问题，区委组织部全面落实“区级领导挂点整顿、乡镇领导包村整顿、第一书记和驻村工作队驻村整顿”制度，对全区村级软弱涣散党组织常态化开展整顿提升。

在整顿中央、省、市、区脱贫攻坚反馈问题整改任务方面。区委组织部成立了由我任组长、各分管领导为副组长、科室（中心）负责人为成员的脱贫攻坚问题整改领导小组，通过制订细化整改工作方案，多次组织召开专题会议研究整改工作，2018 年以来反馈的 110 余个问题已全部整改销号清零，进一步夯实了决战决胜脱贫攻坚的组织基础。

集结下沉力量　决战脱贫攻坚

为统筹全区力量，做好挂钩帮扶工作，2019 年，区委组织部先后制订印发了《关于坚决打赢脱贫摘帽歼灭战的决定》《昭阳区进一步下沉力量压实责任确保打赢脱贫攻坚大决战的工作方案》《中共昭阳区委关于开展脱贫攻坚集中入户的通知》等相关文件，明确了处级以上领导、乡镇（街道）党政主要领导、挂包干部的责任，同时成立了十个脱贫攻坚督战队和两个督察队，围绕脱贫攻坚系列决策部署，聚焦区、乡、村三级责任主体，对脱贫攻坚工作任务落实情况开展督战，每月将督战情况向区委、区政府进行汇总反馈。

通过严格落实相关文件精神，压实各级责任，20个战区（乡镇、街道）处级挂钩领导、挂包部门主要领导和各乡镇、街道党（工）委书记、行政领导既当指挥员又当战斗员，直抵贫困户家中，开展排查走访工作，共走访184个村（社区）1656个村民小组9765户，形成以“关键少数”示范带动“绝大多数”，以“头雁效应”激发“群雁活力”的工作氛围。全区7273名帮扶责任人走访了48695户建档立卡贫困户，深入开展“自强、诚信、感恩”教育活动，与贫困群众同吃同住同劳动，带领贫困户打扫卫生，贫困户生活环境和生活质量明显改善，良好的个人卫生习惯逐步养成，干群关系日益密切，基本实现了全区脱贫攻坚工作“思想认同、工作认同、情感认同”。

真情送关爱　驻村工作迸发活力

结合上级相关文件精神和昭阳区实际，牵头制订了《昭阳区驻村工作经费管理使用细则》《关于强化驻村扶贫工作队队员管理与作用发挥有关工作的通知》等一系列文件，进一步压实派出单位、第一书记（工作队队长）、工作队队员责任，完善后勤保障制度，关心关爱驻村队员。2019年，区委组织部对14名因公受伤、生病住院队员和1名因病去世队员家属进行了慰问，共发放慰问金8000元；看望慰问边远艰苦山区驻村工作队12支，为他们送去组织的关怀和温暖；与区总工会配合，向省总工会为4名因公受伤队员、1名因病去世队员家属申请到慰问金50000元，还协调中央、省、市、区投入资金及物资折款5873.21万元，助力贫困村脱贫出列，同时全方位加强关心关爱，督促派出单位严格执行关于驻村工作经费保障的要求，及时划拨500余万元驻村队员工作经费和435万元驻村第一书记工作经费，兑现工作队队员相关待遇，并安排资金32.36万元为驻村队员开展了健康体检，安排28万元为每名队员购买了保额不低于30万元的人身意外保险。

按照省委、市委、区委关于驻村工作的部署要求，区委组织部向全区145个贫困村派驻了145支驻村工作队、驻村工作队队员484名，实现了所有贫困村派驻队员全覆盖。全面整改了“四类情形”人员，按“五个不选派”要求共调整、轮换驻村队员219人，实现了“尽锐出战”。充分运用市区两级各类培训资源，组织全体驻村队员参加了市区各级培训20余次，组织乡村干部、驻村队员、督导员等共3400余人开展了扶贫政策业务知识测试。

开展主题教育　淬炼党性守初心

2019年9月起，昭阳区开展了为期四个月的“不忘初心、牢记使命”主题教育，四个月的时间，全区迅速掀起了学习贯彻习近平新时代中国特色社会主义思想的热潮，先后组织区四套班子进行了3期理论中心组学习、3期读书班集中学习，全区87家参学单位理论中心组学习363次、读书班466次、学习党的十九届四中全会精神71次、感恩教育205场、成果交流会46场、主要领导讲党课112场、轮训支部书记675人次。各单位采取“三会一课”“主题党日”和报告会等方式集中学习了张富清、郭彩廷、张桂梅、黄文秀先进典型事迹，重温了“党史”“新中国史”，参观了“庆祝新中国成立70周年大型成就展网上展馆”，通过不断学习，进一步增强广大党员干部打赢脱贫攻坚战的信心。通过召开座谈会、发放征求意见表、设置意见箱、个别访谈、实地走访等方式征求到意见建议 1720 条，检视出问题 3572 条，累计解决群众操心事、烦心事 447 件。紧紧围绕贯彻落实上级决策部署和区委中心工作，要求各级领导干部立足各自职责任务和脱贫攻坚工作制订调研方案，把群众反映强烈的热点难点问题确定为调查研究主题，全区共确定调研主题 486 个，形成调研报告 398 篇，大部分调研报告转化成了部门实施办法和行业管理制度。2019 年 10 月下旬，我到盘河镇、凤凰街道、青岗岭乡、龙泉街道、洒渔镇等几个乡镇、街道开展了调研。针对调研发现的问题我提出了五个方面的解决思路：一是全力以赴整改存在的问题，二是加强驻村队员日常管理，三是加大教育培训力度，四是进一步加强提拔任用力度，五是再接再厉完成脱贫摘帽各项重点任务。调研结束后，我向区委汇报了调研情况，调研成果为下一步管好驻村队员、做好驻村工作提供了思路。

打好疫情阻击战　复工复产跑出“加速度”

2020 年伊始，新冠肺炎疫情肆意席卷全国各地。为抓实我区疫情防控工作，我带领组织部机关全体干部放弃春节休息时间，全力投入紧张而又繁忙的疫情防控工作中。

在疫情防控指挥部的统一领导下，区委组织部派出的 2 个督查组抵达一线，历时一个多月，开展督查 20 余次，实现了 20 个乡镇、街道和各个重要卡点全覆盖。全区机关单位党员干部迅速下沉一线，145 支驻村工作队就地转化为疫情防控服务队，第一时间进村入户开展排查，至 3 月 3 日，累计排查群众 24.7 万户 84.4 万人；各村（社区）全面实行网格化管理，村组干部全面铺开，严格落实对重点地区、重点人群进行登记排查、体温检测、居家观察等相关要求，各村（社区）完成2轮及以上排查；在第一时间组建了若干支以村组干部、党员志愿者为主的观察服务工作小组，每天定时上门测量体温，为居家观察群众及时提供基本生活用品并进行心理疏导，确保居家观察人员情绪稳得住、基本生活有保障。在做好疫情防控的同时，充分发挥各级党组织引领作用，以乡镇党委、村（社区）党支部为各级指挥中枢，把春耕备耕、复工复产等工作作为重点任务，通过发放籽种和提供技术指导，引导好群众开展春耕备耕；通过宣传动员群众、联系复工企业、有组织输送，让复工复产真正跑出了“昭阳速度”，为疫情期间稳定经济社会发展提供了坚实的组织保障。

多措并举　超额完成劳动力转移就业任务

2020年年初，区委、区政府多次召开会议，研究部署了昭阳区脱贫攻坚、社会稳定、经济发展等工作，我具体负责开展劳动力转移就业工作。3月初，我在昭阳区劳动力转移培训就业中心主持召开了劳动力转移就业专题会议，听取了劳动力转移就业工作的情况汇报，并作了安排部署，同时与挂钩乡镇、街道的领导同志深入各乡镇、街道开展实地调研和督促指导，3月3日至5日，我分别去了盘河镇、凤凰街道、大寨子乡、大山包镇、小龙洞乡、北闸镇。经过了解，几个乡镇、街道的劳动力转移就业工作推进有序，目标任务可以按时完成，对于大山包镇和北闸镇工作稍微滞后的情况，我重点从三个方面作了要求：一是要把返乡劳动力排查与就业岗位宣传结合，利用春节在家时期，动员乡镇干部、包保干部认真排查，摸清就业意愿底数，同时将岗位信息送进家门。二是要把区内外务工需求与群众就业需求结合起来，积极对接区内外企业的用工需求，把群众外出就业意愿登记造册，实行台账管理，并将二者结合，实现人岗匹配。三是要把有组织输出就业与群众自发外出就业结合起来，在实现岗位对接到位、信息宣传到位、人员动员到位的基础上，通过“点对点”方式组织群众外出就业，推动昭阳区劳动力转移就业工作快速见效。截至3月12日，昭阳区按照市委要求，各级各部门有组织有计划地完成了112052人集中转移就业任务，完成率达108%。

全力备考　抓好定点挂钩扶贫工作

作为盘河镇脱贫攻坚指挥长，我每月都要到盘河镇蹲点调研5天以上，组织乡镇、村组干部召开脱贫攻坚专题研讨会，带领9家区级挂包部门同志，共同研究“收入达标、住房安全、义务教育、基本医疗、饮水安全”等情况，梳理分析问题短板，研究安排下一步工作。

区委组织部的挂钩扶贫点也在盘河镇放马坝村，每月我都要深入挂包村组及农户家中走访2次以上，带领机关干部职工扎实开展走访遍访工作，与贫困户同吃同住同劳动，帮助解决生产生活困难。元旦期间，我们准备了一些过冬的物资，借着春节慰问的机会，给贫困户送去。12组的吴友芝老人，儿子儿媳都外出打工，常年一个人在家里，看到老人收到我们送去的大米后，脸上洋溢着幸福，更加坚定了我们这么多年为实现脱贫摘帽而努力奋斗的信心和决心。为进一步提升人居环境，区委组织部机关党支部还多次与放马坝村党总支联合开展了以“提升人居环境”“爱国卫生运动”为主题的主题党日活动，带领放马坝村群众操家理务、改善生活环境、改变生活陋习。

经过多年的努力，整个盘河镇发生了很大变化，群众生产生活面貌焕然一新。截至2019年，盘河镇9个贫困村全部达到村出列“七条”标准，经村级申请、镇级审核、区级审定公告后已顺利退出贫困村序列。

2020 年 3 月以来，疫情形势好转后，我们及时启动了入户走访工作，各级干部职工继续下沉，抓紧补齐脱贫短板，为迎接各级各类大考作最后冲刺。5 月 7 日，云南省扶贫开发领导小组办公室发出公告，宣布昭阳区退出贫困县。

（作者时任中共昭阳区委常委、组织部长）

用心用情　挂钩帮扶出成效

黎　勇

根据中央军委国动部命令，我于 2017 年 7 月到昭阳区人武部任部长一职。2017 年是推进脱贫攻坚战的重要一年，也是精准扶贫精准脱贫的深化之年，所以我刚上任，肩上便承担起了带领人武部全体干部和职工参与到脱贫攻坚中的重要职责。

在我到单位报到的第三天，区政协陈光萍主席联系我，向我通报根据区扶贫工作安排，我和她作为区级领导，负责昭阳区靖安镇的扶贫工作，也是从那时开始，正式开启了我的扶贫之路。当时，我也感受到了责任的重大和使命的光荣，从作战部队交流到国防动员系统，意味着要更多地和地方打交道，要更多地支持地方工作，尤其是要全身心参与到地方的脱贫攻坚工作，为打赢脱贫攻坚战贡献自己的力量，说实话，内心有些忐忑，但更多的是信心满满。

在和陈光萍主席通完电话的第二天，我们碰了头，初步了解扶贫的基本情况，以便下一步更好地开展工作。当时，正赶上省级督查昭阳区扶贫工作，在我们碰头的当天下午就到了昭阳区靖安镇组织所有扶贫人员开会。这也是我到任后首次组织和参加的扶贫工作会，在听取了靖安镇的情况介绍和工作部署后，我感觉到各级对扶贫工作非常重视，从领导到扶贫工作人员，对扶贫工作都很认真负责，对贫困户的了解掌握，对相关资料的填写完善要求也很高。会议结束之后，在扶贫工作人员带领下，我紧接着去了靖安镇大坪子村进行实地走访和考察。这也是我第一次进村入户，近距离了解贫困户的基本情况。首次走访之后，我感到大坪子村的贫困程度比较深，环境卫生差，交通不便，贫困户生活极为艰苦，其中最严重的是缺水，农户的饮水是个大问题。当地村民为解决饮水问题，修水窖存储雨水作为生活用水，由于水质较差，导致很多村民牙齿发黑，严重影响了身体健康。为更多地掌握大坪子村的情况，在随后的一周，我带领工作队队员持续走访考察，每天早出晚归，有时晚上十一二点才回到单位。走访时，我们坚持不给群众添任何麻烦，经常吃干粮。一周的走访结束之后，我拿到了第一手资料，对村情、组情、民情有了更翔实的掌握。

大坪子村脱贫任务艰巨，我深感责任重大，但困难再大也要克服。为更好地了解帮扶村情况、有针对性地制订帮扶措施，回到单位后，我召集所有帮扶人员召开专题汇报研讨会，在会上了解到，2016 年春节期间，前部长、政委带领干部职工，投入经费 8 万元，以发放现金、大衣和棉被等形式慰问了 75 户困难家庭；采用“1+1”结对帮扶方式对 168 名学生开展捐资助学和发放御寒衣物，累计投入经费 3 万元；为解决贫困群众饮水难的问题，还投入 1 万余元修建了人畜饮水池。通过此次会议，我了解到人武部前期对大坪子村的帮扶工作做得很扎实，扶贫工作队队员认真负责，我接手带领本部人员继续参与到脱贫攻坚战中来，更要继往开来，不断奋进。

为更好地帮助群众解决困难，把扶贫工作落到实处，我专门召开会议，研究部署扶贫工作，并要求人武部要把扶贫当事业，把贫困群众当亲人。挂钩领导、扶贫工作队队员要深入农户，与扶贫对象真心相融。建立领导“电话簿”，武装部主要领导都把自己的电话留给村委和群众，便于群众能随时联系反映情况，不论白天黑夜随时接听群众电话，全天候答疑解惑，给群众一颗“定心丸”。要甘当群众的“及时雨”，人武部领导及扶贫人员要时刻记挂贫困户，特别是在紧急特殊时刻，及时提供帮助。

2017 年的冬天，是一个比以往更寒冷的冬季，气温相比往年更低，大坪子村由于海拔高，整个冬天几乎都被冰雪覆盖。考虑到群众保暖问题，我带领部里的干部职工顶着风雪进村入户，询问群众有没有过冬衣物，冰雪有没有对他们的生产生活造成影响等等。当时正值区里向贫困群众发放一批过冬物资，区委安排我和其他领导检查物资发放情况，经检查，物资发放工作组织有序、公正、公平、公开，发放面广、受益群众多，也没有漏发情况，为贫困群众雪中送炭，送去了抵御寒冬的温暖，群众很高兴。

2017 年年底，根据区扶贫办统一安排，昭阳区对挂钩扶贫村进行了调整，区人武部的挂钩村也根据安排作了更换，由挂钩靖安镇大坪子村更换为青岗岭乡白沙村。为更好地了解挂钩村的基本情况，2018 年，春节刚过，我专门组织召开会议，对白沙村的扶贫工作进行安排部署，第一时间带领部里的干部职工和挂钩队员进村入户，实地考察。在近一周的走访考察后，我感觉白沙村各方面情况相对更好一些，白沙村位于昭麻二级公路（老路）旁，交通比较便利，基础设施和自然环境相对较好，村民居住相对集中，加之村里外出务工人员较多，经济基础相对较好，村“三委”干部团结一致，干事创业的主动性、积极性高，脱贫致富的愿望强。但同时，白沙村也存在部分农户住房条件较差，饮水困难等问题。为帮助群众解决困难，我要求部里所有干部职工要定期走访入户，开展帮扶工作。

实地走访考察后，我发现白沙村拥有良好的气候、水质、土壤条件，适合种植马铃薯。为充分利用这一天然优势，我带领人武部干部引导群众精良选种，合理施肥用药，科学种植马铃薯和玉米，提高作物产量；同时，结合昭通马铃薯展销会，推广马铃薯销售，最大限度地给群众开拓增收路子。

通过驻村队员汇报，我了解到贫困群众耿建兵因尘肺病去世，导致其家庭无收入来源，两个小孩上学困难，生活十分拮据，家庭面临困境。得知情况后，我和政委第一时间带领人武部工作人员赶赴农户耿建兵家，送上慰问金和物资，及时给予物质帮助和精神关怀，竭尽所能帮助其恢复生活、生产。同时，我还跟村“三委”干部进行了交流和沟通，让村“三委”给予重点关心和帮助。

为取得更好的帮扶成效，结合白沙村的村情、民情，把扶贫同“扶智”“扶志”结合起来，针对白沙村群众文化教育落后、思想观念陈旧、部分青壮年存在混日子的消极心态等现象，我们重点展开教育扶贫，采取“1+1”结对助学模式，帮助适龄儿童进入学校接受义务教育学习。我和政委，还有时任副部长李晨光，分别以个人捐资资助了白沙村小学一名贫困学生，并经常到学校慰问关心学生。针对智力缺陷儿童，大力协调将其送入特殊学校学习文化和技能。想方设法为群众争取政策支持，联合区红十字会为白沙村贫困家庭发放米、面、油、大衣、棉被等物资。同时，多次组织青壮年参加就业培训，帮助其转变观念，塑造积极向上、不屈不挠改变命运的志向。鼓励广大青年外出务工，累计完成劳动力转移就业 410 人。

2018 年 3 月，因白沙村所在区域启动水电铝项目建设，白沙村调整给省人大挂钩帮扶，区人武部挂钩扶贫村更换成昭阳区盘河镇五寨村。由于帮扶村的调整更换，我们的帮扶计划、方案、措施等都需要全部重新调整。在收到帮扶村更换的通知后，我第一时间召集本部所有帮扶人员开会，研究部署走访考察工作，以便掌握五寨村的村情民情，为后续更好地开展工作搭桥铺路。

3 月中旬，我带领部里扶贫挂包干部在五寨村开展入户走访，在为期一周的时间里，召集村“三委”开座谈会，对盘河镇五寨村的村情和贫情有了初步掌握。五寨村属于山区，辖 6 个自然村 23 个村民小组，以汉族、苗族为主，有耕地 3919 亩，人均耕地 0.89 亩，有林地 4265 亩，农民收入以种植、养殖业为主。国务院扶贫信息系统数据表明，五寨村建档立卡贫困户致贫原因主要为发展动力不足、缺技术和缺资金等。2014 年以来，经过三次“回头看”和 2017 年、2018 年动态调整，剔除不符合贫困标准农户 5 户 18 人，新纳入 20 户 94 人，返贫户 1 户 5 人，建档立卡贫困人口 297 户 1271 人。

根据掌握的一手资料，回到部里，我组织召开扶贫专题会议，研究下一步对五寨村的扶贫措施。五寨村为苗汉混居村，自然环境较差，可耕种土地少、物产资源少，交通设施较差，村民受教育程度低，自强自立、奋力脱贫的主观愿望不强烈；村“三委”领导不够有力，干群关系不和谐，各级团结协作意识不强，脱贫工作面临困难较多。在走访过程中，我发现，可以根据民族特色丰富当地人的文化生活，结合当地实际打造一个苗寨特色村，经党委会研究通过，人武部投入 3 万元资金，在区委组织部的统筹下，共同帮扶阿初噜自然村修建了文化广场，实现了经济扶贫与文化扶贫相衔接的扶贫方式。

2018 年，我们的帮扶效果明显。五寨村建档立卡贫困群众粮食均有保障，衣服能够自行购买，四季有换季衣物，日常有换洗衣服。全年进城安置 8 户 52 人。落实控辍保学责任，全村建档立卡贫困家庭义务教育阶段没有辍学学生，适龄少年儿童 100% 入学。落实基本医疗、大病保险已覆盖所有建档立卡贫困户，贫困户家庭成员百分之百参加了城乡居民基本医疗保险。

2019 年，区人武部继续挂包帮扶盘河镇五寨村。通过驻村队员反映和实地走访，我了解到，五寨村孤、寡、老、幼、病、残家庭比较多，返贫隐患大，是影响脱贫的突出问题。主要原因是环境条件差，部分已婚妇女离家出走，丢下孩子由老人照管，导致生活困难；有部分单身汉，已步入老年，还和高龄父母同住，基本生活困难；中年夫妇双亡或者夫妻中一人去世后，另一人常年弃家出走，留下孩子，由老人照管，生活十分困难。针对这一情况，我会同村、镇反复开会研究，并把情况汇报区民政局，通过安排公益性岗位、低保、遗孤补助等方式加以解决。

2019 年，根据区委统一安排部署，要全面完善扶贫相关档案资料，做好迎检准备。为此，我一方面部署入户相关工作，一方面安排人员定期下乡开展查缺补漏，完善档案资料。6 月，我组织人武部扶贫人员召开专题会议，安排政工科长为主要负责人带领职工下乡开展为期一个月的档案资料完善工作。7 月开始，包括我和时任政委在内的所有人员每周至少下乡入户一次开展帮扶，政工科做好人员下乡安排表，严格按照安排表定期下乡入户。

在一次走访中，我发现五寨村阿初噜进村道路被山水阻断，严重影响了当地村民的出行。为解决这一问题，人武部出资2万元，修建了一座过水桥面，方便群众出行，得到了当地村民的一致好评。2019年冬，五寨村长期处于阴雨之中，我在入户过程中，发现几户贫困户门前道路尚未硬化，进出家门道路泥泞。为了提升人居环境，帮助贫困群众改善居住条件，我组织村“三委”召开会议，决定投入经费1.17万元，购买水泥和沙石帮助贫困户硬化门前道路。此外，针对部分贫困户家中生活物资不足的问题，各包保人根据包保户的实际情况，想方设法为贫困群众解决桌子、椅子等基本生活物资。

2020年1月18日，春节临近，为了帮助贫困群众度过一个祥和的春节，我们出资1.7万元，从昭通粮油公司购买了一批大米和食用油等生活物资，发放给贫困群众。

2月，受疫情影响，扶贫工作未能按照计划下乡开展，我临时调整措施，安排各挂钩包保干部定期给各自包保户打电话询问有什么困难，生产生活是否受到疫情影响等，帮助贫困群众解决难题，做到脱贫与抗疫两不误。

3月开始，在全国抗疫取得基本控制后，脱贫攻坚也进入了考核验收的关键时期，在做好防疫的前提下，区人武部陆续下乡开展扶贫工作。为实现顺利脱贫，我又组织镇、村两级党员干部召开专题推进会议，根据脱贫任务进一步强化党建引领，全面发力、整体筹划，提升扶贫质效。

针对五寨村产业薄弱、经济基础不好的现状，我在实地调研过程中发现有当地村民在种植少量筇竹。这一发现激发了我的灵感，我意识到这可能是一个适合五寨脱贫致富、造血式发展的好项目。为此，我带领驻村第一书记进一步调研，并派遣扶贫队员到大关县筇竹种植基地考察，现场“取经”。在深入调研、多方论证和掌握贫困群众的种植意愿后，我们决定在五寨村发展筇竹产业。4月1日，区人武部出资4.65万元采购筇竹1.5万株发放给贫困群众，种植了200亩筇竹。对此，《昭通日报》还进行了专题报道，当地村民反响很好。这种切合当地实情，又充分尊重村民意愿的做法效果十分好，盘河镇政府已计划下一步扩大种植面积，把筇竹产业发展得更好。

2020 年 5 月，扶贫工作临近验收，为了进一步改善村民生活环境，我们又投入经费 1.3 万元，帮助迁入新房的贫困群众解决必要的生活物资，改善他们的生活条件。

当前，五寨村已顺利实现脱贫出列，但巩固脱贫成效，做好扶贫的“下篇文章”仍然任重道远，我将带领区人武部继续做好巩固提升工作，坚决完成所担负的脱贫攻坚任务。

（作者时任中共昭阳区委常委、人武部长）

为人民谋幸福只有进行时

周　弢

2019 年 8 月底，根据组织安排，我从巧家县纪委书记的岗位上，调至昭阳区工作，任区纪委书记。在到巧家工作之前，我曾在市检察院工作，调到昭阳区工作，感觉分外亲切。

脱贫攻坚是新时代践行党的初心和使命的伟大实践，是全面建成小康社会的底线目标。2020 年是决胜全面建成小康社会、决战脱贫攻坚之年，也是“十三五”规划收官之年，昭通各县区都把脱贫攻坚工作摆到了工作的首要位置。纪检监察机关作为党和国家监督的专责机关，在脱贫攻坚这项伟大而光荣的任务面前，必须发挥作用，用过硬的纪律、严格的监督，为政策措施、项目资金的落实提供有力的作风保障。

虽然在巧家县纪委工作了近两年，对纪检监察工作较为熟悉，但昭阳区作为昭通市委、市政府所在地，肩负的责任更大，工作的标准更高，要求更严，所面临的形势也有很多不同。为尽快熟悉工作，我通过查阅资料、听取工作情况汇报等方式，对区纪委监委开展脱贫攻坚工作的情况进行学习和了解。

一茬接着一茬干、一棒接着一棒跑，扶贫领域的监督执纪问责工作才能离党组织的要求更近，才能不断获得群众的认可和支持。2019 年 9 月，我接任区委脱贫攻坚第一督察队队长，负责对第一至第五督战队的工作进行督察，同时接任北闸镇脱贫攻坚战区指挥长。

2019年9月3日，区委组织召开扶贫开发领导组调度会议，专题研究脱贫攻坚工作。这也是我到昭阳区工作后，参加的第一个关于脱贫攻坚工作的专题会议。会议要求，要同心同向，围绕目标，查缺补漏，补齐短板，痛下决心，勇往直前，坚决打赢脱贫攻坚战。会议的召开，为全区纪检监察机关开展监督执纪问责工作进一步指明了方向，划出了重点。

巡察作为巡视向基层的延伸和拓展，是推进全面从严治党、实现监督全覆盖的重要举措，是打通全面从严治党"最后一公里"的重要举措。全区扶贫开发领导组调度会议召开后，9月10日，我参加了五届昭阳区委第六轮巡察工作动员部署会。在会上，我要求，紧紧围绕"两不愁、三保障"的要求，对农危改复垦复绿、劳动力转移、易地搬迁安置、人居环境提升、饮水安全等重点领域开展巡察，紧盯扶贫过程中的"微腐败"问题，通过以点带面，精准发现扶贫领域腐败和作风问题。此次巡察专门安排了对大山包镇、北闸镇、区民政局、区水务局的脱贫攻坚专项巡察，对其他单位进行常规巡察。巡察期间，我多次听取巡察工作情况汇报，督促巡察组盯住问题不放，真正发挥利剑作用。通过巡察，我们发现部分乡镇存在教育扶贫、健康扶贫家底不清、情况不明；劳动力转移就业培训未全面落实，就业销号未完成，培训补助未发放；脱贫攻坚发现问题整改落实不力等方面的问题。部分部门存在对驻村扶贫工作重视不够，挂钩帮扶工作不力，部分驻村队员对脱贫攻坚政策业务不熟悉，作风不严不实；执行上级文件精神不力，低保和社会兜底保障等政策落实不到位等多方面的问题。通过反馈督促，相关问题均已得到整改，乡镇部门抓脱贫攻坚工作的责任心得到了明显增强。

2019年9月17日，区委召开"不忘初心、牢记使命"主题教育工作会议，拉开了全区主题教育工作的序幕。

在主题教育工作开展期间，除了积极参加区委常委、区纪委监委班子的专题学习、研讨外，我挤出时间，深入乡镇村组了解情况，密切与基层党员干部群众的联系。

2019 年 10 月 1 日，正值新中国 70 周年华诞，我到了北闸镇海子村调研、督战脱贫攻坚工作。在海子村，我深入李文友、耿道兰、崔汝珍等几户群众家中，与他们交心谈心，了解他们的生产生活、子女就学、饮水、住房等方面的情况，向他们宣传党的扶贫政策，希望他们能常怀感恩之心，听党话、感党恩、跟党走；实地察看了道路硬化、人饮工程建设情况，听取镇党政主要领导关于脱贫攻坚、拆旧复垦、重点项目征地拆迁等方面的工作情况汇报。

通过实地检查和听取汇报，我看到和感受到了乡镇村组干部的不容易，看到了大家努力工作所取得的成绩。在为他们加油鼓劲的同时，结合当时的工作形势任务，我要求镇村各级干部要以“571”脱贫标准为标尺，逐户逐村逐项自检自查，按照“缺什么补什么”的原则，补齐脱贫出列短板，确保户脱贫、村出列各项指标必须过硬，经得起检查；要立足北闸资源优势，因地制宜，抓好产业扶贫，积极探索发展一批具有特色、符合实际的产业项目，帮助贫困群众告别贫困、拔掉穷根；要紧扣主题教育抓落实，把主题教育贯穿到脱贫攻坚工作全过程，以务实的作风、过硬的措施、加倍的干劲做实做细各项工作，确保高质量完成目标任务。

在这期间，我又先后到大山包、盘河等多个乡镇调研、督战，走访困难群众，了解住房、就业、就学、就医等方面的情况，实地检查基础设施建设、产业发展等方面的情况，与乡镇村组干部交流，做好“把脉问诊”工作，促进脱贫攻坚政策措施落实。

2019 年 10 月 20 日，区委组织召开脱贫摘帽冲刺 60 天誓师大会，要求要严格按照中央、省、市决策部署，争分夺秒、斩关夺隘，奋力攻坚、决战决胜，以铁的纪律、铁的作风、铁的举措、铁的办法，冲刺 60 天，坚决兑现脱贫摘帽“承诺书”“军令状”。在会上，我作了表态发言，承诺要坚决克服监督执纪问责“宽松软”，监督不“带电”、执纪不“长牙”的问题，扎实深入开展脱贫攻坚督战督察，快速精准发现问题，严肃精准追责问责，精准推动落实问题整改，坚决纠正和查处一切形式主义、官僚主义问题，坚决杜绝以任何形式搞“数字脱贫”和“虚假脱贫”。

“言必信，行必果”是共产党员对自己最起码的要求，作为纪检监察干部，更要努力做到一诺千金。从到昭阳区工作之初，不管是召开区纪委监委班子会议，还是召开专题工作推进会议，我一直反复强调，必须把扶贫领域监督执纪问责工作摆在工作的重要位置，准确把握脱贫攻坚形势，推动突出问题解决，为全区如期打赢脱贫攻坚大决战提供纪律作风保证。自誓师大会后，我进一步加强了对全区纪检监察干部的管理，层层压实巡察监督、纪律监督、监察监督和派驻监督责任，要求他们把准政治方向，站稳政治立场，紧扣全区脱贫攻坚工作部署，严肃对待监督检查和审查调查工作，对不作为、乱作为的党员领导干部果断问责，对损害群众利益的违纪违法者“零容忍”查处，始终做党和人民的忠诚卫士。2019 年，全区纪检监察机关围绕干部纪律作风建设和脱贫摘帽工作部署，开展纪律专项检查、脱贫攻坚督战督查，发现问题 447 个，整改 406 个，处理干部 150 人，问责单位 1 个、干部 39 人，批评教育 107 人，查处违反中央“八项规定”精神问题 6 起；立案查处扶贫领域案件 11 件，给予党纪处分 11 人，移送司法机关 1 人。通过有力的监督执纪问责，机关作风建设全面加强，干部作风持续好转，为冲刺决胜脱贫摘帽、打赢脱贫攻坚战提供了有力保障。

监督别人的人首先要监管好自己，把分内的工作做好，才能有底气监督别人。作为北闸镇战区的指挥长，我认真履行统筹、协调、督促职能，有问题和北闸镇干部一起研究解决，有困难一起想办法克服，形成了强大的工作合力，主要开展了四个方面的工作。一是抓走访调研。自担任北闸镇指挥长后，围绕“两不愁、三保障”要求，多次深入该镇走访，特别注重对偏远、基础设施建设薄弱、建档立卡贫困户户数较多村组的走访，查找脱贫的短板和弱项，听取困难群众、村组干部和包保干部的意见建议。二是抓分析研判。在走访调研期间，召开镇、村（社区）座谈会议，听取镇村干部工作情况汇报，结合任务形势要求，帮助查找工作中存在的不足，教给工作方法，明确工作措施，促进问题解决。三是抓纪律作风。要求全镇各级干部在思想上坚决克服麻痹大意和侥幸心理，始终保持对扶贫事业的韧劲和执着；在工作作风上必须严谨务实，确保水电路气房学医等各项要求条条达标；在纪律上必须从严，对扶贫资金的管理使用、扶贫政策的落实，必须不折不扣，绝对不能利用职权和职务便利动心眼、下黑手。四是抓协调。注重加强与区财政、交通、农业农村等部门的协调沟通，争取资金项目的支持，共同助力北闸的脱贫攻坚工作。

2019 年 11 月上旬，省政府对昭阳区脱贫攻坚工作开展省级初核抽查。在抽查北闸时，发现了控辍保学不到位、环境卫生较差、收入测算不准确等方面的问题。针对存在的问题，我于 11 月 18 日召集召开北闸镇脱贫摘帽冲刺 60 天战区指挥长第四次调度会议。在会上，针对省级初核抽查反馈的问题和督战暴露的短板，我要求大家紧扣省级初核反馈问题，举一反三，深入排查，扎实推动问题整改；要全面统筹，突出重点，扎实抓好“五查五看一感恩”入户走访工作；要联动互助，共同参与，扎实抓好人居环境整治提升；要预判风险，直面问题，扎实抓好佐证材料收集和举证工作；要同步跟进，健全档案，扎实做好迎检的前期准备工作等方面的要求。

通过抓扶贫项目资金落实，抓省级初核抽查反馈问题整改和各级监督检查反馈问题整改，对照“两不愁、三保障”和“571”标准，北闸镇各项工作都达到了标准，甚至有部分工作走到了全区的前列。

此外，我着力抓好区纪委监委的挂钩帮扶工作。自 2014 年挂钩帮扶青岗岭乡乐德古村以来，区纪委监委在人力物力财力方面给予挂钩村大力支持，帮助解决了许多实实在在的问题。到区纪委工作后，我多次召开会议研究干部驻村工作、结对帮扶工作，确保每一户贫困群众都有一名懂政策、能干事、会干事的干部进行帮扶，促进精准识别、精准帮扶、精准退出政策措施的落实。近几年，区纪委在保障驻村队员工作经费基础上，累计拨款 11 万元用于乐德古村的扶贫工作；积极加强同有关职能部门的协调，对乐德古村的产业发展、水电路等基础设施建设、人居环境改善工作等方面予以大力支持。在投入各项政策项目资金扶持下，经过驻村干部和当地干部群众的共同努力，乐德古村群众的生产生活条件得到明显提升，稳步实现“两不愁、三保障”，全村499户建档立卡贫困群众全部达到脱贫标准。

2020年1月，突如其来的新冠肺炎疫情改变了原有的工作节奏。区委认真落实中央、省、市部署，一手抓疫情防控，一手抓脱贫攻坚，统筹推进各项工作有力有序开展。

区委有安排，区纪委监委就要有行动。我及时组织区纪委监委班子召开会议，研究部署纪检监察机关的监督执纪工作，要求坚持稳中求进工作总基调，准确把握统筹疫情防控和经济社会发展的主要任务、具体要求，监督各乡镇、街道、部门责任落实，督促党员领导干部强化责任担当。在这期间，我带头深入一线监督。2020年1月29日，我到昭通南高速收费站、守望乡卡子村卡点、昭通大市场、大润发超市等多地暗访疫情防控工作情况，全区纪检监察干部也一起迎难而上，勇于担当、敢于担当，开展疫情督战督查394次，累计发现问题20个，处理问题20个，批评教育干部16人，问责3人，党纪处理2人，有力维护了疫情防控、脱贫攻坚工作纪律的严肃性。

2020年3月6日，在全国决战决胜脱贫攻坚座谈会上，习近平总书记发表重要讲话，要求克服新冠肺炎疫情影响，凝心聚力打赢脱贫攻坚战，确保如期完成脱贫攻坚目标任务，确保全面建成小康社会。围绕习近平总书记指示精神和中央、省、市的一系列要求，区委在第三方检查评估验收前期，分别对易地扶贫搬迁、贫困劳动力转移就业、扶贫产业发展、扶贫资金使用管理、农村危房改造、农村人居环境整治工作进行专题研究。4月15日，又召开脱贫退出迎检工作视频调度会，调度会上，为让全区党员干部真正严起来、紧起来、实起来，以万全的准备迎接检查，市委常委、区委书记江先奎强调，在这场荣誉战中，处处是战场、人人是战士，每一个乡镇、每一个村组、每一名干部、每一名群众都代表昭阳形象，绝不能有半点懈怠闪失。号令一出、三军齐动，没有任何回旋余地，必须纪律严明、步调一致，必须剑锋所指、所向披靡，必须执行最严战时纪律，打响问责“板子”，为顺利过检扫清障碍。

越到关键时刻，越要以最严的纪律作为保障。昭阳区纪检监察机关围绕决战决胜脱贫攻坚，靠前监督、主动监督、精准监督，严厉纠治形式主义、官僚主义，严查不担当不作为乱作为现象，督促各级党组织和党员干部扎实工作，努力奋斗，把部署一项一项抓到位抓到底，对搞数字脱贫、虚假脱贫的严肃问责，对贪污侵占、吃拿卡要、优亲厚友的从严查处，推动脱贫攻坚政策措施落到实处。2020 年上半年，全区纪检监察机关受理扶贫领域问题线索 20 件，均依规依纪依法做到快查快处快结；因脱贫攻坚工作作风不实，约谈主要负责人或分管领导 18 人，批评教育 4 人；开展脱贫攻坚督战 394 次，发现并督促整改问题 16 个。

2020 年 4 月 21—26 日，云南师范大学师生一行 66 人组成第三方评估验收组，对昭阳区开展脱贫摘帽评估验收。全区有 18 个乡镇、街道的村（社区）被抽中，北闸镇海子村也在检查之列。有努力就有回报，有付出就会有收获。2020 年 5 月 17 日，省扶贫办发布消息，云南省政府 5 月 16 日正式批准昭阳区等 31 个县（市、区）退出贫困县。

为人民谋幸福只有进行时。在今后的工作中，我仍将保持为人民谋幸福的初心，带领全区纪检监察干部，勤勤恳恳、兢兢业业地为党分忧、为党尽责，持续深化扶贫领域腐败和作风问题整治，着力加强对脱贫工作绩效、脱贫政策连续性稳定性以及脱贫摘帽后“不摘责任、不摘政策、不摘帮扶、不摘监管”情况的监督检查，推动脱贫攻坚政策措施不折不扣落到实处。

（作者时任中共昭阳区委常委、纪委书记、监委主任）

发挥工业园区优势　助力全区脱贫攻坚

叶建平

党的十八大以来，习近平总书记在多个重要会议、重大场合反复强调脱贫攻坚，多次就脱贫攻坚作出重要指示。习近平总书记在党的十九大报告中强调，坚决打赢脱贫攻坚战，让贫困人口和贫困地区同全国一道进入全面小康社会是我们党的庄严承诺。习近平总书记关于脱贫攻坚重要性的深刻阐述，指引我们更充分地认识打赢脱贫攻坚战的重大意义，进一步增强了我们坚决打赢脱贫攻坚战的信心决心和工作主动性。作为基层领导，能见证并参与到这场重要的历史战役中我深感自豪，同时也深感肩上责任重大。

2015 年 12 月，我从昭通市商务和招商合作局到昭阳区人民政府挂职担任副区长。2017 年 8 月我兼任昭阳工业园区管委会主任，主持昭阳工业园区全面工作，这让我对昭阳区的产业发展有了更深入的了解。其间，根据脱贫攻坚工作部署，昭阳工业园区挂钩帮扶盘河镇三寨村，通过深入挂钩联系村和园区企业走访调研，我深切感受到全区产业发展和脱贫攻坚面临的诸多问题：在产业方面，昭阳区产业结构单一、科技含量不高、没有形成较为完整的产业链、工业产业占比较低等，虽然经过多年的努力和探索，园区培育了一批中小企业，但整体发展缓慢，带动力和支撑性不强；在脱贫攻坚方面，全区农村人多地少，大部分青壮年劳动力常年外出务工，但受市场环境影响，难以稳定就业、持续增收。如何破解制约全区产业发展的瓶颈？如何将产业发展和脱贫攻坚结合起来？如何发挥园区在脱贫攻坚工作中的带动作用？这一系列问题成为我工作的重点和努力的方向。

下沉扶贫一线　找准发展方向　助力群众脱贫增收

昭阳工业园区挂钩帮扶盘河镇三寨村，三寨村有26个村民小组1272户4503人，建档立卡户461户1716人。刚到三寨村时，在走访中我了解到，全村有3个村民小组群众的出行都需要蹚水过河，旱季还好，到了雨季就只能“望河兴叹”了。一次走访中，同行的园区党工委相关领导指着对面隐约可见的村落说：“主任您看，对面是三寨村的3个村民小组，有132户住户共494人，这条河阻断了村子和公路的连接，村民要出行需要绕行很远，老百姓一直想在这里修建一座桥，但是苦于没有资金。”面对园区资金紧缺的现状，我主动协调区交运局，争取把这座桥纳入交运局项目范围内。区交运局通过整合相关项目资金302万元，及时启动了桥梁的勘测、设计和建设工作，解决了村民的出行难题，老百姓给大桥取名“犀牛大桥”。这是一座群众期盼已久的桥，也是体现我们真扶贫、扶真贫的“连心桥”。同时，结合园区企业集中的特点，我还协调和动员园区企业，主动履行企业的社会责任，开展了一系列扶贫助困活动，其中顺华科技有限公司筹集3万余元资金资助三寨村、新华村的5名大学生，并为10余名三寨村贫困劳动力提供就业岗位；乔治白服饰有限公司资助建档立卡贫困学生1名（孤儿）每月500元生活费，并向三寨村捐赠服装460套；月中桂食品有限公司支部到三寨村走访慰问乡村教师70余人；园区筹集20万元资金用于纸厂沟活动场所建设和人居环境提升，协调省工投昭阳产业公司和华新水泥筹集6万元用于北闸镇红路村人居环境提升改造。

通过深入走访，我也意识到，“输血”式的扶贫只能解决眼前的问题，“造血”式扶贫的根本在于产业发展。三寨村贫困发生率为38%，也是盘河镇人口最多的村，人多地少的矛盾尤为突出，加之周边没有相应的产业带动，群众的经济来源单一，外出务工成为群众的主要收入渠道。但大量青壮年外出务工，又带来一系列问题，比如存在大量留守儿童、“空巢”老人等问题。面对这样的贫困现状，结合园区产业发展的实际，我认识到，脱贫攻坚最有力的武器是产业，最根本的途径是发展。有产业支撑，才能从源头上解决贫困问题，“斩断穷根”。如果能让群众就近稳定就业，将是助推脱贫攻坚的一个重要途径。当时，全区启动了靖安新区和红路安置区的建设，接纳全市6个县区6万多贫困人口整体搬迁，其中，红路安置区毗邻园区标准厂房，安置了2.3万贫困群众，“挪了穷窝”还需要“斩断穷根”，这样才能真正巩固脱贫成果。为此，我带领园区广大干部职工，充分发挥园区产业聚集的优势，紧紧围绕“育产业、带就业、促增收、助脱贫”的工作思路，依托园区现有资源，把解决贫困劳动力就业作为工作方向，着力引进一批劳动密集型企业，带动贫困人口转移就业，努力实现以产业培育、发展助力脱贫攻坚。截至2019年年底，昭阳工业园区扶贫产业园26户企业共解决就业4162人（其中贫困人口2376人），有力促进了贫困人口转移就业，为昭阳全面决战决胜脱贫攻坚发挥了积极作用。

强化要素保障　提升服务质量　盘活资源强基础

思路确定以后，关键在于落实。要解决就业，首先要推进产业发展，而园区正好是产业培育、发展的重要平台，我带领广大干部职工，结合园区实际，从多个方面着手，进一步夯实产业发展平台，助力全区脱贫攻坚。

“筑巢引凤”，营造良好发展环境。在园区建成18万平方米标准厂房及相关配套设施之际，为满足新招商入驻企业及产业聚集发展需求，我和园区干部职工一起，克服资金运行困难的影响，千方百计想办法，通过贷款、融资等多种方式筹措了500余万元资金，对园区标准厂房、供电线路及亮化、园区绿化以及消防设施等进行全面维修；积极争取区委、区政府的支持，推动扶贫产业园558套公租房扫尾工程建设，及时启动了扶贫产业园3万平方米标准厂房建设，切实夯实发展基础。

“腾笼换鸟”，引入优势企业。为充分发挥园区厂房的经济效益，针对园区新招商入驻企业及产业聚集发展需求，结合企业运行实际、投资强度和厂房使用管理办法，园区及时对部分发展缓慢、经济效益较低的企业使用的标准厂房进行清理整合，通过努力，园区累计腾退标准厂房10万余平方米，为新招商入驻的10余户劳动密集型企业提供了发展空间，新增就业岗位近3000个。

彰显特色，积极争取项目支持。为充分整合项目资金，加快园区基础设施建设，我们积极向国家工信部争取了“特色载体推动中小企业创新升级”5000万元项目资金。让我印象极为深刻的是，2019年4月在赴北京进行项目论证答辩过程中，其他地区申报项目都是以科技创新为重点，而我代表昭阳工业园区紧紧围绕“产业发展助推脱贫攻坚”这一主题，针对我区扶贫现状，深入分析了产业发展在脱贫攻坚中的重要现实意义，彰显了本地特色，赢得了专家和评委们的高度认可，成为所有申报项目中唯一一个把脱贫攻坚与特色园区创新升级结合起来的项目，并顺利通过国家工信部评审，目前，首批2500万元资金已经按程序划拨到位。

落实政策，增强发展信心。区委、区政府为助力企业转移入驻，制订了相关优惠政策。为确保相关政策落实到位，我及时协调区搬迁安置局、人社局等职能部门，切实做好各项政策保障措施跟踪落实工作，提升企业发展信心，激发群众内生动力，促进“农业人口”向“产业工人”转变。同时，园区充分盘活现有厂房、土地、配套公租房等优质资源，通过减免厂房租金、组织专场招聘会等方式，促进东部劳动密集型企业优先向园区聚集，并把解决当地贫困人口就业作为入驻企业评价的“硬指标”，尽最大可能提供新增就业岗位，同时举办用工培训，引导建档立卡贫困户入园就业，促进群众稳定增收。

强化服务，助力脱贫攻坚。我始终把服务群众作为一切工作的出发点，针对红路安置区与扶贫产业园一墙之隔，但出入道路需绕行的实际，为方便红路安置区贫困群众搬家、出行、上班，我们对扶贫产业园区内道路进行了改造，将主路作为市政道路供安置区群众使用，缩短了安置区与城市主路的距离，也缩短了我们与贫困群众间的距离。我们把服务企业作为工作的主要抓手，建立了园区领导、责任科室联系企业制度和企业服务代办制度，建设了扶贫产业园区企业服务中心，派驻了服务队伍，形成了咨询、入驻、帮办、代办“一条龙”服务体系，让企业来得放心、入驻安心，全力助推我区脱贫攻坚工作。

强化精准招商　加大产业培育　助推脱贫攻坚

为了吸引更多的优势龙头企业和好项目、大项目落户昭阳，我结合分管的招商引资工作，始终秉承“招得来、留得下、成效显”的工作思路及“精挑细选拣好菜”的招商理念，积极争取政策、常年带队抓招商、争项目、会能人、淘经验，通过参加南博会、各地投资贸易洽谈会、昭通外来投资企业代表恳谈会、昭通与外地对接座谈会等招商活动，主动宣传推介昭阳招商优惠政策，及时发现新的投资意向，牵头研究制订了《昭阳工业园区招商引资优惠政策》，为项目产业培育和项目引进提供了政策保障。园区围绕重大项目，强化精准招商，促进产业集群化发展。围绕70万吨水电铝项目上下游配套产业，突出全产业链招商、精准招商和以商招商，力争引进一批长短结合、产品关联度高、带动力强的项目落地建设，努力打造铝产业集群，目前，10万吨/年A356铝合金方棒项目、5万吨/年T型锭生产线项目、7.5万吨/年高端航空用铝合金扁锭项目相继建成投产；围绕昭通合盛硅业80万吨/年有机硅一体化项目，着力推进项目前期工作。配合市区相关部门完成了园区规划修编、临时供电线路设计等前期相关，为项目落地铺筑道路。积极引进服装鞋帽、生物制药、电子信息产品、机电制造业等劳动密集型企业，扩大就业规模，有序转移全区贫困人口及易地搬迁群众就近入园就业；加大农特产品加工产业的引进和培育，重点引进以苹果、马铃薯等优势农产品精深加工企业，延伸产业链，提高产品附加值，形成产业基地、加工基地配套发展，带动群众持续增收。

全力抗击疫情　推动复工复产　确保经济稳定增长

2020年1月底，正值一年一度的春节，我回到昆明陪同年迈的父母过春节，但逢新冠肺炎疫情的爆发，形势十分严峻。我在大年初二迅速返回工作岗位，按照市、区疫情防控工作的相关部署，组织园区广大干部职工投入疫情防控工作中。园区及时成立了新冠肺炎疫情防控工作领导组，通过电话、微信、QQ等方式，将省、市、区疫情防控指挥部的相关工作部署和要求第一时间传达到企业，指导企业做好疫情防控工作。为了确保疫情防控物资的供应，我们及时深入园区制药企业和药品配送企业，对消毒液、口罩、体温计、酒精等防控物资和药品储备进行实地核查，并针对各类消炎类感冒药品储备充足，但口罩、体温计、酒精、消毒液等防控物资紧缺的状况，及时动员永孜堂制药有限公司、骅成制药有限公司等相关制药和药品配送企业，组织本地员工在做好各项防控措施的前提下，第一时间复工复产、积极拓展采购渠道，加大防控物资的采购和调运力度，努力为我区疫情防控提供物资保障。随着疫情防控工作的推进和企业的复工复产，我和园区干部职工实行分片挂钩，确保企业防控措施落实到位。工作中，我了解到企业防护口罩、体温计、酒精、消毒液等物资严重不足，严重制约了企业正常复工复产。我想，决不能让准备复工复产的企业因为防控物资的缺乏失去信心，这是我们的责任。随即，我联系永孜堂、华新水泥、汉木森生物科技等企业共同想办法、谋出路，多渠道采购防控物资，为园区疫情防控提供物资。通过多方努力，我们筹集了一次性医用口罩6.3万个、KN95口罩2000个、医用酒精5400升，累计为12家企业免费提供了消毒液原液525公斤、酒精1250公斤、口罩5500个，确保园区企业有序复工复产。为全力做好园区疫情防控工作，我们对扶贫产业园、AB区标准厂房实行封闭管理，租用红外线体温探测设备，对进入人员进行体温筛查和扫码进出，对企业车辆实行备案管理，严把“进入关”；对企业返岗员工做好健康登记，对重点人员及时进行CT检查，严把“人员关”；指导建立企业疫情防控方案，明确主体责任，对企业储备的消毒液、口罩、体温计等防控物资进行实地查验，严把“日常防控关”。时至3月10日，昭阳工业园区管理的75家企业全部复工复产，复工复产率达100%，复工人数6286人，至今没有一例确诊或疑似病例，确保了园区企业疫情防控和复工复产“双落实”“双到位”。疫情的突然爆发，全区防控物资供应极为紧张，而昭通中心城市却没有一家医疗器械生产企业。为此，在区委、区政府的大力支持下，我充分发挥园区的招商平台作用，快速引入了天宇医疗器械有限公司，并开辟绿色通道，通过及时提供厂房、落实相关优惠政策等实实在在的措施，确保了项目从签订协议、提供厂房、内部装修、采购设备、办理手续到正式投产，仅仅用了26天时间。疫情期间该公司已具备每天生产口罩24万只、防护服500套的生产规模，有效缓解了全区疫情防控物资紧张的状况。

如今，昭阳区的脱贫攻坚工作已经取得阶段性胜利，但是巩固脱贫成果的道路还很漫长。通过不断的探索，我深深感受到，产业的培育和发展，不仅是地方经济发展的迫切需要，更是助推和巩固脱贫成果最有效的途径。

正所谓“上下同欲者胜，同舟共济者赢”。我坚信，带着全面建成小康社会的承诺，带着实现共同富裕的期冀，我们将继续和昭阳区广大干部群众一道，在谋幸福、求发展的道路上步履铿锵、一往无前。

（作者时任昭阳区政府副区长、园区管委会主任）

坚决打好教育扶贫及社会救助兜底保障攻坚战

柯大林

扶贫先“扶智”，是习近平总书记新时期坚决打好打赢脱贫攻坚战的新论断之一，是扶贫开发的重要决策和举措。教育扶贫主要在于“扶智”，是斩断“穷根”的利器和增强贫困人口自身发展能力的重要手段。而社会救助兜底保障则是打赢脱贫攻坚战的底线制度安排，是脱贫攻坚的最后一道防线，做好社会救助兜底保障是各级民政部门服务支持脱贫攻坚战决胜大局、推动如期全面建成小康社会的政治责任。

作为一名分管领导，在全区脱贫攻坚战中，我团结带领教体部门广大教职员工在教育扶贫方面精准发力，认真落实“教育兴昭”战略，努力推进教育优质均衡发展，确保“学在昭阳”的目标得以实现；同时积极带领民政部门广大干部职工全力抓好社会救助兜底保障工作，确保最困难的群众一户不漏、一人不落地脱贫，慎终如始，善作善成，为打赢脱贫攻坚战奠定了坚实基础。

扶贫“扶智”并重　教育扶贫凸显成效

习近平总书记强调，扶贫必“扶智”。近年来，乘着国家脱贫攻坚战略实施的东风，我团结带领教体部门广大教育工作者，紧紧抓住教育最薄弱领域和贫困群体，在教育扶贫方面精准发力，在改善学校办学条件、资助困难学生、提升教育教学质量等方面狠下功夫，抓实抓细控辍保学工作，确保每个适龄儿童少年能上学、上好学、不辍学，打通了教育扶贫“最后一公里”。

为摸清教育扶贫家底，在2015年12月根据组织安排我由区民政局局长调任区教体局局长的第二天，我就着手开始调研全区所有中小学校教育辍学工作，利用一个月的时间跑遍了城乡所有学校。当时鲁甸“8·03”地震学校恢复重建主体工程还没有全部完成，新校周边到处堆放着建筑垃圾，教师不能安心教学、学生不能安心上课，学校文化建设毫无生机，校园环境卫生一片狼藉……看到这些场景，我食不甘味、夜不能寐，怎样把昭阳区的教育扶贫事业抓实、抓细、抓好，成为我必须要完成的课题。通过调研，我基本摸清了家底，带领教体部门制订了《昭阳区教育扶贫实施方案》《昭阳区控辍保学实施方案》《昭阳区控辍保学“双线六长”责任制》，对教育扶贫工作有了具体的思路和方法。

根据区委常委扩大会议及区政府常务会议安排，全区教育扶贫由区委副书记牵头，我负责主抓。为此，我带领教体部门精心制订了教育扶贫专项实施方案和考核方案，规划了路线图和时间表，签订了责任状，健全了职责明晰、合力攻坚的责任体系，建立了教育、发改、财政、扶贫、人社等部门参与的工作协调机制，及时研究解决教育脱贫攻坚中的重大问题，确保教育扶贫工作高标准推进、高质量开展，同时紧紧抓住教育行业扶贫主体责任落实这个关键，指导教体部门理思路、定目标、细分工，建立了“一校一对策、一生一责任人”的帮扶机制，对口帮扶乡镇学校、班级和贫困学生，确保每所学校有扶贫联系人、每个贫困家庭学生有帮扶责任人，切实将帮扶责任落实到具体人员、帮扶对象落实到具体学生，做到了定点跟踪、精准帮扶、全程覆盖。

全区义务教育均衡发展是否能顺利通过国家评估验收，不仅关系到教育扶贫任务能否完成，而且关系到全区整个脱贫攻坚能否顺利通过国家验收。为确保全区义务教育均衡发展能在2018年12月顺利通过国家评估验收，我于2018年3月带领区教体局班子成员、科室负责人前往盐津县、大关县、鲁甸县学习档案装订、专题片制作、台账管理等软件建设经验，为全区义务教育均衡发展顺利通过验收打下了坚实基础。为全面弥补教育设施建设短板，我带领区教体局在资金争取和筹措方面狠下功夫，整合各类资金33.73亿元，建设学校总面积约85万平方米。全区纳入义务教育均衡发展的166所学校办学条件10项全部达标83所，9项达标47所，8项达标31所，7项达标5所，办学条件达标率达100%，8项指标综合差异系数为小学0.40、初中0.31，校际实现了基本均衡。

根据全区“挂包帮”“转走访”方案要求，我前往挂钩点大山包镇合兴村及大山包村开展走访工作。在合兴村，我走访了一户群众，家里有四个学生，仅靠母亲打点零工维持生活费用。当询问得知其中一个学生在昭通师专附中读书，每天生活费仅6元，在食堂从来不打一份肉的情况后，我深受震动，随后积极动员社会爱心人士对其进行扶助，每月无偿支付生活费600元，直到该生大学毕业。教育承载着未来，承载着人们对美好生活的向往，而精准资助是解决教育贫困靶心问题的关键一环。我要求教体局在落实贫困学生资助政策方面要切实确保学生资助政策宣传到位，确保不让一个学生因贫失学，确保学生资助不漏一人，确保资助资金一分钱不少落到实处。目前全区已发放各类教育资助资金3.38亿元，资助学生76.3万人次，其中资助卡户学生22.61万人次，资助资金1.20亿元。对贫困学生实行关爱帮扶，不让一名学生因贫困辍学，在我主抓的教育扶贫工作中目前已形成常态。

社会救助兜底保障　筑牢脱贫攻坚最后一道防线

社会救助兜底保障是脱贫攻坚“五个一批”的重要举措之一，是解决贫中之贫、困中之困、坚中之坚的托底之网、最后防线。为全面贯彻落实习近平总书记“聚焦脱贫攻坚、聚焦特殊群体、聚焦群众关切”的重要批示指示精神，切实解决“两不愁、三保障”突出问题，我带领民政部门干部职工坚持问题导向，切实强化社会救助政策与脱贫攻坚政策有效衔接，充分发挥社会救助在脱贫攻坚工作中的兜底保障作用，全面推进社会救助兜底保障工作向纵深发展。

及时发放社会救助资金。目前全区有城市低保对象4259户8300人，发放城市低保资金2188.95万元；有农村低保对象27180户49434人，发放农村低保资金8687.56万元；有特困供养对象1806户1911人，发放特困供养救助资金1001.3万元。社会救助资金的及时发放，充分发挥了社会救助保障困难群众基本生活的重要作用。

全面落实临时救助政策。我带领民政部门制订了《昭阳区社会救助兜底保障实施方案》，全面发挥社会救助托底线、救急难的功能，确保困难群众求助有门、受助及时、急难有救，实现了“应救尽救”，目前已救助困难群众1860人，发放临时救助资金290.73万元，其中救助建档立卡对象914人，发放救助资金140.13万元。

逐步提高社会救助标准。根据省市安排，综合考虑维持困难群众基本生活、物价水平、财政保障等因素，我召集民政、财政等部门召开专题会议，科学制订救助标准，全区城市最低生活保障标准由2019年的610元/人/月提高到640元/人/月，农村低保保障标准由2019年的4200元/人/年提高到4500元/人/年，特困人员救助标准由2019年的732元/人/月提高到832元/人/月，确保农村居民最低生活保障标准与农村困难群众扶贫标准“两线合一”落地见效。

强化部门之间联动机制。建立民政、扶贫、残联、人社、住建、公安等部门协作机制，采取数据交换和共享方式，让数据“多跑路”，把好低保申请家庭入口关，做好有保障家庭动态核查工作，不断提高管理服务水平，确保“应保尽保、应退尽退”。

指导开展系统全面排查。指导民政部门开展大排查，及时将符合条件的困难家庭纳入社会救助保障范围。充分整合挂村领导、职工、村干部、驻村工作队等力量，以村为作战单元、以户为基本对象，对辖区范围内所有居民开展细致入户摸排。按照“户籍状况、家庭收入、家庭财产”三个标准，全面摸排符合社会救助保障条件但未纳入保障范围的贫困家庭，重点聚焦建档立卡未脱贫和返贫户、边缘户、风险户、整户无劳动力户、重病重残户等困难家庭，认真落实特困供养等措施，做到“应保尽保、应养尽养、应救尽救”。

党建扶贫双推进　基层党组织迸发活力

在抓好抓实脱贫攻坚工作的同时，我积极带领教体、民政部门广大干部职工，结合全区如火如荼开展的“五查五看一感恩”教育活动，按照“党建带扶贫、扶贫促党建”的工作思路，深入开展党建扶贫“双推进”，切实抓好基层党建工作，调剂教体、民政等部门驻村干部，将“有党员身份、有责任心、有事业心、有大局观”等“四有”干部选派到挂包村，充实驻村扶贫工作队力量，补充驻村工作队“血液”，为夯实基层党组织奠定人才基础。整顿软弱涣散党组织，按照程序撤换大山包镇老林村不合格村委委员，指定一名副镇长兼任驻村第一书记，积极推动马铃薯种薯扩繁，建设种薯种植基地，实现机械耕种、专业化运作、科学化培种、规范化管理的种植模式；倡导各村成立专业合作社，在此基础上成立合作联社，设立党支部，贫困户自愿加入合作社，相关生态扶持政策进行倾斜，形成“支部 + 联社 + 合作社 + 贫困户 + 生态项目”的运作模式，并覆盖全镇建档立卡贫困户。通过产业发展增收带动，有效增加了村级集体经济收入，贫困户生活条件得到极大改善。

在全区脱贫攻坚“大决战”中，我将政治责任扛在肩上，带领教体、民政部门全力打好教育扶贫、社会救助兜底保障攻坚战，为全区脱贫攻坚工作贡献了全部力量，起到了积极的助推作用。对此，我深感幸福，倍感自豪。未来可期，我将一如既往、竭尽所能、不遗余力地做好分管的各项工作，决不辜负组织信任、群众期待。

（作者时任昭阳区副区长）

脱贫攻坚战鼓擂　干群合力沐春晖

张　兴

习总书记在2020年新年贺词中强调："2020年是脱贫攻坚决战决胜之年，冲锋号已经吹响。我们要万众一心加油干，越是艰险越向前，把短板补得再扎实一些，把基础打得再牢靠一些，坚决打赢脱贫攻坚战，如期实现现行标准下农村贫困人口全部脱贫、贫困县全部摘帽。"

2018年5月，我从苏家院镇党委书记岗位调整担任昭阳区人民政府副区长，正是全区脱贫攻坚"滚石上山"、艰苦奋战的关键时期。面对新的工作岗位，我踌躇满志，同时也清醒认识到新岗位带来的新挑战。我告诫自己，作为一名共产党员，必须识时局、顺时势，不辱使命，担当作为，坚守初心，砥砺前行，在抓好分管领域脱贫攻坚工作的同时，扎实推动挂钩扶贫苏甲乡的工作，以自己的艰苦奋战换取群众最真实、最美丽的笑靥，在新的岗位上做出不菲成绩，绝不辜负组织的信任和群众的期盼。

我深知，脱贫攻坚是最大的政治任务和最大的民生工程，也是一场旷日持久的战役，是考验干部成色最直观的标尺，在打好打赢这场艰苦卓绝的"大决战"中，我也深刻地认识到，只有将中央、省、市、区委关于脱贫攻坚的工作思路和决策部署贯穿到脱贫攻坚的始终，落实到工作的方方面面，积极主动扛起精准脱贫主体责任，以正确的思想作指引，紧紧依靠党员干部的担当作为、广大人民群众的拥护支持，才能打赢这场艰苦卓绝的脱贫攻坚“大决战”。

两年多来，我和广大党员干部一样，众志成城，心往一处想、劲往一处使、力往一处发、拧成一股绳，真正做到不忘初心、亮出党性，用工匠精神和绣花功夫，紧紧盯住“短板”问题不放，一针一针地绣、一锤一锤地敲、一个问题一个问题地解决，以“咬定青山不放松”的耐力和韧劲，克服急躁冒进和厌战怠战的情绪，以慢不起的危机感、等不起的紧迫感、坐不住的使命感，逢山开路、遇水架桥，最终取得了这场伟大战役的胜利。

深入开展调研　清醒认识重任在肩

履新伊始，我倾力而为，对全区产业发展、水利建设、烤烟生产、林业发展以及苏甲乡脱贫攻坚工作展开调研，为开展好脱贫攻坚工作做好一线“侦察兵”。在永丰镇新民社区、北闸镇邓子村，我深切感受到集中连片发展高标准苹果现代示范基地的感官震撼；在布嘎乡花鹿坪村，我深入了解烤烟生产工作面临的重重困境；在渔洞水库，我认真分析和深思渔洞水库水质恶化的现状和解决出路；在靖安镇松杉村，我深入了解西魁梁子马铃薯集中连片种植基地的建设情况；在苏甲乡的每一个贫困村，我上坡下坎走遍了每个旮旯，详细了解各村脱贫攻坚推进情况。通过深入走访调研，我最直接的感受是千钧压顶、重任在肩：全区苹果、马铃薯等主打高原特色产业发展势头强劲，但总体上看，产业“散小弱”“慢困顿”的局面尚未从根本上解决；以苹果产业为主的支柱产业高速发展、高质量推进，但烤烟生产面临的困境日益凸显；渔洞水库水资源保护工作压力巨大，全区安全饮水没有实现全覆盖，管道衔接不畅，管护质量不高；苏甲乡脱贫攻坚任务艰巨，基础设施建设严重滞后，部分村民小组甚至不通公路……

各类问题如同巨石压胸，压得我透不过气来，最直接的感受是如芒在背，如鲠在喉。但这也激发了我为民服务、一展抱负的斗志。“为有牺牲多壮志，敢教日月换新天”成为我不断提醒和激励自己的箴言警句。我将解决这些困难、应对这些挑战作为检验自己宗旨意识、能力水平、工作作风的一次重大考验。我暗自较劲，一定要认真践行入党誓词，亮出党员干部底色，助力全区脱贫攻坚。

种好苹果树　全力打造“苹果之城”

习近平总书记强调，要深化农业供给侧结构性改革，走质量兴农之路，不断提高农业创新力、竞争力和全要素生产率。我始终深入贯彻落实习近平总书记关于“三农”工作重要论述和考察云南重要指示精神，按照省委、省政府打造“三张牌”的总体部署，抓住云南省“一县一业”示范县创建的机遇，采取“大产业＋新主体＋新平台”的发展思路，认真落实市委“三个全覆盖”要求，进一步加速苹果产业转型升级，实现了“此苹果非彼苹果”华丽蝶变，加快建设“苹果之城”。

坚持规划引领，突出规模效应。以“一基地二园三体四区”（中国南方优质苹果种苗繁育基地，洒渔苹果植物园、苹果产业物流园，北闸果香四季田园综合体、永丰水韵乌蒙田园综合体、守望生态康养田园综合体，空港苹果产业示范区、洒渔河流域农旅融合示范区、产城融合示范区、苹果产业延伸区）为重点，按照新产区强化基地示范、老产区强化效益提升的发展思路，通过招商引资、强化扶持，内引外联联动发力，新建成高标准苹果基地 10 余万亩，建成了全国最大的单体农业产业基地——昭通超越现代苹果产业扶贫示范园。

坚持提质增效，强化技术指导。通过苹果产业发展中心统筹，安排技术服务队，开展苹果新植和老果园标准化提升改造。新植苹果按照“一桶水、一个规格塘、一株优质苗、一个技术、一筐肥料、一块膜”“六个一”的标准指导农户种植；老果园进行标准化提升改造，积极推广“统一生产资料、统一生产技术、统一组织管理（党支部＋合作社）、统一品牌、统一包装、统一果品销售、统一保险”，实现老果园标准化提升改造全覆盖。

坚持绿色发展，强化品牌打造。扎实推进昭通苹果“三品一标”认证，不断加大标准化建设推进力度和标准化生产技术培训，指导企业、合作社申报绿色苹果产地认定和“三品”认证。积极引导企业、合作社申报国家、省、市龙头企业，加强指导农民专业合作社进行规范化管理，完成新培育市级龙头企业5个，新培育市级示范合作社5个；完成苹果桔小实蝇绿色防控11.64万亩，完成苹果绿色食品认证11个；连续3年举办苹果展销会，正式推出“昭阳红”高端苹果品牌和“苹果之城”城市品牌，昭通苹果的知名度和社会影响力节节攀升，声名远扬。目前，昭阳区苹果种植面积达66万亩，投产果园面积40.8万亩，总产量达80万吨，综合产值80亿元，受益人口35万余人，其中覆盖建档立卡贫困群众7.2万余人。

打造蔬菜园　倾情服务易迁群众

昭阳区有全国最大的安置区——靖安易地扶贫搬迁安置区，但是确保搬迁群众有稳定的收入来源是我们亟须解决的问题。通过多方考虑，结合实际情况，我们将配套产业发展作为重要的解决途径。方向定了，落实成了关键。我们快速反应，引进江夏·吉之汇建成蔬菜基地3000亩；引进西充百科在太平街道黄竹林社区建成蔬菜基地2000亩、年出栏10000头产能养殖基地；引进恒大集团在靖安镇、永丰镇援建蔬菜大棚2200余个和15000平方米蔬菜育苗中心。在靖安镇西魁梁子，按照“昭通大洋芋”“世界马铃薯”“扶贫大产业”的定位，以“三个全覆盖”为抓手，着力打造“一基地、一窗口、一园区”（一基地即有规模有质量的高标准种植基地，一窗口即昭通马铃薯品牌特色展示窗口，一园区即高原特色产业现代经营管理示范园区），集中连片建设马铃薯高标准生产示范基地3万亩（核心示范区1.5万亩、综合试验区1.5万亩），树立示范典型，推动全区马铃薯产业提质增效，实现基地核心示范区平均单产2500千克/亩，核心示范区总产量3.75万吨、综合产值1亿元以上，同时有力保障了搬迁群众就近就业务工，实现搬迁群众“搬得出、稳得住、持久能致富”目标。

清洁农村饮水　全力保障饮水安全

2018年，全区农村集中供水率90%、自来水普及率90%，农村水质达标率64.8%，全区脱贫攻坚农村饮水安全受益人口6.02万人（其中建档立卡贫困人口4.8831万人），但供水项目管理和维护机制等方面还存在很多问题。一是建后管理体制机制不健全，工程运营困难，难以实现良性运行；二是水费收取困难导致工程运行管理经费和养护经费无法落实；三是水质监测工作基本缺位，水源保护不力，净化消毒设施、水质检测设备配套不完善、水质监测不到位。面对重重困难，我与水务局的领导干部认真摸底排查，深入了解各种情况，透彻分析各类问题，积极寻求解决之道，确定了加快推进重点水利项目建设、抓好防汛抗旱减灾工作、继续做好资金争取和项目落实等解决措施，加快推进农村饮水安全巩固工程、“润昭引水工程”、叶家海子水库、中小河流治理项目实施，采取有力措施，最大限度减轻洪涝灾害损失，同时围绕中小河流治理，病险水库除险加固，小型水库建设、山洪灾害防治、农村饮水安全维修养护，小型水源工程建设，河长制工作等方面编报项目，积极争取上级资金支持，为项目建设提供有力保障。通过不懈努力，到2019年年底，经核查认定，全区已脱贫和预脱贫建档立卡贫困对象47079户195114人有水源的村户全部通自来水，无水源的村户均有小水窖，水量、水质、用水方便程度及供水保证率均达到标准，饮水安全实现全面达标。

全面开展遍访　同心确保苏甲脱贫

打赢精准脱贫攻坚硬仗，离不开广大群众的支持。脱贫攻坚是一场全民参与的战争，是党群干群鱼水情深最深挚的体现。我经常告诉自己和分管部门的同志们，如果脚上不沾泥，是干不好农业农村工作的。我是这样说的，也是这样做的，两年多的时间，我累计下乡调研600余次，平均每个月到基层调研不少于20次。经常是处理完工作，抽出中午休息或者是下午下班的时间去基层了解情况，查看项目进度，体察民情民意，力争将问题解决在基层，将政策直接送达到基层，将群众紧密联系在基层。特别是近两年来全区产业结构的重大调整，面对基层群众和一些基层党员干部不理解不配合的问题，我坚持以“用心贴近群众、用勤解决民困，用脚丈量民生”的务实作风，不分白天夜晚、天寒地冻，通过院坝会、田间会、板凳会等形式向群众进行深入细致的宣传动员，实现了党组织说话有人听、党组织做事有人跟的实际效果，让群众从根本上意识到致富关键是思想转变，最终顺利完成土地流转等工作，为全区产业规模化高质量发展以及全区脱贫攻坚提供了坚实保障。

作为苏甲乡脱贫攻坚战区指挥长，面对严峻的脱贫攻坚形势，在对全乡所有贫困村进行走访调研的基础上，我多次与乡镇党政领导班子就工作思路、组织领导、责任体系、经费投入、干部作风建设等方面工作进行深入细致的研讨，对各类问题进行全面梳理，对重点工作进行认真研判。2018年至今，我带领苏甲乡党政领导班子召开全乡脱贫攻坚推进会、调度会近20

次，到各行政村召开脱贫攻坚工作分析研判会议30余次，对工作落实、责任落实、政策落实、组织架构、问题整改、短板补齐、环境整治等各方面工作进行了细致部署研究，提出了具体要求。经过奋力拼搏，目前苏甲乡已脱贫2600户11403人，未脱贫96户336人，贫困发生率由36.8%降至1.2%，2020年5月顺利通过了脱贫攻坚验收考核，2020年8月通过了脱贫攻坚普查，实现了“坚决打赢脱贫攻坚战”的庄严承诺。

2020年5月，当昭阳区成功通过第三方验收顺利脱贫摘帽时，除了欢欣雀跃，我更自豪自己是这场感天动地、改天换地伟大战役的亲历者、参与者、推动者和见证者，更感谢与我一起始终奋斗在一线的同志们。“雄关漫道真如铁，而今迈步从头越”。习近平总书记强调：“脱贫摘帽不是终点，而是新生活、新奋斗的起点。”站在两个一百年奋斗目标的交汇时期，我很荣幸不负使命，不负重托，为昭阳区顺利通过脱贫摘帽贡献了绵薄之力，同时也深知“任重道远需策马，征程如虹风正劲”，我将继续坚持初心不改，一路砥砺前行，用实干与奋斗践行自己的初心使命，彰显一名党员的本色与担当。

（作者时任昭阳区副区长）

履职尽责不负韶华　定点帮扶凸显担当

孙成国

为认真履行党中央、国务院关于中央国家机关做好定点扶贫工作的战略部署，根据中国建材集团（以下简称“中国建材”）统一安排，2018 年 6 月 18 日，当北京即将进入酷暑的时候，我来到了中国建材的定点帮扶县区——云南省昭通市昭阳区。脱贫攻坚工作是党中央在民生领域的重要工作部署，是党对贫困地区人民群众脱贫的庄严承诺，作为一名党员干部，能够在一线参与这项工作，我感到无限荣光。

对于扶贫工作，2014 年以来，中国建材主要领导一直高度重视，将定点扶贫作为一项重要政治任务来落实，成立了集团扶贫工作领导组，每年召开扶贫专题工作会议，学习传达习近平总书记关于扶贫工作的重要讲话精神以及中央扶贫工作会议精神，统筹部署定点扶贫工作。自 2014 年开始，集团领导先后赴昭阳区开展十余次专题调研，考察集团帮扶项目，慰问建档立卡贫困群众，看望挂职扶贫干部，与地方干部群众座谈交流，倾听意见，共商脱贫攻坚大计。

来昭第二天，我即刻与原驻昭同志交接工作。当时昭阳区的脱贫攻坚处于滚石上山的关键时期，时间紧、任务重，前任挂职副区长俞国汉带我下乡熟悉情况，调研集团前期帮扶项目。

通过调研了解到，在地方党委、政府的带领下，各级干部群众以时不我待、只争朝夕的精神，奋起直追，砥砺前行，昭通已经进入飞速发展的快车道，规划中的一环两横四纵六联络高速网正在建设，成贵高铁通车，渝昆高铁开工，昭通正迎来发展的黄金期。

据集团驻昭干部介绍，中国建材从2014年年底就与昭阳区守望乡结对定点帮扶，截至2017年年底，累计投入762万元资金，针对群众亟须解决的饮水不便、危房住人、道路出行不畅、卫生医疗器具缺乏、产业发展慢等问题，因地制宜，迅速实施了相关项目加以改善，包括2014年年底投入200万元建设段家石桥水厂，解决了1.6万余户6万余人的饮水困难问题；2015年针对守望乡遭受百年不遇的冰雹灾害，及时拨付100万元应急资金；2016年投入100万元，对守望乡卡子村1.2公里的道路进行硬化，改善群众出行条件，受益群众616户2384人；2014—2017年四年间，持续投入170万元，为守望乡建档立卡贫困户提供危屋改造补助，让大家住进了新房；针对产业发展滞后现状，投入90万元，帮扶卡户自主创业，对愿意外出务工的群众提供补助，投入14万发展樱桃种植，促进当地群众就近就业；2017年投入33万元购置医疗器具和健康设施，改建了村内党建场所。上述项目的实施，拉近了中国建材与挂包乡镇群众的关系，提升了基层群众对党和政府的满意度，也为集团2018年之后的扶贫项目实施奠定了坚实基础。

到任后，我尽快熟悉地方的扶贫政策、工作思路和工作要求，实地调研了解群众困难，将区委、区政府在基础设施、产业帮扶、教育帮扶、民生帮扶、医疗帮扶等方面的十大扶贫措施与中国建材的资源有效结合，充分发挥央企的帮扶作用。

扶贫工作一旦步入正轨，感觉时间过得飞快，恨不得每周能有八天时间工作。针对挂包乡镇当时存在的各类短板问题，为避免后期风险，我们以昭通市委“133”扶贫工作会议精神为指导，按照“571”脱贫标准要求，制订了中国建材昭阳区三年扶贫工作计划，经地方政府同意，集团批准后参照执行，确保工作不出现方向性偏差。

2018年的项目规划中，针对守望乡在人居环境、医疗服务水平、因贫辍学、群众活动场所修建等方面存在的一系列短板，中国建材先后实施了五个项目。一是对守望乡卡子村卫生室、葫芦坪村卫生室、刘家海子村卫生室、马贵闸村卫生室、甘河村卫生室和八仙村卫生室进行标准化建设，为乡卫生院购置了总价值 38 万元的健康一体机 8 套、胎心监护仪 2 台、多普勒胎心仪 1 台、心电监护仪 2 台、妇幼保健检查包 8 套，初步实现了小病医在乡村、大病医在昭阳的健康扶贫目标。二是针对守望乡 2018 年 208 户卡户需要脱贫的现状，中国建材及时援助资金 104 万，投入昭阳区农投公司入股蔬菜基地，每年按照 6% 的收益进行分红，解决了部分卡户的增收问题，同时在卡子村、八仙营村集中连片打造樱桃种植基地总计 400 亩，由合作社进行技术指导、统一管理，实现了部分建档立卡贫困户在家门口就业增收的目标。三是中国建材捐资 136.6 万元，购买钩背式垃圾车 2 辆、车载式垃圾箱 50 个，从建档立卡贫困户中招聘保洁员 21 名，改善了守望乡人居环境，也带动了部分卡户就业。四是集团拨付资金 74.6 万元，对 804 户极度困难的建档立卡贫困户中就读中职、高中及大专以上学生进行资助。五是 2018 年中国建材投入 106 万元（2019 年追加资金 294 万元），对昭阳区红色党史教育基地之一的守望乡八仙营村八仙清真寺（原中国人民解放军四十三师 1950 年进驻昭通的师部旧址）进行修缮，同步建设红色文化陈列展览馆、群众活动广场及配套设施，项目主体工程已于 2020 年 6 月完成并通过初验。

当上述项目实施进入尾声时，时间已经来到了 2019 年年初，昭阳区脱贫攻坚工作进入临考阶段，离第三方验收考核的时间越来越近，各级机关单位都处于临战状态，中国建材的扶贫干部们也在紧张忙碌地工作着。2019 年，除继续加强对守望乡的帮扶外，中国建材集团决定追加 1400 万元，用于昭阳区发展村级集体经济。按计划，2019 年昭阳区共有 70 个贫困村要出列，集团为 27 个要出列的贫困村注入 1400 万元，作为发展集体经济本金，注入昭阳区农投公司，签订收益协议，由区农投公司负责监管，与当地苹果种植龙头企业海升集团合作，利用该集团技术、管理和市场优势，在昭阳区流转土地种植苹果，作为中国建材援助昭阳区村级集体经济发展的基地。2020年年初，农投公司进行收益分红，补齐了部分要出列贫困村集体经济收入低的短板。

为补齐教育、医疗、人才培训工作的短板，巩固扶贫成效，中国建材从援建教学设施、关爱留守儿童、捐资助学等方面一一落实推进，先后实施了如下帮扶项目：共投资86.6万元对卡子村小学操场进行改造，完成了2144.7平方米的操场混凝土硬化，跑道铺设彩色沥青、铺设人工草坪，对操场周边空地绿化，同时更换老旧乒乓球桌8套；2019年，集团继续出资80万元，对守望乡建档立卡贫困户就读子女进行资助；从2018年起，每年为昭阳区一中选出的10名品学兼优的建档立卡贫困学生颁发总金额2万元的中国建材“志学奖”；同年8月，集团与团区委合作，成功举办“中国建材七彩课堂活动”，10名志愿者分别在黑泥地小学和大沓老小学开展了助学活动。

针对当地医疗基础条件差，群众疑难病症看病难问题，2019年4月，由中国建材出资，与中国志愿者服务基金会和中国医师协会医师志愿者工作委员会在昭通市共同组织了为期6天的“中国志愿医生行动”医疗扶贫活动，设立了12个专家个人工作站，义诊近1500人，开展手术带教7台，举办讲座6场，中医适宜技术培训村医280名，查房带教近1000人。

为提高地方干部综合素质，中国建材于2019年9月，安排昭阳区10名乡镇优秀干部到辽宁大连高级经理学院进行了为期10天的培训；2019年10月，利用中西部对口帮扶契机，投入10万元在昭通市委党校举办了为期一周的基层干部培训班；2019年10月，组织昭阳区、永善县和绥江县的村“两委”成员及村致富带头人40余名干部到西南林业大学进行了专题培训，通过培训提高了基层干部综合素质。

除项目实施和资金支持外，2019年中国建材增派了9名驻昭干部，充实一线扶贫力量。5月13日，我迎来了“支援部队”，9名扶贫干部进入角色很快，干劲十足，5名在太平街道黄竹林社区和石渣河社区驻村，4名在守望乡八仙营村和卡子村驻村，按照市委组织部要求，经报区委组织部同意，算上前期派驻 2 人，中国建材 11 个人成立了驻昭扶贫工作队党小组，按昭通市党建与脱贫“双推进”要求，坚持党建引领，定期召开党小组会议，将党建工作融入脱贫攻坚日常工作中，扎实推进产业扶贫、教育扶贫、健康扶贫、消费扶贫工作，充分发挥党组织的战斗堡垒作用和党员先锋模范作用。

4 支驻村扶贫工作队的扶贫干部根据走访过程中发现的薄弱环节，积极向各自派出单位争取项目和资金补短板，2019 年内，除集团总部统一帮扶的项目和资金外，在扶贫干部的争取下，中建材集团进出口公司和西南水泥有限公司向守望乡卡子村小学捐助价值 9.4 万元的图书、书包、电脑等教学物资；中国复合材料集团向太平街道石渣河社区捐助价值 11.32 万元的校服、图书、文具、小家电等物资，同时进行一对一教育助学 3.51 万元；中建材投资有限公司向太平街道黄竹林社区困难学生家庭捐赠了价值 2.35 万元的电磁炉和桌子，向黄竹林小学 720 名学生发放了价值 5.3 万元的书包；湖南南方水泥集团有限公司向太平街道石渣河小学捐赠了价值 5.4 万元的 770 套书包文具；天津水泥工业设计研究院向黄竹林小学 720 名学生捐赠了价值 9.9 万元的校服和鞋子，同时为黄竹林小学捐建学校门口道路一条，工程建设资金 21 万元。通过一系列教育帮助措施，有效帮助贫困学子改善了学习条件，让群众及孩子们树立起教育脱贫、知识致富的理念。

在帮扶方式上，扶贫干部们还集思广益，利用集团电商平台推进消费扶贫。中国建材针对集团拥有 25 万职工及百万职工家属消费群体，专门为全国范围内的 5 个定点帮扶地区（包括昭阳区）配套开发了微信商城平台——“禾苞蛋”。集团派驻昭阳区扶贫干部以“禾苞蛋”为主要平台，积极向派出单位及朋友圈推介昭阳区特色农产品，2018—2019 年，帮助果农销售苹果 10 余万斤，消费扶贫金额 50 余万元。

时光飞逝，转眼已到 2020 年。元旦前夕，我将各驻村干部统一组织到区政府会议室，就今年的工作作了总结，分析了不足，并对 2020 年工作中可能出现的新情况、新问题进行了研判。当时谁也没有想到，一场突如其来的新冠疫情又开辟了一个抗疫“新战场”，关键时刻，中国建材集团的干部体现出了社会责任和担当，中国建材云南省内单位派驻的扶贫干部均在第一时间回到了工作岗位，积极响应区委、区政府的号召，积极投入疫情防控工作中。在做好疫情防控同时，脱贫攻坚工作也没有搁下，当疫情缓和后，整个昭阳区又回到脱贫迎检的临战状态中，中国建材的干部们也不例外，全力做好迎检准备工作。

经过党小组会多次讨论，针对2020年集团扶贫干部所在乡镇、村（社区）存在的基础设施、教育和产业方面的短板，大家一致同意，继续加强基础设施建设，改善民生惠及百姓，投资154万元，在守望乡卡子村和太平街道黄竹林社区安装太阳能路灯，对集镇、进村主干道以及车流量较大区域进行亮化，方便群众出行；投资60.81万元对太平街道石渣河社区和黄竹林社区的深井、水池、供水主管、串户管进行更换和维修，建设增压站，彻底解决两个社区在用水高峰期局部区域出现的供水不足问题；投资80万元在守望乡八仙营村新建便民服务中心楼一栋，完善信访接待室、矛盾纠纷调解室、多功能培训会议室等场所；除2018—2020年，中国建材曾分三次拨款20万元，解决4支驻村工作队所在村基层党组织活动场所存在的年久失修、因灾受损的问题外，2020年，追加34.13万元帮助石渣河社区和黄竹林社区完善党建设施和办公设施；投资77.3万元着力解决太平街道石渣河社区和黄竹林社区的垃圾清运问题，购买垃圾清运车2辆，增设容积为3立方米的垃圾钩背箱60个，同时聚焦卡户设立垃圾清运车驾驶员岗位2个和垃圾清理员岗位30人，环卫设施投入运营后，极大地改善了人居环境，解决了部分卡户外出就业难问题；捐助资金1000万元，在红路安置点、太平街道、田坝乡、布嘎乡建设5个扶贫车间，优先吸收卡户和易迁群众就业，同时利用扶贫车间产生的效益，作为集体经济收益为卡户和易迁群众分红，增加群众收入。

目前，上述项目都在建设中，预计2020年年底可完工并投入使用。届时将建立和完善相关产业，为进一步促进群众就业，提高群众收入打下良好基础。

此外，中国建材还充分发挥集团的组织优势，在集团内有招工需求时优先向定点帮扶地区倾斜。2020年年初，在新冠疫情得到基本控制后，凯盛科技集团有限公司下属的国显科技深圳生产线帮助60名群众解决了就业问题。

天道酬勤，2020年5月，昭阳区顺利通过了国家考核验收，宣布脱贫摘帽，中国建材派驻扶贫干部的4个贫困村全部脱贫出列。7月，喜讯再次传来，昭阳区又顺利通过了国家普查抽查，脱贫攻坚工作获得了省里一级评价。我们的扶贫工作终于交出了一份满意答卷，这是我们全体扶贫干部和群众的骄傲。

现在回想起来感慨良多，两年来，我和中国建材扶贫工作队的同志们，与昭阳区干部群众一起，努力工作、奋力打拼，终于取得了决战脱贫攻坚的胜利。而中国建材自2014年以来，大力发挥央企的资源优势和组织优势，针对昭阳区实际情况，积极落实对口帮扶政策，在民生改善、产业培育、健康扶贫、教育帮扶等方面给予重点支持，累计投入帮扶资金4975.35万元，实施帮扶项目40余个，取得了明显成效。中国建材的驻昭扶贫干部更是倾情付出，换来了群众的认可和理解，激发了群众自主脱贫的内生动力，目前为止，中国建材已经有几十位同志将自己的辛勤汗水抛洒在扶贫工作第一线，体现出了央企干部的社会责任与担当。

我们为自己是中国建材集团的一员感到骄傲，也为自己是昭阳扶贫干部中的一员感到骄傲！

（作者时任昭阳区政府副区长〈挂职〉）

真帮实扶　每个足迹里开满鲜花

钟顺敏

五年前，2015 年，在出席第七十届联大会议并访问美国期间，习近平主席在美国华盛顿州西雅图市发表演讲，坦陈 40 多年前自己质朴的心愿：“我很期盼的一件事，就是让乡亲们饱餐一顿肉，并且经常吃上肉。”这条接地气、有温度的新闻，我一直记忆犹新。同年 10 月，十八届五中全会通过了《中共中央关于制订国民经济和社会发展第十三个五年规划的建议》，“全面小康”的路线图正式绘制。

在随后的五年间，致力开展脱贫攻坚工作、随时下村帮扶成为我的工作常态，脱贫攻坚一直是我的工作重心，我也有幸成为中国减贫事业昭阳篇章的参与者、推动者和见证者。我骄傲，因为在我的每一个足迹里，都开满了鲜花。

勤勉敬业　真帮实扶温暖民心

岁月不居，时节如流。谈起脱贫攻坚，我心里总是五味杂陈。回顾五年来的脱贫攻坚工作，于我个人来说，真抓实干、真帮实扶就是我的工作方向和工作目标。

至今我还清晰地记得，2015 年 8 月“挂包帮”“转走访”工作如火如荼地开展了起来。那时，我在昭阳区委机关事务管理中心担任主任，分管区委办的扶贫工作，时常召集组织全办职工到挂钩扶贫的洒渔镇开展工作。寒来暑往，在走村入户中，我们一起经历过骄阳似火的酷暑、寒风刺骨的腊月，也掌握了扶贫的第一手数据、获得了贫困群众的认可和支持。2016 年 9 月，我调任区市场监管局，作为部门一把手，我严格落实挂钩扶贫工作责任，把挂钩扶贫工作纳入区市场监管局的工作重点，加强工作力量，推进精准帮扶。选派骨干力量组成了两支驻村扶贫工作队，分别常驻乐居镇中河村、太平街道平安社区，确保部门驻村扶贫工作落实到位，同时全局 200 名干部职工下沉到帮扶贫困户，确保每一户贫困户都有干部职工结对帮扶。精准扶贫工作中，我们主要围绕以下五方面展开工作：一是进村入户开展调查，运用“五看”工作法，实地走访贫困村贫困户，做到了“工作实”；二是全面摸清贫困村贫困户基本情况，详细考察挂包村自然条件、基础设施、社会事业、农业生产等相关情况，细化完善建档立卡资料和精准扶贫信息动态管理，做到了“贫情熟”；三是广泛宣传各级支农惠农和扶贫开发政策，做到了“氛围浓”；四是根据走访了解的情况，广泛收集村情民意，按照“一年打基础，两年上台阶，三年大变样”的基本思路，有针对性地研究制订了帮扶措施，先行先试设立农村便民药柜，助推昭阳精准脱贫工作，通过优先与有条件的农村贫困群众合作开设“农村便民药店（柜）”的模式，切实帮助农村群众解决就业问题，助推群众脱贫致富、助力全区扶贫攻坚，促进全民健康目标的实现，做到了“对策准”；五是推动基层组织建设，积极推进村务公开工作，做到了“组织强”。

精准施策 全力撬动“脱贫支点”

2019 年 3 月，我调任昭阳区人社局局长，面临着贫困劳动力就业扶贫工作这一新的挑战。2019 年是决战脱贫攻坚、决胜全面小康的关键之年，习近平总书记强调“一人就业，全家脱贫”。就业扶贫的工作成效与贫困群众的钱袋子息息相关，更与全区脱贫摘帽大局密不可分，我倍感责任重大，使命光荣。作为人社工作的“新兵”，我坚持初心不改、干劲不减、热情不变，深入村（组）调研、借鉴东川区先进经验，紧紧围绕“有培训意愿的建档立卡贫困劳动力实现 100% 培训、有转移就业意愿的贫困劳动力 100% 推荐岗位、易地扶贫搬迁劳动力 100% 充分就业、普通贫困劳动力 80% 转移就业、建档立卡贫困家庭至少 1 人就业”的目标任务，稳扎稳打，用“八个一”推动就业扶贫工作。

组建一个班子，形成一套体系。全区成立了由区委书记、区长任双组长的就业扶贫领导组，组建了由区委副书记为主任的区劳动力培训转移就业服务中心，同时，相应成立了 20 个乡镇（街道）劳动力转移就业输出站、184 个村（社区）劳动力培训转移输出所，专人专岗专班，全面负责就业扶贫各项工作，初步形成了“区级主管、区级领导主抓，乡级主干、乡镇主要领导主责，村级主业、‘两委’干部及驻村队员主攻”的工作体系。

摸清一个底数，推出一批岗位。通过几轮的摸底，锁定 16—60 周岁建档立卡贫困劳动力 112248 人，经过提供务工证明，已转移就业 81244 人，同时内挖与外扩双向推进，推出了区内岗位 20000 余个，区外省内岗位 7454 个，省外（长三角、珠三角）岗位 38000 余个。

出台一个政策，传递一种决心。在区委、区政府主要领导的高度重视下，印发了《全区 2019 年劳动力培训转移就业奖补政策的通知》（昭区办通〔2019〕56 号），在区级财政极其困难的情况下，拿出了约 1.5 亿元的资金，以前所未有的力度，明确了稳岗、培训、就业服务 3 个补贴政策及 1 个奖励政策，全力推进劳动力的培训转移就业，在全区上下传递出了贫困劳动力不转移不罢休、不就业不松手的坚定信念和决心。

开展一个活动，拧成一股合力。围绕目标任务，以提供务工证明为突破，进一步摸清家底，清理台账；以乡村公共服务岗位为兜底，针对有劳动能力、无法外出、无业可扶的“一有两无”建档立卡家庭，开发乡村公共服务岗位3145个，生态护林员岗位1112个，消除“零就业”家庭；以劳动力培训为抓手，有针对性地开展电工、钢筋工、焊工、缝纫工、砌筑工、农作物植保员、特色种植、特色养殖等培训11133人（其中技能培训3733人、引导性培训1995人、现场培训5385人），占总任务11863人的94%；以昭阳扶贫园区为载体，组织各乡镇、街道1839人次进园区务工；以乡村扶贫车间建设为平台，在全区13个乡镇34个村40个点建起了扶贫车间，实现了810人在家门口就业。

见微知著　全力兜牢民生福祉

2019年12月，我履任新职，担任昭阳区人民政府副区长，分管人社、卫健、政务服务、市场监管等部门，脱贫攻坚工作从原来较为单一的就业扶贫工作，扩展到了健康扶贫、就业扶贫等多行业扶贫。工作面更广了，我对脱贫攻坚的责任感也就更强了。

新年伊始，突如其来的新冠肺炎疫情汹涌袭来，受疫情影响，贫困劳动力转移就业工作面临大考。昭阳区作为一个劳动力输出大区，如何变疫情之“危”为劳务输出之“机”成为摆在我们面前的难题。通过认真分析研判国内疫情管控趋势，结合昭阳区工作实际，我们借助长三角、珠三角等地复工复产的强大需求，组织“点对点、一站式”输出，通过入户动员、岗位推送、健康体检等服务，成功化危为机。同时，针对外出务工人员意愿、技能特长、政策需求等情况，为他们做好疫情防控“引导课”、职业技能“辅导课”、政策解答“指导课”，让他们健康平安返岗，充满信心工作。今年3月至5月，昭阳区累计向外输送劳动力20余万人。

随后，我们又把工作重点放在贫困劳动力和易地扶贫搬迁劳动力转移就业工作上来。作为全国最大的易地扶贫搬迁跨县安置区，靖安新区承载着来自昭阳、大关、永善、彝良、镇雄、盐津等6县区4万多人的搬迁任务，有劳动力17024人。为了实现搬迁群众能够搬得出、稳得住、持续能致富，靖安新区采取“内培为主、外输为辅、公岗作为补充”的工作模式，在当地开设扶贫车间，提供就业“全天候”服务，建成了3000个蔬菜大棚、85个食用菌大棚和3万亩马铃薯高标准示范基地，加上2.5万平方米的扶贫车间、500多间各类商铺资源，全区累计实现就近就地就业达85%以上。

疫情的考验处处显现，但对于卫健部门来说，这是一次前所未有的挑战。在常驻昭阳区疫情指挥部办公室的那些日子里，我与卫健部门的同志们并肩战斗，从他们身上我看到了白衣执甲“逆行者”的意志品质，也看到了基层工作者的家国情怀。“疫情防控一刻也不能松劲，健康扶贫一步也不能掉队”，这是我每次召集卫健部门同志开会时都要强调的一句话。

五年来，全区家庭医生团队数及人数从2017年的195个团队631人增加到2020年的291个团队918人，服务人数逐年上升，更多基层医务工作人员投身于提供贫困患者便捷普惠的家签服务中，切实满足了签约家庭健康需求，提高了签约家庭获得感和幸福感。截至2020年9月，全区已续签、新签和跨县改签建档立卡贫困人口总数79589人。在走访调研、查阅档案、入户询问时，我可以感受到每一个数字背后，都是一位家庭医生、一个家签团队的辛勤付出。

五年来，借着东西部扶贫的好政策，昭阳区卫健系统累计选派47名医生到东部先进地区医院进修学习。2017年至今，16个村级卫生室、9个易迁点医务室（卫生服务站）新建投入使用，5个村卫生室危房拆除重建，65个贫困村卫生室修缮加固，可以说，每位医务工作者技术水平的提升，每个基层卫生服务基础设施的改善都惠及一方百姓。

今年5月，昭阳区顺利通过了第三方成效考核，成功脱贫摘帽，我所分管的健康扶贫、就业扶贫等工作终于成功收官。回顾五年来的脱贫攻坚工作，我感触良多，能参与全区脱贫攻坚是人生的一大幸事，能与全区党员干部一同并肩战斗是人生一大快事，能用自己的辛苦指数换来群众的幸福指数是我人生半载的价值所在，我引以为傲。

（作者时任昭阳区副区长）

第二编　基础设施建设

脱贫先拓路　天堑变通途

赵启富

素有“锁钥南滇，咽喉西蜀”之称的昭通，地处西南三省接合部，是联络西南中心城市、人员物资交流的枢纽之地。昭阳区作为市委、市政府所在地，在发展交通运输、带动地方经济发展方面，扮演着重要角色，承担着重要使命，交通条件的改善不仅关系到自身进步，更牵动着全市经济命脉。然而以山区为主、山脉纵横起伏的地理条件，长期制约着昭阳区交通条件的改善，相对落后的交通格局，更成为制约经济发展的最大瓶颈。昭阳人民在脱贫致富的道路上举步维艰，长期困顿，交通落后难辞其咎。

多年来，尽管历届党委、政府都把改善交通条件、推进道路建设作为工作重点之一，交通设施也有不同程度的改善，但受制于技术、资金、政策等方面的限制，最终建设效果与预期目标仍有明显差距。21世纪以来，依托国家对西南地区经济发展的政策利好，尤其铁路、航空、高铁、高速公路等宏观交通战略的推进，昭阳区交通条件得到前所未有的改善。近年来，国家更把推进交通建设作为全面脱贫战略的重要组成部分，予以空前重视，各项政策、资金、技术等利好，为加快全区交通建设、打通交通瓶颈提供了必要支持。目前，昭阳区的基本交通格局是主干动脉基本齐备，毛细血管仍旧欠缺，交通发展的关键在于继续打造脱贫攻坚、沟通城乡的微循环系统，让国家的宏观交通利好落实到每个村镇与家庭。

在此形势下，昭阳区交通运输局不忘初心，牢记使命，审时度势，把握机遇，在区委、区政府的坚强领导下，紧紧围绕国家打赢脱贫攻坚战的战略目标，按照统一部署，制订了“配合完善主干动脉，强力打造毛细血管”的交通大战略，通过精心规划、严格管理、加强建设，在改善农村交通基础设施条件，保障群众安全、便捷、舒适出行，助力群众脱贫致富奔小康，实现乡村振兴方面，充当了脱贫攻坚的先行者和排头兵。

精心规划

按照部、省、市三级“十三五”规划的主要精神，昭阳区交通运输局着眼大局，全面规划工作目标。高速公路目标为：融入国高、省高网，规划建设“一环二横四纵”网，协调配合 G85 银昆高速昭阳段公路建设，协助推进 G7611 都香高速、西绕城高速、宜昭高速等公路建设。高铁配套目标为：协助推动渝昆高铁、六威昭城际铁路、攀昭毕遵铁路加快融入国家铁路网，专项规划渝昆高铁昭通东站周边公路网。航空配套目标为：专项规划新机场周边路网，规划机场专用公路 8.19 公里，保障新机场迁建的运输便捷。国省干线提级改造目标为：规划改建 G213 策克至磨憨公路昭阳段 13.7 公里，G356 线烟堆山至通阳大桥段公路 133 公里，S206 永善至召夸公路（沿江公路）27 公里。建制村公路目标为：规划“建制村硬化项目数据库”剩余项目 211 公里建制村硬化路建设，全面实现道路硬化目标。扶贫项目库建设管理目标为：争取所有 50 户以上不搬迁自然村共计 1443 公里公路建设，打通服务群众“最后一公里”，补齐交通短板，保障扶贫攻坚成效。乡村公路安全防护与危桥改造目标为：落实一批事关生命安全的防护工程与危桥改造项目。水运交通配套目标为：综合航道功能、开发条件、服务范围等因素，配合市交通运输局打造金沙江黄金水道，推进金沙江巧家至水富三级航道建设，实施溪洛渡库区航道整治，规划好昭阳港的3码头与5停靠点。

严格管理

全区工作重点是加强资金保障与组织机构保障。坚强的领导，强力的保障，高效的管理，方能推动规划顺利启动，最终落到实处，产生预期成效。区交通运输局领导及时向区级领导部门汇报项目规划、职责落实、法人组建等情况，反映资金需求。上级高度重视，各种保障基本得到落实，目标得以实现。

资金保障。在省交通运输厅支持下，千方百计争取立项与资金，为启动项目、开展建设打下坚实基础。优化资金程序，采取“农发行PSL贷款先建，中央车购税资金后补”方式建设，确保了2017年度建制村公路的建设，实现村村通硬化路的目标；拓展资金渠道，通过国家开发银行贷款资金，启动50户以上不搬迁自然村公路建设工程；统筹资金使用，整合中央资金、财政资金、省级补助资金，加大建制村硬化项目、自然村硬化项目的倾斜力度，有效解决资金来源和缺口问题。

组织保障。健全项目建设管理协调机构、法人机构，为顺利推进道路工程项目建设提供坚强的组织保障。从交通运输、自然资源、环保、公安、司法等部门及乡镇抽调精兵强将，由区委、区政府领导亲自挂帅，成立昭阳区综合交通建设指挥部，下设“三办一督查”（征迁办、协调办、施工环境保障办及督查组），负责辖区内省、市、区重点项目建设的指挥协调与督查检查；成立G356线建设指挥部，负责新街至通阳大桥项目建设的指挥协调与督查检查；优化农村公路路面硬化建设指挥部，负责全区农村公路建设的指挥协调。由区交通运输局局长牵头，开展“三办一督查”及G356线建设指挥部日常工作；总工程师担任协调办主任，各科室负责人及工程师作为指挥部与协调办的中坚力量；农村公路建设交通运输局与指挥部分片负责，几位副局级领导分别担任城市周边片区、西凉山片区、东部片区、洒渔河片区的农村公路与村组公路建设的责任人。

过程监管。相关行业与部门的工作过程监督管理，由各种配套监管组成。实行“一岗双责”下的多重监管，工程建设涉及项目规划、项目库建设和管理、设计与审查、招标投标、建设许可办理、质量监督、项目验收等复杂环节，区交通运输局干部职工全员承担行业监管与建设主体“一岗双责”下的多重监管职能：行业质量安全监管兼工程建设质量安全管理、行业资金监管兼项目建设资金计量支付、行业农民工工资支付保障监管与工程项目农民工工资保障、行业污染防治与工程建设污染防治等；落实第三方监理制，实现工程建设全过程监理；引进第三方检测制，在项目建设点多面广、任务繁重，质量检控手段欠缺、人力相对不足的情况下，为加强行业质量监管，确保工程质量可控，由第三方全过程独立参与质量检测控制工作，为建设优良工程、群众满意工程提供保障。

强化建设

高速公路大通道建设。融入国家高速公路网连接贫困地区的重大交通项目建设——国省道高等级公路建设。“十三五”期间，昭阳区境内建成通车国省道高等级公路合计 123.35 公里，在建 60.787 公里。

G85 银昆高速是国家高速公路网的重要组成部分，纵贯昭通市南北，是云南省主要出省通道和昭通北上川渝、南下昆明的主要通道，沿线人口经济集中，是水富港、绥江港连接腹地的主要集散道路，已于 2015 年 12 月建成通车，昭通市境内 265 公里，昭阳区境内约 67 公里，投资 76.5 亿元。

G356 大山包一级公路于 2017 年 9 月建成通车，里程 56.35 公里，投资 34.32 亿元。

G7611 都匀至香格里拉高速公路，自西往东横贯贵、云、川三省，起于贵州都匀，途经安顺、六盘水，再入云南昭通、四川西昌，止于云南香格里拉。此路横串沪昆、杭瑞、银昆、成丽、西丽六条高速，是一条重要的横向联络线和省级通道，是西南内陆地区连接北部湾和珠江三角经济圈的快捷通道，在昭阳区境内约 17 公里，于 2017 年 6 月启动建设，预计 2021 年通车，昭阳区境内预计投资 29.2 亿元。

西绕城高速公路于 2017 年 6 月启动建设，昭阳区境内 28.787 公里，预计 2021 年通车，预计投资 31.34 亿元。

宜昭高速公路在云南境内途经彝良、镇雄、大关、昭阳四个县区，总长 163.148 公里，昭阳区境内约 15 公里，于 2017 年 10 月启动建设，预计 2020 年年底通车，预计投资 23.2 亿元。

高铁配套建设。现已完成内昆铁路昭通站扩能改造，内昆铁路目前运营良好，为国家电气化一级干线铁路。轨道交通、渝昆高铁、六威昭城际铁路等项目由上级相关部门组织，正在着手开展前期工作，昭阳区积极协助相关单位进行建设，目前各项工作顺利推进。

航空配套建设。昭通现有机场一个，跑道长 2400 米，飞行区等级为 4C 级，共有 2 个停机位，可起降波音 737–300 型飞机，已经开通昭通—昆明、昆明—昭通—重庆、成都—昭通—贵阳、昭通—昆明—广州等 4 条航线，“十三五”期间又新开通前往深圳、北京、上海、广州、杭州、南京等城市航班 6 条。由于城市建设扩容，既有机场已不适应经济发展需要，机场迁建工作已经启动。作为新机场迁建首要工程的昭通机场连接线已于 2017 年建成通车，连接线起点位于 G85（昭麻二级路）K3＋800(龙山寨变电站)，经杨家湾、上荒冲、三家寨接航站楼，全长 8.19 公里，投资 7.4 亿元。

国省道提级改造工程。G213 策克至磨憨公路，昭通境内起于绥江，经永善、大关、昭阳，止于鲁甸接曲靖，昭阳段长约 70 公里，升级改造工程

13.7 公里，2015 年升级改造建成通车，投资 39690 万元；G356 线新街至通阳大桥段升级改造工程，里程 77.513 公里（新街至雨霏段二级公路标准长 22.7 公里、雨霏至通阳大桥段三级公路标准长 54.813 公里）。2018 年 10 月 20 日工程启动建设，预计 2020 年年底通车，预计投资 100927 万元。

区乡公路建设。全区推动“建制村硬化项目数据库”剩余项目建设，通过 PSL 贷款，以“先建后补”方式完成建制村硬化项目 211 公里，于 2017 年年底全面实现建制村村村通硬化路目标；农村公路库外硬化项目 22 个 201.486 公里，投资 6046 万元；窄路基路面农村公路改造项目 14 个 80.939 公里，投资 1053 万元；拆并建制村通硬化路项目 14 个，共计 106.372 公里，投资 4256 万元。

不搬迁自然村公路建设。依靠国家开发银行贷款资金、财政统筹整合资金，全区于 2017 年年底启动实施 50 户以上不搬迁自然村公路建设，截至 2019 年年底，共完成 767 公里，投资 46020 万元。

农村公路安全防护和危桥改造。“十三五”以来，昭阳区共利用上级补助资金 7332 万元，实施生命安全防护工程，完成 1211 公里重大安全隐患整治，消除安全隐患点 2000 余处，2020 年在建 76 公里安全防护工程，投资 532 万元，预计 10 月底完工，可消除重大安全隐患点 200 余处；“十三五”以来，共利用上级补助资金 7559 万元，完成 5 个“溜索改桥”项目和 15 个危改桥项目建设，有效解决了危桥的安全隐患问题，为沿线群众提供了安全、便捷的出行条件。

“四好农村公路”建设。全区整体推进“四好农村路”建设，改善农村公路通行条件，优化农村公路路网结构，提升农村客运、物流水平，推动全区农村公路规范有序、便捷高效、安全畅通、持续健康发展；全面落实农村公路管理主体责任，围绕“四好农村路”创建工作，深化“县道县管、乡道乡管、村道村管”分级管养体制；按照部、省、市“四好农村路”示范创建工作部署，结合昭阳区实际，启动“四好农村路”示范区县创建工作。

成效凸显

成就喜人。通过不懈奋斗，“十三五”前四年，昭阳区交通基础设施建设累计完成投资 791914 万元（含高速公路），成效明显：高速公路、高铁、国省干线的改造，结束了昭阳区东西不通高速公路的历史，南北高速公路路网更加密集，使昭阳区加深了融入国家高速、高铁网络的程度，通江达海，西出东进，与周边省市区、国际社会的互联互通更加方便快捷，为区域经济发展插上了腾飞的羽翼；基本形成以昭阳城区为核心，以 G85、G213、G247、G352、G356 线等公路为主轴，辐射周边地区、县、乡镇的结构更加科学合理的高等级公路网络；以渝昆高铁昭通东站、新机场、火车站、昭通客运站为枢纽节点的昭通中心城市综合交通枢纽网络逐步形成；为开通重点城市航班提供了配套保障，进一步推动了昭阳区的改革开放步伐，提升了昭通中心城市形象；脱贫攻坚战取得基本胜利，围绕县摘帽、村出列和实现“两不愁、三保障”标准，实现了行业达标，达到“建制村到乡镇或县城通硬化路，且危险路段有必要的安全防护设施”的贫困村退出标准；实现“乡镇、建制村 100% 通硬化路，具备条件的建制村通客车”的巩固要求，实现 50 户以上不搬迁自然村公路硬化，乡村更加洁净、交通更加便捷；全面落实农村公路管理主体责任，整体推进昭阳区“四好农村路”建设，深化了“县道县管、乡道乡管、村道村管”分级管养体制，路域环境更加干净整洁，持续巩固农村交通基础设施成果，推动了昭阳区交通运输可持续发展。

乡村巨变。2016 年 9 月，习近平总书记在指导交通运输工作时强调“要想富，先修路”，充分体现了我们党亲民爱民为民的真挚情怀，更蕴含着深刻哲理。脱贫致富靠交通，交通先行看昭阳。今天的昭阳无论走到哪里，无论坝区还是山区、城市还是乡村、山间还是地角，都能深切感受到各种变化，特别是交通巨变。6 月 29 日，区交通运输局干部职工在雨中体验了

"苏甲一日游"，连续两天的大雨，道路基本保持了畅通，这在一两年前是不可想象的。路上询问老百姓对通路、硬化路的感受，老百姓都赞不绝口。一位老大爷竖起大拇指连说："第一！第一！"大家以为说的是反话，追问他："真的吗？不能说假话呀！"老人家急了："真的！前几天村民、贫困户扫路维护，这样道路使用时间都要长一点。"作为参与建设的交通人，没有比得到群众认可更加欣慰的事情，此前多次走村串户做通阻工群众工作的辛苦，瞬间化为乌有。道路通，百业兴，修好一条，带动一片，带富一方。凤凰小镇葡萄产业、昭通苹果产业、靖安洋芋、沿江花椒、布嘎烟草等产业发展壮大了，樱花大道、柿子大道等一条条乡村公路，让群众在家门口就能找到致富门路。"外通内联、通村畅乡、客车到村、安全便捷"的交通运输网络基本形成，中通、圆通、邮政等物流延至乡镇、村庄，城乡物流网络越织越密，"城货下乡，山货进城，电商进村，快递入户"的双向运输服务进一步打通，贫困地区实现了进得来，出得去，行得通，走得畅。

习近平总书记指出：从决定性成就到全面胜利，面临的困难和挑战依然艰巨，决不能松劲懈怠。交通扶贫工作也一样。昭阳区交通运输局将继续坚定目标导向，绷紧弦，再发力，加大工作力度，助力公路、铁路、水运、民航等基础设施建设，推动"四好农村路"示范创建工作提质扩面，统筹做好脱贫攻坚与乡村振兴的有机衔接，不断完善机制，结合"十四五"规划编制工作，认真写好交通扶贫的后续文章，打赢打好交通扶贫攻坚战，确保小康路上不让任何一村一社因交通而掉队。

（作者系昭阳区交通运输局干部）

电网惠民生　灯火照万家

兰静波

能参与全国脱贫攻坚大决战，是一个电力人的骄傲和自豪。秉着“灯火照万家”宗旨，昭阳供电分局的干部职工作出了坚苦卓绝的努力和付出。

昭阳供电分局书记曹先平、总经理赵俊、副总经理汪杰等领导将打赢脱贫攻坚战作为最大的政治责任，认真贯彻落实南方电网公司、云南电网公司、昭通供电局脱贫攻坚的各项决策部署，紧扣昭通市委“133”脱贫攻坚工作思路和“双统领”“双保障”“双推进”要求，勇于担当，积极作为，把“不忘初心、牢记使命”主题教育成果转化为凝心聚力打赢脱贫攻坚战的扎实行动，践行“人民电业为人民”的企业宗旨，为昭阳区打赢脱贫攻坚战提供有力的电力支撑，强化深度贫困地区的精准支持，结合贫困村脱贫出列、贫困县脱贫摘帽标准，助力脱贫攻坚工作。

加强主电网建设，
为脱贫攻坚和经济社会发展提供坚强电力保障

2015 年到 2020 年，云南电网公司在昭阳区共投资主网建设 2.63 亿元，新建及改造 220 千伏线路 1 条，新建 110 千伏变电站 2 座，升级改造 110 千

伏变电站3座。

地震灾后重建和经济复苏大用户复产后，昭通用电量大幅增长，我们采用合理有效的接线模式大幅提高系统的供电质量，同时提高线路利用率，节约走廊通道资源，主网建设满足了昭阳区经济发展和城市建设需求，包括城镇发展、土地利用、交通运输、农业、新型工业、装备制造业、现代流通业、城市商业网点、物流园区布局、对外经济等方面，都获得了良好的社会与经济效益。

提升配电网质量，为实现供电质量优质和设备水平先进而不懈努力

2015年到2020年，云南电网公司在昭阳区共投资配网建设3.329748亿元，新建及改造10千伏线路320.60公里、400伏及以下线路528.24公里，新建及改造配变506台，容量157030千伏安，户表改造27504户，全面完成了“一户一表”改造任务。我们坚持问题导向和目标导向，围绕支持乡村振兴、打赢脱贫攻坚战、提高农村人民生活水平、提升农村现代化建设水平，以提升电力普遍服务能力为重点，全面加快推进新一轮农网改造升级建设，全面解决农村电网供电可靠性低、电压稳定性差及农村经济发展较快地区用电瓶颈问题，提升贫困地区供电能力和用电质量，全面满足易地搬迁、扶贫产业发展等脱贫攻坚电力需求。

2015年到2018年，我们投资1.394772亿元，新建及改造10千伏线路183.81公里，400伏及以下线路319.70公里，新建及改造配变254台，容量57465千伏安，户表改造8541户，重点解决10千伏线路以及400伏及以下线路的安全隐患，比如裸导线更换为绝缘线、与房屋距离过近、跨越房屋及其他建筑等，并解决10千伏线路过载、配变过载，新增变电站新出线

（改造 10 千伏线路）满足新增负荷供电，以及低电压台区电压质量不足的问题，实现了农村电网智能电表覆盖率、低压集抄覆盖率均达到 100%。

2019 年到 2020 年，我们加大投资力度，共计投资 1.934976 亿元，新建及改造 10 千伏线路 136.79 公里，400 伏及以下线路 208.54 公里，新建及改造配变 252 台，容量 99565 千伏安，户表改造 19053 户，在实现新一轮农网改造升级目标的基础上，进一步提升农村电网配电自动化水平，进一步提升农村电网供电能力和用电质量，全面解决农村电网低电压、“卡脖子”等存量问题，满足贫困地区生产生活用电需求，显著提升农村地区供电能力和用电质量；消除涉及人身安全隐患的低压裸导线，新发现低电压问题实现年度清零，贫困地区供电服务水平基本达到云南省（区、市）农村平均水平，建成安全可靠、结构合理、绿色高效、适度超前的农村配电网。2020 年，昭阳区综合电压合格率达到 99.71%，供电可靠率达到 99.15%，户均容量达到 2.03 千伏安。

落实惠民举措，
让光伏扶贫和免费电政策惠及千家万户

昭阳区涉及 153 个贫困村，目前 153 个贫困村全部通 10 千伏、380 伏动力电，153 个贫困村所辖 2476 个自然村（社）已全部通生产生活用电和 380 伏动力电，每个村的配电变压器具备供 380 伏三相动力电能力，自然村通动力电率 100%，为贫困群众脱贫提供了电力保障。

按照《昭阳区光伏扶贫实施方案》的要求，昭阳供电分局供电服务中心积极做好光伏扶贫工程、财政专项扶贫资金的项目实施、电网接入、并网运行、电费及补贴结算等工作，未出现并网用户受限、业扩超时等情况。

根据《云南省发展和改革委员会云南省民政厅关于调整完善低保对象

和特困人员免费电量政策有关事宜的通知》〔云发改价格（2019）457 号〕文件调整要求，对城乡“低保户”和农村“五保户”，由每月在营销系统减免 15 度电变更为直接拨款至昭阳区民政局。2019 年 6 月以来，对符合要求的城乡“低保户”和“特困户”完成了 4 个月的免费电费拨付，惠及人数 2.8931 万人次，拨付金额 62.5 万元。2019 年 12 月 30 日，完成了 3 个月的免费电费拨付，拨付金额 48.3 万元。

精准对接“农危改”工作，奋力推进易地扶贫安置点配套电力建设

针对“农危改”工程推进中涉及大量线路拆除、表计迁移等工作，2019 年 10 月 25 日，我们对 3 个街道、17 个乡镇发出了《关于做好贫困户用电需求信息传递工作的函》，安排专人对接此项工作，组织各乡镇供电所及施工方力量，承接各乡镇政府要求迁移线路、新装电表等工作。截至 2019 年 12 月 31 日，全区共计完成“农危改”户表迁移 8748 户，更换 400 伏、220 伏导线 67.4 公里（不含下户线）；新建住房装表通电 6004 户，组立电杆 267 基，新架设导线 14.5 公里（不含下户线）。

2015 年至 2020 年，昭通供电局易地扶贫安置点电力配套项目累计投资 8043.43 万元，完成 20 个易地安置点电力配套项目，保障 22204 户易地搬迁户生产生活用电，其中 2016 年零散安置点投资 871.6 万元，涉及大寨子乡、靖安镇、青岗岭乡、苏家院镇、乐居镇、凤凰办事处，共投资 871.6 万元，新建及改造 10 千伏线路 5.29 公里，400 伏及以下线路 50.66 公里，新建及改造配变 17 台，容量 3795 千伏安，户表改造 1105 户，解决 4199 人用电需求；2017 年零散安置点投资 575.6 万元，涉及苏甲乡、洒渔镇、永丰镇，新建及改造 10 千伏线路 1.6 公里，400 伏及以下线路 10.29 公里，新

建及改造配变 11 台，容量 2930 千伏安，户表改造 1115 户，解决 4237 人用电需求，容量 2930 千伏安，户表改造 1115 户，解决 4237 人用电需求。

昭阳区红路安置点分两期运作，一期主要安置北闸、小龙洞等乡镇易地扶贫搬迁建档立卡贫困户 865 户 3589 人，项目用地面积 75 亩，设计住宅 13 栋，配套商业及服务用房 1 栋，建筑面积 100519 平方米。二期主要安置洒渔、盘河、田坝、大寨子、大山包等乡镇 5374 户 22436 人，总用地面积 936 亩，总建筑面积 64.62 万平方米，配套建成农贸市场 1 个、扶贫车间 1.4 万平方米、幼儿园 1 所、小学 1 所、1 个社区卫生服务站，为易地搬迁群众提供了生产生活保障。

为满足红路安置点居民生产生活用电，云南电网公司共计下达投资计划两批，其中第一批项目｛昭阳区 2018 年第六批应急项目〔昭通市昭阳区红路易地搬迁电力设施配套工程〕｝下达投资 378.7 万元，新建及改造 10 千伏线路 1.84 公里，400 伏及以下线路 2.39 公里，新建及改造配变 2 台，容量 1200 千伏安，户表改造 978 户，已于 2019 年 10 月 30 日完成投运工作，圆满完成红路一期 978 户（其中商铺 113 户），涉及 3589 人的供电服务工作；第二批项目红路二期工程｛昭阳区 2019 年第二批应急项目〔昭阳区红路安置点（二期）配套供电工程〕｝，投资 1285 万元，新建及改造 10 千伏线路 6.63 公里，新建及改造配变 20 台，容量 13180 千伏安，户表改造 5890 户。

按照分局的统一安排，计划建设部主任汪波、建设管理中心主任兰静波带领部门全体人员全力投入红路安置点工程建设中，积极协调解决安置点施工进度缓慢、物资到货不及时、施工组织不到位等问题，分别与安置点对接、与厂家联系、与施工单位召开现场会，群策群力，圆满完成了红路安置点的电力配套施工工作。

昭阳区永丰镇安置点投资 248.48 万元，新建及改造 10 千伏线路 3.53 公里，400 伏及以下线路 0.23 公里，新建及改造配变 3 台，容量 2400 千伏安，户表改造 757 户。于 2019 年 3 月开工，10 月 20 日投运，配合政府圆满完成安置点搬迁入住工作，确保搬迁户入住生活用电正常。

昭阳区靖安新区易地搬迁安置点主要承接跨县安置昭阳、大关、永善、彝良、盐津、镇雄6个县区易迁群众，涉及30个贫困乡镇、194个贫困村，搬迁群众9256户40549人。安置点占地2176亩，总建筑面积130万平方米，建设安置房9256套，配套建设中学2所、小学3所、幼儿园4所、卫生院1所、卫生室5个、水厂1座、污水处理厂1座、垃圾转运站1座、燃气门站1座。

为满足靖安新区易地搬迁安置点居民生产生活用电，云南电网公司又下达投资计划两批，其中第一批项目〔昭阳区2019年第二批应急项目（昭通市昭阳区靖安新区安置点易地搬迁工程）〕下达投资2582.54万元，新建及改造10千伏线路14.91公里，400伏及以下线路0.23公里，新建及改造配变50台，容量31850千伏安，户表改造7104户，已于2020年1月20日完成投运工作。

“房成电通”要说到做到，一点也不容易。靖安新区安置点电力配套项目规模大，且电力线路全部采用电缆入地方式进行供电，由于物资储备不足，部分物资需采取专项招标的方式采购，担心专项招标流程会影响到安置点房屋搬迁入住，昭阳供电分局领导班子对此高度重视，多次开会研究采购方案，并积极与云南电网公司沟通争取绿色通道。

靖安新区易地搬迁安置点工程于2019年5月下达投资计划，2019年6月工程所需物资全部采购到位，以确保电力配套项目施工现场物资供应需求。由于安置点整体土建进度缓慢，电力配套项目迟迟不能进场施工，昭阳供电分局副总经理汪杰主动与靖安新区安置点指挥部、房屋土建施工单位沟通协调，采取发函及组织现场办公会等方式，落实土建施工进度及完成时间节点。在靖安新区安置点完成设备基础及电缆管沟施工，电力配套项目施工合理工期远远不能满足的情况下，汪杰副总经理又组织施工单位采取多种措施，采取土建施工进度同步开展、局部土建完工即刻组织局部电缆敷设、增加人员、夜间施工等方案，将原计划65天的施工周期压缩到25天完工投运。

在电力设备按期验收投运的背后，有电力人默默的付出。为确保靖安新区安置点（一期）建设的进度与质量，工程总负责人汪波同志常常风餐露宿、现场监督，甚至妻子生病，也舍小家顾大家，坚持坚守在一线，直到妻子要做手术时，才被同事们强行劝回家。随后，建设管理中心主任兰静波接过了汪波的工作任务，继续开展验收、调试及投产工作。为了完成组织和领导交办的任务，兰静波同志夜以继日地监督协调，对施工单位严格监督，小到一个电缆头的制作都到现场监督。为了完成投运，她在靖安加了两个夜班，由于靖安早晚温差特别大，当时又临近春节气候较为寒冷，为此她因感冒染上了风寒。但她觉得，为了确保工程的建设进度和质量，保证靖安新区安置点搬迁居民用上电、用好电，一切辛苦付出都值得。

电力人翻山越岭，夜以继日加班加点地工作，只为能提前按质按量完成电力供应任务，为贫困群众点亮万家灯火。那一串串数字、那一棵棵电杆、那一根根电线，都凝聚着电力人默默的付出和艰苦的劳动，作为电力人，能为脱贫攻坚出一份力，能为昭阳群众更好地用上电、用好电而不懈奋斗，再苦再累都是值得的。

过去的成绩只代表过去，电力建设从不会停滞，“十四五”期间昭阳区配电网预计规划总投资 101469.79 万元，新建 10 千伏线路 208 条，变电站 10 千伏出线工程与配网改造工程新建主干线路 854.43 公里，改造主干线路 436.38 公里，共计 1290.81 公里。新建及改造公用配变 285 台，容量共计 55.52MVA，低压线路 365.33 公里。建设重点及目标为：一是全面提升地区网架水平，提高线路联络率、接线标准化率和自动化率，提高设备水平，满足电网安全供电的要求；二是解决局部区域供电能力不足及负荷发展需求的问题；三是全面解决供电卡口和低电压问题。

哪里需要，昭阳电力人都会将光明送到哪里……

（作者系昭阳供电分局干部）

朝乾夕惕谋发展　兴水润昭谱新篇

王栋贤

“以人为本，以财为末；人安则财赡，本固则邦宁。”水利扶贫作为基础设施建设扶贫工作中的重要一环，是打赢昭阳脱贫攻坚战的基础支撑和重要保障，在脱贫攻坚总体布局中肩负着重要使命。兴水润昭，以人民的利益作为根本，以城市的建设作为首要发展目标，在昭阳古城的依托下，散发出璀璨的光芒……

自全国脱贫攻坚冲锋号吹响以来，区水务局紧紧围绕中央、省、市、区的工作部署，坚决把脱贫攻坚作为最大的政治责任、最大的民生工程、最大的发展机遇，紧扣破解贫困地区水利发展瓶颈、补齐贫困地区水利基础短板，把人民的期盼作为一切工作的出发点和落脚点，立足全局，着眼长远，认真谋划，奋力冲锋，全力以赴为全区决战决胜脱贫攻坚打下坚实的基础。

众志成城战脱贫，幸福百姓千万家

“脚上沾了多少泥土，心中就沉淀多少真情。”在脱贫攻坚的路上，区水务局干部职工的心时时刻刻都牵挂着全区农村人口的饮水安全，每一座山都留下了我们的足迹，每一条河都映照着我们的身影，每一个水源都承载了我们的责任。在大家夜以继日的辛勤奋战下，一座又一座的饮水工程拔地而起。区水务局聚焦贫困群众不愁“喝”的行业标准，坚持精准发力、主攻难点、突出重点、分类施策，把优先保障建档立卡贫困人口用水作为重点任务来抓，切实加强农村饮水保障工作的组织领导，加大饮水项目政策倾斜力度和宣传工作，保障饮水安全资金投入，创新饮水安全管理办法，加速实施农村饮水安全巩固提升项目。

压实责任，抓落实。在脱贫攻坚战场上，脱贫攻坚农村饮水安全战区指挥长带领全区 20 个乡镇、街道层层签订责任书，尽锐出战、攻坚拔寨，为打赢脱贫攻坚农村饮水安全攻坚战提供了坚强有力的保障。

狠抓工程，追进度。区水务局指派了 18 名技术人员奔赴各乡镇、街道指导工程建设，确保各项工程稳步推进。

开展调查，户户清。区水务局举全局之力，发扬“吃苦我一个，幸福千万家”的精神，每一位干部职工不畏艰辛，认真仔细走遍每一家农户，确保农村饮水安全全覆盖，竭力夯实农村饮水安全保障基础。

改革创新，严督促。为保障人民群众饮水安全，区水务局严格按照水利部落实“三个责任”“三项制度”的要求管理工程，切实将“三个责任”“三项制度”落到实处，抓好建后运行管理工作，实现以水养水，加强节水宣传，全面启动水费收缴工作；积极组织技术骨干和百姓共同探索农村饮水安全工程运营管护机制，并通过购买社会服务、村民“一事一议”等多种方式，强化工程后期管理和维护，确保工程长期有效运行。

季节缺水，送温暖。为应对昭阳区季节性缺水问题，区水务局举全局之力到村到组到户全面摸底排查饮水安全情况，对于缺水区域或个人，全局干部职工翻山越岭寻找水源、想方设法调运水，为确保脱贫路上不漏一人，千方百计确保群众饮水安全。

在区委、区政府的坚强领导下，在上级部门大力支持和关心下，全局干部职工不懈奋斗，共建成集中式供水工程 492 件，解决了 154 个农村学校的安全饮水问题，学校覆盖率达100%，脱贫攻坚农村饮水安全受益人口达63.94万人（其中建档立卡贫困人口20.122万人）。

人民利益至高无上，安全责任重于泰山

坚持民以食为天，助推农业增产增效。“春种一粒粟，秋收万颗子”，中国作为一个农业大国，保春耕、促生产、水节约是迫在眉睫的紧要任务。区水务局统筹城乡水资源配置，大力兴建水源工程，广泛推广节水灌溉，实施农田水利工程维护，努力扩大农田有效灌溉面积，提高灌溉保证率，实现农业增产增效，实施完成2016—2019年度9个高效节水灌溉示范项目，包括2015年昭阳区公益性水利工程维修养护、昭鲁大型灌区农田水利设施维修养护，2016—2018年中央财政小型农田水利重点县建设，2018年昭阳区水利基础设施项目、水利工程维护项目、农田水利设施维护项目、昭鲁灌区量测水设施建设、昭鲁大型灌区农田水利设施维护项目，2019年昭阳区永丰扶贫产业园灌溉设施建设，新建小（一）型水库（边箐水库）一座，新开工小（一）型水库（叶家海子水库）一座。

边箐水库总库容522.3万立方米，兴利库容338.8万立方米，设计年总供水量400万立方米，灌区管线总长9.33公里。其建设任务是解决集镇、农村人畜生活供水和农业灌溉供水，工程建成后可解决太平、北闸、小龙洞等乡镇、街道集镇供水人口0.59万人、农村供水人口2.06万人以及大牲畜0.52万头、小牲畜2.18万头的生活供水和1.8万亩农田的灌溉供水。工程于2016年3月动工，2020年3月21日完工，4月29日水库下闸蓄水验收。边箐水库的投入使用，将极大改善昭阳北部的农业灌溉、畜牧养殖和生活用水条件。

叶家海子水库位于洒渔河左支流碧凹小河右支流叶家海子沟上，属金

沙江流域横江水系，行政区划属于昭阳区靖安镇松杉村。水库总库容 270.5 万立方米，水库设计灌溉面积 0.3 万亩，供水人口 5.7 万人，其中靖安易地扶贫搬迁安置区供水人口 5.42 万人、农村供水人口 0.28 万人、大小牲畜 0.28 万头。设计总供水量 277.6 万立方米，生活供水 218 万立方米，灌溉供水耕地面积 0.8 万亩 59.6 万立方米，防洪保护人口 1.8 万人。工程于 2020 年 3 月 17 日启动了开工仪式，标志着叶家海子水库工程建设全面拉开序幕，工程的建设将为昭阳区水利建设再添精彩一笔。

坚持生命至上，落实防灾减灾责任。洪水猛如虎，干旱悍如魔，由于昭阳区的地质、气候等自然条件均较为复杂，洪旱灾害频繁不断，历来是昭阳区自然灾害中较为严重的灾害。防汛抗旱是水利部门义不容辞的职责，为把灾害损失降到最低，区水务局统筹考虑工程和非工程措施相结合，尽最大努力保障人民生命财产安全、保障人民安居乐业。落实“两个坚持、三个转变”的防灾减灾理念，把牢“三个责任人”和“三个重点环节”；每年按时按质完成防汛物资采购入库，并加强防汛物资管理，确保物资充足、调运及时；积极开展汛前和汛期隐患大排查，严控汛限水位，加大水库、塘坝巡查检查力度，对存在洪水、滑坡、垮塌和泥石流等地质灾害威胁的地方，提前采取防范应对措施，动态监控地质灾害隐患变化；完善各类预案，建立预报和预警机制，严格值班值守，认真落实各项度汛措施，及时发出水雨情及天气预警，及时收集上报灾情信息，做到上情下达，下情上传，如有灾情发生及时处理处置。

全区共建有防汛监测站 345 个，实施完成鲁甸 6.5 级地震灾后恢复重建工程 5 件，昭阳区小塘坝等 11 座一般小（二）型病险水库、严家湾等 4 座重点小（二）型病险水库除险加固，昭阳区省耕公园排涝工程项目，2015—2019 年度昭阳区石漠化综合治理（水利措施部分），2015—2019 年昭阳区山洪灾害防治项目，2015 年、2016 年昭阳区抗旱应急备用井和引调水工程，2017 年昭阳区布嘎乡小水网项目，2019 年度岩脚村水利基础设施沟渠（排洪沟）建设，昭鲁河锦屏段 4.68 公里河道治理，冷水河 7.83 公里河道治理，有效根除项目区洪涝灾害、防止农田冲毁、保护基础设施免遭洪水破坏，进一步完善中小河流防洪排涝体系，整体提高中小河流的防洪排涝水平。

守好一方水土，建设宜居昭阳

为守好一方水土，打造生态宜居的美丽昭阳，区水务局实施完成了昭阳区期米黑小流域治理工程、渔洞水库瓜寨湿地治理工程、布初生态清洁小流域综合治理工程，改善除涝面积 0.1 万亩，水保治理面积 1.894 万亩。

自 2017 年 5 月全区全面开展河长制工作以来，区水务局牢固树立“绿水青山就是金山银山”的理念，以落实河长制责任体系为抓手，以加强“水资源保护、岸线管理保护、水污染防治、水环境治理、水生态修复、执法监管”六大任务为目标任务，通过河长制信息化系统平台建设，推动河长监管智能化、信息传递便捷化、问题处置高效化，有效发挥部门及乡镇职能职责，统筹开展“一河一策”、中心城市河流深度治理以及河湖“清四乱”“昭阳清水行动”“河长清河行动”等重点工作，全面推进河长制从“见河长”向“见行动”“见成效”转变。经过全区各级各部门两年多时间的共同努力，全区河库水环境进一步改善。

以水定需，落实最严格水资源管理制度。区水务局按照《昭阳区实行最严格水资源管理制度示范县方案》积极探索贯彻落实最严格水资源管理制度的实现途径，加强水行政执法，严格取水许可和水土保持方案审批，加强水质检测，强化水源地保护，倡导节水文化，推进水费征收，初步建立了管理制度框架体系，实现了“三条红线”管理阶段性目标，总体工作进展符合试点方案要求，最严格水资源管理取得了明显成效。一是建立了以昭阳区用水总量控制指标为核心的水资源管理制度框架；二是建立完善了昭阳区 2015 年、2016 年、2017 年用水效率指标，并将指标分解到各乡镇、街道，完成了对全区取用水户登记工作，并根据控制指标进行监督，严格落实执行《昭通市城市节水管理办法》，组织企业推广节水工艺、技术创新，建成了华新水泥、得云水泥、侨通包装印刷厂、紫光酒店等“节水单位”；三是加强区域水资源量监测站网建设及用水总量监测工作，积极配合国家、省级水资源监控能力建设涉及昭阳区项目，重点取用水户、重要水源地监控能力建设逐步开展；四是根据《昭通市人民政府办公室关于印发昭通市实行最严格水资源管理制度考核办法的通知》，确定示范期（2015—2017 年）水功能区水质达标率控制指标，2015 年水功能区水质达标率 100%，供水水源地达标率 100%；2016 年水功能区水质达标率 83.33%，供水水源地达标率 100%；2017 年水功能区水质达标率 71.44%，供水水源地达标率 100%。示范期内，水功能区水质达标率控制指标完成 66.67%。

目前，昭通中心城市两河水系水环境质量稳中向好，洒渔河、昭鲁河等重点河段区域水环境质量不断改善提升。城市集中式饮用水水源地水质达标率达到 100%，主要河流水库水生态系统得到基本保护，河库生态水量得到基本保证；重要生态功能保护区、水源涵养区、江河源头区和湿地保护区得到有效保护；受损的重要地表水和地下水生态系统得到初步修复，水生态恶化的趋势得到有效遏制。

“十四五”时期是我国“两个一百年”奋斗目标的历史交汇期，也是推动我区高质量跨越发展的重要机遇期。在进一步巩固脱贫成果的基础上，区水务局将百尺竿头更进一步，助推昭阳水利波澜壮阔，树新理、补短板、强监管，努力建立完善与经济社会发展要求相适应的防洪抗旱减灾安全体系、水资源合理配置和高效利用调控体系、水资源管理保护和河库健康保障体系，加快完善水利基础设施网络，稳步提高水利公共服务均等化水平、水治理体系和水治理能力、水安全保障能力，大力推进水生态文明建设，为昭阳区社会主义现代化建设开好局、起好步，提供有力保障和支撑。

（作者系昭阳区水务局干部）

广电通信惠万家　智慧城市展形象

赖应涵

信息通达，网络顺畅，电商经济助力乡村脱贫，边远山区居民也能足不出户观世界，智慧城市从一个抽象的词语变成百姓可触可感的便利，智慧政务、智慧教育、智慧医疗、智慧交通……智慧城市的应用越来越广泛，惠及群众生活的方方面面，人人得以享受广电通信发展的“红利”……这是昭阳区近年来广电通信建设发展的一个个缩影。昭阳区正处于工业化、信息化、城镇化快速发展的关键时期，正处于脱贫攻坚成果巩固提升的关键时期，加快广电通信基础设施建设，能有效提高全区人民的信息覆盖化水平，保障精神文明建设，尤其丰富农村地区精神文化需求，畅通农村地区的信息传收渠道。

昭阳区地势东高西低，除坝区外，多半是山区和半山区，山脉绵延起伏，磅礴逶迤，山高谷深的奇景虽绮丽壮观，却也为广电通信基础设施的建设施工带来了很大的难度。因此，2015 年以前昭阳区的通信建设相对迟缓，网络覆盖较为薄弱，仅以中心城市、交通主干乡镇覆盖为主。

近年来，昭阳区广电通信系统突出以高质量发展为主题，实施科技振兴、产业振兴、人才振兴“三大战略”，紧扣“宽带中国”战略契机，全力推进村村通、户户通、全覆盖、城乡数字电影“四大工程”，实现节目精品化、声屏绿色化、播出安全化、传输数字化、城乡一体化“五化”目标，严格按照国家广电总局、云南省广电局及各级党委、政府关于广播电视工作的要求部署，不断创新，勇于担责，狠抓落实，广播电视服务效能明显提高，实现了事业建设由注重城市向城乡一体化转变、发展重点由注重事业向事业产业协调发展转变、产品供给由政府单一渠道向政府企业社会多元化转变、技术模式由模拟向数字化高清化智能化转变、队伍建设由注重业务能力向整体综合素质提升转变等几大转变。昭阳区作为国家级贫困县，是脱贫攻坚的重中之重，自 2015 年 11 月 29 日中共中央提出《中共中央国务院关于打赢脱贫攻坚战的决定》以来，中国移动昭阳分公司、中国联通昭阳分公司、中国电信昭阳分公司和云南广电网络昭通分公司昭阳支公司等通信系统企业充分践行央企责任担当，助力脱贫攻坚，取得了巨大的成就。

广播电视“村村通”

广播电视全覆盖，是政治工程，也是民心工程，能充分发挥广播电视的宣传阵地作用，让广大群众及时收听收看到党和政府的声音，丰富广大群众的文化生活。同时，“按自然村为单位计算，广播电视信号覆盖率必须达 99% 以上”也是昭阳区脱贫出列硬性指标之一。

昭阳区辖 20 个乡镇（街道）、184 个村（社区），是全省 27 个深度贫困县之一，有贫困村 145 个，其中深度贫困村 50 个。按照 2019 年全区脱贫攻坚计划退出的要求，2019 年全区有 70 个贫困村 42211 个贫困人口要全面实现脱贫出列。昭阳区广播电视局紧紧围绕广播电视行业扶贫考核的指标要求，按照中央、省、市要求，在全区先后实施了昭通本地广播电视节目全覆盖、中央广播电视节目无线数字化覆盖、广播电视村村通、直播卫星“户户通”等一系列惠民工程。截至目前，有线信号覆盖所有乡镇，卫星信号覆盖面积99%，直播信号作为补充，全区广播电视信号覆盖率达99%以上，同时昭阳区共安装各类卫星地面接收设备12万套，有线数字电视通所有乡镇，有线数字电视用户达7.5762万户，其中城市用户6.2887万户，各乡镇集镇所在地用户1.2875万户；在昭阳区各乡镇已建成无线基站23座，覆盖无线数字电视用户15.08万户，已安装无线数字电视用户77132户、调频广播4座、中央无线数字节目转播站4座，本地节目综合覆盖率达到90%，基本上解决了广大农村群众收听收看难的问题。

建设先行，服务跟上，昭阳区广电局积极做好广播影视公共服务，整合“村村通”“户户通”、有线无线用户等方面资源，设立各级便民维修点，实现区级有服务中心、乡镇有服务站，为广播电视通达做好公共服务工作。

在“广播电视全覆盖，广电通信助脱贫”的攻坚战中，广电通信企业也发挥了排头兵作用，云南广电网络集团昭通分公司昭阳支公司在经费极度紧张的情况下，先后投入建设资金1000多万元，建设易迁安置点覆盖网络。虹桥馨居、红路馨居、幸福馨居、洒渔安置点、靖安新区等安置点的广播电视网络已经全部覆盖，昭阳区所有易迁群众享受了全部免费收视服务，公司还赠送部分小区党员活动室电视机，与小区党支部建立了连心桥，充分发挥了党组织在易迁安置点的战斗堡垒作用。

在广电通信系统的不懈努力下，昭阳区基本实现数字广播电视“户户通”，形成覆盖城乡、便捷高效、功能完备、服务到户的新型广播电视服务覆盖体系。地面无线广播电视基本实现数字化；有线广播电视网络基本实现数字化、双向化、智能化，有线网络整合取得明显成效，实现互联互通；直播卫星公共服务基本覆盖有线网络未通达的农村地区；广播电视基本公共服务达到国家指导标准，市场服务效能进一步提高，基础设施保障能力全面提升，长效机制更加完善。

4G 基站全覆盖

在区委、区政府的大力扶持下，各通信企业加快通信基础设施建设，全区 4G 网络覆盖范围和网络质量得到进一步拓展和提升。

昭通移动昭阳分公司经过不懈努力，截至 2019 年 12 月，已经实现了全区所有行政村 4G 信号 100% 覆盖。为优化昭阳区 4G 体验，2018 年完成昭阳区乡镇 4G 基站 FDD 扩容 168 个、TDD 扩容 145 个、新建 4G 无线网小型化基站 76 个、蜂窝物联网基站建设 26 个、4G 无线基站建设 44 个、改造质差基站 12 个；2019 年又新建 4G 无线网小型化基站 75 个、完成 FDD 无线基站建设 10 个，同时对靖安新区安置区、红路安置区、永丰安置区等易地扶贫安置点进行了室内分布覆盖。经过两年的建设，解决了全区各乡镇及各个集中安置区室内无 4G 信号、电话无法接听等问题，改善了部分地区群众在手机使用时反映的网络信号不稳定，用网高峰时期网速慢和卡顿的情况。

联通公司昭阳分公司 2015 年以城区 4G 覆盖为主，每个乡镇建 1—2 个站点，共建设了 133 个 4G 基站，涉及昭阳城区及 16 个乡镇。2016 年 1 月 1 日至 2019 年 10 月 31 日，通信基础设施建设累计投资 0.49 亿元，新建、改造通信基站 306 个；以城区覆盖补点为主，建设了 38 个 4G 基站。2017 年对城区新拓展区域进行深度覆盖，加强乡镇行政村的覆盖，共建设 4G 基站 105 个，重点行政村基本覆盖。2018 年抓住混改契机，引入民营资本，共建设了 4G 基站 175 个，基本实现昭阳坝区的连片覆盖。截至 2019 年，联通昭阳区分公司共有基站 530 个，其中 4G 基站 407 个，中国联通全区 4G 移动通信网络行政村覆盖 92%，自然村覆盖率 27.56%。2020 年，为让贫困群众更快使用网络，采用光纤、微波等多种技术手段在昭阳区靖安镇五星村麻窝自然村、靖安新区移民安置点、苏甲乡大漆树自然村、大山包镇大山包村公所建立了 9 个 4G 基站，共投资 143.7 万元，解决了当地群众电话信号不通的问题，加强了当地贫困群众与外界联系，提升了贫困地区4G网络体验。

2015年至2019年年底，中国电信昭阳分公司移动通信网络建设共投资13587.5万元，新建和改造基站593个，其中新建基站136个，改造基站457个，移动网络行政村覆盖率（含村委会、学校、卫生室）100%，自然村覆盖率68%。

在各家广电通信企业的共同努力下，目前昭阳区基本实现了4G基站全覆盖，且基站建设因地制宜，环保创新。漫步省耕公园，人们会惊奇地发现眼前一块块巨石，竟然是铁塔公司在公园里新建的微型铁塔管理室；一旁的一棵深绿色的“大树”，竟然就是新建的基站铁塔。因地制宜、无处不在的基站建设，让4G网络信号全覆盖，且网络流畅度得到较大提升，改善了昭阳区城市形象和用户体验，有效提高了全区人民的信息化覆盖水平。据移动公司员工介绍：“目前昭阳区已初步实现了4G全覆盖的规划任务，基本满足了老百姓的通信需求。下一步我们将紧跟全区的广电信息基础设施建设规划，同步做好通信基础设施的建设投用，为全区的高速路建设、新机场建设、易地扶贫搬迁以及脱贫攻坚工作助力，同时为将来的5G建设做好相应的规划、统筹工作，全力支撑昭阳智慧城市建设。”

洒渔镇是昭阳区知名的苹果之乡，移动公司安装队在洒渔镇安装基站时，和当地村民王大爷聊上了天，王大爷说他家每亩地每年大约能产9000斤苹果。过去交通不便、信息闭塞，洒渔苹果虽然品质上乘但是只被本地人熟知，到了收获时节满园的苹果卖不出去，最后只能被低价收购甚至烂在地里，一年的辛苦换不来相应的回报。近两年，在国家的帮扶宣传下，昭通苹果在全国打响了名声，销路好了起来，果园带来的收益也越来越高，王大爷的儿子放弃了外出打工，回家和父亲一起照看果园。“其实以前也经常有外地老板联系过苹果收购的事情，比本地价格高不少，但是以前信号不好，经常接不到对方的电话，久而久之人家嫌麻烦也就放弃了，好在去年你们在后面山上建了一个信号塔，这种情况就没有发生过了。”王大爷感叹道。

经过近几年的建设，中国移动实现了对全区所有行政村4G信号的100%覆盖，100M光纤宽带接入乡镇，农村乡镇宽带一级覆盖率达95%，村民拿着手机上山找信号的日子已经一去不复返了。

光纤宽带进乡村

党的十八大以来，国家提出建设“网络强国”的愿景，昭阳区委、区政府积极响应国家“宽带中国”战略部署，主动投资建设基础网络，积极推进光纤进村入户和广播电视全覆盖。近年来，在当地党委、政府的领导下，在广电通信系统的不懈努力下，农村通信基础设施条件不断改善，为农村地区提供了流畅便捷的网络和清晰高质的广播电视节目，让农村居民足不出户就能享受到信息时代的方便与快捷，为脱贫攻坚及经济社会发展提供了强有力的支撑。

无论寒峭冷冬，还是酷暑炎夏，四个通信公司数支工作队常年翻山越岭，爬杆拉线，熔接光缆，安装设备，把广电网络信号送到全区每个乡镇村落。截至2019年12月，昭阳区实现了行政村宽带覆盖率100%，包括50个深度贫困村在内的145个贫困村及贫困村所在地学校、卫生室，均已实现4G移动通信网络和光纤宽带网络100%覆盖，全区贫困出列行政村宽带网络覆盖全部达标。

同时，昭阳区作为全省深度贫困县（区），2019年按照《全国应急广播体系建设总体规划》（新广电发〔2017〕236号）、《国家广播电视总局办公厅财政部办公厅关于实施深度贫困县应急广播体系建设工程有关事项的通知》（广电办发〔2018〕64号）和《云南省广播电视局关于开展东川等16个深度贫困县应急广播体系建设的通知》（云广发〔2019〕11号）要求，昭阳区作为昭通市两个先行试点之一，由中央下达了2019年深度贫困县县级应急广播体系建设资金550万元，启动了应急广播体系建设，目前已建应急广播播控点和终端点487个（设计方案289个，结余资金补点建设198个），具体是乡镇20个播控点、行政村（社区）184个播控点、自然村261个终端点、城市公园8个终端点、易地扶贫搬迁点14个播控点和终端点，形成了区、乡、村三级统一协调，上下贯通、可管可控、综合覆盖的区级应急广播体系，基本满足了全区应急信息的发布和政策宣传需求，并预留了与上级对接接口，为以后全国应急广播网络系统建设奠定了基础。

宽带入村，为广大农村居民生产生活带来了巨大的改变提升。在苹果之乡洒渔镇，一名在读大学生小张在和我们闲聊中谈到，他去年回家听说自家苹果越来越畅销很高兴，可比起质朴父母传统的销售经营方式，他觉得若拓宽销售渠道，想办法绕过收购商，直销全国买家，苹果价格还有更大的上涨空间。他曾经看过室友直接从果园网购水果，也看过沿海的果农利用短视频平台直播带货，效果喜人。“其他人整得成，我也整得成。”小张信心满满。但是过去宽带没有接入，这一切无法实现，现在好了，互联网拉到了家门口，推行宽带惠农价，对于建档立卡贫困户还有各种减免和补贴，小张的设想终于迈出了第一步。他向我们展示了自己申请的淘宝店和直播账号，里面已经有全国各地不少顾客付了定金，预订了他家的苹果。等到秋天硕果满园，通过快递发往天南地北，洒渔苹果知名度将得到进一步提升。

开通互联网之后，小张还有一个小计划：“我还在读书，精力有限，果园都是爹妈在管理，通网之后，我打算教会我爹用手机在互联网上学习先进的种植技术，这样果园的产量还能提升。不只是苹果，说不定还能种其他的水果，我听说永丰在种蓝莓，我也想让家里试试。如果有效果，还可以在乡邻间推广，大家的生活会越来越好。”小小的村子通过网络联通了外面大大的世界，打破了地域的隔阂，带给了小山村新的气象。

像王大爷和小张这样的改变正在昭阳区每一个自然村里发生着。从村村通电话，到广播电视全覆盖，4G网络全覆盖，村村通宽带，昭阳区广电通信建设致力于让信息高速通起来。都说要致富先修路，现实中的高速公路连接了乡村和城市，而信息的高速公路为老乡们联通了整个世界。在昭阳区广电通信系统的共同努力下，地理的阻隔不再是阻碍乡亲们脱贫的高墙，5G 即将到来，新的通信技术必然会为农村的发展打开新的篇章。

（作者系中共昭阳区委宣传部干部）

打赢危房“清零”战　住房安全有保障

成　磊

“屋漏偏逢连阴雨”，曾几何时，这是滇东北地区很多农村家庭的常有经历。“床头屋漏无干处”，这是过去乌蒙大地农村房屋的真实写照。为解决农户无安全住房的问题，昭阳区委、区政府坚决拉开危房“清零”歼灭战，确保人民群众住房安全有保障。

这是一场没有硝烟的战争。在此次战役中，我们以乡镇（街道）、村（社区）为单位，把全区布置为20个战区、153个战场，拉开了农村危房改造“清零”歼灭战。在市委、市政府的坚强领导下，昭阳区坚持以脱贫攻坚统领经济社会发展、以党的建设统领各项工作落实，引领全区党员干部众志成城，排除万难，撸起袖子，加足干劲，合力打赢农村危房改造“清零”歼灭战。

筑牢战斗堡垒　冲锋前线不掉队

“危房不住人，住人无危房”是市委书记杨亚林在全市农村危房改造推进会议上的指示，要求坚持“以房找人、以户找房”基本路径，确保实现

"危房不住人，住人无危房"根本目标，而杨亚林书记等领导在调研过程中也发现昭阳区还存在"疑似危房"的情况。为实现"危房不住人，住人无危房"的目标，杨亚林书记强调，各地要全面排查全面整改，要以"以房找人、以户找房"为基本路径（所谓"以房找人"就是在村子里看到的危房或疑似危房都要说清楚、标识清楚户主的情况，不住人的要标识清楚，要住人的就一定不能是危房；"以户找房"，就是要对照户口以户找房，看这一户是否还住在危房里），确保实现"危房不住人、住人无危房"的根本目标，同时要坚持"三个结合"原则，村户并改、点面共治，确保全市农村人居环境全面提升改善（"三个结合"，一是坚持农危改与拆旧拆危、复绿复垦结合，二是与村庄人居环境提升相结合，三是与培养群众良好的卫生生活习惯相结合）。为认真贯彻落实杨亚林书记提出的"三个结合"原则，昭阳区印发了《昭阳区建档立卡户和非建档立卡户人居环境整治实施方案》《昭阳区拆旧复垦工作的通知》两个文件。

"攻坚克难，更要坚定不移地加强党的全面领导，充分发挥好基层党组织的战斗堡垒作用。"昭通市委常委、昭阳区委书记江先奎强调："基层党组织和广大党员干部是全区决战脱贫攻坚、决胜全面小康的'主力军'，在非常时期必须采取非常之举，在关键时刻必须坚决冲锋在前，坚决打赢这场农村危房改造'清零'歼灭战！"

在重任和挑战面前，昭阳区以贯彻落实省、市"基层党建创新提质年"部署要求为契机，深化拓展"基层党建推进年、提升年、巩固年"工作成果，强化"党建引领、改革创新"精神，在党建工作中要求：要在加强政治建设上创新提质，突出"第一要事"，坚决打好脱贫攻坚歼灭战；要以党支部规范化建设为支撑，促进党支部整体提升；要以提升组织力为重点，在加强各领域党建方面创新提质；要探索开展"智慧党建"，在推动基层党建信息化上创新提质，推动基层党建传统优势与现代信息技术深度融合；要在解决难点问题上创新提质，聚焦专项整治，从严整改落实。

遵循以上工作要求，在农村危房改造"清零"工作中，昭阳区坚持党建脱贫“双推进”工作理念，树立“一切工作落实到支部”鲜明导向，压实基层党建、农村危房改造工作“双责任”，全面推动全区基层党支部和党员主动融入农村危房改造“清零”战役中。

我们整合各级力量组建了17个工作组，对全区农村基本住房情况进行了全覆盖识别鉴定，按照“以房找人、以户找房”“危房不住人、住人无危房”要求逐户研判，分门别类改造处理，修缮加固，给危房强筋健体。鉴定为C级危房的，原则上全部修缮加固处理，针对危房实际制订修缮加固“一户一方案”，全面实施危房改造，让危房脱胎换骨。鉴定为D级的农村危房，原则上进行拆除重建，通过户申请—村组评议—乡镇审核—县区审批—市复核的程序，把经过认定的危房全部标注录入全国农村住房信息系统，并分类处置。一是安全认定，给住房贴挂标识，对改造完毕的农村住房逐户开展排查验收，达到“安全稳固、遮风避雨”验收标准的，及时贴挂“安全住房认定牌”；达不到验收标准的，建立整改台账，逐户制订整改措施，实行销号整改，直至验收达标。二是全员参与，让工作落到实处，坚持“一切工作以脱贫攻坚为先，一切任务以危房改造为重”的理念，聚焦4类重点对象住房安全问题，在人员、技术、经费等方面给予充分保障，让工程凝聚民心。三是坚持以人为本，致力推进农村危房改造“三品”工程，保证群众住房安全性，切实提高群众满意度，具体是：聚焦4类重点对象打造“民心极品工程”，指导好各乡镇、街道对辖区内农村整体性D级危房现状进行梳理复核，督促指导好区乡合理分配改造指标，让贫困群众真正得到实惠；围绕为民清廉打造“阳光精品工程”，坚持按照公开、公平、公正原则，实行补助标准和补助对象公示制度，对补助对象的住房状况、补助标准等基本信息进行公示，保证所有操作程序都在“阳光”下进行；狠抓质量打造“质量尚品工程”，严格按照“5个基本”要求（即基本的质量标准、基本的结构设计、基本的建筑工匠管理、基本的质量检查、基本的管理能力），抓好农村危房改造项目建设，确保住房安全稳固、遮风避雨。自2009年至2020年，全区共计实施完成农村危房改造78880户（其中拆除重建57157户、加固改造21723户），有效实现了20230户建档立卡贫困户住房安全有保障的目标。同时，昭阳区还对所有建档立卡贫困户是否住房安全逐户进行鉴定，其中达标48695户，不达标0户，贴挂安全认定牌48695户，所有建档立卡贫困户的住房安全均有保障。

实施“干部工程” 勇挑重担不打折

农村危房改造是解决脱贫攻坚“两不愁、三保障”中“住房安全有保障”的硬件指标，危房存量是否“清零”，直接关系昭阳区脱贫出列全局。在具体抓落实过程中，我们创新措施、明确责任、精准施策，重点抓好全区农村4类重点对象危房改造工作，确保4类重点对象住上安全、卫生、方便的住房，同时统筹兼顾，同步推进农村非4类重点对象中无力改造农户的危房改造工作。

始终坚持“安全为本、分类实施”工作原则，牢牢把握脱贫攻坚目标任务，以实现4类重点对象和非4类重点对象住房安全有保障为根本目的，根据不同的改造对象和危房具体情况确定改造方式，C级危房采用修缮加固方式，D级危房经修缮加固可以达到安全稳固要求的采取修缮加固，达不到安全稳固要求的采取拆除重建方式改造。

减少了农村危房数量，农村人居环境明显改善。我们坚持把“有居、宜居”的理念注入危房改造全过程，通过实施茅草房改造、易地搬迁安居工程、农村危房改造等项目建设，解决了“最危险住房、最困难群众”住有所居的实际问题，同时结合人居环境提升行动，引导农危改户树立“住上了好房子，生活环境要有新样子”生活理念，着力改善农村环境“脏、乱、差”现象，贫困群众生活环境得到了明显改善。

提高农村房屋质量，抗震设防能力不断加强。农村危房改造工程的实施，促进了抗震设防技术的快速推广，较好地扭转了广大农村传统建房不设防或设防标准不够的问题，有效保障了农民建房抗震安居、美观大方、经济实用的良好效果，真正实现“危房不住人、住人无危房”。

积极助推农村配套建设，让农村面貌焕然一新。通过农危改项目的带动，各级各部门整合各类项目进行配套建设，全区广大农村地区住房、水、电、路、通信等公共基础设施得到进一步夯实，有效推动了社会主义新农村建设，农村面貌焕然一新。

通过农危改，活跃了农村市场，有效拉动了农村投资消费。通过政府政策引导和资金扶持，农民群众建房的热情得以充分调动，有效拉动了农村内需，繁荣了农村市场，活跃了农村经济，就近解决了一大批农村剩余劳动力，为促进全区农村投资消费夯实了基础。

通过农危改，提升了干部素质，人民群众满意度有效提升。在实施农村危房改造中，全区广大党员干部认真贯彻落实市委“133”工作思路，下足“绣花功夫”，扎实推进群众宣传走访常态化，深入一线调查研究，充当农村危房改造的指挥员、政策讲解员、技术指导员、协调联络员，党员干部解决问题、处理问题的能力得到有效提升，综合素质明显提高，同时党员干部还加强了与群众的沟通联系，切实为群众排忧解难，拉近了与人民群众的“鱼水关系”，实现了人民群众满意度有效提升。

时间一分一秒流逝，眨眼间便进入了2019年6月。昭阳区委、区政府相继召开一系列紧急会议，不折不扣落实上级指示和要求。为加快工作进程，各乡镇、街道紧紧围绕“安全稳固、遮风避雨”目标任务，对照锁定对象花名册，逐户做通思想工作，按照先易后难原则，启动修缮或重建工作，及时和施工方对接，争分夺秒夺取农村危房改造“清零”歼灭战胜利。

“做通一家，开工一家。时间再紧、任务再重，始终确保‘方案先行’。”擂响战鼓，吹响号角。在高高飘扬的鲜红党旗下，每一名党员干部起早摸黑，走村入户做群众思想工作，迅速组织拆除重建，帮农户找施工方，找人帮忙运建材，及时解决邻里纠纷……

滚石上山，不胜不休。2019年6月下旬，昭阳区农村危房改造“清零”歼灭战前线捷报频传，一间又一间新房似雨后春笋般在昭阳大地上建起来了。危房改造工作取得了显著战果，成为乌蒙大地上一道亮丽的风景线！

（作者系昭阳区住房和城乡建设局干部）

聚焦脱贫攻坚　提升人居环境

马　俊

2020年，是昭阳区脱贫攻坚的收官之年，也是农村人居环境整治三年行动交账之年。昭阳区高度重视农村人居环境整治工作，认真贯彻落实中共中央办公厅、国务院办公厅《农村人居环境整治三年行动方案》，中共云南省委办公厅、云南省人民政府办公厅《云南省提升农村人居环境行动三年行动实施方案（2018—2020年）》及市委、市政府《关于构建"九项制度"强力推进农村人居环境提升的通知》《关于落实"三个全覆盖"推动农村人居环境全面提升的通知》等重要文件精神，结合脱贫攻坚工作关于农村人居环境达到1档8条标准的要求，以农村"厕所革命"、农村生活垃圾治理、农村生活污水治理、村庄规划、村容村貌整治提升和长效管理机制为重点内容，全面开展农村人居环境整治提升工作。

大力推进农村"厕所革命"

昭阳区在乡镇政府所在地和村（社区）所在地公厕建设有序推进的基础上，逐步消除旱厕，改造建设水冲式无害化卫生公厕；加快推进农村无害化卫生户厕改造建设，推广水冲式卫生厕所改造模式，同步实施厕所粪污治理拆除重建的农村危房、易地扶贫搬迁新建住房以及农户新建住房，按照“人畜分离、厨卫入户”的要求，配套建设无害化卫生户厕。

2019年度，按照《昭通市“厕所革命”三年行动实施方案（2018—2020年）》（昭政发〔2018〕29号）中“到2020年年底行政村村委会1座以上水冲式公厕全覆盖、农村无害化卫生户厕普及率达到50%以上”的目标任务，昭阳区进行了摸底调查，及时制订了《昭阳区农村“厕所革命”实施方案（2019—2020年）》，2019年我区农村“厕所革命”行政村公厕改造提升35座、无害化卫生户厕改造提升24609座。农村户厕方面：明确整改任务、整改主体，制订完善相关工作规范，按省级补助400元/座、区级配套补助400元/座的标准，按照“先建后补”“以奖代补”的方式进行改建，有效推动了农村户厕改建工作的顺利进行。农村公厕方面：一是根据省、市下达35座行政村公厕任务数，按照省级补助10万元/座的标准进行改建，严格按照《云南省级农村厕所建设技术指南（试行）》的要求进行建设；二是2019年由区住建局实施的乡镇政府所在地公厕新建（改造、提升）7座、行政村所在地新建（改造、提升）6座，共投入资金170万元，已改造完成并投入使用；三是对2019年以前已建农村公厕开展全面检查，及时完善、修复配套设施及管理制度，确保已建成的公厕及时投入使用。

2020年1月至8月，根据省、市下达行政村公厕新（改）27座、户厕12000座任务，行政村公厕按照省级补助10万元/座的标准进行水冲式无害化公厕改造，无害化卫生户厕按照省级补助400元/座，区级配套800元/座的标准进行改造。按照市委、市政府《关于落实“三个全覆盖”推动农村人居环境全面提升的通知》的相关要求，我区对全区厕所情况进行了排查检查，全区共有无厕所农户6145户，还需要新（改）建自然村水冲式公厕340座，无害化卫生户厕6145座。目前，全区行政村公厕全部建设完成并投入使用；无害化卫生户厕改造完成17196座，剩余的正在抓紧改造中。

全面推进农村生活垃圾治理

昭阳区采取“村收集、乡镇转运、区处理”“组收集、村（社区）转运、乡镇（片区）处理”“源头减量、就近就地处理”等多种模式，加大农村生活垃圾治理力度，积极争取相关项目支持，逐步健全垃圾处理设施配套。

2019 年度，全区建立村庄保洁和垃圾清运收费制度，集合村庄保洁公益性岗位，全区共配有乡村保洁员 3080 人，建立了一支稳定的保洁人员队伍。一是各乡镇用于辖区内的垃圾收运设施，主要由政府统一采购和乡镇自行购买。2017 年以来，区住建局统一采购了乐居、北闸、旧圃、永丰、苏家院、大山包、苏甲、炎山、小龙洞、大寨子、田坝共 11 个乡镇的垃圾收运设施，累计投入 1317 万元。二是各乡镇建立了一批垃圾无害化处理和热解项目，从 2016 年启动以来，在守望卡子建成日处理量 110 吨 / 天的垃圾处理场，库容 60 万方，使用年限 11 年，概算总投资 2852.94 万元。在炎山镇炎山村大火地，投资 2100 万元建设日处理 60 吨的生活垃圾热解项目，解决西凉山四个乡镇的生活垃圾问题。在苏甲乡瓜寨村甲寨社漆树湾垭口，建设日处理 15 吨的生活垃圾无害化处理项目，投资 278 万元。建设永丰镇海边村昭通市生活垃圾焚烧发电及配套无害化填埋场项目，总投资约 5.2 亿元，其中生活垃圾焚烧发电项目占地 84 亩，建设 2×400 吨 / 天焚烧炉 +15MW 汽轮发电机组，日处理垃圾能力 800 吨，投资约 4.8 亿元；配套填埋场项目占地 120 亩，设计库容约 60 万立方米，投资约 4000 万元，该项目已经投入使用。

2020 年度，根据《云南省 2020 年农村人居环境整治工作意见》《昭通市进一步提升城乡人居环境三年行动计划（2018—2020 年）》《昭阳区农村人居环境整治村庄清洁行动实施方案》等文件要求，到 2020 年年底，我区要全面打赢农村人居环境整治示范建设攻坚战、农村生活垃圾治理攻坚战、农村生活污水治理攻坚战、农村厕所革命攻坚战、破除农村陈规陋习攻坚战

"五大攻坚战"，实现"五净""四无""三有""两规范""一眼净"的治理目标，其中农村生活垃圾治理方面，要求乡镇政府所在地2019年实现垃圾处理设施全覆盖，村庄垃圾有效治理率达到90%以上，村庄生活垃圾治理收费制度全覆盖，录入国家信息系统的非正规垃圾点整治率达到100%。

目前，全区17个乡镇垃圾收运设施均已全部覆盖，乡镇生活垃圾治理设施覆盖率达到100%，乡镇村庄生活垃圾收集治理率达到91.69%。

深入推进农村生活污水治理

昭阳区全面推行河长制，根据农村不同区位条件、村庄人口聚集程度、污水产生规模，因地制宜采用污染治理与资源利用相结合、工程措施与生态措施相结合、集中与分散相结合的建设模式和处理工艺，推动城镇污水管网向周边村庄延伸覆盖，计划到2020年，全区乡镇政府所在地生活污水处理设施基本实现全覆盖。

2019年度，昭阳区加强生活污水源头减量和尾水回收利用，以房前屋后河塘沟渠为重点实施清淤疏浚，采取综合措施恢复水生态，逐步消除农村黑臭水体，将农村水环境治理纳入河长制管理，加大污水处理设施建设力度；"旅游特色型""美丽宜居型"村庄及饮用水水源地周边的村庄生活污水处理设施基本实现全覆盖。截至2019年年底，8个乡镇政府所在地生活污水设施投入使用，生活污水设施覆盖率达到47%。

2020年度，昭阳区积极推动污水治理逐步向镇区外延伸，并率先启动沿湖（水库）、沿江（河）、沿边（省际边界线）、沿路（高速公路和高速铁路）等重点区域的村庄污水治理，开展农村黑臭水体治理排查建档，编制专项治理规划，将农村水环境治理纳入河（湖）长制管理范围；加强推进集中饮用水源点周边生活垃圾治理，加强生活垃圾收运设施建设，合理布局生活污水处理设施。区住建局按照农村生活污水治理要求全面加快农村污水处理设施建设，目前全区已经建成8个乡镇政府所在地生活污水设施，剩余9个乡镇已完成项目立项、土地征收、图纸设计等工作，正在开展地勘工作，其中炎山镇、大寨子乡两个乡镇污水处理项目采用EPC总承包方式进行建设，目前项目已完成招标工作，施工单位已进场进行厂站位置选址、方案设计等工作。9个乡镇政府所在地的生活污水设施建设，预计年底投入使用，确保各乡镇政府所在地生活污水有效治理率达60%以上，污水处理设施覆盖率达到80%以上目标。

加强村庄规划编制与实施管理

昭阳区全面加强村庄规划与实施的监管，强化乡村建设规划许可，深入推行村庄土地规划建设专管员网格化管理制度，凡新建农房都必须经过审批，建立健全违法用地和建筑查处机制，坚决依法依规查处拆除违法违规违章建筑。2019年，全区基本建立以区域乡村建设规划为依据和指导的乡镇和村庄两级村镇规划编制体系，编制完成达到修建性详细规划深度的城镇周边、行政村（社区）村（居）委会所在地、主要交通干线沿线和沿边地区重要村庄实用性建设规划，2020年实现全区乡镇村庄规划管控基本覆盖。

2019年度，昭阳区全力推进35个示范点村庄建设，完成房屋风貌改造10000户以上；完成5个“美丽乡镇”、10个“美丽村庄”建设，同步开展村庄专项规划，完成房屋风貌改造后，及时启动村庄公共服务配套设施建设，配套完成村庄道路硬化、污水处理、公厕、绿化、亮化，做到“一月一变化，半年大变化，一年大见效”管理目标。

2020年度，昭阳区统筹农村生产、生活、生态空间，严格保护坝区空间生态环境，加大力度推进实用性村庄规划编制，配套完善乡村公厕、“一水两污”、集贸市场等公共服务设施，建立党委、政府组织领导、村级组织及村民发挥主体作用、技术单位指导的村庄规划编制和实施管理机制。按照人居环境整治任务清单要求，已选取具有代表性的10个行政村（洒渔镇大桥村、苏家院镇迤那村、凤凰街道龙山寨社区、永丰镇青坪村和三甲村、靖安镇大耆老村、北闸镇塘房村、乐居镇中河村、旧圃镇后海村和三棵树村）作为实用性示范村庄规划编制试点。

目前，全区示范村庄规划编制已全面启动，经过实地走访调查、实地踏勘、资料收集、意见征询等前期工作，现已完成工作量的90%，预计2020年11月底完成规划编制工作。

推进村容村貌整治提升工作

2019年度，按照市委、市政府“决不把脏、乱、差环境带入小康社会”的总体部署要求，坚决确保党中央、国务院和省委、省政府的相关决策部署高效落实，区委、区政府出台了《中共昭阳区委　昭阳区人民政府全面开展农村人居环境专项治理的决定》，同时为统筹中央和省、市下达的年度目标任务，又配套出台了《昭阳区农村人居环境整治“村庄清洁行动”实施方案》《昭阳区农村人居环境整治“村庄清洁行动”“五大攻坚战”任务分解方案》《昭阳区农村人居环境整治“村庄清洁行动”考核办法》《昭阳区提升城乡人居环境行动领导小组办公室关于全面实施农村生活垃圾依效付费管理的通知》等文件，形成了全区农村人居环境整治目标任务责任考核体系，全面细化明确了目标任务、时间节点、考核奖惩等内容。为确保城乡人居环境整治整改工作立见成效，昭阳区加大宣传教育引导，区人居办制订印刷18万册破除陈规陋习树文明新风的《个人新风》宣传册，发放给乡镇、街道，以户为单位进行全面宣传，着力提升人居环境整治工作。

2020年度，按照《云南省2020年农村人居环境整治工作意见》及市级相关文件要求，昭阳区结合实际情况，印发了《昭阳区开展爱国卫生运动的实施方案》《关于在全区范围内开展爱国卫生运动的通告》等文件，对照脱贫攻坚工作人居环境1档8条标准的相关要求，到今年年底前，要全面实现“五净”“四无”“三有”“两规范”“一眼净”的整治目标，全区城乡环境大改善、群众面貌大提升、整体形象大改观，建成健康美丽昭阳。同时结合爱国卫生专项行动，要求各乡镇、街道在年底前，均要达到省级卫生乡镇创建标准，50%以上的行政村要达到省级卫生村创建标准，创建省级“美丽乡村”5个以上目标任务。

建立完善长效管护机制

按照“源头严控、过程严管、后果严惩”的总要求，坚持“政府主导、群众主体、部门监管、市场运作”的原则，昭阳区以农村环境大整治行动为契机，积极宣传，完善村（居）规民约，建立区、乡、村有制度、有标准、有队伍、有经费、有督查的农村人居环境长效管护机制，建立并实施环境治理依效付费制度，健全服务绩效评价考核机制，探索建立污水处理农户付费制度，完善财政补贴和农户付费合理分担机制。

2019年度，督促指导各乡镇、街道制订明确的管护制度和措施。要求各乡镇、街道督查各行政村（农村型社区）通过村（居）规民约，制订垃圾收费制度，对各行政村（农村型社区）收取垃圾费用进行严格管理，由乡级农村经济管理站代管，专项用于农村人居环境卫生整治工作。

2020年度，要求村组村庄清扫保洁制度全覆盖，每个自然村有1名以上保洁员；建立完善村庄公共设施管护机制，组建管护队伍；建立完善依效付费等村（居）规民约。

目前全区 1112 个自然村共有保洁员 7435 名（含护路员、护林员和其他公益性岗位），负责清扫、保洁各自然村村庄环境，有效保障了村庄环境卫生，同时在农村厕所改造建设、生活垃圾污水治理和村庄风貌提升中，实现了“统一规划、统一建设、统一运行、统一管理”的目标。

（作者系昭阳区人居办干部）

打好脱贫攻坚战　城市建设谱新篇

陈朝富

昭通中心城市因水而灵动，历史文化源远流长，“古象之邦（史前）”“人类摇篮（史前）”“僰人故里（西周、春秋、秦）”“望帝故里（三星堆之前）”“彝祖分支圣地（晚于三星堆）”“五尺道枢纽”“朱提古邑（西汉到唐天宝年间）”“蜀身毒道要冲”“西南奥区（清）”“小昆明（民国）”，以及“龙洞吸月”“恩波蜃影”“宝山环翠”“凤岭飞霞”“洒渔烟柳”“珠泉涌碧”“雨公云鬟”和“花鹿食苹”昭阳八景，蕴藏着昭通在历史长河中的辉煌记忆。然而，当时针指向21世纪，曾经的一切美好似乎变得遥不可及。民风不纯、人心不齐，体制不顺、机制不活，城市建设乱象丛生、无序可言，城市管理多头执法、“九龙治水”，整个城市成为全省“脏、乱、差灰堵”的典型。

面对乱局，在省市党委、政府的坚强领导下，昭阳区坚持以习近平新时代中国特色社会主义思想为指引，把中心城市建设作为脱贫攻坚的“龙头”和重中之重、“坚中之坚”，提高站位、保持定力，克难攻坚、负重前行，以奋勇担当诠释着对党的忠诚，用实际行动奋力谱写了昭通中心城市发展史上崭新的一页，实现了由全省“脏、乱、差灰堵”的典型到“一年大变样、三年上台阶、五年大跨越”的华丽蝶变，走出了一条贫困地区城市化跨越式发展的新路子。

狠抓规划治源头

很长一段时期，昭通中心城市规划审批权频繁变更，一无审批标准规范，二无准入门槛，三无监督制约机制，四无专家咨询，造成规划审批随意性极大，只批不管问题突出，每变更一次审批权，就形成一系列新的遗留问题，集中反映在房地产开发经营管理方面。仅2011年以来，昭通中心城市规划审批权就先后经历了四次变更，每一次变更，都形成了一系列遗留问题，成为城市乱象之源。在城市规划权频繁变更的过程中，规划缺失、审批随意、权责脱节等问题不断滋生蔓延，昭通中心城市错失了一系列千载难逢的发展机遇。

2015年中央城市工作会议后，在习近平城市建设新思想的引领下，市区两级确立了“规划权集中、建设权共享、管理权下放”原则，按照权随事走、权责一致原则，就组织领导、规划管理职能、规划管理审批、规划审批流程、项目设计方案、规划审批后的监督等进行了细化明确，理顺了市区两级关系，同时按照省委、省政府把昭通中心城市建设成为“滇东北城市明珠”“引领省际区域发展的滇川黔省际中心城市”的战略定位，深入贯彻创新、协调、绿色、开放、共享的发展理念，结合自身资源禀赋和区位优势，从规划入手科学谋划城市成长坐标，按照“一城三区”的设想和“果城”“秋城”的形象定位，着力打造“半城苹果满城香”的城市品牌，划定了城市开发建设的“边界”“红线”，形成了“规划一张图、审批一支笔、建设一盘棋、管理一张网”的城市规划审批管理格局，强化了规划的强制性和引领性，从四个方面着力实践习近平总书记关于城市规划管理工作的新理念、新思想、新战略。

实施多规合一，推动城乡统筹。按照省委、省政府把昭通中心城市建设成为“引领省际区域发展的滇川黔省际中心城市”的总体布局思路和市委、市政府的统一部署，昭阳区紧密结合城市总体规划积极编制城市规划区全域规划，构建国民经济和社会发展规划、城市总体规划、土地利用总体规划“三规耦合”，城市规划红线、绿线、蓝线、黑线、橙线、褐线、黄线和紫线“八线合一”，古旧城组团、高铁组团、省耕乌蒙组团、文化旅游产业新区组团、凤凰山组团、昭阳工业组团“六团”齐驱，一、二、三产业融合发展，“产、城、人、文”“四位一体”的规划链条体系，以前瞻性、系统性、效益性的规划体系引领昭通中心城市向省际区域中心城市方向发展，规划到2035年，昭通中心城区城市规模达到120平方公里、城市人口达到100万人以上。

落实绿色发展理念，推动产城融合。昭阳区充分发挥自身优势，提出了“绿色生态、产城融合、城乡一体”的发展思路，围绕卫生城、园林城、平安城和文明城“四城同创”，“果城”“秋城”共建目标，遵循生产空间集约高效、生活空间和谐宜居、生态空间显山露水的总体要求，挖掘特色优势，厚植文化沃土，统筹地上、地面、地下空间开发，注重战略性空间留白，切实谋划好城市“成长坐标”。重点在城市建成区周边规划建设百万亩优质苹果产业带，规划打造“果在城中、城在园中，春看花、夏游园、秋摘果、冬赏雕”的“苹果之城”；把凤凰山旅游小镇、文化体育旅游产业新区、G356绿道纳入大山包国家级特色集镇建设，规划打造集极限运动、休闲度假、康体养老、生态观光为一体的鹤乡旅游之城；把昭阳凉爽气候的无形资产加速转化为有形的避暑产品，大力发展避暑经济，规划打造清凉避暑之都。

留住城市特有“基因”，全面推行城市设计。昭阳区始终坚持“人民城市为人民”的“共建共治共享”理念，从“人”的需求和发展出发，科学统筹好城市就业空间、居住空间和基础设施配套，通过城市化建设的成果来满足市民群众对美好生活的追求，并助推昭通中心城市向更高阶段、更高水平发展。在古旧城规划编制过程中，通过深入挖掘和保护厚重的历史文化底蕴和独特的地域元素，深化城市水系、道路、绿地生态空间规划研究，注重城市历史文化的保护传承，科学合理利用传统民俗、非遗文化，留住昭阳特有的自然禀赋、历史人文等“基因”，力求让人们看得见历史、看得见文化、留得住记忆、记得住乡愁，同时精细设计城市天际线、建筑风格、色彩色调，提升单体建筑设计水平，切实加强对城市空间立体性、平面协调性、风貌整体性的规划和管控，让昭通中心城市的天际线更富韵律节奏、地标线更具观瞻美感，在细节中体现城市精神、展现城市特色、提升城市魅力。

强化刚性约束，切实维护城市规划的严肃性和权威性。区委、区政府牢固树立规矩意识，认真贯彻执行省委、省政府的部署要求，不打折扣、不作选择、不搞变通、不留余地，凡属城市规划、建设、管理和经营“三重一大”事项，始终严格执行请示报告和集体研究决策制度。在规划编制过程中，昭阳区建立完善了“政府组织、专家领衔、部门合作、公众参与”的组织架构和决策原则，把规划植根于群众这片沃土，确保把规划编制的过程变成凝聚各方共识、汇聚各方智慧的过程，保持了规划的强大生命力，同时坚持“一张蓝图干到底”，坚决维护规划权威，市区两级严格执行“破土必有规划、动土必按规划”的要求，以规划统领建设，以专家会审查、规委会审批为抓手，全面推行“阳光规划”“专家论证”，真正形成了“规划一张图、审批一支笔、建设一盘棋、管理一张网”的工作格局。

狠抓管理治乱局

随着城市规模的不断拓展，昭阳区城市运行管理的各种弊病日益突出，在很长一段时期内饱受各方诟病，城市管理体制改革迫在眉睫。针对这一“症结”，昭阳区首先从体制机制入手，坚持德治、法治、自治“三治”合一，率先推动城市综合行政管理体制改革，组建了昭阳区城市规划建设管理经营委员会，受区委、区政府委托，代表区委、区政府对昭通中心城市昭阳片区规划、建设、管理、经营工作进行统一领导、统一管理、统一考核，统一行使昭通中心城市规划、建设、管理和经营的组织领导、建设管理、土地征收、拆迁安置、许可审批、运营考核和统筹协调职能；成立了昭通中心城市规划建设管理领导小组，组建了城市规划专家审查委员会，集中规划管理审批权，紧紧围绕健全制度、简化程序、强化服务、事权集中、重心下移等方面进行改革，制订了《昭通中心城市建设项目审批服务指南》《昭通中心城市资源经营管理暂行办法》等措施和办法，共简化各类行政审批事项 14 类 48 项；强化了城投公司投融资平台建设，充分激活城市资源潜能，整合城市优质资产，建立完善城市资源经营管理机制，加快实现城市资源“投入、经营、增值、再投入”的良性循环。

昭阳区深入推进城市管理综合体制改革，组建了昭通市昭阳区城市管理综合执法局，相对集中行使 10 个类别 19 项城市综合行政管理职能，推动出台了《昭通市城市管理条例》，建立了执法管理部门联动协作机制，形成了集中统一的城管综合行政执法体系，有效解决了城市管理“多头治理”问题。下移执法重心，实施网格化管理，把中心城市建成区划分为 151 个网格，集中执法力量，实行“错时制”与“日常制”双管齐下的巡查管理模式，每天早上 8 点到晚上 10 点全天候巡逻管控。强化“两违”管控，组建“两违”执法大队，中队实行区综合执法局与乡镇“双重管理”，分片区实施“两违”管控。推进城市交警执法管理体制改革，厘清“城管”“交警”部门职责，划清执法边界，构建权、责、利相统一的城市交通管理体系，推动公安、城管、交警之间资源整合、信息互通，实时联动、协同共治，构建治污、治堵、治乱城市管理大格局。

通过不断深化城市综合行政执法管理体制改革，为管好城市、发展城市提供了有力的制度保障和动力源泉，为全省城市管理体制改革积累了经验，被省委列为全省深化城市管理体制改革试点。

狠抓拆迁治违建

一度时期，少数群众受利益驱动，乱建乱搭、非法交易、少批多建、批东建西、未批先建等违法违规行为十分突出，治理十分困难，违法建筑面积高达600多万平方米，城市周边非法砖瓦厂达150家2113门。这些问题，导致昭通中心城市发展举步维艰，城市建设项目征地难、落地难、融资难、安置难等突出问题接踵而至，成为制约城市发展的“瓶颈”。

市区党委、区政府深刻认识到，城市规划区内“两违”的滋生蔓延已成为昭阳区一个严重的社会问题，成为制约中心城市发展的“顽疾”，到了非整治不可的地步。市委常委、区委书记江先奎坦言：“两违”危害了群众生命安全，妨害了社会和谐稳定，挑战了社会公平正义，践踏了法律法规尊严，扰乱了城乡建设秩序，浪费了宝贵的土地资源，影响了城市规划、建设和发展以及昭通中心城市对外形象，“违建”行为已不只是经济问题，还是社会问题，更是严肃的政治问题。“两违”不整治，上愧对党组织，下愧对人民群众。他的讲话，至今掷地有声：“两违”不治、建设受阻，“两违”不治、干部受累，“两违”不治、风气不正，“两违”不治、民众不安，“两违”不治、社会不宁；在昭通中心城市大开发、大建设、大发展的重要关口，整治“两违”是绕不过、回避不了的大问题，既是平民愤之需，也是维民利之举，更是安民心之策；整治“两违”就是啃“硬骨头”，就是向非法利益格局宣战、对违法违规者开刀。

在市委、市政府和区委、区政府的坚强领导下，一场轰轰烈烈的“违建”整治攻坚战随之打响。

找准靶子，精准发力。根据市委、市政府的统一部署，区委、区政府及时成立昭阳区城乡规划违法违规建筑治理领导组办公室，建立“三籍”调查体系，严格按照“三不放手”“三清”（即当事人思想动态没摸清楚不放手、“两违”界定不清楚不放手、调查取证资料收集不齐全不放手；讲清

“两违”政策、算清经济账、摸清一户一档“两违”底数和涉及党员干部情况）开展摸底调查，抽调精兵强将200多人，组成10个普查认定组，历时半年多，开展地毯式、拉网式摸底调查，确保不遗一户、不漏一宅、不缺一地，做到调查摸底“零盲区”。在找准“病根”的基础上，坚持“区别对待、分类施策”，广泛征求意见，反复修改完善，制订出台了“一政策、一办法、一方案”（《昭阳区人民政府关于印发城市规划区安置政策的通知》《昭阳区人民政府关于城市规划区违法用地和违法建筑综合整治办法的通知》《昭阳区人民政府关于城市规划区违法用地和违法建筑综合整治工作方案的通知》），明确了整治原则、认定标准、整治程序、补助标准、法律责任，为拆违控违提供了政策依据。

抓住机遇，聚焦棚改。棚改是打开昭阳区城市征地拆迁局面的最有力武器。2014年4月，昭阳区与云南省城乡建设投资有限公司合作实施2013年至2017年棚改项目，规划改造3万户，面积8180.74亩，其中安置点用地926亩，拆迁面积330万平方米；规划总投资151.95亿元（国家开发银行融资贷款134.54亿元、中央及省级补助7.59亿元、地方自筹2.95亿元、企业自筹6.87亿元）。迅速成立了棚改工程指挥部和项目管理处，全面加强与云南省城乡建设投资有限公司、国家开发银行的对接协调，在一周内编制上报了棚户区改造可行性研究报告，获得了国家开发银行批准，为后期城市征地拆迁安置提供了最坚实的政策和资金保障。

挂图作战，精心组织。昭通中心城市违建整治攻坚战打响后，市区两级党委、政府多次专题研究部署，市委、市政府主要领导亲自把脉开方，专门选派熟悉城市建设管理的领导干部充实区级领导班子，统筹推进昭通中心城市拆违控违工作，并通过专题会、现场会、办公会等形式亲自督战问效。区委、区政府坚持“属地管理、重心下移，条块结合、标本兼治”原则，全面理顺管理责任、网格化监控巡查、依法处置等机制，建立了每日一会商，每周一报告，每月一调度、一总结、一考核制度，倒排时间，挂图作战；各街道全面落实拆违控违主体责任，党政一把手亲自抓、负总责；村（居）委会干部包片到点、到户、到人，包拆前宣传动员、包拆中思想工作、包拆后安置帮困，分工明确，责任到人；小组长发挥地清、房清、人清的优势，发挥中坚骨干作用，形成了“多级联动”的强大合力，确保了新“两违”零增量、老“两违”负增长。

深入群众，宣传发动。区委、区政府始终坚持把扎实的群众工作作为打赢违建整治攻坚战的压舱石，按照“杜绝增量、消化存量、建立机制、确保长效”的目标，把“疏堵结合、铁腕拆违，以人为本、柔性拆迁”贯穿违建整治全过程，召开了千人誓师大会，层层召开党委会、村委会、村民代表会和各种形式的宣传动员会议，广大基层党员干部用真心、细心、热心、耐心，“5+2”“白加黑”、栉风沐雨进村入户做工作，积极开展违建治理“十进”活动（进机关和企事业单位、进学校、进医院、进军营、进厂矿、进社区、进工地、进农村、进景区、进公共服务场所），实行了政策宣传“零死角”，赢得了主动权，同时坚持阳光拆迁，一把尺子量到底、一个标准用到底、一把算盘算到底、一个办法补到底，以公开、公平、公正促群众“公认”，干群关系越走越近、越走越亲。

敢于碰硬，一视同仁。全区所有党员干部“以党性作保证、以帽子作抵押”，副科级及以上干部人人签订承诺书，承诺做到“三带头、三不准”“四个坚决、四个决不允许”（即带头支持查处违法违规建筑，不准说、不准做不利于查处违法违规建筑的话或事；带头做好本单位职工和亲朋好友的工作，不准为违建户说情、打招呼、写条子；带头拆违，不准拖拆违工作的后腿。凡属拆除范围内的违法违规建筑，必须坚决依法拆除，决不允许姑息迁就；不管违建当事人有何“背景”，必须坚决依法办事，决不允许拆小不拆大、拆民不拆官、拆软不拆硬、拆明不拆暗；对极少数“钉子户”，坚决依法强拆，同时做好安全防范预案，决不允许出事端；拆违工作不论遇到多大阻力、多大困难，必须坚决一抓到底，决不允许半途而废），并及时成立专项纪律检查组，把违建问题纳入党风廉政建设考核及个人事项申报的重要内容之一，多措并举，促使100多名涉“违”党员干部主动带头拆，并做通亲朋工作拆除30多万平方米，同时坚持和谐拆违“零冲突”，利用棚改政策解决有钱拆的问题，筹资10多亿元，实行自拆给奖励、不拆“零补助”，积极引导群众主动拆，形成强大的示范带动效应。

对症下药，攻营拔寨。拆违攻坚战打响后，区委、区政府集中力量从“两违”源头上下手，坚决依法关闭取缔150座2113门非法黏土砖窑，彻底斩断违建赖以生存的利益链条，同时按照“拆违必合法、凡事要有据、程序要到位”三大原则，综合运用法治思维和法治方式，对极少数不愿拆的群众，通过村（居）规民约“一事一议”办法引导拆除，在实践中形成了“9步工作法”（分层动员、统一思想，宣传造势、营造氛围，收集信息、依法公告，走村入户、摸底调查，实物丈量、确保真实，签订协议、保障利益，加大力度、协搬督迁，依法拆除、加快腾空，善后处理、消除隐患），创下最高峰一天拆除违建3万多平方米、成片拆除20多万平方米的昭阳拆违史上拆违速度最快、拆除成片规模最大的纪录，跑出了拆违控违“加速度”。

以人为本，稳妥安置。“失地后生活靠什么、拆迁后住什么？”是广大拆迁群众最为关心、最为担忧的两大问题。截至2020年9月底，昭通中心城市规划区累计实施集体土地征地拆迁39797亩，有失地拆迁承包人口44198个。区委、区政府本着尊重历史、面对现实，依法依规、稳妥安置的原则，按照安置标准与社会经济发展程度相适应、失地安置与拆迁安置相分离的办法，采取统规统建、货币化安置、划地统建（自建）等安置方式，实施等值转换安置，目前已完成14078套安置房建设，实物安置9005户、货币化安置2811户，三个街道已按照等值转换安置原则，分别启动8个安置试点建设。

在这场拆违控违的攻坚战中，区委、区政府坚持以“拆违”为主线，按照“拆除一片、清理一片、建设一片、美化一片、发展一片”的思路，通过“大、小同拆，官、民同拆，软、硬同拆，明、暗同拆”，以公开促公平、以公平促公正、以公正促公信、以公信促拆迁，拆出了干群关系新和谐、拆出了干部队伍精气神、拆出了城市发展新天地。累计拆除违法违章建筑600余万平方米，取缔关闭非法砖瓦厂150家2113门，整理土地3.3万亩，昭通中心城市违建整治被省委、省政府列为全省违建整治示范。

如今的昭通中心城市，征地拆迁已不再是“第一难事”，违建这一最大的城市乱象已被有效遏制，昭通中心城市建设走上了规范化、法制化的正轨。

狠抓环境治污染

曾几何时，昭通中心城市也曾因水而兴。穿城而过的利济河、秃尾河水系成就了昭阳八景，清澈而舒缓的“两河”书写了昭阳农耕时代的文明与辉煌，承载了昭通人曾经的那份古朴宁静和敬畏之心。然而，当时光的镜头再次聚焦，昭通中心城市特别是城郊接合部“垃圾靠风刮、臭水靠蒸发”，城市“两河”沉渣泛起、重度黑臭，整个城市环境污浊不堪，致使昭通中心城市“明珠”蒙尘。

区委、区政府围绕打造“滇东北最清洁城市”的目标，牢固树立“共治共管、共建共享”理念，从群众反映最强烈、最关心、最直接的问题入手，坚持全覆盖、零死角、零盲区、零容忍，持续深入开展提升人居环境行动进机关、进学校、进社区等“十进”活动，压实“门前三包”责任，全面打响环境卫生大扫除、大清理、大整治歼灭战、攻坚战，实现了摊点入市、车辆入场、垃圾入桶、广告入栏、工地入围、污水入网“六入”目标，统筹解决了城市“里子”和“面子”问题，同时全面开启市容环境卫生治理“全民、全域、全时”管理模式，把中心城市建成区划分为151个网格，集中执法力量，实行“错时制”与“日常制”双管齐下的巡查管理模式，每天早上8点到晚上10点全天候巡逻管控，重点突出“卫生”“秩序”和“环保”三大要务，辣手治乱，严管重罚，全力推动城市管理网格化、精细化、规范化，城市卫生秩序管理已从重要街道、主要节点向背街背巷纵深推进，已累计清除城区及周边陈年垃圾堆放点1450余个，清运垃圾达10万多吨；治理“黑臭水体”河道47.5公里，污水处理率从32%提高到91.3%，“水清、河畅、路通、岸绿、景美”的亲水空间逐步形成；新建公园8个、游园15个，新增绿地300多万平方米，绿地率从15.12%提高到31.67%。

在“两河”治理过程中，昭阳区深入贯彻落实习近平生态文明思想，紧扣“守住一片蓝天，绿化一方群山，护好一江清水，建设一座果城”的发展要求，以实现“两河”“水清、河畅、岸绿、景美”为目标，以全域治理、综合施策，突出重点、逐步推进，兼顾长远、标本兼治为原则，全面依法推进城市黑臭水体治理。在成功申请世行贷款6000万美元实施河道黑臭整治的基础上，2018年10月，成功申报全国第一批城市黑臭水体治理示范城市项目，该项目共涉及5大类22个子项目，概算投资21.42亿元，项目建成后，昭通中心城市将成为长江上游金沙江流域中等规模城市水污染治理典范、城市黑臭水体治理与城市高品质建设双赢示范，同步打造大型海绵空间、提升人居环境质量示范。目前，“两河”治理工作已取得阶段性成效，已实际完成项目总投资约13亿元，约占概算总投资的63%。

为确保昭通中心城市河道依法管控，昭通市人大常委会于2017年组织市区两级相关部门开展了《昭通市城市管理条例》《昭通市城市河道管理条例》立法调研，并分别于2018年6月1日、2020年6月1日起正式发布施行，为昭通市城市黑臭水体治理提供了完善的制度保障。

狠抓秩序治拥堵

目前，昭通中心城市步入了史无前例的发展快车道，正在经历中心城市发展史上规模最大、速度最快的城市化进程，城市规模快速扩张，人口高密度急速聚集，城市基础设施明显改善，资源配置不断优化，公共服务水平不断提高，城市内涵发生深刻变化。但与快速的城市化发展相伴而来的，是机动化进程快速推进，机动车保有量迅猛增加。由于昭通中心城市是在较低层次规划水平的基础上，以老旧城区为主战场起步的，受城市规划先天性不足的影响，城市区域布局不合理、交通规划不科学、路网结构不完善，公共交通服务体系不健全，“向心交通”“潮汐交通”现象突出，城市交通资源供给不足与交通需求快速增长的矛盾，成为中心城市交通拥堵的根本原因。

区委、区政府紧紧围绕建设“有序、畅通、安全、文明”的城市交通环境这一目标，坚持问题导向，分清缓急，抓住关键，列出 10 个问题清单，全面实施昭通中心城市交通管理问题清单销号行动，奋力依法打造最严交通管理城市。

第一，解决货车入城分流问题。实行交警与城管协同共治，划定并严格执行已经公告的货车限行区域及禁行线路，严格执行货运机动车入城审批制度，集中警力、合理布点、统一行动，从时间和空间上坚决控制好货车入城，从严查控货车违法通行行为，对违法行为坚决实行上限处罚，全面形成严管高压态势，坚决遏制货车违法入城行为，同时采取外围分流引导措施，全力保障城市建设及群众生产生活需要。

第二，启动城市交通管理指挥中心建设。城市交通管理指挥中心是城市交通管理的“中枢”“大脑”，是城市交通管理科技化、现代化的标志。区委、区政府把城市交通指挥中心提档升级建设作为城市交通管理硬件建设的首要任务，优化城市交通组织的关键手段，充分运用大数据、云计算技术等科技成果，加快完成城市交通指挥中心建设，为城市交通动态掌控、态势感知、分析研判、决策管理和应急处突提供有力支撑。结合城市道路新建、改造，加快交通视频监控、交通信号控制、交通设施管理、交通事件采集、交通信息发布等系统的建设集成，加强城市交通的整体指挥协调，提高城市交通的系统性、协同性。侧重于城市“交通秩序”治理这一功能，科学合理安装高清视频监控，确保主要路口交通状况一目了然，实时动态分析每个交叉口及上下游交叉口的交通运行状况，实时开展时间推送和调度。

第三，开展电动自行车规范骑行。针对电动自行车违规载人、闯红灯、逆行、占用机动车道等突出问题，制订专项整治方案，出台管理办法，推动治理工作制度化、常态化。一是在“学”上下功夫，在城区主要路口、重要节点设置学习点，把交通法律法规和社会公德、市民文明出行规范作为违法违规人员学习的重点，对电动自行车违法驾驶人一律责令参加现场交通安全教育学习。二是在“罚”上下功夫，对严重违法或多次违法的电动自行车驾驶人除了强制性现场学习，还要从重处罚。根据《昭通市城市管理条例》，把电动自行车违规载人、非法改装、闯红灯、逆行、占道等突出违法行为作为整治的重点，严加整治。

第四，全面启动“两闯”“两乱”治理。根据《昭通市城市管理条例》，制订整治方案，将管理责任下沉到中队，提高路面见警率，采取超常规措施和手段，严格执法、及时处罚。对于违法停车，借鉴城管综合执法取得的经验，进一步完善社会化的违停清拖机制，整合交警和城管执法力量，实行信息共享、协同共治，在城市主干道、非机动车道和重点区域道路施划禁停标线、安装禁停标识、公示处罚标准。对机动车乱变道及闯红灯、闯禁行违法，加大非现场抓拍设备应用，通过自动抓拍、人工抓拍，全时段、全路段覆盖。对机动车非现场违法行为，实施当天抓拍、及时上传，第一时间短信告知，增强震慑力度。切实加大对非机动车和行人交通违法的查纠力度，加大教育与处罚力度，对行人闯红灯、“跨栏”等违法行为，加大现场执法处罚力度。

第五，全面开展治堵。一是逐一排查堵点乱点。重点针对医院、学校、商圈、车站等常发性堵点乱点，实施“负面清单”管理，按照“一个乱点一个治理办法，一个堵点一套解决方案”的工作思路，建立交通乱点堵点治理台账，一个堵点一个堵点地清除。二是强化属地责任落实。按照属地管理原则，整合交警、城管力量，实行网格化管理，警力下沉、实时调度，以最严的措施、最严的管理，攻克治堵难题。三是实施挂牌督办。选取最有代表性的路段、堵点，督察督办，逐个突破。

第六，破解城市停车难问题。推动违法停车从末端处罚向前端治理转变，结合城区学校、医院、小区、商业、公园、广场、城市道路新建、改扩建等重大项目规划，前端介入，超前考虑车位配比，并强化过程协同监察，确保规划执行到位，从源头上破解停车难问题。强化对停车资源的统筹安排和利用，全面开展城市停车资源普查，制订停车资源利用方案，充分挖掘城市停车资源，科学合理施划停车位，尽最大限度释放停车空间、优化资源配置，促进存量资源和增量资源相协调。

第七，优化交通设施。交通信号灯问题，是群众反映比较多的交通问题。凤霞路、晨曦路、海楼路、珠泉路等路段的一些路口交通信号灯不合理、红绿灯时间分配不当；一些路段、路口的行人过街设施缺乏，信号配时不科学，机动车减速让行标志标线设置不规范、不合理。对此，交警组织人员一个点一个点地现场勘查，下功夫解决交通信号灯不符合标准、配时不科学、自动化程度不高等突出问题，努力实现“路口提效、路段提速、路网扩能”。

第八，全面实施机动车礼让行人。斑马线是一座城市文明程度的水平线。结合城市交通指挥中心改造升级，重点针对行人过街绿灯时间短、闯红灯违法多发的人行横道，对信号配时和配套设施进行全面排查整改，对人行过街需求较大的路段，合理增设交通信号灯、二次过街设施，切实保障人行过街（路）安全与交通畅通相互协调。充分借助交通技术监控、视频取证等设备，加大路口机动车不避让、不礼让行人行为查处力度，督促机动车驾驶人遵守路口通行规则，依法保护行人通行权利。

第九，启动执法能力建设。一是强化交警铁骑队伍建设，加快建立一支与城区交通治理工作需要相适应的交警铁骑队伍，以中队为单元，在城区各主干道及重要节点开展常态化巡逻管控，与路面管理中队在时、空上形成互补，不断提高快速反应和应急处置能力，发挥交警铁骑队伍在排堵保畅、应急处突、巡查管控等方面的突出作用，形成“特勤 2 分钟，路面中队 3 分钟，事故中队 8 分钟到达现场”的城市交通事故快速反应机制。二是创建卡口勤务，抓住城市交通指挥中心建设机遇，将“互联网＋”理念、大数据技术与传统的交通管理业务相结合，形成“数据采集—数据分析—研判规律—明确卡口—指导勤务—数据推送—精准打击—信息反馈—量化考核—完善数据模型”的闭环式卡口勤务模式，将交警铁骑与路面管理中队有机整合，实现动态监管、精准打击、规范引导联动，打造特勤、“卡口”联勤天网。三是实施网格化治理，将 6 个路面中队辖区划分为 27 个责任警务区，每个责任区实行警长负责制，同时把城管执法力量同步整合到城市综合治理网格中，合理配置城管执法人员，实行联动执法、协同共治。

第十，提升市民文明守法素质。一是深化全区普法宣传教育，不仅教育交通违法当事人，同时也教育周边的群众，从日常抓起，让每天都是“122”全国交通安全日；从媒体抓起，把各类媒体、各大平台等资源充分发动起来，广泛开展交通安全文明宣传教育，努力创造良好的执法环境。二是开展重点驾驶人职业教育，重点针对城市公交车、出租车、滴滴车驾驶人开展职业道德教育，提升职业驾驶人整体素质，当好文明驾驶的示范。三是加强城市交通安全文化培育，大力倡导和传播自律、包容、文明、礼让的现代文明交通理念；大力加强交通安全网站、微信微博等阵地建设，搭建交通安全宣传教育资源和文化产品共享平台。

目前，十大销号行动正在向纵深推进，市民素质大幅提升，一些强制性规范已经成为市民的行动自觉，有效破解了城市“乱”象、拥堵难题。

在省委、省政府、市委、市政府和区委、区政府的坚强领导下，昭阳区乘着改革东风，通过深化城市管理体制改革，理顺体制机制，厘清部门权责边界，创新方式方法，猛药去疴、刮骨疗毒，强势规范城市建设秩序、管理秩序，城市面貌日新月异，赢得了社会各界和广大市民一片赞誉。

一座特色鲜明、功能完备、宜居宜业的活力枢纽之城、秋韵康养之城、魅力“苹果之城”呼之欲出，正向“引领区域发展的滇川黔省际中心城市”华丽蝶变！

（作者系中共昭阳区委政研室主任）

第三编　产业就业扶贫

抓好产业扶贫　助推脱贫攻坚

贺加永

打好打赢脱贫攻坚战，产业发展是根本之计、长久之策。近年来，昭阳区农业农村局按照习近平总书记考察云南时“着力推进现代农业建设”的重要指示精神，把高原特色现代农业作为脱贫攻坚的重要抓手，围绕“农业提质增效、农民增收致富”目标，走好绿色产业发展之路。2018 年和 2019 年共投入农业产业扶贫资金 3.65 亿元，带动企业和社会投资 3.9 亿元，覆盖贫困户 37144 户 145675 人，其中 2018 年扶持贫困户 10478 户 41706 人，2019 年扶持贫困户 26666 户 103969 人。2020 年统筹整合财政涉农资金 4.83 亿元，其中用于苹果产业物流园、马铃薯示范基地、农林基础设施、易地扶贫搬迁后扶产业等农业产业资金 2.25 亿元，占全区年度统筹整合财政涉农资金的 46%。目前，随着全区传统农业向现代农业转型升级步伐的加快，群众已成为国家惠农政策和红利分享的见证者、受益者。

苹果产业登塔尖　富民兴昭脱穷帽

昭阳区是国家乌蒙山片区区域发展与扶贫攻坚的主战场，属低纬度、高海拔地区，冬季气温较低，夏季气候凉爽，昼夜温差大，适宜发展苹果等高原特色产业。20世纪40年代，留美博士吴敬琏先生，首先引进158棵苹果树“落户”昭阳区洒渔镇，历经80年的培植优化，昭阳苹果已成为云南最具高原特色的产业之一。但多年来，由于组织化程度低、产业链条短、产品附加值低、品牌影响力小、带动增收能力弱等问题，昭阳苹果“盛名之下其实难副”。如何打造昭阳苹果品牌，实现“此苹果非彼苹果”的根本性转变，是工作的重中之重。“十三五”以来，区农业农村局认真结合市委、市政府和区委、区政府打造“中国苹果产业塔尖上的10%”的目标定位，以绿色、有机、生态、健康、品位为内涵，重点培育“昭阳红”高端苹果品牌，用现代的理念、机制和模式推动昭阳苹果产业快速发展。

说起昭阳苹果产业的发展，昭阳区德恩苹果专业合作社的谢德兵既是实践者更是受益者。10年前，谢德兵还是昭阳区洒渔镇白鹤村一名只知道“脸朝黄土背朝天”默默劳作的庄稼汉，农忙劳作、农闲务工是他的生活常态，尽管从早忙到晚，但收入并不高。促使谢德兵萌生成立苹果种植合作社想法的，是几年前发生在洒渔镇的一桩苹果收购生意。当时，前来收购的客商点名只要“红露”，需求量还不小。但除了为数不多的农场、合作社和专业公司之外，绝大多数果农都是分散种植，品种五花八门，符合要求的优质果少之又少，送上门来的市场机遇就这样给错过了。

分散种植、销售模式已不适应现代农业发展的要求，昭通苹果产业发展必须进行再变革，变自给自足的“小农生产”为现代农业，高标准建设新果园，高质量改造提升老果园，实现产业化商品化发展。经过多轮考察，国内农业产业化重点龙头企业陕西海升集团在昭通落户，以海升集团（昭通超越）的苹果种植和管理模式为引领，昭阳区一场轰轰烈烈的苹果产业革命就此展开。昭通超越苹果示范园采用国际国内最先进的优质矮化自根砧9—T337两年生大苗密植种植，安装格架系统设施、水肥一体化系统设施，推行苹果生产标准化、规模化、现代化管理模式。示范园的果树当年开花、次年挂果，第4年进入丰产期，亩均产值3万元以上，可带动农户户均增收1.2万元。

借助昭通苹果产业发展的喜人之势，2017年，谢德兵组织白鹤村40多户农户成立了德恩苹果种植专业合作社，运用新技术种植了1000亩苹果树。2019年，合作社栽下3年的苹果树平均亩产就达到8000斤，平均每亩收入达3.2万元，其中精品苹果种植示范园100亩，亩产可达1万斤，亩产值在5万元左右。与传统的玉米种植相比，苹果的亩产值是玉米的数十倍。如今的白鹤村，家家种植苹果，户户盖起了楼房。像谢德兵这样的苹果种植大户，每家种植苹果15亩以上，年均纯收入都在20万元以上。目前，全区规模化苹果产销企业已有30余家，其中省级重点龙头企业5家，市级重点龙头企业11家。昭通超越作为推动昭阳苹果产业发展的代表性龙头企业，通过建立“贫困户入股、政府监管、企业运营”的新机制助推当地脱贫攻坚，建立的超越苹果示范园由贫困户用产业扶贫资金入股，政府成立平台公司（农投公司）代贫困户监管，并由国家级龙头企业海升集团运营，主要通过以下方式带动群众脱贫：土地流转增加财产性收入，流转费900元/亩，覆盖群众2.58万户，每年支付土地流转费5400万元；吸纳务工增加工资性收入，建园过程中，有5000余贫困群众务工；园区建成后每年吸纳6000余人就业，每天每人务工收入80—100元，每年可实现务工人员收入1亿元以上；资金入股增加转移性收入，前三年内按6%每年获得资产收益2520万元，覆盖贫困群众5.73万人；三年丰产后按30%分红，入股贫困群众每年至少可获分红1.2亿元；果园托管增加经营性收入，将基地分成50—100亩一个单元委托搬迁户或贫困户“托管”，每年每户收入可达4万—8万元；田间学艺增加技能性收入，每年培养现代苹果种植专技人员和职业农民2000人以上，果农技能性增收每年可达1000万元以上。

2018年以来，通过扩面（经过三年时间苹果面积从38万亩扩大到60万亩）、提质（建成现代苹果示范园21个10万亩）、增效（对30万亩老果园全覆盖、零死角提质改造），打造“城在园中、园在城中，半城苹果满城香”的“苹果之城”。全区苹果年总产量达80万吨、农业产值80亿元，户均苹果年收入达3.2万元以上，带动建档立卡贫困户16783户61091人通过苹果产业实现脱贫，31 万余群众增收致富，苹果已变身为昭阳区人民的“脱贫果”“致富果”“兴旺果”。

昭通大洋芋　扶贫大产业

昭阳区是昭通马铃薯生产的主战场，被誉为“除秘鲁外最适宜马铃薯的种植区”。1990 年，国家农业部在昭阳区建立了“马铃薯脱毒育种基地”。在 2018 年第 20 届中国马铃薯大会上，昭通市委书记杨亚林指出，马铃薯不仅是昭通人民的主食和必需品，更演绎成为一种文化，深深融入了昭通人的血脉之中。如今，昭阳区通过科学种植、良种培育及农户“抱团发展”等产业再升级，马铃薯已从“温饱薯”变身为“脱贫薯”“致富薯”。2020 年，区农业农村局认真落实国家“藏粮于地，藏粮于技”战略，按照“昭通大洋芋、世界马铃薯、扶贫大产业”的定位，以“三个全覆盖”为抓手，集中连片建设“洋芋帝国”基地 3 万亩（昭通市 5 万亩），带动全区马铃薯产业大发展。

目前，昭阳区“洋芋帝国”基地有从事马铃薯生产的公司（合作社）9 家，种植大户 20 余户，每年带动马铃薯种薯及商品型马铃薯外销 3 万吨。昭阳区西魁种植专业合作社是本地马铃薯种植的一家代表性企业，“西魁洋芋”曾经远近闻名，但主要靠传统种植模式种植，投入高、产量小，农民收入少，致使很多土地被抛荒。为打破这些困局，区农业农村局按照市委、市政府和区委、区政府打好产业培育高质量发展突击战的重大决策部署，充分挖掘昭阳马铃薯生产潜力，加快产业转型升级。在“党支部 + 合作社（公司）+ 基地 + 贫困户”模式的带动下，昭阳区西魁种植专业合作社社员从最初的 57 户 87 人逐步发展到 259 户 1103 人，流转的土地也越来越多，达到了 2200 亩，社员主要以土地和股金入股，年终按照协议进行分红，社员参加合作社生产可获得劳动报酬，每年有 100 余人从合作社获得劳务收入近 100 万元。2019 年，加入合作社的群众全部脱贫，大家一年的人均收入有了六七千元。2020 年，随着昭通“洋芋帝国”的打造，合作社的群众有望突破人均收入 8000 元。

昭阳区西魁种植专业合作社社长罗石富说：“各级党委、政府给合作社解决了很多实际困难。缺少生产资金，政府帮助申请了惠农资金；没有技术，农业农村局派出专家指导合作社做好种植管理和病虫害防治；通过土地整理，打通地埂地界连成成片耕地，方便机械化耕作管理；政府还帮助合作社拓宽洋芋销售渠道，解决了后顾之忧。”罗石富表态说：“我将带领合作社的全体社员‘感党恩、听党话、跟党走’，共同脱贫致富奔小康。”

2019 年，昭阳区在靖安镇西魁马铃薯种植基地完成项目投资 1162.7 万元，对 8500 亩耕地开展了土地整理、土壤培肥等工作，项目实施后每亩可增加马铃薯产值 200 元以上，解决 1000 人的季节性务工，吸纳贫困劳动力 500 人以上，带动项目区 645 户 2712 人持续增收脱贫出列。2020 年，全区马铃薯种植面积达 40 万亩，预计产量 60 万吨，产值 9 亿元，可带动建档立卡贫困户 7786 户 31887 人脱贫，马铃薯已悄然成为昭阳区人民脱贫增收的“黄金薯”。

“菜篮子”产业　助力脱贫攻坚

近年来，区农业农村局立足昭阳独特的地理气候优势，聚焦“一村一品，一户一策”发展蔬菜产业，建立以“党支部 + 企业（合作社）+ 基地 + 建档立卡贫困户”的产业支撑模式，累计投资 4.07208 亿元，发展规范化蔬菜种植 14608 亩，其中 2018 年至 2019 年，昭阳区实施蔬菜产业项目投资 2520.8 万元，发展规范化蔬菜种植 7208 亩，带动贫困户 2258 户 9381 人增加收入；围绕靖安新区（含粤旺食用菌基地）、红路、永丰三个易地搬迁安置点，配套规划四个现代蔬菜产业基地，总投资 3.82 亿元（其中蔬菜基地规划建设7400亩，投资1.95亿元；粤旺食用菌基地投资1.87亿元），重点解决易迁群众的就近就业问题，吸纳8000余户8300余人就业，实现户均年增收1.2万元，让搬迁群众“搬得出、稳得住、能致富”。

在旧圃镇三棵树社区，昭阳区粤旺农业产业园食用菌种植基地建设总投资1.87亿元。粤旺产业园基地可为建档立卡贫困户和易地扶贫搬迁安置群众提供就业岗位1000余个，实现每人年增收2.5万—3万元，带动1000户4000余人脱贫。在粤旺产业园务工的马永宽告诉大家：“我本身就对食用菌种植很感兴趣，刚好产业园又建在家门口，所以就来粤旺打工，边工作边学技术，打算以后自己建大棚种食用菌。”目前，随着基地的发展，以产业带动三棵树群众参与种植管理食用菌的态势正在形成，小小蘑菇一定能带动三棵树群众及易迁就业群众增收致富。

丰富多彩的“菜篮子”，把千家万户农民的菜园子推向了市场，越来越多的生产者、经营者、企业集团已融入昭阳“菜篮子”产销中来。2019年，全区蔬菜播种总面积40万亩、总产量80万吨、总产值7亿元，带动了2680户11075人脱贫。随着政府对“菜篮子”工程的逐步重视和城乡居民对“菜篮子”产品需求的日益增长，“菜篮子”产业已然成为推动项目区群众脱贫致富的重要支柱产业。

习近平总书记强调：“到2020年确保现行标准下农村贫困人口全部脱贫、贫困县全部摘帽，是我们党对人民、对历史的庄严承诺。”产业兴则脱贫快，区农业农村局坚持把产业扶贫作为脱贫攻坚的主要抓手，念好“山字经”，打好“生态牌”，做好产业精准扶贫大文章，通过激发贫困群众内生动力，实现了“输血”式扶贫向“造血”式扶贫的根本转变。半城苹果满城香，半山土豆载希望，迈步新时代，区农业农村局将按照“端稳饭碗、抓牢菜篮子、提升发展经济作物”的思路，坚定不移地走好绿色生态产业发展之路，为决战决脱贫攻坚、决胜全面小康而努力奋斗。

（作者系昭阳区农业农村局干部）

谋绿色福祉　促脱贫攻坚

叶发建

近年来，昭阳区林业和草原局顺应生态文明建设和脱贫攻坚要求，把产业发展作为重点、生态建设作为亮点、资源保护作为举措，通过实施重大生态工程建设、加大生态补偿力度、大力发展生态产业、创新生态扶贫等方式，强化对贫困地区、贫困人口的支持力度，推动扶贫开发与生态保护相协调、脱贫致富与可持续发展相促进的扶贫模式，实现了脱贫攻坚与生态文明建设“双赢”，谱写了绿色昭阳新篇章。

特色产业带动　实现富民强村

坚持走“生态建设产业化、产业发展生态化”之路，充分发挥林业扶贫在脱贫攻坚中的重要作用，建设了一批特色鲜明、有较强竞争力的林业示范集群。

小小青花椒，致富大产业。夏季，青花椒正式进入采摘期。在炎山、田坝等主产区，花椒树上挂满了一串串颗粒饱满的青花椒，椒民们正忙着剪枝、采摘、装筐，一派忙碌的景象。按照市场价 40—50 元 / 斤的干花椒价格，一亩花椒收入有3000—5000元，而这样的收入相比传统农业，农户觉得已经很满足了。2015年以来，区林草局逐年加大对青花椒产区广大干部群众的“青花椒高效生产及营销技术集成”培训、指导及宣传力度，同时通过狠抓示范样板基地建设，让群众学有榜样、做有标杆，逐步打破了群众“种在地、收在天、销售靠街边”的传统观念，从而加快了青花椒产业的统筹、健康及快速发展。一是开展提质增效改造。2018年以来，全区青花椒种植225亩，投入资金6.75万元；完成青花椒提质增效改造5758亩，投入资金345.46万元。其中2018年度提质增效改造涉及炎山镇及田坝乡共1877亩，涉及建档立卡贫困户702户3042人，投入资金112.6万元；2019年度涉及大寨子乡的车德及铁池两个村，种植青花椒225亩，涉及建档立卡贫困户110户430人，投入资金6.75万元；2020年提质增效改造涉及炎山、田坝及大寨子三个乡镇共3881亩，涉及建档立卡贫困户1125户4671人，投入资金232.86万元。二是开展技术培训。2015年来，共开展青花椒丰产栽培技术技能培训12场，培训群众960余人，发放青花椒丰产型结果枝组年培育技术与青花椒果后肥追施技术资料1500余份。如今，田坝乡及炎山镇严格按照“青花椒高效生产及营销技术集成”抓好每个生产环节，3年来亩产量从42.7公斤提升到96.3公斤。三是建示范基地。在炎山镇松乐村充分利用易地搬迁群众的“三块地”，建成300亩微喷灌及近900亩滴管的水肥一体化示范基地一个，该基地在昭通市范围内也是第一家，第5年年均亩产量有望突破200公斤，进一步提升周边群众种植水平。四是拓展深加工和销售渠道。随着花椒种植面积的不断扩大，区林草局依托优质资源狠抓精深加工及销售行业，不断扩大其影响和提高市场占有率，从而稳定种植环节的有效生产，推动全区“大山包—龙云故居—屋角村溶洞长廊—万亩绿色椒园—碧波金江”旅游的第三产业发展，全面实现一二三产业融合发展。同时，着力提高组织化程度，组建专业合作社，加大力度培育种植大户以及集流通、研发、精深加工于一体的龙头企业，形成“公司+党支部+专业合作社+基地+农户”的多赢格局，进一步巩固了昭通在全国青花椒市场的核心地位，使昭阳青花椒产业链发展得更好、更快、更高效，有效促进经济全面、协调、可持续发展。

家有核桃树，脱贫迈大步。核桃不仅对森林的覆盖率和蓄积量有非常大的贡献，而且群众基础好，易推广。因此，区林草局根据群众的需求，及时派出技术精、协调力强、吃得苦、耐得劳、乐奉献的工作人员，深入田间地块，手把手开展技术指导、循序渐进进行思想引导，将有限的扶贫资金投入核桃产业建设中。在群众与部门的共同推动下，核桃产业不仅成为生态林业和民生林业协调发展的重要载体，而且成为昭阳林业产业发展中一支重要的生力军。2018 年以来，全区核桃提质增效改造项目 647 亩，投入资金 36.57 万元。2018 年，小龙洞乡中营村开展核桃一般性提质增效改造 50 亩，涉及建档立卡贫困户 10 户 47 人，投入资金 0.75 万元。2019 年，苏甲乡水井及新店子两个村开展核桃高枝换优 597 亩，涉及建档立卡贫困户 264 户 1046 人，投入资金 35.82 万元，其中水井村改造 478 亩，涉及建档立卡贫困户 236 户 945 人，投入资金 28.68 万元；新店子村改造 119 亩，涉及建档立卡贫困户 28 户 101 人，投入资金 7.14 万元。通过以上工作的有效开展和顺利完成，全区核桃产业已逐步形成了规模，广大种植群众的信心得到了提振，生产积极性和主动性增强了，核桃种植充满了勃勃生机。

既要绿水青山　也要金山银山

结合全区群众生产生活情况，区林草局将生态保护、生态扶贫、生态发展等统筹起来，探索出一条符合昭阳实际的生态保护与脱贫发展之路。

实施退耕还林，推动绿色发展。山多地少、土地贫瘠、生态环境脆弱，是昭阳区部分群众致贫因素之一。为进一步改善生态环境，区林草局以核桃、花椒等作为支柱产业实施退耕还林，助力群众增收，打赢脱贫攻坚战。

新一轮退耕还林工程涉及贫困户面积9936.5亩，覆盖2215户建档立卡贫困户，兑付项目补助资金共1192.38万元，户均累计增收0.538万元，人均累计增收0.127万元。目前，退耕还林工作已完成9100亩，随着该项工作的全面完成，项目涉及群众将获得第一批500元/亩的生活补助资金，将有力助推稳固脱贫。近年来，面对新形势、新挑战、新机遇，区林草局整合系列资源，充分发挥优势，调动一切积极因素，打好“组合拳”，把发展中遇到的困难和问题转化为促进全局党员领导干部干事创业的强大动力，转化为推动实现“生态扶贫”“森林昭阳”目标的强大动力。

强化生态管护，带就业促脱贫。生态护林员项目是“生态帮扶脱贫一批”中效果最突出的项目。区林草局按照《建档立卡贫困人口生态护林员管理办法》的要求，结合昭阳区森林管护实际，制订了《昭阳区生态护林员选聘实施方案》，自2017年来，开始在建档立卡贫困户中选聘生态护林员参与全区的森林管护工作，护林补助标准按8000元/人/年执行。2017年，聘用生态护林员275名；2018年，聘用生态护林员837名；2019年聘用生态护林员3099名。2017—2019年累计聘用生态护林员4211人次，累计兑现劳务费2236.8万元。目前，全区生态护林员管护总面积达129万亩，人均管护面积416.3亩，天然林、公益林等森林资源得到有效管护，森林火灾风险大大降低，遏制了乱砍滥伐林木、乱捕滥猎野生动物、乱采滥挖野生植物等破坏森林资源行为，同时有效改善建档立卡户家庭的贫困状况，实现“聘用一人护林、带动一户脱贫”，达到森林资源管护和生态脱贫双推进。

落实生态补偿，助力生态扶贫。区林草局全面贯彻落实国家生态公益林补偿政策，2014年以来，对除龙泉及凤凰两个街道以外18个乡镇（街道）的81.04万亩生态公益林进行补偿，补偿标准10元/亩/年，涉及农户58495户，其中建档立卡贫困户19448户84074人，面积31.34132万亩，生态公益林补偿金313.4132万元，平均每个贫困人口每年可从该项目获得36.97元。2014—2019年共发放涉林建档立卡贫困户生态公益林补偿资金1864.2万元，每个贫困人口平均累计获得生态公益林补偿金221.82元。该项目的实施对贫困人口的脱贫退出起到了一定的助推作用。在开展补偿兑现中，确保了补偿资金在阳光下运作，落实落细国家强林惠民政策，让林农拥有更多的获得感，激发建设和保护生态的原动力，提升保护森林资源、爱护生态环境、维护生态平衡的责任感和主动性，形成了“百姓富、生态美”的大发展格局。

真帮实扶显真情　凝心聚力谋发展

在认真做好全区生态扶贫工作的同时，挂钩帮扶工作也全力推进。区林草局派驻五支工作队共 13 人，全局职工 133 人挂包苏甲乡 5 个村贫困户 547 户，其中布初村 51 人挂包贫困户 236 户；新店村 11 人挂包贫困户 74 户；车噜村（区森林公安局）67 人挂包贫困户 221 户；瓜寨村 2 人挂包贫困户 8 户；水井村 2 人挂包贫困户 5 户。在驻村帮扶及“挂包帮”工作开展中，广大干部职工用真情温暖民心，用行动奉献山村，真正做到了真情帮扶、情暖山间。

一次偶然的机会，工作队在村里串门子的时候了解到，当地的气候适宜养殖中华蜂，况且市场行情还不错，平均每公斤土蜂蜜能卖到320元左右。经过充分准备，区林草局购买了 21 箱中华蜂发放到群众的手中，并邀请养蜂能手为他们讲解养殖蜜蜂的技术，养殖成功后，每箱蜜蜂每年也能为群众增加 2000 元左右的收入。群众从最开始的不支持，到现在帮忙宣传政策、带头出地、投劳修公路、支持精准扶贫工作，就像一个和谐的大家庭一样。

听到新店子村一组群众枯水季节较长，询问具体情况后，群众积极表示愿意投工投劳，区林草局出资 1 万元帮助群众购买了材料，修建了一个蓄水池，群众用上干净卫生的自来水时，脸上洋溢出了幸福的笑容。

为了改善贫困群众生活质量。2014—2017年，区林草局大力实施农村能源建设，帮助挂包群众安装太阳能3550台，共投入资金355万元，覆盖建档立卡贫困户832户3490人，其中2014年投入建设资金45万元，安装太阳能450台；2015年投入建设资金180万元，安装太阳能1800台，覆盖建档立卡贫困户460户1930人；2016年投入建设资金80万元，安装太阳能800台，覆盖建档立卡贫困户168户704人；2017年投入建设资金50万元，安装太阳能500台，覆盖建档立卡贫困户204户856人。

区林草局局长吕大勇结对帮扶的贫困户李应德，配偶做心脏手术，由于事先不知情，没有逐级转诊，导致报销比例低。吕大勇在听说这一情况后，耐心细致地为其讲解医疗保障政策。在看到近80岁的老人张龙妹因多种疾病导致卧床不起，他多方咨询政策，了解情况，及时帮助老人申办了残疾证，每个月残疾两项补贴也有100余元。

包保责任人在走村串户的过程中，时常会向当地群众购买一些核桃、板栗等农产品，有效地推动了消费扶贫，在拉家常时，对于群众的困难，尽力帮助想办法、出主意，既拉近了与群众的感情，又促进了脱贫工作的有效开展。

在工作开展中，区林草局的干部职工致力于实现思想、工作、情感“三个认同”，做到责任、政策、工作“三个落实”，确保识别、帮扶、退出“三个精准”，真正做到群众事无小事，群众的事就是自己的事，扎实做好了贫困群众思想发动，激发内生动力，实时掌握贫困户动态信息等，让广大群众充分地知道要如何做才能脱贫致富奔小康，让干部职工真正了解贫困群众的所需、所想、所盼，融洽了相互之间的感情，促进了脱贫攻坚工作的开展。

2015年以来，区林草局始终把依靠群众、走群众路线贯彻于中心工作，以人民群众满意不满意作为检验工作做得好不好的根本标准，把实现好、维护好、发展好群众的根本利益作为工作的出发点和落脚点，切实为群众解决好在林产业发展中、脱贫致富中遇到的困难和问题，始终立足于满足人民日益增长的生态需求、始终遵循自然规律和经济社会发展规律、始终发挥生态引领城市发展的作用，积极实践和探索出了一条适合昭阳发展的生态建设扶贫之路，为实现天蓝、地绿、水净、民富的目标而不懈努力。

（作者系昭阳区林业和草原局干部）

特色品牌为引领　优势产业助脱贫

马　沙

为深入推进实施乡村振兴战略，加快打造世界一流“绿色食品”品牌，按照省委、省政府对加快推进“一县一业”发展提出的明确要求，昭阳区统筹考虑县（区）域内资源禀赋、产业规模、市场品牌等方面优势，着力发展苹果产业，做大做强“一县一业”产业品牌，紧扣“1211”苹果产业发展思路，全面擦亮“昭阳红”品牌，全力打造“中国苹果塔尖上的10%”，使之成为推动乡村产业兴旺的示范样板、实现高原特色现代农业高质量发展的关键举措、打赢脱贫攻坚战的强力支撑，为“绿色食品”品牌大产业发展奠定了坚实基础。

在继承中发展　在发展中创新

昭阳区苹果从1940年开始种植至今已有80年的历史，高海拔、低纬度、强日照、温差大、土壤富硒等得天独厚的自然条件，造就了昭通苹果早熟丰产、酸甜适度、果香浓郁、爽脆可口、色泽鲜艳的独特优势，具有“早、甜、香、脆、艳”五大特点，昭通中心城市1989年被列为中国南方优质苹果生产基地，2010年获得国家农业部地理标志登记保护，2016年获“中国最有影响力的十大苹果区域公用品牌”，2017年获“中国百强农产品区域公用品牌”，2018年获云南省“绿色食品”“十大名果”第一名，2019年8月被列入云南省“一县一业”示范县。

昭阳区按照省委、省政府打造“绿色食品”品牌决策部署和市委、市政府提出的打造百万亩苹果产业战略布局，以深化农业供给侧结构性改革为主线，以打造“开放型、创新型、高端化、信息化、绿色化”现代产业体系为目标，按照“大产业+新主体+新平台”的发展模式，紧紧抓住创建“一县一业”示范县的大好机遇，推进昭阳苹果由“此苹果”向“彼苹果”的华丽转身，建成“苹果之城”“苹果特色小镇”，实现“城在园中、园在城中、产城融合、城乡一体化、半城苹果满城香”的目标，把苹果产业培育成昭阳区农民增收致富的重要经济支柱产业，为农业农村现代化建设和乡村振兴提供有力支撑。2019年昭阳区苹果种植规模达55.42万亩，其中已投产果园面积36万亩，总产量达72万吨，综合产值54.8亿元，产业涉及15个乡镇、街道，种植农户11.7万余户，受益人口35万余人，户均苹果年收入达3.5万元以上，人均苹果年收入达1.2万元以上，其中覆盖建档立卡贫困户1.8万余户7.2万余人。苹果已真正成为贫困群众的脱贫果、增收果、致富果。

“五化”提升　示范引领

“老产业+新理念、新机制、新技术=新产业”思谋求变，把传统优势产业做大做强。昭阳区按照“苹果产业良种良法和组织化”“党支部+合作社+农户全覆盖”的要求，坚持“大产业+新主体+新平台”发展理念，以构建“产品落在品牌上，品牌落在企业上，企业落在基地上”的现代产业体系为目标，依托“一县一业”示范县创建的大好机遇，围绕规模化、组织化、专业化、绿色化、品牌化“五化”提升，把苹果产业培育成为昭阳区重要的农业支柱产业。

规划引领，规模化发展。牢固树立登顶意识，坚持“老产区抓提升改造、新产区抓基地建设、合理调整早中晚熟品种结构”原则，按照“连片区域高标准、分散区域全覆盖”的规模化发展思路，重点打造“一基地二园三体四区”（中国南方优质苹果种苗繁育基地，洒渔苹果植物园、苹果产业物流园，北闸果香四季田园综合体、永丰水韵乌蒙田园综合体、守望生态康养田园综合体，空港苹果产业示范区、洒渔河流域农旅融合示范区、产城融合示范区、苹果产业延伸区），做到宜种尽种。

在永丰、布嘎、守望等乡镇，新建成 1 个全国单体规模最大的现代矮砧密植苹果示范园——昭通超越苹果示范园（2019 年面积达到 3 万亩、2020 年达到 6 万亩、2021 年力争达到 10 万亩），采用国际国内最先进的优质矮化自根砧 M9-T337 两年生大苗密植种植，安装格架系统设施、水肥一体化系统设施，推行苹果生产标准化、规模化、产业化、机械化、现代化管理模式，辐射带动 43 个企业、合作社建成连片 200 亩以上的苹果标准化种植基地 48 个；在永丰镇新建成 1 个现代化苹果加工冷链物流园——昭通超越苹果加工冷链物流园，配套建成年处理能力 20 吨 / 小时的世界一流现代化采后处理生产线，4 万吨（20 万立方米）现代化气调库；采取“党支部 + 合作社 + 公司 + 基地 + 农户（贫困户）”的发展模式，进行优质苹果的种植、分选储藏、销售，成功引领昭通苹果产业向现代化发展。

利益联结，组织化发展。昭阳区按照“新果区突出龙头企业带动，老果区突出合作社全覆盖”的组织化发展思路，坚持良种良法、高度组织化、“党支部 + 合作社 + 农户”“三个全覆盖”，采取“党支部 + 企业（合作社）+ 基地 + 农户”的利益联结机制，扩大群众在土地流转、生产奖补、入股分红、进园务工、田间学艺等各环节的参与度，实现龙头企业、合作社、电商、农户互相抱团闯市场，提升产业组织化水平。苏家院镇迤那村抓住“产业强镇”“一县一业”的大好机遇，把党支部建在产业链上，探索出了一条“支部引领、公司带头、合作社搭桥、群众参与”的产业发展之路，推动了全村“一村一品”苹果产业发展，促进了全村经济社会发展，带动群众脱贫致富。目前，全村有苹果种植企业 11 个、合作社 23 个（其中省级龙头企业 2 个、市级龙头企业 4 个、市级示范合作社 1 个），共发展了千亩以上苹果种植基地 6 个，带动全村苹果种植 1.3 万亩，投产 0.9 万亩，产量达到 1.5 万吨，产值 1.26 亿元。迤那村独特的乡村风貌和高速发展的现代农业相辅相成，勾勒出一幅山水交融、产业兴旺、村庄秀美的田园风光图。

目前，昭阳区已培育 40 余个苹果产销重点企业，其中省级龙头企业 5 个、市级龙头企业 11 个；培育规范化管理的苹果产销专业合作社 109 个，其中省级示范社 2 个、市级示范社 10 个，实现了技术管理全覆盖，带动 11.7 万余户果农提高苹果种植水平，35 万余人通过苹果产业增收致富，真正让苹果成为果农脱贫增收致富的“金果果”。

招商引资，专业化发展。昭阳区政府出台一系列招商引资优惠政策，鼓励社会资本投资苹果产业，现已引进陕西海升果业发展股份有限公司等企业落户昭阳，带动本地企业、合作社共同发展苹果产业。

昭阳区坚持“让专业人干专业事”，制订出台《红富士苹果质量标准》（DB5306/T39 — 2019）和《苹果苗木质量标准》（DB5306/T40 — 2019）两个技术标准，成立苹果专业技术辅导员队伍 15 支 160 人，启动创建 10 个“一村一品”苹果专业村，并以这些专业村为核心示范点，组织开展苹果新植、基础设施建设、老果园提值增效改造、龙头企业培育、合作社规范化建设、病虫害绿色防控、绿色食品认证、品牌培育、产品推介等相关工作，鼓励企业（合作社）对果农进行生产管理、采收、分选、包装、销售等有偿服务或托管服务，逐步实现统一技术、统一施肥、统一用药、统一包装（品牌）和统一销售。

质量管控，绿色化发展。坚持“标准管理、内涵提升、科技支撑、质量控制”，强化应用病虫害绿色防控技术，扩大绿色、有机食品认证数量，扩大绿色食品生产基地认证面积，全区苹果有机、绿色食品认证已有 19 个 1.4 万亩，正在申报 16 个 3.8 万亩；重点开展苹果桔小实蝇绿色防控 11.64 万亩，科学完善监测预报体系；开展绿色统防统治，统一采购安装太阳能杀虫灯、诱捕器、实蝇粘胶板等防控物资；组建专业防控指导组到乡镇全面开展防治培训，让绿色生产成为昭通苹果向现代农业产业转型升级和高质量发展的鲜明底色。

营销推广，品牌化发展。坚持“市场提要求、企业抓质量、政府抓监管、协会管标识”，通过举办昭通苹果展销会暨“昭阳红”品牌发布会，打造了以“昭阳红”为核心的苹果品牌。按照习近平总书记提出的“标准决定质量，有什么样的标准就有什么样的质量，只有高标准才有高质量”的要求，昭阳区认真制订生产标准，以高标准铸就高品质，确保苹果高端品牌有规可循，从源头上保证了优良品质。同时，组织全区企业外出参加昆明国际南博会、农博会，深圳国际绿博会，北京“云南特色·冬农魅力”等产品宣传推介活动，结合线上“昭通苹果电商节”的开展，促进“传统电商 + 社交电商 + 社群电商”联合发力，使昭阳区苹果外销市场不断扩大，知名度、美誉度和影响力大幅提升，苹果品牌化效益不断提高，2019 年实现“昭阳红”高端苹果外销签约 3.841 万吨，销售金额 6.15 亿元。

健全联动机制　助力脱贫攻坚

企业示范引领。昭通超越作为推动昭阳苹果产业发展的代表性龙头企业，借助昭阳区“一县一业”示范创建的东风，在昭阳区永丰、布嘎、守望等乡镇建成了 1 个 6 万亩的全国单体规模最大的苹果矮砧密植种植示范园，2021 年计划再扩建 4 万亩，总规模将达 10 万亩，产量达 40 万吨，产值超过 40 亿元，建立了“贫困户入股、政府监管、企业运营”的新机制助推脱贫攻坚，超越苹果示范园由贫困户用产业扶贫资金入股，政府成立平台公司（农投公司）代贫困户监管，并由国家级龙头企业海升集团运营，主要通过以下方式带动群众脱贫：土地流转，增加财产性收入，流转费900元/亩，覆盖群众2.58万户，每年支付土地流转费5400万元；吸纳务工，增加工资性收入，建园过程中，有5000余名贫困群众务工，园区建成后每年吸纳6000余人就业，每天每人务工收入80—100元，每年可实现务工人员收入1亿元以上；资金入股，增加转移性收入，前三年内按6%每年获得资产收益2520万元，覆盖贫困群众5.73万人，三年丰产后按30%分红，入股贫困群众每年至少可获分红1.2亿元；果园托管，增加经营性收入，将基地分成50—100亩一个单元委托搬迁户或贫困户“托管”，每年每户收入可达4万—8万元；田间学艺，增加技能性收入，每年培养现代苹果种植专技人员和职业农民2000人以上，果农技能性增收每年可达1000万元以上。

专业合作联社发挥新引擎作用。昭阳区打破传统的生产经营模式，组建专业合作联社，形成了优势互补、互帮互助的发展机制。乐居镇中河村就是这一模式的先行者之一，该村建立“党支部+龙头公司+合作联社+专业合作社+农户+基地”的产业发展模式，全力打造“一村一品”苹果专业村，成立了昭通德杨斯种植专业合作联社，合作联社上接村党支部和3个龙头企业，下连5个合作社和农户，与龙头企业共享技术、共享资源、共享品牌、共享市场，带领合作社和农户统一技术管理、统一农资投入、统一包装品牌、统一渠道销售，共培养村级技术辅导员100余人、技术能手1000余人。2019年中河村加入合作社的农民人均收入达到10000元，高于全区农民人均收入。

农业产业发展任重道远，昭阳区将凝心聚力、砥砺前行，继续巩固提升脱贫成果，深入推进乡村振兴战略，做大做强主导产业，推动乡村产业兴旺。到2021年，全区计划新建苹果园12万亩，改造老果园20万亩，苹果种植规模达72万亩，实现产量100万吨、综合产值100亿元“双百”目标；培育3个收入过亿“农业小巨人”、26个省市龙头企业、23个省市示范合作社，确保11.7万户果农与新型经营主体建立稳固利益联结机制，苹果产业组织化全覆盖；继续加大招商引资力度，创建GAP、绿色、有机食品基地认证20万亩以上，新增“一村一品”苹果专业村10个；培育苹果“10大名品”3个、绿色食品“10强企业”1个、“20佳创新企业”1个，重点打造“昭阳红”品牌，全面提升昭通苹果区域公用品牌的知名度和影响力，全面建成引领滇川黔区域发展的省际中心城市和“百万人口与百万亩苹果高度融合，城在园中、园在城中，半城苹果满城香”的“苹果之城”。

（作者系昭阳区农业和农村局干部）

发展农村电子商务 推进扶贫模式创新

杨 波

电子商务作为一种新兴业态，近年来发展迅猛，网络销售出现爆发式增长，成为促进农村经济转型、实现大众创新创业、助推脱贫攻坚的重要举措。2017年昭阳区被列为国家电子商务进农村综合示范县，为了适应这一发展趋势，2018年11月，昭阳区工业信息商务科技局启动实施了总投资1750万元的国家级电子商务进农村综合示范项目，通过示范创建，建成了电子商务公共服务中心1个，乡、村电子商务服务站点112个，初步形成了区、乡、村三级电子商务公共服务网络和电子商务营销体系。

加大电商平台建设 扩展销售渠道

建设“特色产品公共资源库”“网货供应共享仓”等平台，在天猫、京东、淘集集、本来生活、有赞微商城、点筹网APP开设线上店铺开展销售，在新媒体开展直播带货。聚集苹果等高原特色产业，加大电商宣传推介，通过“全媒体曝光 + 新媒体品牌营销”的方式，促进“传统电商 + 社交电商 + 社群电商”联合发力，推进线上线下融合，助推农产品上行，解决农产品销售难问题，增加贫困群众收入。2019 年，昭阳区电子商务网络交易额 23.15 亿元，同比增长 34.03%，网络零售额 8.73 亿元，同比增长 47.68%。

大力开展电商普及培训、专业培训，累计培训 11780 人次，其中培训贫困人口 4320 人次，电商创业就业培训 3725 人次。按照“大产业 + 新平台 + 新主体”要求，积极孵化本地电商企业和创客，电商创业园入驻企业 33 家，产业龙头企业、传统企业的入驻加快了电子商务的应用发展。

与韵达、申通等四家快递公司合作，在快递费用上予以 30%—50% 下调，有效降低农户线上交易成本，同时积极争取招商推荐签约项目，做好商家批量采购工作，双管齐下、拓宽农产品销售渠道。

发展花椒红糖加工　带动群众就业增收

昭阳区炎山镇屋角村、大坨村是昭阳区西凉山片区的两个深度贫困村。大坨村地处金沙江边，平均海拔 630 米，经济作物以甘蔗、香蕉为主，甘蔗种植 1200 余亩。屋角村平均海拔 1800 米，经济作物以花椒为主，花椒种植 5000 余亩。由于花椒、红糖加工销售产业基础薄弱，附加值低，产业优势未充分发挥。为推动两个深度贫困村产业发展，区工业信息商务科技局实施“一村一品”，帮助他们解决技术落后、质量低下、品牌打造、销售渠道等发展瓶颈。2019 年，投入财政扶贫资金 300 万元，建成了炎山镇屋角村花椒加工厂、大坨村古法红糖加工厂，实施“党支部 + 公司 + 村集体经济 + 农户”运营模式，以加工厂为中心建立利益联结机制，推动可持续发展。

红糖、花椒加工厂投产后，已实现 6% 运营年收益分红。红糖加工厂生产古法红糖 45 吨，提供就业职位 30 个，带动就业增收 15 万元；高于市场 0.1 元收购农户甘蔗 126.53 万斤，带动农户增收 12.65 万元；收购燃料 25 万斤，高于市场 0.05 元收购，带动农户增收 1.25 万元，实现人均增收 1200 元。

花椒加工厂提供就业职位20个，通过精细加工提高花椒质量，注册商标精包装投入市场，每公斤花椒可增收20元，每年增收100万元，人均增收340元。

畅通农村通信网络　夯实电商发展基础

2016年以来，区工业信息商务科技局积极争取省市支持，加快全区通信基础设施建设步伐，极大地扩大了农村光纤宽带网络、4G移动通信网络的覆盖面，并提高了覆盖质量。

2016年至2019年，累计投资11.39亿元，新建改造通信基站3090个次、光纤网络传输线9259公里、通信铁塔2314个次。移动昭阳分公司、电信昭阳分公司、联通昭阳分公司现网共有通信基站2880个，其中4G通信基站2237个，昭通铁塔分公司昭阳办事处现网共有通信铁塔1591个。到2019年，全区187个行政村（社区）光纤宽带网络、4G移动通信网络实现100%全覆盖；自然村（村民小组）4G移动通信网络覆盖率94%、光纤宽带网络覆盖率84%。其中，全区153个贫困村和有贫困人口的村，村委会及贫困村所在地学校、卫生室均已实现光纤宽带网络和4G移动通信网络100%全覆盖。在靖安、红路、永丰易迁安置点，建设开通了光纤宽带网络和4G移动通信网络。

随着全区光纤宽带网络、4G移动通信网络实现广覆盖和深度覆盖，满足了贫困村群众的宽带上网需求，为常年与外界缺乏联系的山区群众打开了互联网连接现代文明生活和世界的窗口，为农产品的网上销售架设了便捷的桥梁，为农村移动支付的普及提供了强有力的支撑，有力促进了全区电子商务的迅猛发展。

（作者时任昭阳区工业信息商务科技局副局长）

多措并举抓就业　确保脱贫奔小康

肖　锋

就业是民生之本、财富之源。习近平总书记说："人有恒业，方能有恒心。一个人有了就业，就容易安定；一个家庭有一人就业，就增加一分稳定的力量。"就业是民生之本、安国之策，也是改善人民物质精神生活和社会稳定和谐之基。充分就业有利于减少贫困，缩小收入差距，促进社会公平，增进人际关系的和谐。近年来，昭阳区人力资源和社会保障局全力开展就业扶贫，助力全区脱贫攻坚。2015 年至 2020 年，对照脱贫攻坚总体目标要求，多途径、分层次、分类别，努力实现"有培训意愿的建档立卡贫困劳动力实现 100% 培训、有转移就业意愿的贫困劳动力 100% 推荐岗位、易地扶贫搬迁安置劳动力充分就业、建档立卡贫困家庭至少 1 人就业"的目标，全力以赴做好劳动力转移就业这项民生工作。截至 2020 年 6 月，全区农村总劳动力 42.75 万人，转移就业 34.69 万人；贫困劳动力 11.3 万人，转移就业 10.95 万人（省外 3.22 万人、省内区外 1.44 万人、区内 6.29 万人）；易迁劳动力 2.35 万人，转移 2.19 万人。

完善机制　汇聚工作力量

“牵牛就牵牛鼻子。”区人社局抓住建档立卡劳动力转移就业这个关键，按照“政府推动、企业主导、供需对接、培训转移、稳定就业”的工作思路，成立了昭阳区劳动力培训转移就业中心，乡级建立劳动力培训转移就业输出工作站，村级组建劳动力培训转移就业输出所，形成区、乡（镇）、村（社区）三级联动工作机制，主抓劳动力培训转移就业工作，全面统筹劳动力转移就业工作，结合全区贫困劳动力转移就业的目标任务，确保宣传动员、组织输出、稳岗就业等各个环节畅通有序，做到贫困劳动力不转移不罢休、不就业不松手。

落实政策　增强脱贫信心

“脱贫信心足不足，政策后劲不可缺。”在省、市、区脱贫攻坚的强大动力下，区人社局真抓实干敢于亮剑，严格落实省、市人社部门就业扶贫政策，结合实际，制订了全区劳动力转移就业工作方案和劳动力培训转移就业工作奖补政策，进一步明晰就业扶贫相关政策，明确了建档立卡劳动力参加培训补贴、外出务工稳岗补贴等政策，鼓励在家群众外出务工，实现稳定就业，稳定增加收入。几年来，全区累计兑现贫困劳动力外出务工稳岗补贴 6.2 万人次，补贴金额 2000 万元；开展贫困劳动力转移培训 4.34 万人次，使用整合培训资金 2205.82 万元。

内外结合　抓好转移就业

“多措并举抓就业，促进脱贫奔小康”。区人社局以提升贫困劳动力就业能力、帮扶贫困劳动力实现稳定就业为主要任务，强化就业服务基本保障，把就业作为最直接、最有效的脱贫方式，坚持劳务输出与就近就地就业相结合，精准开展建档立卡贫困劳动力转移帮扶，提高劳动力培训转移组织化程度，多措并举促进建档立卡贫困劳动力稳定就业、增收脱贫。一是鼓励外出务工就业一批，发挥市场经济对劳动力要素的基础配置作用，充分支持、引导劳动者自由流动，充分发挥亲缘、地缘作用，通过“传帮带”实现外出务工，巩固一批建档立卡劳动力转移就业。针对不想就业、不愿外出等特殊群体，有针对性地制订“一户一策”个性化转移输出帮扶方案，强化转移输出组织化程度，帮助建档立卡贫困劳动力外出务工，实现贫困劳动力省外转移就业 3.22 万人。二是结合产业发展和本地龙头企业就近就业一批，积极引进劳动密集型产业企业入驻昭阳，让走不出去的劳动力，在产业扶贫园区企业、水电铝（硅）项目地、建筑行业、餐饮服务行业、苹果和蔬菜等基地就近就地就业，实现区内就近就地就业 5.4 万人。三是开发扶贫岗位安置就业一批，针对大龄劳动力、残疾劳动力和“一有两无”（有劳动能力、无法外出、无业可扶）等家庭，开发农村保洁、乡村水管、公路养护、治安巡逻等乡村公益性岗位，精准到人，托底安置一批零就业家庭劳动力就业。开发乡村公益性岗位 5089 个，新冠肺炎疫情期间开发临时乡村公益性岗位 4789 个，共解决贫困劳动力就业 10150 人。四是扶贫车间解决就业一批，在搬迁安置点、村集中点建设特色农产品初加工、缝纫刺绣、电子产品初加工等就业扶贫车间，积极引导因各种原因无法外出的贫困群众就近就地在扶贫车间就业，通过全区 38 个就业扶贫车间，解决了 3600 人就业。

扎实培训 提升就业能力

“打铁还靠自身硬，就业还要自身强。”区人社局针对建档立卡劳动力普遍存在的“缺技术，收入低、不稳定”的就业困境，全面开展建档立卡劳动力劳动能力核实核清，盘点劳动力结构比例，结合市场需求和群众自身意愿，量体裁衣精心实施培训项目，大力主导技能性培训，做到“应训尽训，愿者皆训”，确保有培训意愿的劳动力实现培训全覆盖。比如，结合昭阳区苹果、马铃薯、花椒种植等特色产业发展需求，充分尊重群众意愿，优选培训工种，组织开展农村实用技术培训，把培训的主动权、决定权、话语权交给群众，将培训场所搬到生产车间、建筑工地、田间地头进行“菜单式”培训，帮助劳动力通过发展产业实现就业。2015 年来，全区累计开展贫困劳动力转移培训 4.34 万人次，其中技能培训 1.5 万人次，引导性培训 0.87 万人次，现场实用技术培训 1.97 万人次。

加强协作 有序组织转移

区人社局认真落实东西部扶贫协作劳务对接互访机制，加强与广东深圳、东莞、中山、浙江、江苏等地区人社部门和企业的对接，主动加强沟通和密切合作，联合开展“东西部对口帮扶招聘会”“春风行动”等专项活动，全力协调做好有组织转移输出工作，做到劳动力从出家门、上车门、进厂门的“点对点”“一站式”转移输出服务。当前，全区“点对点”组织专列 9 批次、专车 71 批次 200 辆、专机 1 批次，送往浙江 0.5 万人，送往广东 0.4 万人，送往江苏 0.3 万人，累计有组织输出到省外务工 1.2 万人，其中贫困劳动力 0.52 万人。彭贵章夫妇就是现实的例子，家住昭阳区洒渔镇新立村下河坝的建档立卡贫困户彭贵章夫妇由于文化水平较低且没有一技之长，只能在附近打零工维持生计，生活极为贫困。在对他家的情况作了详细了解后，区人社局有组织地推荐了他们夫妇俩到昆明恒大文化旅游城园林项目做绿化工人，通过公司的专业培训，结合他们自己的勤奋努力，现在彭贵章已经当上园林绿化施工管理员，每天带领50名员工开展园林绿化施工，每月工资5000元，加上妻子的收入，现在他家每月收入平均在8000元左右，真正实现了脱贫。

促进就业　落实稳岗返还

按照《关于进一步落实失业保险稳岗返还政策支持疫情防控工作的通知》（云人社发〔2020〕10号）和《云南省人力资源和社会保障厅办公室关于加大失业保险稳岗返还政策力度支持疫情防控的通知》（云人社办通〔2020〕18号）要求，区人社局进一步减轻企业负担，促进稳定就业。一是加大疫情期间稳岗返还政策的支持力度，对依法参加失业保险并足额缴纳失业保险费、未裁员或少裁员等符合相关规定的企业给予上年度企业缴费100%的稳岗返还（大型企业稳岗返还60%）。截至2020年6月，申请稳岗返还企业138家，共计稳岗返还288万元，帮助5352名企业员工稳定就业。二是加大对小微企业三项社会保险的减免扶持，2020年2月至4月对参保的大型企业、各类社会组织等其他参保单位（不含机关事业单位）减半征收三项社会保险单位缴费部分，2020年2月至6月对参保的中小微企业（含以单位方式参保的个体工商户）免征企业基本养老保险、失业保险、工伤保险单位缴费部分，共计减免389家单位部分失业保险费69.13万元，8840名职工受益；免缴368家单位部分失业保险费89.99万元，惠及企业职工5412人；减半征收21家单位部分失业保险费7.82万元，惠及职工3428人；申请延期缴费38家单位，涉及金额13.04万元，惠及职工2456人。

加强宣传　强化就业服务

区人社局坚持以市场为主体，积极服务好区内企业，拓宽就业渠道，深挖就业岗位，促使企业真正履行社会责任，为脱贫攻坚贡献企业力量，充分利用东西部扶贫协作和对口援助机制，开展“东西部对口帮扶招聘会”“春风行动招聘会”、乡镇集市巡回宣传等专项活动320多场次，累计收集省外各类企业就业岗位10万余个，区内就业岗位4.5万个；统筹乡镇、街道、“挂包帮”单位干部职工力量，深入基层，积极开展送岗、送政策上门服务，让岗位走进千家万户，让招聘海报横幅现身各攻坚阵营，有效消除群众内心的顾虑，鼓励他们大胆走出家门、离开家乡，外出就业，2015年来全区共开展送岗位、送政策上门服务宣传22万多人次，有力推动了全区就业扶贫工作。

（作者系昭阳区人力资源和社会保障局干部）

着眼于就业　服务于脱贫

张及俊

昭阳工业园区位于昭通中心城市东北部，是云南省首批30个省级重点工业园区之一，成立于2006年12月。为适应产业聚集发展需要，园区总体规划经过多次修编，2020年重新确定为38.14平方公里，由“一园三片区”组成。多年来，园区以火车站、机场、G85渝昆高速等重要交通枢纽为依托，结合中心城市的骨干路网，建设完成了核心区配套道路、供水管网和绿化、亮化等基础设施；建设了A、B区4万平方米、扶贫产业园13.6万平方米标准厂房及相关配套设施，同时，结合红路安置区的建设，及时启动了电子产业园一期3万平方米标准厂房建设，并规划建设了医院、幼儿园、小学、商住小区等生活配套设施，初步形成了产城融合的发展格局。

2019年，园区入园企业数量达80户，在70万吨水电铝项目的带动下，园区工业总产值首次突破了200亿元大关，达214亿元，用工规模达15000余人。

2020年，是昭阳区决战决胜脱贫攻坚之年，也是“十三五”收官之年。在水电铝、水电硅两大产业及相关配套产业项目的带动下，园区入园企业达90户，工业总产值预计可突破230亿元，工业增加值将达100亿元，固定资产投资有望突破20亿元，解决就业20000余人，有力促进贫困人口转移就业和产业结构调整优化，为工业经济平稳健康发展提供有力支撑和强劲动力，为昭阳区全面决战决胜脱贫攻坚发挥积极作用。

规划先行　盘活资源强基础

昭阳工业园区作为重要的产业聚集发展平台与洼地，对昭阳区工业经济发展和产业结构调整起着至关重要的示范带动作用。近年来，园区始终坚持产业发展是脱贫攻坚的关键引领这一主线，紧紧围绕产业发展在脱贫攻坚中的积极作用，找准定位、主动作为，确定了以产业培育带动劳动力转移就业，促进产业结构调整，实现贫困群众稳定增收的基本思路，坚持远期发展与近期实效并重的方式，持续加大产业培育力度，优化产业布局，为产业发展奠定坚实基础。一是以园区总体规划为引领，抓重点项目建设，着力培育水电铝、水电硅产业集群。针对昭阳区工业经济发展短板，在党中央、国务院和省委、省政府的高度关注和支持下，结合昭通丰富的清洁水电优势，积极推动70万吨水电铝和80万吨水电硅项目落户昭阳工业园区。充分发挥园区产业平台作用，超前谋划、主动服务，推动园区总体规划修编工作，分别在青岗岭乡和小龙洞乡规划了白沙水电铝产业片区、龙海硅基新材料产业片区，为重点产业项目落地奠定坚实基础。目前，海鑫铝业水电铝项目一期全部投产，二期项目预计于2020年年底投入生产，下游A356铝合金方棒项目、T型锭生产线项目、高端航空用铝合金扁锭项目等配套项目已相继投产；龙海硅基新材料产业片区已启动前期场平，其余工作正在有序推进中。二是以园区标准厂房资源为基础，抓好招商引资，着力引进电子产品加工、服装鞋帽、农特产品等产业聚集发展。园区始终坚持把促进劳动力就近转移就业作为助推脱贫攻坚、促进贫困群众稳定增收的重要举措。结合红路安置点紧临园区扶贫产业园标准厂房的实际，为充分发挥园区标准厂房在产业发展助力脱贫攻坚方面的积极作用，园区对现有标准厂房进行清理腾退，并及时启动扶贫电子产业园一期3万平方米标准厂房建设，拓展招商引资渠道，加大招商引资力度，采取“筑巢引凤”与“腾笼换鸟”相结合的方式，着力引进了华坚鞋业、立时电子、立新科技、讯尔科技等一批具有一定优势的劳动密集型企业入园发展，并把解决贫困劳动力就业作为重要的招商引资指标，促进劳动力入园就业。2019 年，园区共清理腾退出 10 余万平方米标准厂房供给新转移企业入驻使用。截至年底，扶贫产业园区 26 家企业解决就业 4162 人（其中贫困人口 2376 人），有力地促进了贫困人口转移就业，为昭阳区全面决战决胜脱贫攻坚发挥了积极作用。

审时度势　东西携手战脱贫

2016 年 9 月 12 日，为响应中央关于东西部扶贫协作的号召，广东和云南两省实行对口帮扶，按照“中央要求、广东所能、昭通所需、企业所愿”的原则，积极引导广东中山、东莞等地的电子信息、鞋帽服装等劳动密集型企业优先向昭通转移，通过产业转移和培育，带动贫困人口就近转移就业，增收致富，切实发挥产业发展在脱贫攻坚中的积极作用。在东西部扶贫协作这个大背景下，园区审时度势，及时抢抓机遇，不断深化扶贫协作，通过产业帮扶，精准对接，承接东部优势产业有序转移入驻。2017 年 1 月，亚洲制鞋龙头企业——华坚集团首家入驻园区；通过创新合作营销模式，推动月中桂、张蝴棉等传统特色企业与广东企业交流合作，其中月中桂与广东咀香园食品有限公司合作，所生产的鲜花饼、绿豆糕等高原特色产品远销广东市场；立时电子、立新科技、讯尔等东部企业相继落户园区，产业不断聚集、内生动力不断增强，助推脱贫成效明显。

创新发展模式，延伸“扶贫车间”。园区紧紧抓住昭阳区与广东、深圳等地扶贫协作的契机，创新合作模式，支持鼓励转移入园企业带设备、带技术、带订单共同探索建立“扶贫车间”，吸纳贫困劳动力就近就业。截至 2019 年年底，相关企业在昭阳区多个乡镇、村（社区）都建立了扶贫车间，吸纳因病、因残、年老及照顾孩子等原因无法外出、在家留守的农村剩余劳动力进车间务工，增加收入，助力脱贫。

精准招商　产业培育助脱贫

为吸引更多的龙头企业及好项目、大项目入驻，为经济持续健康发展培育支撑，助力脱贫攻坚，园区始终坚持“招得来、留得下、带动强、成效显”的工作思路及“精挑细选捡好菜”的招商理念，做到项目“储备一批，签约一批，开工一批”。一是围绕重点项目，探索全产业链招商，推进产业集群化发展。依托海鑫铝业70万吨水电铝项目投产，通过精准招商和以商招商，中天科技、西南铝业、四川美裕铝业等知名铝企等企业纷纷走进昭通洽谈投资合作；二是紧紧抓住东西部对口帮扶昭通的重大历史机遇，引进一批长、短结合，产品关联度高、带动力强的劳动密集型企业转移入驻，扩大就业规模，有序转移贫困人口就业；三是加大农特产品加工产业的引进和培育，重点引进以苹果、洋芋等优势农产品精深加工企业，提供更多的就业岗位，通过产业发展带动农民增收，助力脱贫攻坚。

2018年，园区共签订招商引资协议7个，协议资金43.124亿元，其中立时电子、讯尔科技、滇秋实业等5个招商项目实现了当年签约当年入驻，同时依托立时电子、讯尔科技等电子产品生产企业，进一步延伸产业链，先后引入了14户电子产品生产加工企业入驻园区，初步实现培育一个产值超10亿元的电子产业集群，带动了周边2000余贫困人口就业的目标。

为切实增强产业发展助推脱贫攻坚的实效，园区充分盘活现有厂房、土地、配套公租房等优质资源，研究制订切实可行的优惠政策和管理办法，充分发挥优势，打造中小企业孵化平台，旨在培育一批有发展潜力的劳动密集型企业，提供新增就业岗位，引导建档立卡贫困户和易地搬迁群众入园就业，同时积极配合昭阳区委、区政府整合政策资源，在扶贫产业园挂牌成立劳动力转移培训就业服务中心，对贫困人口开展就业培训及服务指导，建立建档立卡户、职能部门和企业之间协调机制，促进贫困人口向产业工人转变，通过转移就业助力贫困人口脱贫致富奔小康。

同时，园区严格落实昭阳区委、区政府研究出台的相关奖励补助政策，对进入扶贫产业园区企业务工的昭阳区建档立卡劳动力，连续稳岗 6 个月以上的，给予每人每月 1000 元，累计不超过 6 个月的稳岗补贴；对昭阳区籍非卡户劳动力和昭通市其他县劳动力，稳定务工一年以上的务工人员给予每人 3000 元的一次性稳岗补贴。针对符合条件的不同培训对象，还给予每人一次性不超过 1500 元的培训资金支持。对入驻扶贫产业园的企业，吸纳建档立卡劳动力就业并稳岗一年以上，人数在 100 人以上 200 人以下的给予 10 万元奖励，人数在 200 人以上 500 人以下的给予 30 万元奖励，人数在 500 人以上 1000 人以下的给予 80 万元奖励，人数在 1000 人以上的给予 100 万元奖励。

到 2020 年年底，按照预期目标，园区工业总产值可突破 230 亿元，工业增加值达 100 亿元，固定资产投资达 20 亿元，入园企业达 90 家，解决就业达 20000 人，切实为昭阳区工业经济平稳健康发展提供有力支撑，助力脱贫攻坚。

项目带动　产业集群谱新篇

昭通是云南省融入国家“一带一路”倡议和长江经济带的重要门户和枢纽节点，拥有溪洛渡、向家坝两座巨型水电站和大量留存电量，矿产资源丰富，区位优势明显。为此，园区主动作为，充分发挥产业洼地的吸纳作用，将优质的水电资源和矿产品资源结合起来，转换为产业优势、经济优势，着力推动水电铝、水电硅两大重大项目建设，通过大项目带动大产业、大产业带动大发展，将产业发展与解决建档立卡贫困户及易地搬迁群众转移就业、脱贫致富紧密结合。

目前，云铝海鑫铝业 70 万吨水电铝及相关配套产业初具雏形。水电铝项目一期顺利建成投产，二期建设进入收尾阶段，预计 2020 年年底投产，10 万吨 A356 铝合金方棒项目、5 万吨 / 年 T 型锭生产线项目、7.5 万吨 / 年高端航空用铝合金扁锭项目等相关配套产业相继落地建设投产。一个以铝产品为主导的产业集群初具规模。2019 年，云铝海鑫公司水电铝项目，提供就业岗位 800 余个，其中建档立卡贫困员工 89 人，实现产值 32 亿元；在水电铝项目的拉动下，纳入园区管理的 80 家企业实现工业总产值达 214.49 亿元，同比增长 63.75%，主营业务收入 226.34 亿元，同比增长 72.67%，工业增加值 107.59 亿元，同比增长 26.19%，园区工业总产值在连续 2 年实现 2 位数增长的基础上首次突破 200 亿元大关，已逐步成为昭阳区工业经济的重要引擎和助推器。70 万吨水电铝项目全部建成后，每年可实现产值 130 亿元，税收 10 亿元以上，带动物流产值超 5 亿元，消纳当地水电 110 亿度，拉动发电企业产值约 23 亿元，同时解决就业 2000 余人，吸纳建档立卡贫困群众及易地搬迁群众 1000 余人，直接助力 1000 余个家庭脱贫。相关配套产业的落地，可推进水电铝项目电解铝产品 70% 以上就地转化为铝精深加工产品，形成规模优势明显、产品质量高和配套完善的现代水电铝材产业集群，并实现产值 200 亿元以上，提供就业岗位 5000 个以上。

龙海硅基新材料产业园项目也在快速推进。为加快工业化进程，以产业发展助推脱贫攻坚，云南省委、省政府确定将水电硅产业片区布局在昭阳工业园区，引进了合盛硅业有机硅一体化项目，内容包括年产 80 万吨有机硅单体（含配套 80 万吨工业硅、50 万吨煤制有机原料）及硅氧烷下游深加工项目。围绕项目落地，园区及时启动新一轮的规划修编、项目环评等工作，为项目落地奠定基础。目前，项目报批、征地拆迁、场平等前期工作有序推进。水电硅一期 40 万吨工业硅生产线项目预计 2020 年年底可建成投产，届时每年可消纳当地水电200亿度，可解决就业5000余人，吸纳建档立卡贫困群众及易地搬迁群众2000余人，直接助力2000余个家庭脱贫。

水电铝及水电硅产业项目落地昭阳工业园区，与昭通的资源禀赋高度契合，将产业发展同脱贫攻坚有机结合，对推动昭阳区产业升级、补齐工业短板，促进工业经济高质量跨越发展意义重大。

党建引领　党群携手促脱贫

为充分发挥党建在脱贫攻坚中的引领作用及党员示范带头作用，更好地服务企业，提高效率，促进工作协调，2016年8月园区积极筹措资金100万元在扶贫产业园按照“一站七室”的标准建设了全市首个开放型的工业园区党群活动服务中心，对企业党员和员工全天免费开放，将党的建设与群团组织建设、服务企业、服务员工紧密结合起来，最大限度地为企业流动党员、入园企业和职工提供便捷、高效的服务，着力打造“十分钟党群工作服务圈”，即步行十分钟即可到达党群活动服务中心参加活动、办理入园手续等，免费提供党员活动室、会议室、卫生室、图书室、娱乐室、乒乓球室、羽毛球室、健身室等，配套引入了自助银行、通信网点和生活超市等，为企业提供物业管理服务，信息咨询、招工信息发布等综合性服务，把党建工作与企业服务有机融合。2019年，结合企业发展需要，园区再次对党群活动服务中心进行了升级改造，将党群活动、企业服务、劳动力转移就业等工作进行有机整合，为非公企业党组织建设、入园企业服务和劳动力就业搭建平台。

园区结合实际，实行流动党员挂靠联合党支部的办法，让流动党员找到了组织，有了家的归属感，搭建了流动党员参与组织活动的平台。以服务企业支部为根本，积极收集党员和职工的呼声、诉求，积极协调帮助企业解决困难、化解矛盾，使党群活动服务中心成为党组织倾听民意、服务企业职工、凝聚人心的“连心桥”。通过举办技能大赛、送法进企、开展讲座、开展消防知识培训、送温暖等活动，让党群活动服务中心成为党员群众提高素质、完善自我的“充电站”。以文体活动为载体，充分利用健身运动室、图书阅览室和棋牌室等功能，组织企业党员、职工开展乒乓球、棋牌、跳绳等竞赛活动，活跃气氛、凝聚人心，使企业党员职工以更好的身心健康、更佳的精神状态、更饱满的工作热情投入工作中，促进了企业健康发展。通过党建引领，推动了园区发展，进一步助力全区脱贫攻坚工作。

（作者系昭阳工业园区办公室干部）

第四编　易地搬迁扶贫

昭阳易迁新区崛起之路

何 艳

磅礴乌蒙，重峦叠嶂，赐予了昭阳一方青山秀水。地处国家乌蒙山片区区域发展与扶贫攻坚主战场的昭阳区，部分山区深受地理条件制约，生存条件恶劣，生态脆弱敏感，经济发展滞后，显著存在“一方水土养不起一方人”的状况，被列为全省27个深度贫困县（区）和73个国家重点扶持县（区）之一。

“一定让你们尽快从大山深处搬出来。”这是2017年1月23日，国务院总理李克强到昭阳区洒渔镇联合村余家大冲调研时对当地群众说过的一句话。总理对边疆贫困地区困难群众的关怀让昭阳的干部群众倍感温暖、备受鼓舞。为彻底解决部分山区贫困群众的恶劣生产生活条件，逐步实现脱贫致富，昭阳区按照总理的指示，根据省、市要求，确定实施易地扶贫搬迁安置点建设，攻坚拔寨破除“一方水土养不起一方人”的窘境。

易地扶贫搬迁是昭阳脱贫攻坚的“头号工程”和“标志性工程”，也是“五个一批”（生产发展脱贫一批、易地搬迁脱贫一批、生态补偿脱贫一批、发展教育脱贫一批、政策保障兜底脱贫一批）中最难啃的“硬骨头”，任务十分艰巨。昭阳区坚决贯彻落实中央、省、市决策部署，围绕“搬得出、稳得住、持续能发展、群众较满意”的总体目标，坚守“精准识别界线、人均面积标线、搬迁不举债底线、项目规范建设红线”要求，采取“进城集中、进城融合、进保障房、进中心集镇”四种模式，识别和布局同步精准、责任和工作同步见底、政策和资金同步落实、审批和建设同步加快、搬迁和发展同步推进，举全区之力、聚全民之智，着力将其打造成安全工程、民心工程、幸福工程。

昭阳的易地扶贫搬迁不是简单的搬迁，而是新一轮脱贫攻坚的重要一环，是实施精准扶贫、精准脱贫的有力抓手，是有效解决“一方水土养不起一方人”的重要举措。在脱贫攻坚战役的号角声中，昭阳区义无反顾、整合资源、形成合力，向贫困“深水区”挺进，用好用实用准易地扶贫搬迁攻克脱贫攻坚“硬骨头”的有力武器，为决战脱贫攻坚、决胜全面小康谱写华丽而精彩的篇章。

明确目标　高位启动

“雄关漫道真如铁，而今迈步从头越。”2018 年 7 月 10 日，昭通市委书记杨亚林在全市易地扶贫搬迁誓师大会上铿锵有力地说道：“今天的靖安阳光明媚、风和日丽，在这美好的日子里，我们在这里举行靖安新区奠基暨全市新一轮易地搬迁誓师大会。以今天为号角，以今天为誓师，确保高质量、高标准地完成好这一光荣而又艰巨的历史使命！”昭通市委、市政府在靖安镇举行的易地扶贫搬迁誓师大会，全面吹响了易地扶贫搬迁的号角，掀起了昭阳易地扶贫搬迁的热潮。

“扶贫扶的是人，脱贫脱的是人，最终是以人为本、以人为中心，以人的健康发展和对更加美好生活的追求为根本。”昭阳区严格按照省、市“能搬则搬、应搬尽搬、整村搬迁”的要求和市委“133”（以人民为中心，精准统筹务实，思想认同、工作认同、情感认同）脱贫工作思路以及“搬得出、稳得住、能致富、群众较满意”的原则，实行“一个集中安置点、一个集团化作战部，一个项目、一名领导、一套班子、一抓到底”，确保建档立卡贫困户和同步搬迁户全部纳入、应搬尽搬。

挥汗如雨 日夜奋战

“安得广厦千万间，大庇天下寒士俱欢颜。”进入新时代，扶贫路上，一个也不能少，要切实做好贫困群众的“两不愁、三保障”工作。作为国家级贫困县区，昭阳区必须脱贫出列，近10万建档立卡贫困人口将从丧失生存条件的大山深处搬出来，进城、入镇、上高楼，这对当地党委、政府是何等艰巨的考验。

为此，在市委的统一部署下，昭阳区痛下决心，在靖安坝子选址，在白纸上作画，两千余亩的土地上一夜之间热闹繁忙，机械往来，民工忙碌，大家挥汗如雨，日夜奋战，同时位于城郊的红路、永丰、洒渔等安置点也同步推进建设，勘探、土建、装修，每一个环节都争分夺秒，丝丝入扣，一幢幢高楼如雨后春笋般拔地而起。正是这一幢幢高楼的落成，那些从大山深处搬迁出来的贫困户，才真正拥有了属于自己的温馨家园，开启了全新的生活。

攻城拔寨 新区崛起

“再苦也要干，再累也香甜。”这是昭阳当地一首扶贫歌曲里的一句歌词。短短的一句话，真切地道出了昭阳人不畏困难、攻城拔寨的决心。

贫困不除、愧对历史；群众不富、寝食难安；小康不达、誓不罢休。

94 万昭阳儿女深入贯彻落实习近平总书记关于扶贫工作的重要论述，瞄准“两不愁、三保障”目标，紧盯“户脱贫、村出列、区摘帽”靶心，以党性作保证、以帽子作抵押、以饭碗作筹码、以人格作担保，吹响最强集结号，发起最后大决战，用扶贫战役的“大捷”诠释对总书记的拥护，用脱贫摘帽的“全胜”践行对党的忠诚。不到一年的时间，昭阳区建成了相当于中等县城规模的全国最大跨县安置区——靖安新区和第四大集中安置点——红路馨居，闯出了一条“扶贫车间＋产业就业＋”“五位一体”（中心—县区〈乡镇〉工作站—社区—楼栋—志愿服务）服务管理的易地扶贫搬迁之路，创造了前无古人的建设奇迹、搬迁奇迹，体现了“昭阳速度”，展现了“昭阳作风”，锻造了“昭阳铁军”。

幸福馨居　首个进城集中安置点

在太平街道石渣河社区，有一个移民安置小区格外引人注目。一幢幢高楼拔地而起，直插云霄，在高原的蓝天下，显得夺目而耀眼。不知情的人，还以为这是哪一家公司开发的新兴楼盘，实际上，这是一个专门安置昭阳区易地搬迁群众的小区。这个小区有一个温馨的名字，叫幸福馨居。这个安置点的优势十分明显：旁边是昭阳工业园区，在这里，搬迁群众可以就近入园打工。而搬迁之前，大多数搬迁群众心里却十分担心，他们常常说：“搬到城里，坐在这个滑石板上，站着也要用钱，坐着也要用钱，点个电灯、喝个水、用个煤气啥的，哪一样不要钱？”因此，群众的心里有恐慌和不安全感，这是十分正常的事。而作为政府，必须为群众打消这些顾虑，让他们放心搬、能就业、能发展。正是有了这样的优势，昭阳区下定决心，陆续安置了苏家院镇、靖安镇、洒渔镇、炎山镇、田坝乡 5 个乡镇 671 户建档立卡贫困户 2790 人。2017 年 12 月初，全区首批易地扶贫搬迁户入住太平街道幸福馨居小区。在党和政府的关爱和各相关部门工作人员的帮助下，这些来自昭阳区各乡镇的山区群众搬进城市开启了崭新的幸福生活。

幸福馨居安置点配套建设了就业、教育、卫生、文化等公共服务设施，方便搬迁群众就业就学就医，特别是重点谋划了产业扶持措施，实现了“农民变居民、务农变务工、农村生活变城市生活”的三大转变。

靖安新区　全国最大跨县安置区

2019 年，昭阳区继续扩大战果，在靖安、北闸、永丰等地建成靖安安置区、红路安置区和永丰安置区。这是一个宏大的规划，并在 2019 年成为现实。其中，靖安安置区可谓昭通易地搬迁安置区建设的大手笔，成为全国最大跨县安置区。

靖安坝子位于四川盆地向云贵高原抬升交界处，是四川方向进入昭通的第一块平坝。这个长条行的坝子，四面高山环绕，中间土地平旷，房舍错落有致，洒渔河从坝子中间穿过，两岸杨柳依依，在昭通这个以山地为主的地方是一块难得的风水宝地。进入新时代，随着脱贫攻坚战的纵深推进，靖安比以往任何时候都更具发展潜力。勇立潮头唱大风，靖安这块厚重而美丽的土地，将承担更为重要的战略重任、更艰巨的易地扶贫搬迁安置任务。

靖安安置区主要承接跨县安置大关、永善、彝良、盐津、镇雄 5 个县的 30 个贫困乡镇 194 个贫困村（其中深度贫困村 134 个）10197 户 43991 人搬迁群众。安置区位于靖安片区的腹心地带，占地 2176 亩，总投资 46.29 亿元，规划“四纵四横”的高密度交通体系，紧密联系老集镇、易迁安置居住区、马铃薯交易中心、冷链物流基地，配套二级综合医院 1 个，中学 1 所、小学 2 所、幼儿园 4 所，水厂 1 座，污水处理厂 1 座，垃圾处理场 1 座，燃气门站 1 座。

安置区总建筑面积124万平方米，其中住宅部分110万平方米，配建商业14万平方米（含建档立卡贫困户人均25平方米安置建筑面积中划出每人1.5平方米，共计4.79万平方米作为扶贫车间和配套商业，同时确保人均居住面积在20平方米以上），地块容积率2.2，绿地率35%。住宅以17层高层为主，13层小高层为辅，建设楼栋178栋10197套。

安置区建设总投资46.29亿元，其中安置房27.07亿元，配套公共服务及基础设施8.8亿元。建设资金上级补助获得27.33亿元，缺余资金采取上级支持、多方筹措、自筹等方式解决，确保安置区如期快速建成。

在不到一年的时间里，随着占地2177亩、投资46.29亿元的178栋10197套安置房拔地而起，配套设施的逐步完善，31000名建档立卡贫困群众安全有序地搬迁入住。在这里，无数贫困家庭走出大山，被阳光拥抱、被希望照亮，成为新时代“楼上”的幸福人群，这幅美丽画卷正在昭通市乃至云南省脱贫攻坚战绩榜上徐徐展开。

红路馨居　全国规模第四安置区

红路安置区位于昭阳区北闸镇红路村，毗邻昭阳省级扶贫产业园，距昭阳城区9公里，距北闸镇政府驻地1公里，距G85高速昭通北收费站200米，2018年9月正式动工。

搬不动大山就搬人，易地搬迁挪穷窝。动工以来，北闸红路易地扶贫搬迁安置点建设进展顺利，每天300多名工人奋战在各自的岗位上。为了尽快完成安置点建设工作，确保所安置贫困群众能在春节前顺利搬入新居，昭阳区成立了安置点工程处，严格按照时间节点和相关要求，对安置点工程建设进行全程监督指导。云南能投缘达建设集团有限公司坚持打赢脱贫攻坚战，献力昭通市易地扶贫搬迁工作，其承建的昭阳区新增易地扶贫搬迁项目红路安置点（二期）工程在各参建单位的大力支持下，圆满完成各项施工任务，2019年11月25日，项目80栋主体全部封顶断水，并于2019年12月1日正式启动搬迁工作。项目原分为昭阳区红路一期（2018年新增任务）和红路二期（2019年新增任务），为方便统一管理，2020年统一合并为红路安置区。红路安置区共规划安置昭阳区13个乡镇5305户22756人，其中建档立卡群众5086户21871人，同步搬迁户219户885人。项目共建设住房80栋5728套，总投资20.5540亿元，同步配套建设社区卫生服务站1个，综合服务中心1个，警务室1个，农贸市场约1万平方米，沿街商业5.7万平方米，扶贫车间21.7万平方米，市政道路5条5.1公里，村级活动场所1个，小学1所、幼儿园1所，以及配套强弱电、燃气、给排水等公共基础设施。

红路安置点项目按期搬迁入住，标志着昭阳区易地扶贫搬迁项目取得了阶段性胜利，那个“一方水土养不活一方人”的地方离搬迁群众越来越远，曾经那个“屋漏偏逢连夜雨”的家一去不复返。今天的这个“新家”承载着习总书记的殷殷嘱托，融入了党的浓浓恩情，融入了各级党政部门的鱼水深情，也融入了广大建设者们的辛勤汗水。从今往后，所有搬迁群众一起将撸起袖子加油干，用勤劳、智慧、勇敢和全国人民一起实现全面建成小康社会的梦想。

虹桥馨居　安置同乡易迁贫困户

虹桥馨居位于永丰镇新民村，总投资3.18亿元，规划用地总面积77.7亩，配套商业建设面积8000平方米，扶贫车间4000平方米，地下车库1.2万平方米。整个安置点建筑总面积达9.84万平方米，建设安置房11栋共132层775套，规划安置大山包镇建档立卡贫困户735户3309人。安置点同步配套建设市政道路2公里20000平方米；改扩建1所小学，总占地面积4669平方米，总建筑面积3316.24平方米，总投资1484.56万元。兴建卫生所1所350平方米、社区服务中心1个205平方米、购物超市500平方米。一幢幢崭新的楼房拔地而起，一间间设施完备、功能齐全的安置房迎接着搬迁群众的入住，屋内整洁明亮，厨房、卧室、卫生间等一应俱全，让入住这里的群众喜笑颜开。

贫困深山已更易，天翻地覆万象新。昭阳的涅槃蝶变史，就是贯彻习近平新时代中国特色社会主义思想的奋进史；昭阳的脱贫摘帽史，就是落实习近平总书记扶贫工作重要论述的践行史。鞍马犹未歇，战鼓又催征。站在新的历史起点上，昭阳区将始终不忘初心、牢记使命，乘势而上、持续奋斗，为实现中华民族伟大复兴的中国梦书写出无愧于时代、无愧于人民、无愧于历史的绚丽篇章。

（作者系昭阳区搬迁安置局干部）

从高寒山区走入现代社区

何　艳

易地搬迁是解决“一方水土养不好一方人”，实现贫困群众跨越式发展的根本途径，也是脱贫攻坚工作中政策含金量最高、推进难度最大、工作链最长的“头号脱贫攻坚工程”，更是“五个一批”精准扶贫举措中最难啃的“硬骨头”。目前，昭阳区“十三五”易地扶贫搬迁住房建设任务和配套设施扫尾工程已全部完成，建档立卡贫困搬迁群众全部入住。搬得出、稳得住、能致富，成千上万贫困人口“挪穷窝”“换穷业”，逐渐摆脱贫困、安居乐业。

走进昭阳区红路安置点，88 栋搬迁安置电梯房拔地而起，映入眼帘的是一排排崭新整齐的房屋、一条条宽阔平坦的柏油路，三三两两的老人席地而坐拉拉家常；妇女们或在一起讨论各自刺绣的绝技，或待在一块交流在培训课老师那学到的知识；十来岁的孩子你拉我，我牵你，走在上学的路上，一张张笑脸幸福而满足……处处焕发着勃勃生机，洋溢着喜庆祥和的气息。欢声伴着笑语，人气衬着生机，幸福画面美好而生动。

屋里亮堂堂 心里暖洋洋 贫困群众圆了安居梦

易地扶贫搬迁，让越来越多贫困群众的“安居梦”变成现实。

“以前在农村出门、吃水、上学、看病，在高山上生活没有不难的。2019年，这件喜事落到了我家了，识别为易地扶贫搬迁户，搬迁在红路安置点。现在好了，一出门，路是平平展展，买东西不用肩挑背驮了，打开水龙头哗啦啦就有自来水，太安心了！我家一年前全家人还住在高寒山区的一间土坯房里，搬下山是几代人的梦想。”大山包镇马路村52岁的宁敬伟坦言说道。

大山包镇属于云贵高原高寒山区，海拔高、环境恶劣，基础设施落后，交通不便，学生就学艰难，是“一方水土养不好一方人”的典型山区。对于世代生活在高寒偏远贫困山区的村民来说，易地扶贫搬迁是改变命运的唯一机会。

精准施策解心结 新居民拥抱新生活

来到宁敬伟的家，一屋新家具光洁发亮。“屋里亮堂堂，心里暖洋洋，好政策让我们摘了穷帽子，过上了好日子。”去年宁敬伟全家从大山包镇老林村搬到红路馨居易地扶贫搬迁安置点，开启了新生活。

如今已住进红路安置区的村民宁敬伟，回忆起过去的苦日子，仍感慨万千。

“以前全家5口人居住在大山深处，生存条件恶劣，生态环境脆弱，交通极其不便，一家人，终年以务农为生，去镇上赶集，要走很远的山路。家里面还要供三个娃娃读书，生活十分困难。我觉得这辈子的生活不是种地就是耗费在路上。唯一庆幸的是三个孩子十分好学，学习成绩优异。但因为经济收入低，生活压力大，常常苦恼。成为易迁户后，搬迁到现在居住的小区，小区内就有医院、学校、企业、集贸市场，看病上学抬脚就到，家门口就能就业，买菜、遛弯也很方便。”宁敬伟说。

“搬得出”只是第一步，接下来要让搬迁群众“稳得住”。

当初搬下山，其实宁敬伟非常纠结：“住在山上，有土地种玉米，至少够吃吧。下了山，一家人靠什么过活？”宁敬伟的疑问也是许多高山群众的担忧。

易地扶贫搬迁精准施策，就业、社保、教育等一系列政策及时跟进，打消了群众的顾虑。“搬迁人均补助 5.8 万元，从高山来到城里这个新家，我们没掏钱。”宁敬伟说起搬迁政策，很高兴。

稳得住，要带动“新居民”融入社区。刚开始，他还担心自己身体不怎么好，妻子又没有文化，还有三个孩子的学费、生活费，担心就业难，生活会不会过得很艰辛。

为让搬迁村民搬得出、留得住、能致富，在社区建设扶贫车间，昭阳区引进生产经营企业 14 家，解决了部分大龄劳动力就业的问题，并开发近 200 个公益性岗位。宁敬伟家也申请到了一个公益性岗位，在社区里面打扫楼栋卫生，虽然一个月只有 500 块，但是他觉得很开心，也够一家人一个月的小菜钱。他异常激动地说：“以前在老家基本行动都要靠双拐，不然就无法站立和出门，自从搬下来，天气好了，生活条件也好了，现在我的身体好了很多，双拐改单拐了。感谢国家的政策，感谢政府的帮助，领导的关心，让我的家庭度过了艰难时期，圆了全家的新居梦。”

乐业才能安居　干活有劲头　生活有奔头

如今，在各个安置点，配套设施完善，出行、用水、看病、上学问题逐一得到解决。社区里建好了一排排崭新整齐的住宅楼，配备了幼儿园、小学、中学、商铺、卫生服务中心、文化广场等设施。搬迁户从此住进了水、电、气、暖、网一应俱全的楼房。老宁看到现在所有的一切感到十分欣慰："不得不说国家政策太好了，村里第一批从山上搬迁下来的老乡还有很多，搬迁后他们把牛羊全卖了，还有的通过申请创业贷款在社区里开起了商铺，有的在农贸集市摆地摊，卖一些蔬菜水果和衣服等，生活有了很大改善。很多人都说，要是不搬出大山，没有一个会像现在一样做生意，肯定全部都在家里面种地，养牲畜，每天过着脸朝黄土背朝天的日子。"

政策给力，解决了易地搬迁群众的后顾之忧。截至目前，昭阳区"十三五"易地扶贫搬迁住房建设任务和配套设施扫尾工程已全部完成，贫困搬迁群众全部搬迁入住。产业发展、就业帮扶、社区治理等政策陆续出台实施，易地扶贫搬迁后续扶持政策体系逐步形成。

易地扶贫搬迁不只是换住处，更要找到新门路。对脱离原生产资料且有劳动力的农户，昭阳区全部纳入扶贫就业培训，将工作重心逐步由"搬得出"转向"稳得住、能致富"。全区易地扶贫搬迁贫困户 8043 户 34418 人，通过特色农林业、劳务经济、资产收益扶贫等方式都有了稳定收入。

确保搬迁群众稳脱贫、不返贫，关键在保就业。昭阳区红路安置点依托安置点周边的昭阳扶贫产业园、智能物联扶贫产业园、富硒皇菊种植基地、粤旺食用菌大棚、农特产品交易中心、扶贫车间和近 6 万平方米的安置点配套商铺，可提供 12500 余个就业岗位；同时依托乡村公益性岗位和小区物业，还能提供 1000 余个就业岗位。目前，红路安置点产业基地、扶贫车间、配套商铺、公益性岗位带动了安置点劳动力 5837 人就业。

有一些从山里搬入社区的村民，刚开始，他们对易地扶贫搬迁计划很担心。如今，都住进了布局合理的房子，有独立卫生间，屋里摆着崭新的沙发、冰箱、电视柜……和以前用石头、泥巴垒的房子相比，觉得不可思议。“真是做梦也没想到能住上这么好的房子。”宁敬伟激动地说，多亏了易地扶贫搬迁计划，不仅居住条件得到极大改善，工作也有了着落。在易地扶贫搬迁政策支持下，通过扶贫车间建设、商铺经营，还有转移就业等，村民拓宽了致富途径。易迁群众从村民转变为居民，融入了现代化社区生活，每个人的脸上都洋溢着幸福的微笑，对未来充满了期待。

（作者系昭阳区搬迁安置局干部）

搬出大山住新居　贴心服务暖人心

李德辅

2020年4月20日，昭阳区北闸镇红路馨居易地扶贫搬迁安置点迎来了最后一户搬迁群众，至此，红路馨居5086户21871人实现全部搬迁入住。一年前的苹果园地，如今已是高楼林立，道路干净整洁，万家灯火通明，群众生活井井有条的易地扶贫搬迁安置点。两万多人搬出大山，土房换楼房，农民变市民。短短几个月，迅速地转变，这背后有着太多的故事，凝聚着无数干部群众和志愿者的真情付出，红路馨居折射出了昭阳区易地搬迁后续管理服务工作的全貌。

志愿服务常伴随

2019年12月25日，一群身穿红马甲的志愿服务队员行走在乡村道路上，这一天，他们是去帮农户龙兴梅搬家。龙兴梅家住炎山镇大沱村7组，丈夫因为车祸去世，剩下她和5个孩子相依为命。目前孩子们都没有在她身边，她身体也不太好，一个人搬家，是件十分困难的事情。哪里有需要，哪里就有志愿者；哪家有困难，哪家就有红马甲。了解到龙兴梅家的实际情况后，区总工会和区妇联组织了志愿者前来帮助龙兴梅搬家，在一群人的努力下，不一会儿龙兴梅家的东西就搬得差不多了。来到新家，志愿者们帮忙安好了床，摆放好了家具，还就操家理务知识对龙兴梅进行了培训，教她叠被子、衣服，耐心地教她使用电梯、马桶等。志愿者们告诉龙兴梅，希望她不但要自己学会操家理务，还要帮助其他易迁群众，通过邻里互助使大家尽快融入城市生活中。区妇联副主席马莲说："我们会持续关注龙兴梅，她本人很年轻，下一步我们会组织她外出务工，孩子的上学问题已经得到解决，她们家没有后顾之忧了。"随后，志愿者们又来到大山包车路村 14 组的搬迁群众付中华家，教付中华的妻子如何折叠衣裤，打理家务，清扫卫生等，看到他们的孩子正在做作业，便开始对孩子进行辅导。付中华说："我比较早搬到红路馨居来，因为我们家接受过别人的帮助，我也应该怀揣着一颗感恩的心，所以我也要加入社区志愿者队伍，服务后续搬迁的群众。"

红路馨居的志愿者们用真心用真情热心服务群众，用实际行动谱写着平凡而伟大的奉献之歌，为脱贫攻坚贡献着满腔热忱，成为安置点最亮丽的一道风景线。

楼栋标识贴心引路

同心社区的陶小白老人今年 80 岁了，搬来小区，她出门后就找不到回家的路。2020 年 1 月初，小区里 98 栋楼的各楼栋单元和电梯都贴上了苹果、香蕉、梨、梅花鹿等蔬菜、水果、动物图案，让不识字的群众看图记家门。现在，通过社区贴的这些图案，陶奶奶很轻松就能找到家了。她说："我出去如果找不着回来，我就是望那个大骆驼回来。"陶小白老人的孙女夏娅娜说，外出打工时总担心老人找不到回家的路，现在有了贴心图案，自己可以安心工作了。区易迁服务中心工作人员魏施静说："刚开始群众找不到家，特别是老人和小孩，对他们来说每栋房子、每个单元都是一样的，找起来相当费劲。大家群策群力，想到了用简单的一些标志，生活中经常出现的动物、蔬菜、水果等，把每栋楼都用蔬菜、水果标识出来，群众只需要记住他们单元的图案是什么，我们工作人员就可以把他轻松带到他的家门。效果非常不错，现在我们的群众基本上能非常快速地找到自己的家门。有些不识字的老人，对数字使用不习惯，不知道住几层楼，但是看图案，一看就清楚，现在对他们来说，认家门已经基本没有问题了。”

红路馨居为易迁群众设置的贴心标识，是认真细致做好搬迁后续服务工作的体现，犹如一盏明灯，照亮了群众回家的路，也温暖着每一个人的心。

多方联合促进就业

通过“自强诚信感恩”“感党恩、听党话、跟党走”、操家理务等一系列集中培训，社区入户调查、召开院坝会，志愿者多次上门服务等多种措施，广大易迁群众的新生活逐渐趋于稳定。然而，稳不稳得住，就业才是关键，面对小区的物业费、水电费等繁杂的费用，群众又犯了难，在农村里，大家还可以靠耕地有所收入，可现在搬来了城里，生活费用从哪里来呢？身无一技之长，该靠什么养活家人呢？年纪大了，又不识字，如何实现就业呢？

2020年春节，一场突如其来的新冠疫情拦住了外省务工群众返厂复工的路。百业待兴之际，昭通市新冠肺炎疫情防控指挥部发布了《昭通市务工动员令》——疫情期间外出务工的人员可享受交通免费、健康体检免费、防护用品免费，在珠三角、长三角城市务工的，将统一组织务工专车、务工专列输送劳动力外出。就业部门全力帮助有意愿外出的劳动力返岗复工和实现就业增收。2月18日上午，一辆挂着“农民工返岗专用车”横幅的中巴车由昭通发往昆明，输送红路安置点的6名农民工朋友前往昆明乘坐高铁至广东务工，这是第一辆由红路馨居发出的输送外出务工劳动力专列。从此，红路馨居拉开了劳务输出大幕。冯常妹今年已经53岁了，闲在家找不到事做，听说福建圣农食品有限公司的招工条件符合自己，她就积极报名参加。她说："我们年龄大了，只要有点耐心的，也做得成，大家都用心地去做，因为这个政策太好了，待遇也好，4000元的保底工资在我们昭通没有，不能什么都靠国家养着，要自己找点事情去做。"金志荣是一名纯朴憨厚的老实人，由于以前在老家受交通和环境的限制，未外出务过工，听说这次政府不但联系好了工作岗位，还免费把他们送到企业，他报了名到福建打工，他说："出去挣点生活费，解决一家人搬到这里的吃饭问题。"截至目前，红路馨居已累计定点输送务工专车20余车次，输送务工人员700余人。

2020年以来，红路馨居同源社区通过强化党组织核心引领作用，探索开展了以合作社加扶贫车间为主抓手的"产业党建"工作，以优化党组织设置方式、创新产业带贫机制、改进党员服务方式提升党员示范带动能力。成立山尖花种植专业合作社，针对社区富余劳动力，引进技术开发就业岗位，创新思路促进易迁群众就业，让群众在家门口学技术，在小区车间里就业增收，促进了党的组织和党的工作在产业发展领域的全面覆盖。廖安秀是小龙洞乡宁边村9组搬迁到红路馨居同源社区的居民，今年50岁的她经过四天的学习，已经掌握了藤编技术要领。她说，在家门口就学到技术，要感谢合作社的扶贫车间，以前靠自己能编出这种别致的藤椅真是想都不敢想。在苗家绣扶贫车间，妇女们坐在桌台前一针一线，用巧手绣织苗族服饰图案。今年60岁的苗族老人王玉珍是扶贫车间里的工人，她从洒渔镇新立村搬到同源社区，凭着自己多年练就的苗家绣手艺，在扶贫车间就业的同时也给车间学员教授苗家绣技法，希望苗家绣手艺得到更好的传承。王玉珍说："我们来到这里条件非常好，比我们老家那边条件好，我们在这里绣苗族服装，做了以后就可以拿出去销售。"在竹编工艺车间，很多60来岁的老人用竹片编篮子等各种生活用品和装饰品。他们在老家都有一定的竹编基础，经过学习实践，技术不断精进，编织成品越来越精致。为了更好地展示和售卖扶贫车间生产产品，拓宽发展后劲，社区特意开设了山尖花种植专业合作社门市进行售卖，下一步还将开辟网上售卖渠道，同时将引进生产原材料和机器设备，让扶贫车间最大限度给搬迁安置群众带来实惠。

全民参与人居环境整治

2020 年 3 月 26 日，昭阳区易迁群众服务管理中心组织红路馨居、幸福馨居和虹桥馨居三个安置点 5 个社区的 600 余名工作人员和群众同时开展了爱国卫生运动。在区搬迁安置局、易迁群众服务管理中心和社区党员干部的带领下，红路综合执法大队、红路派出所、安置点各承建方、社区群众积极投身到爱国卫生运动中。大家纷纷拿起扫帚清扫街道，垃圾运输车穿梭在各条街道负责清运垃圾，洒水车也在积极冲洗街道……大家各司其职，整个劳动场面热火朝天。对于清扫完的街道，区易迁群众服务管理中心还派出专人负责喷洒消毒液进行消毒。

同心社区的群众雷启芬也加入了打扫街道卫生的行列中，她说："卫生打扫干净也好，住着也舒服，走到哪里都不灰。"昭阳区易迁群众服务管理中心常务副主任洪明顺说："今天我们组织开展爱国卫生运动，就是要通过这项行动，建立长效机制，实行考核，部门包保责任到人，让整个易地搬迁安置点的环境能够有一个较大的改观并长期加以保持。"

为完善爱国卫生运动长效管理机制，2020 年 3 月以来，区易地搬迁群众服务管理中心各站所、队、社区积极开展爱国卫生运动。红路派出所、红路综合执法大队、北闸交警支队及三个社区工作人员联合开展交通秩序、治安、消防隐患大清理大排查大整治行动；综合执法大队队员每日对临街商铺进行清扫，利用高压枪清洗人行道、机动车道，派出洒水车辆进行日常除尘维护；社区组织工作人员、楼栋长、公益公服岗位每周进行一次环境卫生大扫除；服务中心各站所工作人员、派出所民警、协警、保安、治安巡防员分区域负责清扫小区卫生环境。通过全民爱国卫生大行动的开展，红路安置点环境得到有效整治，主干道宽敞笔直、人行道、商铺门前整洁卫生，一条条道路洁起来、净起来、美起来，一幅幅美丽社区新画卷正徐徐展开。

特殊群体备受关爱

易地扶贫搬迁安置点特殊群体人数基数大、比例高，对此，区搬迁安置局、区易迁群众服务管理中心多次召开专题会议研讨特殊群体关爱帮扶工作，并成立相应领导小组，开展摸底排查、日常走访、救助帮扶等各项工作，进一步实现易迁安置点留守老人寂寞能排解、生病能求助、子女能依靠、生活有照料；留守儿童学业有进步、心理有疏导、成长有关注；残疾人和独人户困难能化解、安全有保障、生活有帮助。

2020 年 5 月 21 日，区易地搬迁群众服务管理中心、区残联联合为红路馨居易迁群众开展残疾人评定、筛查以及残疾人的现场检查、治疗工作。医务人员详细询问残疾人的病况和当前身体状况，通过目测检测，察看病历等方式仔细核对残疾情况，对符合《全国残疾人评定标准》的现场评定等级，帮助他们办理相关手续；对不符合办理的群众给予耐心解释，并进行心理咨询和疏导。经过严格、细致的评定，有 73 人被评定为残疾。同时，医务人员还现场给家属们讲解相关疾病护理知识，让病人在日常生活中得到更好的照顾。

为了让更多的先心病患儿得到免费救治，让孩子们的心再次健康地跳动起来，区易地搬迁群众服务管理中心联合区民政局、益众社会工作服务中心和昆明医科大学第一附属医院心血管专家于2020年5月15日在红路馨居卫生服务站开展“儿童先天性心脏病义诊筛查免费救治”活动。在红路馨居卫生院提供的干净、整洁、温馨的环境里，有26名儿童得到义诊，对于符合条件的患者将得到部分手术费用资助。这次筛查力求让红路馨居的先心病患儿能在第一时间得到有效治疗，还他们一个健康、快乐的童年。

扶贫夜校提升素质

2020年5月18日晚上7时30分，红路馨居安置点扶贫夜校第一期开班仪式在红路馨居小学一年级二班教室内启动。讲台上，红路馨居小学张老师正在教授汉字，60名搬迁群众在台下认真学习。为提高群众综合素质，提高就业能力，引导群众养成终身学习的良好习惯，区易地搬迁群众服务管理中心为红路馨居搬迁群众创办了此次扶贫夜校文化素质提升培训课堂。在完成了第一天的学习课程后，群众纷纷表示：今天学习了很多，大家都很珍惜这样宝贵的学习机会，感谢老师，也感谢政府，接下来的几天也会更加认真地学习。来自同源社区的居民李义先说：“我是从田坝刚刚搬到红路馨居这边来的，今天晚上安置点组织我们学文化，学点知识对我们将来有好处。”

通过为期15天的培训，红路馨居扶贫夜校共计培训搬迁群众180余人次，培训内容有汉字的基本教学、数字及简单的加减、常用图标解说、安全教育、生活习惯等等。扶贫夜校培训，通过加强对搬迁群众思想、文化、道德、感恩教育，进一步激发了搬迁群众脱贫致富的内生动力，提高了自我发展能力，转变了陈旧的思想观念，培育了自力更生光荣脱贫意识，同时在安置区内营造了自立自强的良好氛围。

地摊经济火热发展

2020 年 6 月 3 日（农历闰四月十二），经过一个多星期的谋划，红路馨居安置点迎来首个赶集日。一大早，来自安置点、小区周边的商贩们就纷纷赶来摆摊经营，按照执法大队划分好的区域，整洁有序地摆放在道路两侧，街道两旁挨个儿的红伞一字撑起排开，各路摊主为自家的商品不断吆喝。小吃摊浓浓的烟火味、小摊贩热情的叫卖声、熙来攘往的行人瞬间形成了一道亮丽的风景线。集市上商品种类繁多，从生活必需品到小吃、五谷杂粮、糖果零食、玩具、蔬果……原本安静的小区一下子就热闹起来了。安置点的“地摊经济”，让搬迁群众找到了一条创收“新路子”。来自 B12 栋的搬迁户刘阳彩说：“今天生意不错，到现在已经卖了 10 多条鱼了！”同为搬迁户的蒋忠艳说：“我早上 5 点就过来占位了，占得了一个好位置！在这里来往的人多，离家也近，傍晚收摊很方便。”

为有序推动复工复产工作、最大化地发挥“地摊经济”的价值、缓解就业压力、提供就业岗位，区搬迁安置局、区易地搬迁群众服务管理中心、红路综合执法大队商议决定，划定两条街道共 800 多个摊位供社区群众使用，通过居民代表民主表决将农历二日、五日、八日定为赶集日。自开始赶集以来，800 余个摊点供不应求，60% 以上的摊位都是搬迁群众经营的。

红路安置点开设集市，是贯彻落实发展地摊经济的重要举措，是民之所向、民之所需的惠民利民政策，为易迁群众打通了又一条就业渠道，也映衬了红路安置点欣欣向荣的景象。

如今，在红路安置点广场上，老人们三五成群拉着家常或唱着山歌、跳着广场舞，小孩子们相互追逐嬉戏，一幅祥和景象。

（作者系昭阳区易地搬迁群众服务管理中心干部）

第五编　民生扶贫

教育扶贫路上“一个都不能少”

道 俊 刘 钒

习近平总书记强调，扶贫先“扶志”，扶贫必“扶智”。近年来，区教体局乘着国家脱贫攻坚战略的东风，紧紧抓住教育最薄弱领域和贫困群体精准发力，在办学条件改善、学生资助、师资队伍建设、学校管理、教育教学质量提升等方面狠下功夫，抓细抓实控辍保学工作，努力让每个适龄孩子上得起学、上好学、不辍学。

育人环境得到翻天覆地改善

扶贫路上，教育先行。为彻底解决贫困人口“有学上”的问题，从源头上解决“大校额”和“大班额”问题，区教体局认真贯彻落实脱贫攻坚方针、政策，认真组织实施《昭阳区教育振兴三年行动计划（2018—2020年）》，通过义务教育薄弱环节改善与能力提升、中央预算内投资、高中投入及足球场建设等项目的实施，各校面貌焕然一新，实现了在农村最好的建筑是学校，在城市最美的环境是校园。2015年以来，学校建设项目总投资达33.73亿元，总建筑面积85万平方米，具体为：学前教育基础设施建设共32所，其中新建31所，改扩建1所，投入资金5.1亿元；普通高中基础设施建设共5所，其中新建1所、改扩建4所，投入资金6.35亿元；职业教育基础设施建设改扩建1所，投入资金1.08亿元；义务教育基础设施建设共13所，其中新建10所，改扩建3所，投入资金21.2亿元。到2018年年底，全区纳入义务教育均衡发展的166所学校中，办学条件10项全部达标的83所，9项达标的47所，8项达标的31所，7项达标的5所，办学条件达标率100%。全区8项指标的综合差异系数为：小学0.40、初中0.31，校际基本均衡。义务教育阶段学校所有班级都接通了100M光纤宽带网络，实现了“千兆到校、百兆到班”。

学前教育。2019年全区有幼儿园144所（其中公办幼儿园7所，私立幼儿园137所），幼儿入园人数达3.62万人。一是守望、布嘎、洒渔、乐居等乡镇中心幼儿园已投入使用，凤凰街道第二幼儿园、炎山镇中心幼儿园、青岗岭乡中心幼儿园、大寨子乡中心幼儿园、田坝乡中心幼儿园相继启动建设，共计新增学位1260个，总投资6774万元，实现了全区一乡镇一中心幼儿园的目标。二是完成班改幼项目91个，争取投入资金0.22亿元。学前三年入园率达78.20%。

义务教育。现有在校小学生8.73万人，在校初中生4.03万名。为实现2018年昭阳区义务教育基本均衡顺利通过国家验收的目标，区教体局找准主攻方向，把握使命担当，聚焦发展短板，吹响了促进教育均衡发展的集结号。一是规划新建城区义务教育学校15所，总投资14.45亿元，新增小学学位16137个、初中学位5900个，新征用地723亩，新建校舍27.66万平方米、运动场16.3万平方米。目前，已完成区五小温泉校区、区五小北校区、太平桃源小学、东城小学、区一小荷花校区、正道高级中学6所学校建设，解决了2019年城区学校超大班额问题和随迁子女入学难问题；正在建设区四小李家花园校区和文渊校区、实验小学祥和校区、区二中、区三中、红路中学共6所学校；即将启动区五小乌蒙水乡校区、太平示范小学、区四小北校区共3所学校建设，计划于2021年7月投入使用。二是积极争取东西部协作项目资金 2248 万元，完成了洒渔镇新立小学学生宿舍、炎山镇中寨小学综合楼等 9 所学校宿舍和教学楼建设，切实巩固了义务教育均衡发展成果，为全区优质教育均衡打下了决定性基础。

高中教育。2019 年全区高中在校生 1.58 万人。为补齐高中教育短板，提升高中教育教学质量，规划新建 2 所高中学校（区一中分校、靖安新区高级中学），新增学位 6000 个，可研批复概算总投资 5.31 亿元，其中区一中分校 2.68 亿元，靖安新区高级中学 2.63 亿元；改扩建区三中，新建教学楼已完工，又投资 5937 万元建设学生宿舍楼和食堂，2020 年 9 月已投入使用。

职业教育。2015 年以来，全区 2.5 万余人就读职业学校。到 2019 年，区教体局与长兴县 2 所职业院校以及滇川渝 31 所职业院校签订扶贫协作协议，完成了 6974 人就读职业学校的任务，其中东莞职业教育扶贫协作招生 446 人，完成率达 111.5%；其他扶贫协作职业学校招生 2176 人；市职教中心等其他职业院校招生 4325 人。昭阳区高级职业中学 2019 年度就业人数 410 人，就业率达到 99%，对口就业率 83%，用人单位满意度 97%，毕业三年职位晋升比例 38%。职业教育逐步成为减轻家庭负担的一个支撑点，也改变了家长对职业教育的认识。

民办教育。唯改革者进，唯创新者强，唯改革创新者胜。区教体局积极探索多元化办学模式，已实现上海新纪元教育集团、云天教育管理有限责任公司、建水实验中学等一批优质民办教育集团到我区合作办学，必将推动昭阳区基础教育提质上档，必将发挥“鲶鱼效应”，带动其他学校间的良性竞争和互动，助推昭阳进一步提高教育教学水平，共同擦亮“学在昭阳”的教育品牌。

人心齐，泰山移。2018 年以来，区教体局提出了“质量强校、师德兴校、管理强校”的思路，为引领学生德智体美劳全面发展，制订出台了《昭阳区深入推进依法治校工作实施方案》《教育体育系统师德师风建设及整治提升专项行动实施方案》等方案，通过建章立制，全区学校管理进一步规范，师德师风得到较大改善，教育教学质量持续提升，充分发挥了学校育人的功能，丰富了校园文化活动，为学生营造了快乐成长的氛围。

教育公共服务更加均等化

党的十九大明确提出："让每个孩子都能享受公平有质量的教育。"随着城市的快速发展，全区教育发展相对滞后、优质教育资源相对紧缺、学校规划布局不合理等矛盾变得更加突出。为此，市委、区委主要领导多次提出明确要求，昭通中心城市的教育要深入学习贯彻习近平新时代中国特色社会主义思想，落实好全国教育大会精神，按照省委、省政府的要求，推进义务教育高质量均衡发展。区教体局随即调整学校规划布局，优化师资队伍，在深入调研并完成相关程序的基础上，制订了新的昭通中心城市小学划片入学方案。新方案全面统筹、规划合理、分片科学，仅2019年，为2600余名随迁子女入学读书提供了一个更加优质、更加公平的教育环境，使贫困人口随迁子女得到了更好的教育教学保障，成为划片入学的典范。

此外，区教体局把教育改革创新作为赶超跨越的必答题，做好"办人民满意的教育"抢答题，全面实施了"强校带弱校"的联合办学模式，整合全区优质教育资源向薄弱学校流动，利用教师均衡缩小校际、区域差距。一是多渠道补充教师队伍。2015年以来，通过教师招聘等渠道共补充教师1281人；建设省级"名师工作室"3个，市级"名师工作室"12个，省级"名校长工作坊"2个，培训中小学校长及骨干教师617人，"国培计划"7691人，履职晋级培训10384人次，新教师入职培训1281人，学历提高培训1124人，开放教育参训教师共502人；各类网络研修培训参训教师共计28955人次，教师素质普遍提高。近三年来，区政府共安排900余万元资金用于表彰奖励教师，教师获得感、满意度不断提升。认真贯彻落实"500+X"边远农村教师差别化生活补助标准，一类乡镇从原来的300元提高到每人每月500元，二类乡镇从原来的500元提高到每人每月700元，三类乡镇从原来的700元提高到每人每月900元。尊师重教社会风尚逐渐形成，有效激活了广大教师提高教育教学质量的内生动力。二是按照城区“强校带弱校”的思路，城区名校带动乡镇薄弱学校发展，以区一小、区三小、区四小、区五小、实验小学和区一中等强校为龙头，将原北城小学、荷花二小作为区一小分校，原西城小学、朝阳校区作为区三小分校，原南城小学、东城小学、文渊小学、李家花园校区作为区四小分校，区五小温泉校区、北校区作为区五小分校，太平示范小学、祥和小学作为实验小学分校，区四中、永丰中学、旧圃中学作为区一中分校。校本部和分校实行统一管理，统一入学招生、统一考核，从全区特别是龙头学校校本部选派优秀管理人员到分校担任学校领导，从校本部分流一批优秀教师到分校任教，薄弱学校教师也流动一批到校本部学习提高，实现资源配置基本均衡。

“扶志”与“扶智” 一个都不少

按照区委、区政府脱贫攻坚的统一安排部署，区教体局成立了教育脱贫攻坚领导工作组。为便于工作的开展和推进，专门设立了扶贫办公室，具体负责教育脱贫攻坚日常工作，出台了一系列教育扶贫文件，有力地推动了教育扶贫工作落实。局机关挂钩帮扶布嘎乡迎水村，2020年4月，迎水村通过第三方评估机构实地检查，达到出列标准。与此同时，区教体局把控辍保学作为教育扶贫的首要工作来抓，千方百计确保新学期开学学生平安、按时返校读书，“一个不走”“一个不少”。一是投入了8000余名教师参与教育扶贫工作。近两年来，教体系统干部职工走村入户开展政策宣传、控辍保学、家访达26000人次。二是区控辍保学工作领导组成立10个督查指导组，包乡包校督查指导。三是做实做细“一县一案”“一乡一案”“一校一案”“一生一卡”，全面压实学校保学责任。四是实行小学一年级和七年级发放入学通知书，建立六年级毕业学生向七年级学校的转入制度，严防新增辍学情况。五是关心关爱特殊群体，为提高教育质量，对重病重残不能到校就学的适龄儿童少年由昭通特教学校统筹进行送教上门服务。六是全面依法控辍保学，坚持按照《云南省教育厅　云南省司法厅关于印发依法督促监护人送适龄儿童少年接受义务教育试行办法的通知》〔云教规（2018）2 号〕明确的“四步法”要求，充分运用宣传教育、申请强制执行或提取诉讼等手段，狠抓依法控辍保学。针对“风险学生”宣传教育 3233 人次，发出责令改正通知书 538 份，行政处罚 348 人，申请强制执行或提起诉讼 133 人，家长送子女入学意识明显增强，收到了良好社会效果，为控辍保学奠定了思想基础，营造了社会氛围。

资助政策宣传　“一个都不能少”

区教体局全面落实国家精准扶贫“发展教育脱贫一批”政策，树立以学生为中心的理念，坚持应助尽助、应贷尽贷的原则，紧扣“不让一个学生因家庭经济困难而失学”的目标，充分利用电视、公众号等媒体积极宣传资助政策，制作《昭阳教育扶贫资助政策》宣传小册子 2 万余份，由各挂钩扶贫队员深入农户家中宣传发放，印制了 6 万余份《昭阳区学生资助明白卡》，让学校对各阶段受助学生情况进行填制，并张贴到每户受助学生家里，让家长明白资助政策，明白学生受助情况。

精准资助 “一个都不能少”

为了能精准锁定资助学生，每学期开学后，区教体局都要求学前教育到高中阶段的学校上报在校学生名册，汇总后提请区扶贫办和区民政局等相关部门比对卡户学生、低保家庭学生、特困供养学生、残疾学生信息，精准锁定资助学生，力争困难学生一个不少，应助尽助。

一是学前教育助学金资助。2017 年以来，资助人员达到了 50405 人次，其中卡户学生 17554 人次，资助总资金 756.08 万元，其中卡户学生资助资金 264.97 万元。

二是“两免一补”及农村义务教育营养改善计划的资助。2017 年以来，义务教育阶段受助学生 637988 人次，资助总资金 27635.58 万元，其中卡户学生受资助 142814 人次，资助资金 5557.92 万元。

三是中职助学金和免学费政策的资助。对中高职卡户学生实施“雨露计划”，2017 年以来共资助学生 18429 人次，资助资金 2764.35 万元。“雨露计划”项目的实施，引导和鼓励了贫困家庭子女在完成九年义务教育和普通高中教育后继续接受中、高等职业教育，进一步提高了贫困家庭新生劳动力的整体素质，增强其稳定就业和持续增收能力，达到了“教育培训一人，就业创业一人，脱贫致富一户”的目标，减轻了贫困户家庭的经济压力，为全面建成小康社会奠定了坚实的基础。如靖安镇松杉村 7 组贫困家庭李秀燕、李秀飞、李秀聪三姊妹，在“雨露计划”的资助下，李秀聪已经顺利毕业并成功就业，李秀燕、李秀飞继续在校读书，通过资助极大地减轻了家庭负担。

四是高中助学金、免学费资助政策。2017 年以来，受到资助的高中学生达 63013 人次，资助资金 5767.99 万元，其中卡户学生 17393 人次，资助资金 4171.64 万元。

五是生源地信用助学贷款政策。2017 年以来，昭阳区申请生源地信用助学贷款的学生 15914 人次，贷款总金额 12245.73 万元，其中卡户学生 6493 人次，贷款金额 4861.92 万元。

六是“优秀学子奖励计划”。2016 年起，对考取一本院校的建档立卡学生实施学费奖励，在校期间每年都有 5000 元的资助。计划实施以来，有 717 名优秀大学生得到资助，资助资金达 358.5 万元。如昭阳区第一中学 2019 年高三民 21 班应届毕业生张兴文，属建档立卡贫困户学生，被电子科技大学录取，正当家人为他上大学的费用为难的时候，困难学生奖励资金和生源地信用助学贷款政策为他们解了燃眉之急，使他顺利进入大学读书圆梦。

砥砺奋进风帆劲，逐梦前行再启航。区教体局始终把“一个都不能少”作为资助工作的目标，全力以赴做好全区学生资助工作，助力脱贫攻坚，斩断贫困代际传递，为寒门学子们铺就了求学梦想之路，确保贫困家庭的学生们“能上学，上得起学”，顺利完成求学梦。

（作者均系昭阳区教育体育局干部）

筑健康之堤　圆脱贫之梦

王晓涵

“没有全民健康，就没有全面小康。”健康扶贫是精准扶贫的重要组成部分，是实现贫困群众早日脱贫致富的重要保障。在昭阳，2017 年未脱贫建档立卡因病致贫家庭 2165 户 8593 人，2018 年 1340 户 5195 人，2019 年 461 户 1687 人，健康问题成为横亘在脱贫路上的“拦路虎”。

三年来，区卫健局高度重视健康扶贫工作，紧紧围绕《云南省健康扶贫 30 条措施》，狠抓落实，坚持扶贫从健康开始，以解决“因病致贫、因病返贫”问题为重点，全力筑牢健康扶贫“网底”，让群众实实在在享受到健康扶贫带来的实惠，实现了健康扶贫政策宣传全覆盖、贫困家庭医疗救助全覆盖、家庭医生签约服务全覆盖、先诊疗后付费“一站式”即时结算服务全覆盖、推进分级诊疗制度全覆盖、36 种大病集中救治全覆盖、医疗卫生帮扶体系全覆盖、村级卫生室标准化全覆盖“八个全覆盖”。截至 2020 年 6 月 30 日，昭阳区建档立卡贫困户 48639 户 201965 人，其中因病致贫家庭 451 户，占全区贫困户的 0.0927%，比 2017 年减少了 79.17%，有效降低了困难群众因病致贫风险，确保因病致贫的如期脱贫、已脱贫的不再因病返贫，切实保障人民群众身体健康，向全区人民交出了一份满意的“成绩单”。

落实配套措施　让贫困人口“保障到位”

区卫健局将健康扶贫作为“一号工程”，成立了健康扶贫工作领导小组，制订《昭阳区健康扶贫行动计划（2016—2020年）》，确定三大目标和十项工作任务，区直各医疗卫生机构、乡镇卫生院（社区卫生服务中心）成立工作领导小组、设立健康扶贫办公室，挂图作战，分片包联，实现区、乡、村健康扶贫作战网络全覆盖。

提高动态管理质量，精准建档立卡。各卫生院、社区卫生服务中心对辖区内因病致贫、返贫人口进行精准调查、精细摸底、精确核实，为每个因病致贫家庭和患者建立《昭阳区贫困户健康档案》，健全因病致贫家庭数据库，积极配合区扶贫办、区直相关部门、各乡镇、街道和村（社区）进行数据核实、比对，及时调整维护健康扶贫动态管理系统数据信息，实现全区建档立卡因病致贫家庭患者数据信息全覆盖，区有综合档、镇有区域档、村有基础档，健康档案到户，建档立卡到人，做到“一户一档、一人一策”，各类台账、表册管理规范有序，确保健康扶贫管理更精准、政策落实更到位。

加大宣传，提高政策知晓率。区卫健局组织医护人员通过走访入户、开展义诊、健康讲座等形式向群众详细介绍健康扶贫政策；通过微信公众平台、LED显示屏、张贴宣传标语、印制万张“健康扶贫政策明白卡”、发放宣传折页等方式，进一步提高群众政策知晓率。同时，全区558名村医“一对一、面对面”，望闻问切，把脉健康，将健康扶贫政策送进千家万户。

强化监督，管好“救命钱”。“卫生健康领域的脱贫攻坚工作是事关群众的‘命脉’工作，决不能让一户符合条件的贫困户因病致贫，更不能让不符合条件的申领人冒领套取‘救命钱’。”为抓好卫生健康领域脱贫攻坚专项治理各项工作，区卫健局紧盯重点领域、关键环节，明确目标任务、责任单位、进度要求，将作风建设贯穿于健康脱贫攻坚全过程，成立健康扶贫督查工作组，采取不定期抽查、日常暗访和蹲点督导相结合的方式，认真开展健康扶贫大清查、再监督，对问题清单、责任清单、整改清单实行台账销号管理，确保健康扶贫责任落实、工作有序推进，逐步补齐管理层面、服务层面短板，确保健康扶贫政策人人知晓，让扶贫资金真正惠及广大贫困人口。

落实便民惠民措施　让贫困人口“方便看病”

健康扶贫是脱贫攻坚的坚中之坚、难中之难，一场大病对于一个家庭来说就是一场灾难，尤其对一个贫困或处于贫困边缘的家庭而言，更是雪上加霜。区卫健局在全面落实贫困人口医疗保障政策上给予倾斜，通过基本医保、大病保险、医疗救助、兜底保障“四重”机制和区域内定点医院“先诊疗、后付费”及“一站式即时结算”服务制度，大病补充保险起付线降低 2500 元，县级以上定点医疗机构住院统筹报销比例提高 5%，各医院设立健康扶贫病房、绿色通道等措施办法，方便群众看病就医，同时严格按照《昭阳区卫生和计划生育局农村贫困人口重大疾病专项救治工作方案（试行）》《做好 2019 年农村贫困人口大病专项救治工作的通知》和《昭通市第二人民医院关于建档立卡贫困人口 32 种大病救治方案》开展大病专项救治工作，并根据国家要求，同步扩大救治病种，精准到人开展关爱救治，做到“发现一例、救治一例、管理一例”，实现“一人一档一方案”管理，救治病种从 2017 年的 9 类 15 种大病增加到 2020 年的 36 种，同时推进“三个一批”分类救治行动。按照“五定两加强”原则，确定市二院为定点医院，对 36 种大病的贫困患者 4815 人进行救治，大病就诊率达 100%。在重病兜底保障方面，对贫困患者在经过“四重”医疗保障后，住院合规费用报销比例达不到 90% 的，由兜底保障报销到 90%，并且对就诊费用超出当年农村居民人均可支配收入的建档立卡贫困患者统一进行回补，保证建档立卡贫困患者自付费用不超过当年农村居民人均可支配收入。截至2020年6月30日，昭阳区36种大病贫困患者共4807人，已全部救治，救治率达100%。各项就医便民措施的落实，切实减轻了贫困人口的医疗负担，让他们“看得起病”。2017年对昭阳区就医建档立卡贫困人员共计28022人次进行回补，全区“四重保障”回补资金共计3887.4万元，回补率98.86%；2018年，全区建档立卡贫困人口住院产生费用26988.6万元，报销金额26397.39万元；2019年，全区建档立卡贫困人口住院产生费用29366.65万元，报销金额28285.48万元。2020年1—6月，全区建档立卡贫困人口住院产生费用15457.62万元，报销金额12954.11万元。

提高家庭医生签约服务质量，“零距离”守护群众健康。健康扶贫是脱贫攻坚工作的一项重要内容，而家庭医生签约服务是健康扶贫工作的重中之重。区卫健局抽调了896名医务人员组成280个家庭医生服务团队，定期开展入户随访活动，做好基本医疗和转诊服务，提供用药和就医方便，满足签约家庭健康需求，提高签约家庭获得感。截至2020年6月15日，已续签和新签总人数129883人，对签约群众做到“签约一人，履约一人，做实一人”，为65岁以上的建档立卡贫困人口每年免费开展1次健康体检；对已经核准的高血压、糖尿病、严重精神障碍、肺结核等患者，提供公共卫生、慢病管理、健康咨询和中医干预等综合服务，形成随访留痕迹、跟进有记载、个性有建议、服务方便群众的包联工作机制。

提升医疗服务能力　让贫困人口“看得好病”

加强基础设施建设，让贫困人口“有地方看病”。让贫困群众“有地方看病”是健康扶贫的努力方向。近年来，区卫健局多方协调，大力推进基层医疗卫生基础设施建设，确保群众“有地方看病”。以市二院为龙头，加速优化区、乡、村三级医疗卫生服务体系布局，加快实施乡镇卫生院（社区卫生服务中心）、村卫生室标准化建设，筑牢、夯实三级医疗卫生服务体系网底。按照《云南省扶贫开发领导小组关于印发云南省贫困退出标准和脱贫成果巩固要求指标说明的通知》（云开组〔2019〕8号）文件，对标对表县、乡、村三级医疗卫生机构达标“县5条”“乡6条”“村3条”标准，先后投入2852万元，用于购置数字化X光机、乡镇卫生院规范化改造、新建（改扩建）村卫生室、配套基本医疗卫生设备。市二院（县二级甲等医院）和区中医院在业务用房、住院床位、人员配置，20个乡镇、街道卫生院（社区卫生服务中心）、145个贫困村卫生室在建筑面积、人员配置、科室设置等要求方面均已达标。17个乡镇卫生院、3个社区卫生服务中心统一标准、统一规范，做到功能设置齐全、分区布局合理、就医环境优化、流程清楚、执业行为规范，所有卫生院、社区卫生服务中心都开设中医馆，开展三大常规、血生化、电解质、DR、B超等检查，得到群众好评。

加强人才队伍建设，让贫困人口“有医生看病”。让贫困群众“有医生看病”是健康扶贫的重要内容。近年来，区卫健局不断加强基层医疗卫生队伍建设，确保群众“有医生看病”。通过多种方式加强基层卫生人才队伍建设，逐步充实壮大基层人才队伍，建立稳定的农村基层人才补充渠道，通过紧缺专业技术人员招聘、事业单位招聘、订单定向培养、特殊人才引进、公开招聘编外医技人员、大学生“三支一扶”、全科特岗医生招聘等多种渠道补充村卫生室和乡镇卫生院人员，全区各乡镇、街道共聘用乡村医生558人；建立“请进来、送出去”、名医“传帮带”等培养机制，加强对医务人员的带教培养培训，2016年以来，全区累计选送上级医院进修学习220人，培训乡村医生等各类人员10000余人次，通过以上多种方式有效加强了全区基层卫生人才队伍建设，打通了健康扶贫“最后一公里”。

积极推进区乡村医疗共同体建设，释放区域医疗资源更大效能。市二院与17个乡镇卫生院、3个社区卫生服务中心建立了县域医疗共同体，成立昭阳区医疗集团，先后下派中职及以上卫生专业人员100余人次到乡镇卫生院开展巡回帮扶活动，并协调组织昆明延安医院和广东东莞石碣医院专家及市二院专业骨干到各卫生院开展义诊和学术讲座，提升昭阳区整体医疗服务能力。

提升区级医院服务能力，做到大病尽量不出县。自健康扶贫工作开展以来，昭阳区区级医院服务能力显著提升。目前，市二院产科和儿科（含新生儿科）是云南省临床重点专科，发展良好，启动了胸痛中心、卒中中心、新生儿救治中心等五大中心建设并通过省级提质达标评估验收；区中医院针灸推拿科为云南省中医临床重点专科，康复科为昭通市中医临床重点专科，区级医院医疗服务能力和水平进一步提升。

夯实基层医疗基础，促进基本医疗服务全覆盖。建立健全乡镇、街道卫生院、社区卫生服务中心慢病管理中心、心脑血管救治站和中医综合服务区，并通过规范化培训、全科医生培训、转岗培训、定向免费培养等多种途径，实施医疗卫生人才综合能力提升工程和“优质服务基层行”等活动，全面提升基层管理服务能力，特别是提高对常见病、多发病以及危、急重症识别救治能力。

加强疾病预防控制　让贫困人口“尽量少生病”

强化疾病监测和预防控制工作，做到防病治病有机结合。坚持“两手抓”，一手抓精准施治减存量，一手抓疾病预防控制增量。通过健康知识进机关、进学校、进社区、进企业、进工地、进村入户等“六进”活动，弘扬“大卫生、大健康”主题；全面推进基本公共卫生服务均等化，为所有贫困群众建立居民健康电子档案，并实行动态化管理；积极开展建立居民健康档案、健康教育等31类国家基本公共卫生服务项目；推进“中医馆建设”，加强中医特色专科建设，推广中医适宜和养生保健技术；做好重点传染病、慢性病、地寄病防控；坚持每年为贫困群众开展免费健康体检，全区居民健康建档率达 90% 以上，重点传染病专防专治、地方病和慢性病综合防治得到加强；妇女“两癌”筛查、新生儿筛查及计划生育特殊家庭扶助政策全面落实。

开展慢病管理，提高患者生活质量。将“四种慢病”纳入规范管理，提高慢病患者生活质量。截至 2020 年 6 月 5 日，全区建档立卡贫困人口中：高血压患者规范管理率 94.88%；糖尿病患者规范管理率 93.64%；严重精神障碍患者规范管理率 94.76%；肺结核患者规范管理率 100%，患者生活质量大幅提升。

黄沙百战穿金甲，不破楼兰终不还。健康扶贫任重道远，未来的日子里，区卫健局还将以攻坚克难的战斗精神、以只争朝夕的奋斗姿态，把责任扛在肩上、落实到行动中，继续当好健康扶贫“守门人”，为全区高质量赶超跨越发展贡献力量。

（作者系昭阳区卫健局干部）

打通农村文化服务“最后一公里”

刘　芯　刘雪韬

近年来，随着脱贫攻坚、乡村振兴等重大战略的深入实施，昭阳区农村公共文化服务设施不断改善，文化服务水平不断提高，农民群众的文化权益得到了更好的保障。

为进一步加强农村文化建设，不断提升农村文化水平，昭阳区委、区政府及区委宣传部高度重视，区文化和旅游局等相关部门积极探索，不断创新农村文化建设的内容、形式和手段，加强农村文化人才队伍建设，壮大群众文艺队伍，提高文化惠民的质量和水平，用寓教于乐的精神产品和丰富多彩的文体活动，促进农民思想观念和生产生活方式的转变，不断满足农民群众的精神文化需求，让活动有设备、阅读有图书、歌唱有器材、演出有广场，切实提高农民文化素质和农村文明程度，激活农村文化的活力，打通农村文化服务“最后一公里”。

着眼平台　夯实基础　构筑乡村公共文化服务网络

近年来，昭阳区坚持以政府为主导，以乡镇为依托，以村为重点，以农户为对象，大力发展村级文化设施和文化活动场所建设。

村级文化活动场所建设方面。由区文旅局牵头实施，主要内容为修建篮球场以及安装配套设施，设置乒乓桌等体育器材等，主要涉及脱贫出列村 27 个，其中 2016 年 13 个、2017 年 7 个、2018 年 7 个。

2016 年，建设文化活动场所 13 个，共 130 万元，建设地点为苏甲乡车噜村、布初村、瓜寨村、小松树村、水井村、新店子村，洒渔镇居乐村、联合村、弓河村，龙泉街道集中社区，苏家院镇苏家院村，盘河镇冷家坪村，大山包镇大山包村。

2017 年，争取中央扶贫资金建设文化活动场所 7 个，共 80 万元，建设地点为布嘎乡新街村小岩头自然村，大寨子乡锅厂村 15 组、车德村 6 组，乐居镇仁和村、新河村，旧圃镇锦屏村高家营自然村 8 组、大村村下四甲 15 组。

2018 年，争取省级扶贫专项资金建设文化活动场所 7 个，共 105 万元，建设地点为靖安镇碧凹村、松杉村，青岗岭乡白沙村、新桥村，小龙洞乡中营村，洒渔镇三台村，乐居镇乐居村。

“农家文化大院”建设方面。为加强“农家文化大院”建设，建设公共文化服务体系，夯实农村文化阵地，切实保障农民基本文化权益，2014 年昭阳区共建设“农家文化大院”10 个，由区委宣传部牵头实施。

建设标准为硬件建设“五个一”，即“一院”，一个不低于 50 平方米、环境整洁优美，能够开展经常性文化娱乐活动的水泥硬化院坝；“一墙”，一面设计精美、内容丰富、贴近群众的文化墙；“一栏”，一个更新及时的宣传栏；“一室”，一个综合文化室，把村规民约和相关规章制度装框上墙，有藏书 1000 册以上，能常年开展借阅活动；“一具”，一套能满足日常活动开展需要的影音设备、表演器材和健身设施。

软件建设“四个有”，即有一个群众自发组建的组织管理机构，负责对“农家文化大院”各项活动的开展进行组织和管理；有一支 15 人以上具有地方特色的文艺演出队伍，加强对文艺演出人员的培训和指导，提高节目质量，每月在“农家文化大院”开展文艺演出活动至少 1 次；有 1 名以上具有一定文化程度的政策宣讲员，适时开展农村各项政策的宣讲；有1套结合“农家文化大院”实际的管理制度和运行机制。

目标管理“三提升”，即通过开展“农家文化大院”建设，努力提升基层文化建设和服务水平，保障农民群众的基本文化权益；努力提升发展乡村文化产业的水平，每年有一定程度的创新；努力提升用社会主义先进文化占领农村思想文化阵地的水平，促进经济发展与社会文明进步。

资金来源，“农家文化大院”建设所需资金，采取市补助一点、区自筹一点、农村文化建设项目整合一点的办法解决，可以把相关项目捆绑使用，协调推进。

建设地点，分别是乐居镇2个（上街村、仁和村）、大山包镇1个、大寨子乡1个、炎山镇1个、守望乡1个（水井湾村）、永丰镇1个（绿荫社区）、凤凰街道1个（龙山寨社区）、小龙洞乡1个（宁边村）、靖安镇1个。

贫困地区百县万村综合文化服务中心示范点建设方面。示范点建设由中宣部牵头，会同文化部、国家新闻出版广电总局、国家体育总局等部门共同实施，是一项文化惠民项目，昭阳区于2016年、2017年分两批建设。

项目建设按照“七个一”标准进行，即一个文化活动广场（1000平方米左右）、一个文化活动室（90平方米左右）、一个简易戏台（长10米、宽5米、高0.8米）、一个宣传栏、一套文化器材（含1套音响和部分乐器）、一套广播器材、一套体育设施器材（含1个篮球场、2个乒乓球桌、1套体育健身器材）。

列入示范点的每个村，投入资金26万元，其中中宣部补助8万元，文化部补助2万元（主要用于文化器材配置），国家新闻出版广电总局补助2万元（主要用于广播器材配置），国家体育总局补助5万元（主要用于体育设施器材配置）；省级配套资金9万元。市、区两级不再配套资金，鼓励支持企业、社会组织和其他社会力量，通过直接投资、赞助捐助等方式，参与村综合文化服务中心示范点建设。文化活动室一般不新建，采取盘活存量（如利用闲置中小学校舍等）、调整置换等方式解决，凡是现有条件能够满足需要的，一律不再进行改扩建和新建。宣传栏可以利用文化活动室外墙建设。

全区第一批示范点 7 个，分别为北闸镇新田村、旧圃镇后海村、乐居镇中河村、盘河镇五寨村、洒渔镇巡龙村、苏家院镇双河村、永丰镇小闸村；第二批示范点 10 个，分别为靖安镇大礬老村、青岗岭乡乐德古村、守望乡葫芦坪村、苏甲乡桂花箐村、布嘎乡布嘎村、小龙洞乡宁边村、大山包镇马路村、大寨子乡铁池村、田坝乡酒房村、炎山镇炎山村。

“农家书屋”建设方面。为满足农民文化需要，昭阳区在行政村建立农民自己管理，对农民提供书籍、报刊等阅读资料的公益性文化服务设施，每一个“农家书屋”原则上可供借阅的实用图书不少于 1000 册。昭阳区近年来结合“农家文化大院”、贫困地区百县万村综合文化服务中心示范点建设等项目的实施，已建设“农家书屋”130 个，覆盖全区 123 个行政村，覆盖率为 100%。区新闻出版（版权）局每年按程序对全区“农家书屋”增补图书，目前每个“农家书屋”藏书均已超过 2500 册。

昭阳区通过以上农村公共文化设施和文化阵地建设，真正做到了让农民群众玩有活动场所、读有“农家书屋”、唱有文化设备、演有文化舞台，让群众成为真正的主角。其中盘河镇在建设“民族团结示范村”的基础上，结合以上文化基础设施项目的建设，逐步完善了苗寨三关、篮球场、文化活动室和 1200 平方米的绕户线，极大地改善了群众的生活环境。每天在广场上唱唱跳跳成了苗族同胞们的日常，尤其是每年五月端午之际，正是苗岭山花烂漫之时，苗族同胞们齐聚广场举行隆重的“花山节”，彼时芦笙悠扬、载歌载舞，到处都是欢乐的海洋。2018 年的“花山节”，阿初噜用苗家最高迎宾礼仪“过三关”“三角酒”迎来了昆明、威宁、彝良、永善、大关、盐津及昭阳城区的客人，特色宴席长街宴、民族大团结芦笙舞和苗族传统射弩、穿衣、绩麻、爬山等活动，将热情好客、多才多艺的苗家风情展现得淋漓尽致，也陶醉了游客的心。当时“踩花山”人数达 3 万余人，参演精选节目达30余个，堪称阿初噜“花山节”史上之最，而“踩花山”也成了盘河镇一张极具少数民族风情的特色名片。

依托载体　引领风尚　丰富农村精神文化生活

近年来，农民群众的精神文化需求不再局限于“有没有”，更追求“好不好”，依托农村文化基础设施，开展“三下乡”、全民阅读、“千场演出进千村”等活动，成为丰富农民文化生活、满足农民文化需要、提升农民精神追求的有效手段。

“三下乡”活动方面。每年春节前，由市委宣传部、区委宣传部牵头，科技、文化、卫生等相关部门联合在昭阳区各乡镇开展文化、科技、卫生“三下乡”集中示范活动，手把手地向农民朋友传授科技知识，实打实地送文艺下基层，面对面地开展医疗义诊咨询和法律服务，切实把党和政府的关怀送到乡亲们的心窝里。在“三下乡”活动中，相关部门紧密结合农民脱贫致富的需求，倡导他们读书用书、学文化、学技能，普及先进实用的农业科技知识和卫生保健常识，积极引导广大农民群众崇尚科学，破除迷信，移风易俗，形成文明健康的生活方式和社会风尚。

百千万文化惠民工程“送书下乡”活动方面。昭阳区图书馆先后到永丰镇、盘河镇、小龙洞乡、乐居镇、苏家院镇、苏甲乡和北闸镇开展“送书下乡”宣传活动，同时在大山包镇、炎山镇、田坝乡、大寨子乡、苏甲乡5个乡镇38个行政村小学，为每个三年级以上（含三年级）的班级共计228个点创建“流动图书室”，每班均配置书柜1个（上有“举旗帜聚民心育新人兴文化展形象”字样）、图书100册，每学期更换图书不低于20册，图书流动的周期为一学期，所购图书均以“你看书我买单”的形式，让学生自由选择喜爱的图书。

全民阅读活动方面。深入开展优秀阅读、经典诵读等活动，延伸公共文化服务。昭阳区图书馆先后到靖安镇五星苗寨、布嘎乡迎水村、龙泉街道白坡小学、守望乡中心校、青岗岭乡新桥小学等乡村学校开展阅读征文奖励、留守儿童阅读指导活动、“感恩情怀欢庆‘六一’”“经典诵读进校园你好新时代庆‘六一’”“作文竞赛颁奖”和“全民阅读征文表彰”等全民阅读推广暨图书馆服务宣传周活动。2019年，为庆祝中华人民共和国成立70周年，昭阳区图书馆积极协调苏家院镇文化站，在苏家院中学开展“庆祝中华人民共和国成立70周年经典诵读比赛”活动，2000余名学生参加，通过经典诵读活动，进一步弘扬祖国优秀的传统文化，让学生在诵读中感受经典诗文的本源、质朴、简约与厚重，在潜移默化中加深对优秀传统文化的理解与认同，提高其阅读古诗文的兴趣，增强文化和道德素养。

百千万文化惠民工程“送戏下乡”活动方面。区文旅局认真组织落实“千场演出进千村”活动，每年不少于120场次。演出以小品、三句半、舞蹈等形式开展，寓教于乐，让群众喜闻乐见。在太平街道石渣河社区，中国建材集团派驻该社区的驻村工作队与社区“两委”，把各村民小组中能歌善舞、擅长吹拉弹唱的民间能人组织起来，组建成立了一支30余人的文艺宣传队，并结合中央、省、市、区委政府的中心工作，创作了一系列以宣传十九大精神、脱贫攻坚、劳动力输出、乡村振兴、环境整治、低保评定、控辍保学等素材为主要内容的作品，以说唱、快板、小品、对唱、合唱和广场舞等方式，在社区开展宣传汇演，不仅丰富了群众的业余生活，还助推了社区基层党组织建设和脱贫攻坚工作。同时，为全面深入贯彻落实乡村振兴战略，提升基层公共文化服务水平，传承中华优秀传统文化，推进地方戏曲传承发展，丰富群众精神文化生活，由昭阳区文化馆主办的“美丽中国梦·七彩云南情”戏曲进乡村活动成功举办了72场次，全面覆盖全区20个乡镇、街道。演出以戏曲舞蹈为主，还穿插有小品、快板等节目，满足了不同年龄段、不同文化程度群众的欣赏需求，节目以幽默风趣的形式、通俗易懂的语言进行演出宣传，深受当地群众的喜爱。

多种形式的群众文化活动方面。昭阳区积极对农村业余文艺骨干进行免费培训，壮大民间文艺队伍；坚持业余自愿、形式多样、健康有益、便捷长效的原则，充分利用农闲、节日和集市，组织赛歌会、文艺演出、劳动技能等比赛活动；积极带领各村、社区文艺队创作反映“扫黑除恶”专项斗争、乡村振兴、脱贫攻坚、产业发展等中心工作的文艺节目，提升农民群众的主人翁意识，丰富农民群众的精神文化生活。

新时代文明实践活动方面。2019 年，根据“着眼凝聚群众、引导群众，以文化人、成风化俗，调动各方力量，整合各种资源，创新方式方法，用中国特色社会主义文化、社会主义思想道德牢牢占领基层思想文化阵地”的总体要求，昭阳区委宣传部指导永丰镇开展了新时代文明实践所市级试点建设。该示范点由云上乡愁书院、理论宣讲堂、陈列馆和文艺活动室四个功能区组成，建筑面积达 500 平方米。乡愁书院有图书 5000 余册，包含了政治理论、农业知识、科技常识、历史文化、古典文学和昭通本土作家文学作品等多种书籍；理论宣讲堂用于理论知识宣讲和党员集中学习；陈列馆展示了永丰镇历史文化、美丽环境和农耕文明；文艺活动室成为群众开展文艺活动、休闲娱乐的场所。2019 年 11 月，永丰镇新时代文明实践所正式建成并免费向公众开放，打通了宣传群众、教育群众、关心群众、服务群众的“最后一公里”。2019 年 12 月 5 日，永丰镇新时代文明实践所开展了“名师进校园”活动，邀请全国著名作家、教育专家、全国推动读书十大人物、说写课程创始人、第一位走上哈佛大学的中国教育论坛儿童文学家童喜喜走进永丰镇示范小学，从阅读的重要性展开引导，就如何写好作文给孩子们上了一堂生动的公益讲座。文明实践所不仅成为群众看书、学习、开展文艺活动的精神家园，还成了党员、群众争当志愿者，为群众开展理论宣讲、辍学劝返、文化进村和操家理务等助推脱贫攻坚、全心全意为人民服务的有效载体。截至 2020 年 6 月底，全区共建成区级文明实践中心 1 个，靖安镇新时代文明实践中心 1 个，全区志愿服务队 98 支 1.3 万人；乡级实践所 20 个，全区 20 个乡镇、街道全覆盖；村级实践站 196 个，全区 198 个行政村（社区）覆盖率达 99%。新时代文明实践中心、所、站的建成和投入，将不断满足人民群众日益增长的精神文化需求，丰富群众精神世界，增强群众精神力量，提升群众精神风貌，切实提高基层群众的思想觉悟、道德水准、文明素养和法治观念。

（作者刘芯系中共昭阳区委宣传部干部,刘雪韬系区文化和旅游局干部）

扶贫先扶“志” 感恩摘穷帽

刘 南

为全面贯彻落实习近平总书记新时期扶贫开发战略思想，2015年以来，作为国家级贫困县区的昭阳区，按照中央、省、市关于脱贫攻坚的决策部署，全面吹响了脱贫攻坚大决战的号角。经过几年来的不懈努力，全区群众“两不愁、三保障”突出问题基本得到解决，但贫困群众内生动力不足、主体意识不强等弊端日益凸显，“等靠要”的思想和群众争当贫困户的现象普遍存在，成为制约群众进一步增收致富奔小康的深层次原因和主要问题。对此，昭阳区积极发动全区广大干部职工、驻村扶贫队员，深入农村遍访贫困群众，多方寻求有效的解决办法，打响一场又一场“扶贫先扶志，感恩摘穷帽”的大会战，使贫困群众从思想深处彻底消除以贫为荣的消极惰性，树立了自立自强、诚信为本、知恩感恩的意识，实现了贫困群众由“坐等脱贫”到精神提振主动增收致富奔小康的完美蜕变。

区委、区政府主导
“自强、诚信、感恩”主题实践活动全覆盖

昭阳区于2017年9月22日下发《中共昭阳区委办公室昭阳区人民政府办公室关于在脱贫攻坚中深入开展“自强、诚信、感恩”主题实践活动的通知》〔昭区办通（2017）133号〕，于2019年3月9日下发《中共昭阳区委办公室昭阳区人民政府办公室关于印发〈昭阳区“自强、诚信、感恩”暨“感党恩、听党话、跟党走”主题教育活动方案〉的通知》〔昭区办通（2019）18号〕，组建了一支懂政策、有经验、会宣传、善宣传的宣讲队伍，深入乡镇、村组田边地角开展党的方针政策、社会主义核心价值观、“自强、诚信、感恩”等内容的宣讲，在全区贫困群众中全方位开展“自强、诚信、感恩”主题实践活动，共开办农村夜校124个，组建新时代文明实践中心2个、新时代文明实践所20个、新时代文明实践站198个，组建新时代讲习所343所，组织宣讲干部3184名、农民宣讲团512人，在贫困村开展宣讲3700余场次，全覆盖38万余名贫困群众。

职能部门精准发力
贫困群众内生动力有效激发

区委宣传部下发《关于深入推进“自强、诚信、感恩”主题实践活动暨贫困群众扶贫扶智工作的通知》〔昭区宣通（2018）21号〕、《关于印发〈关于加强文明村镇创建进一步推进“扶志扶智”工作作战方案〉的通知》〔昭区宣通（2020）6号〕，坚持以脱贫攻坚问题为导向，整合区内资源，强化部门精准发力，整合文明村镇创建、爱国卫生运动“五大行动”及“扶

志”“扶智”等工作内容，进一步深入推进“自强、诚信、感恩”主题实践活动，激发群众自主脱贫内生动力，为全区决战决胜脱贫摘帽提供强大的思想基础、舆论引导、精神动力和智力支持。

全力营造“汇聚力量奔小康、脱贫不忘共产党”的浓厚氛围。区融媒体中心充分整合新媒体平台，在“昭阳信息网”“昭阳融媒”“鹤乡圣果”等平台开设“感党恩、听党话、跟党走”“自强、诚信、感恩”系列报道等专栏，发布信息 1.1 万余条。区委宣传部牵头组织在全区各贫困村社醒目的地方张贴宣传标语，制作扶贫展板，发放宣传手册 6.8 万余册，张贴宣传标语 1470 条。区文明办以文明村（社区）创建活动为抓手，在农村广泛宣传社会主义核心价值观，制订村规民约，设立“光荣榜”“曝光台”，修建镇村文化墙，开展形式多样的实践活动。全区共完善村规民约 184 个，设立“光荣榜”91 个，上榜人数 175 人，“曝光台”92 个，曝光 551 人，修建文化墙 301 面。各乡镇、街道改变帮扶方式，推广以参加志愿服务、公益活动、互帮互助等表现换积分、以积分换生活物品的“感恩超市”等自助式帮扶措施，实现社会爱心捐赠与贫困群众个性化需求的精准对接。盘河镇充分整合挂包单位、爱心人士和企业捐赠资金和物资，率先在新店村、放马坝村、冷家坪村探索建立“感恩超市”试点，并将试点模式在全镇推开。太平街道幸福馨居易迁安置点全面开展“爱心超市”积分兑换，让社区群众感受了送到家门口的温暖，充分激发了社区群众的感恩之心和志愿服务的工作热情，共用积分兑换资金（含物资）53000 余元（其中爱心人士捐赠价值 6000 元的小家电、日用品等物资用于 30 名社区志愿者积分兑换；仁德中学捐赠 27000 元资金用于 3 名志愿者积分兑换为 4 名小孩学费；星冉舞蹈中心捐赠 9600 元资金用于 3 名社区志愿者积分兑换为 3 名小孩舞蹈学费）。按照“一点一品一特色一方案”的思路，全区共投资 8 万余元，重点打造永丰镇三甲村、太平街道石渣河社区、幸福馨居、洒渔镇思源馨居、大山包镇合兴村、大山包镇大山包村、旧圃镇杨家湾自然村和三善堂村彝家小寨子等 8 个“扶志”“扶智”工作村级示范点。区文旅局组织开展各类群众喜闻乐见的文体活动、文艺汇演共计 1845 场，让群众真切感受到党的温暖、干部的付出、自力更生的可贵。

弘扬中华民族传统美德，培育和践行社会主义核心价值观。区民政局坚持自治、法治、德治相结合，推进法治村（社区）建设，大力开展移风易俗活动，引导贫困村修订完善村规民约，发挥村民议事会、道德评议会、红白理事会、禁毒禁赌会等群众组织作用，强化农村思想道德建设，教育引导贫困群众弘扬传统美德、培育文明乡风、树立文明新风，倡导喜事新办、丧事简办、厚养薄葬、移风易俗，培育现代文明生产生活方式；开展"百场家风家教"巡讲活动，发扬中华民族传统家庭美德，讲好家风故事，传播治家格言，正确引导群众自觉承担家庭责任，树立自力更生、勤劳致富的观念，以良好的家风带动文明乡风、民风。

强化技能培训，以劳动力转移就业和产业发展激发致富创业内生动力。区人社局等部门开展了贫困人口就业培训、技能培训、创业引导性培训、文化能人培训、万场招聘进万村等各类培训558场次，培训贫困群众3.2万人次，有效提高了贫困群众劳动技能；建立扶贫车间，充分吸纳村（社区）不能外出务工的劳动力就业，全方位为贫困户提供就业岗位，确保让每个贫困户都参与特色产业项目实施；在公用设施建设和人居环境整治中，设置公益性岗位，采用以工代赈、生产奖补、劳务补助等方式，组织群众投工投劳，主动参与建设。2018年来，全区贫困劳动力累计转移就业110621人，省外转移就业31993人、省内区外转移就业14230人、区内转移就业64398人；易迁劳动力转移就业21386人；安排公益性岗位5208个；新冠肺炎疫情期间组织"点对点"专列9批次、专车64批次159辆、专机2批次，共输送7631人返厂复工，优选了广东、浙江、江苏等三省七市43家企业16000个就业岗位对口宣传、对点输送；兑付扶贫车间就业奖补28万元，累计发放区内产业基地务工、区外省内务工、省外务工、广东省务工11051人稳岗补贴1238.4万元。各乡镇全面加强新型农村合作经济组织建设，大力推行"龙头企业 + 基地 + 党支部 + 合作社 + 贫困户"的模式，积极引导龙头企业、农民合作社等新型农业经营主体，通过生产合作、股份合作、劳务合作等形式，与贫困户建立紧密利益联结机制；先后引进陕西海升、云南农垦、湖南商会、浙江商会等省内外知名企业落户昭阳区，培育发展了规模化苹果种植企业 40 余个，建设 40 余个苹果标准种植基地，总面积达 16 万亩，其中陕西海升与昭阳区农投公司合资，建成矮砧密植苹果示范园 5 万亩，成为全国最大示范园；建立规范化管理苹果产销专业合作社 109 个，提高了苹果种植水平，拓宽了销售渠道，有效增强了苹果产业发展的市场竞争力。目前，全区苹果种植规模 50 余万亩，年总产量 60 万吨，产值 42 亿元，受益人口 35 万余人，户均年收入达 2.5 万元以上，覆盖建档立卡户 1.1 万户 3 万余人。

强化农村环境整治，提升人居环境。2019 年 3 月 30 日，区委调整充实了农村人居环境治理整改工作领导组，下设办公室于区城管委。区人居办制订出台了《昭阳区提升城乡人居环境三年行动计划》《中共昭阳区委昭阳区人民政府关于全面开展农村人居环境专项治理的决定》《昭阳区农村人居环境整治“村庄清洁行动”实施方案》等文件，以创建美丽宜居乡村为目标，以示范型村庄改造、农村生活垃圾治理、农村生活污水治理、农村厕所革命、破除农村陈规陋习“五大攻坚战”为抓手，全面推进村庄“三清一改一提升”。目前，全区各乡镇建立垃圾处理设施 197 座，生活垃圾转运站 32 座，配备转运车辆 103 辆，有乡村保洁员 1176 人，建成行政村公厕 35 座、无害化卫生户厕 24609 座，初步实现了村容村貌干净整洁，收费制度、村规民约等长效保洁机制基本建立，村民清洁、卫生、文明意识逐步提高，村庄环境“脏、乱、差”现象明显得到改善。

提升贫困妇女素质，共建美丽宜居新家园。区妇联等部门充分发挥群团组织职能优势，凝聚巾帼力量，强化技能培训，用好小额贷款，实施项目带动，开展巾帼志愿服务，引导贫困妇女群众积极投身农村人居环境整治、美丽家园创建等主战场，共举办“诚信经营感恩还款”、操家理务等培训 50 余期，其中育婴师培训班 5 期、妇女特色就业创业培训 3 期，共培训妇女 1000 余人次，参训人员 85% 为建档立卡贫困妇女，增强了农村贫困妇女劳动技能，提高了贫困妇女带动家庭脱贫致富的能力，引领农村妇女共同建设美丽宜居新家园。

扶贫干部一线践行初心
“五查五看一感恩”入户走访强势推进

2019年11月6日，昭阳区下发了《中共昭阳区委办公室昭阳区人民政府办公室关于印发在脱贫攻坚中深入推进“五查五看一感恩”入户走访工作实施方案的通知》（昭区办通〔2019〕108号），成立了脱贫攻坚“五查五看一感恩”工作领导小组并组建了领导组办公室。以脱贫攻坚“挂包帮”“转走访”定点挂钩扶贫工作为抓手，在全区全面开展以“查住房，看安全稳固；查环境，看清洁卫生；查饮水，看水质水量；查教医，看措施保障；查劳力，看就业务工以及自强诚信感恩”为主要内容的“五查五看一感恩”入户走访活动。广大扶贫挂包干部全面开展走村入户遍访工作，引导贫困群众发扬自力更生精神，树立自强诚信意识，着力破解“等靠要”思想，增强内生动力，形成“自强不息，诚实守信，人人心存感恩、个个遵守公德、户户增收致富、家家和睦相处、村村倡导文明、处处体现和谐”的良好社会氛围，凝心聚力决战决胜脱贫攻坚。

“关键少数”带动“绝大多数”开展遍访工作。20个战区乡镇、街道指挥长和副指挥长，挂包部门主要领导和各乡镇、街道党（工）委书记、行政领导既当指挥员，又当战斗员，直抵贫困户家中，开展排查走访工作，共走访184个村（社区）1656个村民小组9765户，召开补短板研判会议153场次，研判发现问题591个，逐一督促解决落实，形成以“关键少数”示范带动“绝大多数”，以“头雁效应”激发“群雁活力”的工作氛围。全区7273名帮扶责任人走访48815户建档立卡贫困户，按户均500元标准向26368户建档立卡特困户发放走访资金1318.4万元。挂包干部在走访过程中全面宣传政策，扎实开展“自强、诚信、感恩”活动，广泛激励群众自强奋进、争先脱贫；与贫困群众同吃同住同劳动，带领贫困户打扫卫生、参加田间劳作。贫困户生活环境质量明显改善，良好的个人卫生习惯逐步养成，干群关系日益密切，基本实现了全区脱贫攻坚工作“思想认同、工作认同、情感认同”。

查找脱贫短板弱项，助推各项脱贫问题整改“清零”。广大扶贫干部通过实地查看并了解群众所急所需，与群众心贴心交流，面对面服务，真正做到察民情、知民意、解民忧，从能帮助群众解决的小事着手，从整体影响户脱贫、村出列的大处着眼，建立问题清单，逐项分析研判，逐一加以解决。2019 年 8 月以来，全区共走访排查出收入、住房、饮水等五个方面问题 1209 条，发放补短板资金 5.18 万元，对排查出的问题进行整改“清零”，补齐了全区脱贫摘帽的短板。

全面做好新冠肺炎疫情期间走访工作。区委于 2020 年 2 月 18 日下发《中共昭阳区委办公室关于进一步加强脱贫攻坚挂包干部入户走访工作的通知》（昭办通〔2020〕12 号），在确保疫情防控安全的前提下，87 家区级挂包单位的挂包干部通过入户、电话、微信等方式进行走访，持续开展“五查五看一感恩”走访工作，同步开展春耕生产及疫情防控等工作。区委组织部按照通知要求，及时成立了两个督查组对疫情防控和“五查五看一感恩”走访工作进行督查，确保“五查五看一感恩”入户走访工作深入开展、取得实效。对疫情期间无法到岗走访的中国建材集团、省人大常委会机关、昭阳区疾控中心、看守所、拘留所等 13 家挂包单位 390 名挂包干部所挂包的 1270 户贫困户，由建档立卡户所在的镇村干部接替走访，实现了走访全覆盖。

感恩是一种生活态度，更是一种社会责任。在昭阳这片热土上，在脱贫摘帽这条道路上，无数的扶贫干部用他们的实际行动，默默诠释着这份责任与担当。

（作者系中共昭阳区委组织部干部）

第六编　挂钩帮扶及社会扶贫

真情帮扶　幸福花开

蒋　睿

自挂钩帮扶工作开展以来，定点帮扶昭阳区的有中央单位 1 个、省级单位 5 个、市级单位 7 个、区级挂钩帮扶单位 87 个。各级定点帮扶单位按照工作职责，紧盯脱贫出列标准，在资金投入、项目实施等方面开展了艰苦卓绝的工作，取得了显著成效。

央企帮扶　精准施策谱新篇

中国建材集团充分发挥党建引领模范作用，扎实推进产业扶贫、教育扶贫、健康扶贫、消费扶贫等工作，为昭阳区贫困群众脱贫增收致富提速。

兴产业。中国建材集团围绕增强“造血”功能加大帮扶，总计投入产业帮扶资金 1575.95 万元，其中投入 71.95 万元在守望乡卡子村、八仙营村和水井湾社区流转土地 909.5 亩进行樱桃园示范基地建设，吸纳群众 566 户（其中建档立卡贫困户 189 户）加入农民专业合作社，实现每户年平均增收 500 元以上；投入 104 万元，动员 208 户贫困户加入村级种植合作社，将产业发展补助资金通过村级合作社入股到昭阳区农投公司，2019 年年底实现分红 6.24 万元，贫困家庭户均年增收 300 元；投入 1400 万用于苹果基地建设，为昭阳区的 28 个出列村合作社分别注入 50 万元，通过区农投公司与陕西海升集团签订协议，在昭阳区流转土地种植苹果，作为中国建材援助昭阳区集体经济发展基地。

夯基础。中国建材集团投入资金 100 万元，在守望乡葫芦坪村宋家山自然村完成 103 户美丽乡村房屋建设。2018—2019 年，先后投入资金 106 万元、294 万元对守望乡八仙营村八仙清真寺（原中国人民解放军四十三师 1950 年进驻昭通的师部旧址）进行修缮，建设红色文化陈列展览馆、群众活动广场，并完善各项配套设施，将八仙清真寺打造成为党史教育基地；同时对标“村七条”脱贫退出标准，先后投入资金 594.81 万元，建设守望乡卡子村自来水厂，帮助卡子村小铺子自然村修建入村道路 1.2 公里，在守望乡卡子村和太平街道黄竹林社区安装太阳能路灯，对太平街道石渣河社区和黄竹林社区的深井、水池、供水主管、串户管道进行更换和维修，建设增压站，在守望乡八仙营村新建便民服务中心楼一栋，有效解决困扰群众的饮水难、出行难、照明难和享受服务难等诸多问题。

重扶持。为解决不同类型搬迁群众的就业和收入达标问题，实现搬得出、稳得住的目标，中国建材集团投入资金 1000 万元，在昭阳区红路安置点、太平街道、苏甲乡和田坝乡建设 4 个扶贫车间，开展工业品生产和农产品深加工，优先吸收卡户和易迁群众就业，同时利用扶贫车间出租土地和设备的租金，作为集体经济收益为卡户和易迁群众分红，增加群众收入。在发展产业帮助群众就近就业的同时，中国建材还充分发挥集团的组织优势，在集团内有招工需求时优先向定点帮扶地区倾斜，2020 年年初，在新冠疫情得到有效控制之时，凯盛科技集团有限公司下属的国显科技深圳生产线有效帮助 60 名群众解决了就业问题。

强关怀。中国建材集团总计投入捐赠慰问物资资金 539.84 万元，用于援建教学设施、关爱留守儿童、捐资助学等方面，其中针对守望乡遭受特大冰雹、暴雨及暴风灾害，造成全乡经济损失 6493 万元的突发情况，捐赠

107 万元对受灾困难群众中高中以上在校学生进行了资助，共帮扶学生 695 人；2018—2020 年，先后援助 74.6 万元、80.92 万元、100 万元对守望乡极度困难的建档立卡贫困户中就读中职、高中学生进行帮扶，累计帮扶家庭 1500 余户；2020 年，向太平街道石渣河小学捐助 30 万元，设立“中国建材助学金”等，有效为昭阳区贫困受教育学生提供了优良环境。

优素质。为了提高地方干部综合素质，中国建材集团积极开展了一系列高水平的干部培训项目，2019 年 9 月，安排昭阳区 10 名乡镇骨干优秀干部在辽宁大连高级经理学院进行了为期 10 天的培训；2019 年 10 月，投入 10 万元在昭通市委党校举办了为期一周的基层干部培训，从广东请来优秀师资力量为大家讲解脱贫攻坚知识、项目管理和团队管理等管理技巧；2019 年 10 月，组织全区村“两委”成员和致富带头人 40 余名干部在昆明西南林业大学进行三支队伍专题培训。通过一系列培训，提高了昭阳区基层干部的综合素质，为昭阳区未来的脱贫攻坚工作做好了人才储备。

省级帮扶　多措并举树楷模

自开展挂钩帮扶工作以来，省人大常委会机关认真贯彻落实习近平总书记关于脱贫攻坚工作重要讲话精神、省委、省政府关于脱贫攻坚工作的决策部署，进一步提高政治站位，强化组织领导，加强工作调研与谋划，多措并举推进机关扶贫工作开展，取得巨大成效。省人大常委会常务副主任和段琪先后 10 余次赴昭阳区调研指导脱贫攻坚工作，督促检查相关工作的推进和整改情况；秘书长韩梅，副秘书长史政、蒙冬梅、张凌等领导也多次深入昭阳区以及青岗岭乡调研指导脱贫攻坚工作，提出工作建议。同时，省人大常委会办公厅先后牵头召开昭阳区脱贫攻坚工作座谈暨联席会议 3 次，协调省直相关部门协商解决昭阳区在脱贫攻坚中急需的项目支持 30 余个，切实帮扶推动昭阳区脱贫攻坚工作。省人大常委会机关自开展帮扶以来，共投入和协调扶贫项目资金 2644.9 万元，助推基层脱贫攻坚，其中投入资金 514 万元，用于区、乡基层人大代表能力提升建设（464 万元）、产业帮扶（20 万元）和基层党支部示范建设（30 万元）；与省财政厅等部门协调，争取沈家沟村大寨子自然村易地扶贫搬迁安置点建设项目 350 万元、沈家沟村杜家梁子猪圈建设项目 135.9 万元、沈家沟村级卫生室改造项目 80 万元，下拨扶贫整合资金 500 万元，小型水库维修资金 89 万元，由昭阳区统筹用于乡村道路修建与人畜饮水安全工程建设；与省交通厅协调，争取沈家沟村蒋家沟大桥（危桥）拆除重建项目 439 万元，青岗岭乡街心花园至水厂公路修建项目 137 万元；与省民宗委协调，为青岗岭乡争取民族团结示范乡（村）建设项目 400 万元（其中中央专项扶贫资金 300 万元、省级补助资金 100 万元），由昭阳区统筹用于发展苹果产业。省人大常委会机关认真履行挂包帮扶责任，2018 年，根据“挂包帮”遍访工作要求，组织机关帮扶干部分 2 轮共 36 批 319 人次对挂钩帮扶的贫困户进行普遍走访，帮助贫困户制订脱贫措施；2019 年以来，根据为基层减负以及力戒扶贫领域官僚主义、形式主义的要求，及时调整“挂包帮”走访形式，将重点走访（未脱贫户）与电话回访（已脱贫户）相结合，并及时将电话回访中群众反映的问题进行梳理（累计 100 余个），由分管扶贫工作的领导亲自督促解决，增进了人大机关干部与人民群众的感情和联系。省人大常委会机关还积极开展党建促扶贫工作，特别是在 2020 年帮助和指导挂钩帮扶两个村打造优秀党支部示范点，着力提升村“两委”治理体系和治理能力，增强基层党组织引领群众脱贫致富的组织力。

自开展挂钩帮扶工作以来，省粮食和物资储备局累计协调争取各类项目资金 1837.5 万元，帮助挂钩的白鹤村、居乐村建成了“放心粮店”2 个、村民小组活动场所 4 个，新建机耕道路 35 公里、硬化道路 12.4 公里，修建灌溉沟渠 1.8 公里，实施人畜安全饮水工程，新建深井水站 1 个、滴灌水窖 1 个，安装太阳能路灯 182 盏，建设移动 4G 机塔 1 座、标准化篮球场 2

个、图书室2个、卫生室2个，通过以上项目的实施，极大地改善了两个村的基础设施，优化了人居环境，为脱贫攻坚提供了坚强的基础保障。省粮食和物资储备局始终把帮助贫困群众作为“挂包帮”“转走访”的头等大事。党组书记、局长海文达率先垂范，主动选择家庭最特殊、帮扶最困难的两户贫困户，多次深入实地走访，用心用情帮助解决实际困难。其他局领导、机关干部职工、直属单位党员干部也多次深入走访挂钩贫困户。自帮扶工作开始以来，挂钩帮扶干部累计707人次进行了深入走访，帮助分析贫困原因，制订脱贫规划，并送上省级粮食系统的关心和温暖，组织职工捐款捐物，共捐赠大米2500斤、食用油2000升、衣物260件，图书300册、文具书包50套，同时还积极帮助白鹤村、居乐村完善设施设备，改善办公条件，捐赠电脑4台、投影仪1台、打印机1台。省粮食和物资储备局还扎实开展党建促脱贫工作，以“双联系一共建双推进”为牵引，宣讲和传播中央有关精神，有力保障了脱贫攻坚工作的开展。省粮食和物资储备局承担着全省粮食安全、保供稳价、行业管理、宏观调控的职责，为充分发挥粮食行业在挂钩扶贫工作的行业优势，惠及贫困群众，在挂钩村白鹤村村公所建放心粮油店，由驻村工作队队员管理，敞开向全村农户平价供应粮油，供应的粮油质量好、价格低，得到了当地群众的高度肯定。2019年12月24日，为激发贫困群众内生动力，云南省粮食和物资储备局向白鹤村、居乐村下拨大米18500公斤、食用油9500升、白糖950公斤、土豆片190件等共20万元实物，通过积分换货行动，大力开展人居环境整治，两村人居环境大为改观，贫困群众居住幸福指数显著提升。2020年1月19日，省粮食和物资储备局又分别向两个村捐赠100床毛毯和100床棉被，开展送温暖活动。通过省粮食和物资储备局定点帮扶和工作队的驻村帮扶，两村脱贫成效明显，得到了当地群众的高度认可。

自开展挂钩帮扶工作以来，云南建投集团党委副书记、工会主席、集团“挂包帮”“转走访”工作领导小组副组长、挂转办主任陈文双，纪委书记翁斌先后2次赴昭阳区调研指导脱贫攻坚工作，督促检查相关工作的推进和整改情况。集团副总经理张骏、李振雄，集团党委工作部副部长、挂转办副主任周俊等领导也多次深入昭阳区青岗岭乡调研指导脱贫攻坚工作，提出工作建议。集团充分发挥优势，累计投入资金1038.65万元助力昭阳区脱贫攻坚。一是基础设施建设，累计投入900万元帮助青岗岭乡大营村、金瓜村完善基础设施建设。对照贫困村退出指标要求，将大营村、金瓜村通村主干道及通自然村（村民小组）主干道建设成为水泥混凝土道路，逐步分批完成村内串户道路硬化，群众生产生活条件进一步改善，脱贫致富劲头更足。二是教育扶贫，累计投入资金36.45万元，其中2016年至2019年投入资金29.85万元，用于资助大营村和金瓜村考上高中及以上非义务教育阶段的126名贫困家庭学生（“金秋助学”）；2016年捐赠金瓜小学书包60个（价值0.3万元）；2017年，捐赠金瓜小学、大营小学、鱼脊小学校园广播各一套（3套共计价值6.3万元）。三是产业扶持，投入资金34万元，其中24万元用于扶持金瓜村20户建档立卡贫困户入股天麻种植合作社，5万元用于扶持金瓜村10户建档立卡贫困户入股党参种植合作社，5万元用于扶持金瓜村10户建档立卡贫困户入股蔬菜水果种植合作社，有力带动贫困群众稳定增收。四是抓党建促脱贫攻坚，云南建投集团党委安排机关党委第三、四党支部与大营村党总支开展“机关联系农村基层、党员干部联系贫困群众、机关支部与贫困村党支部结对共建、基层党建与脱贫攻坚‘双推进’”（“双联系一共建双推进”）活动，自开展脱贫攻坚以来，共捐赠共建经费13万元。五是其他方面，共捐资55.2万元，其中2017年昭阳区联席办培训经费18.2万元；2018年昭阳区联席办工作经费22万元；2019年大营村、金瓜村脱贫攻坚工作经费15万元。2020年投入资金251.5万元，主要用于大营村、金瓜村年久失修坑洼道路翻新硬化、相关串户道路硬化、主干道太阳能路灯安装、绿化工程实施、村公所提升改造以及脱贫攻坚后续巩固提升办公经费。

国家统计局云南调查总队党组对扶贫攻坚工作高度重视，成立了以党组书记、总队长任组长，副总队长任副组长的扶贫攻坚工作领导小组，坚决执行党中央、国务院关于坚决打赢脱贫攻坚战的战略部署，为挂包的苏甲乡水井、瓜寨两个村争取了400万元的产业扶持和道路基础设施建设项目，提供产业帮扶经费发展苹果种植及食用菌种植产业，有效确保了产业培育、群众增收的目标，组织人员对两村459户建档立卡贫困户进行全覆盖入户走访，与贫困户同吃同劳动，宣传最新的脱贫攻坚政策，结合“五查五看一感恩”活动，帮助贫困户打扫房前屋后及室内卫生，有效拉近了帮扶干部与贫困群众的距离，提高了贫困群众的获得感和脱贫致富的信心。

云南省中西医结合医院立足自身工作优势和业务特点，院长周树云、党委书记董毅带头，先后组织云南省中西医结合医院专家团队在苏甲乡、布兴村两地开展义诊、送医送药活动12次，受益群众达1000人次以上。同时，针对苏甲乡卫生院的实际，云南省中西医结合医院与苏甲乡卫生院结成了对口帮扶单位，全力帮助苏甲乡卫生院提高了管理水平、业务能力及公共卫生服务水平，并资助了4万元的医疗设备；投入10万元实施“留守老人养殖帮扶项目”，投入10万元实施“计划生育贫困户养殖项目”，带动劳动力少、抗风险能力弱的贫困户户均年增收2000元以上，有效帮助贫困群众实现脱贫增收目标。

市级帮扶　部门联动出实招

定点帮扶昭阳区的市级单位有7家，即团市委、市住建局、市社科联、市文联、市高投公司、市城投公司、市政府驻京联络处。各单位严格按照定点帮扶单位工作职责，紧盯脱贫出列标准，在资金投入、项目实施、人员培训等方面扎实开展了一系列工作。一是积极配合开展脱贫出列各项工作，重点围绕易地扶贫搬迁、农村危房改造、控辍保学、劳动力转移就业、基础设施改善、农村人居环境整治、群众宣传教育引导、各类脱贫攻坚项目实施等方面开展帮扶，及时分析挂包村贫困户脱贫、贫困村出列达标情况，有力推动脱贫攻坚各项工作落实；二是扎实履行部门包村工作要求，自结对帮扶工作开展以来，各定点帮扶部门主要负责人走访挂包村200余次，班子成员走访挂包村1000余次，一线调研、谋划、解决各村脱贫攻坚工作中遇到的问题，全力确保了扶贫成效；三是积极投入资金帮扶，累计投入资金2000余万元，用于帮扶挂包村基础设施建设、办公条件改善、村容村貌整治和贫困学生资助等，有力保障了脱贫摘帽出列各项工作目标的有序实现。

（作者系昭阳区扶贫办干部）

涓涓细流汇聚磅礴力量
众志成城决胜脱贫攻坚

付　燕

2020年，现行标准下的农村贫困人口全部脱贫，这是党中央向全国人民作出的郑重承诺。自脱贫攻坚工作开展以来，昭阳区民政局依托各级定点帮扶单位创新实施了“乡村所需、部门所有”定点帮扶新模式，集中了中央、省、市、区定点帮扶部门100家优势资源，在组织保障、资金投入、人才培训、工作交流等方面全力助推全区脱贫攻坚工作，同时依托东西部协作东莞·昭阳结对帮扶大框架，以捐资帮扶、人才交流、产业帮扶等多种形式，努力构建全社会共同助力脱贫攻坚的大体系、大格局。通过各级定点帮扶部门以及东部帮扶地区的共同努力，各项帮扶项目帮扶效益明显，访贫问苦结对帮扶深入开展，资金投入使用高效严谨，广大干部群众积极参与，形成了多方联动的社会扶贫新局面。

定点帮扶　精准施策

昭阳区共有各级挂包部门100个，其中中央单位1个（中国建材集团）、省级单位5个（省人大常委会机关、省粮食局、省建投集团、国家统计局云南省调查总队、省中西医结合医院)、市级单位7个、区级部门87个。我们结合各贫困村村情贫情，分层次、分类别，按照“贫情所需、部门所有”原则，引导各级定点帮扶单位有序开展结对帮扶工作，其中中国建材集团累计投入资金3144.71万元(截至2019年年底)，省级5家部门累计投入资金2868.65万元(截至2019年年底)；市、区两级部门也竭尽全力，坚持精准扶贫、精准脱贫基本方略，对标“两不愁、三保障”目标和“571”标准，补短板、强弱项。各级挂包部门下沉一线，按照“五查五看一感恩”工作要求入户走访，进一步密切与贫困群众联系，激发群众内生动力，查找贫困户脱贫短板，通过帮扶确保问题整改清零，为脱贫摘帽验收工作打下坚实基础，提供了有力保障。

东西部协作　助推昭阳脱贫

2016年以来，广东省累计投入昭阳区扶贫协作财政专项资金共16910万元，其中2016年至2019年聚焦产业、就业和易地搬迁配套项目，实施了靖安长寨村扶贫协作示范点建设、新建村级卫生室、完善教育基础设施、就业稳岗补助、永丰海升苹果示范基地建设等项目累计34个。今年东西部扶贫协作财政资金已到位5500万元，实施黄竹林社区有机蔬菜扶贫产业示范园、建档立卡劳动力稳岗补助、乡村公共服务岗位补助、易地搬迁红路安置点小学扩建等14个项目。通过东西部扶贫协作机制直接带动结对地区社会力量积极参与支持我区脱贫攻坚工作，企业捐款捐物累计8846万元，其中资金2553万元、物资折资6293万元，社会各界参与扶贫为打赢脱贫攻坚大决战发挥了重要作用。

广东各级对我区的帮助不仅仅体现在“真金白银”方面，而且在产业合作、招商引资、劳务协作及干部人才交流等很多方面都发挥了重要作用，并取得显著成效，展现了“先富帮后富，最终实现共同富裕”的时代精神。

工会帮扶 破解难点

昭阳区总工会认真履行工会职能，全力做好困难职工（包括农民工）的精准帮扶工作。2015—2019年，围绕脱贫攻坚和转移就业，面向全区困难职工（农民工）开展了大量培训工作，培训农民工、易地搬迁群众、下岗失业人员等共计11310人次，2191人获得资格合格证书，共投入资金234.82万元。

着力开展困难职工日常救助活动。近年来，区总工会对全区735户在档困难职工（农民工）共实施生活救助16646人次，医疗救助1027人次，子女助学206人次，累计发放帮扶救助资金764.37万元。

聚力易地扶贫搬迁安置点服务工作。按照《云南省工会发挥职能作用服务易地扶贫搬迁集中安置点职工群众专项行动实施方案》有关要求，在易地扶贫搬迁安置点建立工会组织11个，发展工会会员460余人，配备易地搬迁安置点专职工会工作者，实现工会组织体系在易地搬迁安置点全覆盖的目标。成立志愿者服务队，搭建“职工之家”“职工书屋”“爱心超市”等多种服务平台，举办101场楼道会议及3期“扶贫夜校”活动，助力易地扶贫搬迁安置点扶贫工作。

开展技能培训。在靖安易地搬迁安置点开展了3期家政服务操作培训，培训易迁群众220人；开展了3期养老护理服务培训，培训易迁群众220人；开展了4期果蔬产品包装培训，培训易迁群众395人，共投入培训资金98.96万元。

用好“贷免扶补”金融帮扶手段，带动农民工就业。2015—2019年累计向128户创业商户提供“贷免扶补”小额贷款申请名额，对申请人的创业项目、创业计划、实施效益、存在问题及还款能力等方面进行了认真分析和审查，涉及资金1289万元，项目档案资料完整、齐全、规范，还款率保持在96%以上。

民主党派拥大局　募资献策助攻坚

民革昭阳区总支把参与脱贫攻坚作为服务大局、展现作为的重要平台，2015年以来，围绕脱贫攻坚、建立扶贫长效机制、完善医疗保障制度、加强技术服务等方面提出提案建言献策，在市、区政协提交涉及脱贫方面的提案30余件。2018年11月，民建昭阳区基层委员会向昭阳区洒渔镇新海村冷水河小学捐赠善款两万多元，为冷水河小学102名学生每人募集到200元的资金用于购买过冬衣物。

妇联致力补短板　“半边天”尽情发挥潜能

昭阳区妇联着力开展实用技能培训，聚焦就业创业，着力把握新形势下市场化、信息化、网络化的深刻影响，通过有效举措服务妇女创业需求、激活妇女创新创优潜能，不断提升农村妇女综合素质，增强农村贫困妇女脱贫致富本领。一是用好扶持妇女创业政策。发挥“贷免扶补”政策作用，带动一批妇女就业，并对贷款人进行“诚信经营感恩还款”培训。二是回应妇女创业就业需求。通过自办和联办等方式，探索市场前景，结合实际需要，到乡镇、村（社区）开展各类技能培训、家庭教育培训50余期，帮助妇女们转变思想观念，树立致富的决心和信心。特别是举办的5期育婴师培训班和3期妇女特色就业创业培训班，共培训妇女1000余人次，其中85%为建档立卡贫困妇女，切实增强了农村贫困妇女劳动技能，提高了贫困家庭脱贫致富的能力。

团区委送爱心 埋下梦想的种子

2017—2019 年，团区委连续三年为凤凰街道黑泥地小学的贫困孩子们送去“爱心温暖包”，让孩子们能够温暖过冬。2018 年、2019 年的“六一”儿童节，团区委所有干部职工到黑泥地小学与孩子们一起欢度“六一”，并为当年加入少年先锋队的优秀学生举行了入队仪式，带领 300 余名少先队员开启人生新篇章。2019 年暑假，黑泥地小学迎来了一群特殊的老师——团区委志愿者教师，教师们利用暑假的时间带领孩子们开展了丰富多彩的“七彩课堂”，让枯燥的学习变得有趣，不仅丰富了孩子们的暑假生活，还在孩子们的心中埋下了一颗梦想的种子。

残联发挥组织优势 助残济贫显真情

在这场脱贫攻坚大决战中，昭阳区残联全力发挥组织优势作用，切实助残济贫。一是推动残疾人社会保障，在发放残疾人两项补贴工作中，多部门协作，形成工作联动机制，实现两项补贴动态管理，按月及时足额发放到位，截至 2019 年 10 月 30 日，对 6647 名贫困残疾人发放生活补贴 33.235 万元，对 5165 名贫困残疾人发放护理补贴 27.11 万元。二是开展农村残疾人实用技术培训，组织三个街道对 320 名残疾人及其家属开展感恩教育、法律常识、家庭教育、残疾人护理、人居环境整治等技术培训。三是落实残疾学生助学补助，为考入大专、本科及以上院校的 38 名和考入高中的 26 名残疾学生及残疾人子女发放一次性助学补助，并联系东莞为 22 名残疾学生及残疾人子女发放补助 2.17 万元。

工商联汇聚力量　万企携手帮万村

为传递扶贫济困正能量，助力脱贫攻坚，昭阳区工商联、昭阳区光促会积极发挥作为党委、政府联系非公有制经济人士的桥梁和纽带作用，向全区民营企业家发出《脱贫攻坚　与爱同行　助推昭阳脱贫攻坚倡议书》，截至2020年8月底，共收到近280家爱心企业和个人捐助扶贫资金800万余元。在脱贫攻坚进入决战决胜的关键时期，参与“万企帮万村”的36家企业和7个乡镇的38个贫困村签订了45份帮扶协议，投入扶贫资金近1亿元，近1万人次从中受益。

各商会（企业）通过流转土地，发展种植业和养殖业，带动贫困户发展产业，脱贫致富。昭通万亩禾山农业科技有限公司以“公司+合作社+基地+农户”模式在乐居镇流转土地720亩，惠及农户354户，共解决长期固定就业岗位101人，临时用工12000余个工时，年发放工资达160余万元。昭通市名樱庄园有限公司无偿提供50个景区经营性摊位给贫困户，帮助50多个剩余劳动力实现就业，月均工资2500元。

红十字会助推　构建“博爱家园”

昭阳区红十字会自扶贫工作开展以来，积极争取中国红十字总会及云南省红十字会“博爱家园”项目助力脱贫攻坚。“博爱家园”主要内容为“防灾减灾、健康促进、生计发展、人道传播”，该项目由硬件建设、能力培训、自愿服务及生计发展组成，用于改善民生设施，从长远发展角度寻求解决方案，通过减灾、减贫等努力保护社区的发展成果，提升社区可持续发展能力。

自2016年实施两批“博爱家园”项目以来，区红十字会分别在全区13个自然村（靖安镇大耆老村、松杉村、五星村，旧圃镇后海村、大村村，青岗岭乡乐德古村，苏家院镇双河村下迟家营、杨家大石桥、迤那村，靖安镇碧海村，乐居镇中河村，盘河镇新店村，太平街道平安社区）投入资金560万元，其中每个自然村40万元（生计发展资金15万元，基础设施15万元，红十字能力建设10万元），共惠及141户529人。

脱贫摘帽奔小康　决胜脱贫展新颜

群策为之则无不成，群力举之则无不胜。引导社会各界助力脱贫攻坚是一项民生工程、民心工程、民智工程。全区社会各界助力脱贫攻坚工作是“政府搭台、爱心唱戏、群众受益”工作思路的生动体现。五年来的成功运行，多部门助推了“大扶贫”，“东部”带富了“西部”，贫困群众参与脱贫攻坚的主动性和积极性被调动起来，脱贫致富的内生动力进一步激发，脱贫攻坚全面胜利。全区净脱贫9902户41785人，累计减贫46914户194778人，综合贫困发生率从2014年年底的22.01%降至1.27%，夺取了昭阳区脱贫摘帽的全面胜利，获得了全省脱贫攻坚成效考核第三方评估“好”等次，彻底移除了千百年来压在昭阳人民头上的贫困大山，谱写了中国减贫奇迹的昭阳篇章。

（作者系昭阳区民政局干部）

青春谱赞歌　碧血沃乌蒙

周　莹

昭阳区地处乌蒙山腹地，属云南省深度贫困县（区）。在面临易地扶贫搬迁安置等重点项目建设任务重、以区域发展推动脱贫攻坚难度大、项目多资金量大、风险系数较高的重大考验面前，昭阳区各条战线的党员干部充分发扬“敢教日月换新天”的担当精神、“衣带渐宽终不悔”的奋斗精神、“不破楼兰终不还”的攻坚精神和“俯首甘为孺子牛”的奉献精神，抓紧抓实抓细各项脱贫工作，谱写出了一曲新时代的奋进之歌。

“敢教日月换新天”的担当精神

党的十八大以来，昭阳区通过各种形式、各个渠道、各种努力，奋力开展脱贫攻坚工作。全区党员干部在党中央的号召下，尽锐出战、全力出击、挽起袖子、赤膊上阵，开展了一项又一项攻坚行动，取得了一份又一份不菲成绩。2019 年末，全区累计实现减贫 46914 户 194778 人，贫困发生率由 2014 年年底的 22.01% 下降到 1.27%；2020 年 6 月，所有剩余贫困人口全部达标，绝对贫困全面消除。自脱贫攻坚战打响以来，广大扶贫干部寒来暑往，“白加黑”“5+2”，在贫困战线上艰苦奋斗、兢兢业业、持之以恒，全身心投入脱贫攻坚工作，通过强化学习扶贫政策，熟练掌握党和国家的大政方针政策；采取召开院坝会、走访入户等多种形式，耐心向困难群众传达讲解教育、医疗、住房等扶贫政策，从而进一步提升群众对国家政策的知晓度。

2020年，新冠肺炎疫情给脱贫攻坚带来了贫困劳动力外出务工受阻、农畜产品销售困难、扶贫项目建设停滞不前等新的挑战。脱贫攻坚到了闯关夺隘、攻城拔寨的冲刺阶段。为做到疫情防控与经济社会发展“两手抓、两不误、两促进”，推动全区各项目标任务圆满实现，昭阳区各级党员干部采取上门服务、容缺办理、开辟绿色通道等形式，组织劳动力集中输出、返岗复工，为复工复产提供高效优质服务。通过“点对点”的专场招聘会，积极搭建平台，发动从村组、乡镇到区级的各类招聘活动，动员全区老百姓外出务工，并积极协调卫健部门开设体检绿色通道，为返岗、外出务工人员做好后勤保障工作；人社部门积极对接做好外出协调工作，通过包专车专列包机等多种输出方式，分批有序错峰返岗，为群众提供从家门口到厂门口的贴心服务，稳定劳动力就业。

“衣带渐宽终不悔”的奋斗精神

脱贫攻坚是扎扎实实干出来的，不是敲锣打鼓、轻轻松松等来的。扶贫干部白天走干讲，晚上读写想，是扶贫战线上的中坚力量。每一个贫困村都有一支驻村工作队，他们无悔青春、不辱使命，带着党和人民的期盼，与村民同吃同住同劳动，一起建设新农村。广大驻村队员聚焦群众实际问题，向困难群众宣传国家政策，帮助村民搞好农村电商发展，充分利用网络平台销售土特产，不断壮大集体经济，帮扶村民增收创收。换言之，干部驻基层，百姓得实惠，这是大家有目共睹的。2020 年年初，在阻击疫情和脱贫攻坚双重考验下，全区帮扶干部下沉到村（社区）进行走访排查，前期向群众宣传讲解疫情防控知识，引导群众“不聚不聊”“红事停办延办、白事从简从快”；中期发动群众参与环境卫生整治，组织带领群众开展爱国卫生运动，进一步提升村容村貌，改善人居环境；通过宣传册、电视、微信群、QQ 群、网络宣传、小喇叭等多种形式进行大力宣传，全方位动员群众外出务工，精准摸清意愿，全过程跟踪服务，全力抓好劳动力输出转移工作。

昭阳区炎山镇财政所负责人陶飞负责疫情防控期间全镇的资金及财务有效运行，由于炎山镇外出务工人员较多，群众居住分散，疫情防控任务繁重而复杂。他超负荷连续工作 16 天，因过度劳累突发疾病牺牲在防疫工作岗位上，年仅 38 岁。昭阳区市场监管局太平市场监管所所长、优秀党务工作者、优秀共产党员和优秀公务员撒兰忠在下乡途中，偶遇车祸，不幸倒在了扶贫路上。在扶贫工作中，撒兰忠想贫困户之所想、急贫困户之所急，主动参与劳动，与他们促膝交谈，帮助农户打谷子、打扫卫生等等，与贫困户建立了深厚的感情。当看到新河十四组曹玉权家室内因缺钱还未安装门后，他主动拿出 300 元，让曹玉权购门安装。曹玉权在提到与撒兰忠相处的点点滴滴时不禁潸然泪下，他脑海里时常会闪现撒兰忠温暖的笑容。白坡塘社区计划生育宣传员、60 后老党员马开凡由于长期的超负荷工作 2018 年被查出患有心脏病，但因为心系群众，直到 2019 年年初才到昭通市第一人民医院接受心脏搭桥手术，手术后又立刻投入工作中。群众担心他持续工作身体会吃不消，但他总说：“没事，我的身体我知道，眯一下就可以了。”简单休息恢复精神后他就又投入新的工作中。这样的例子不胜枚举，在这场没有硝烟的战争中，脱贫攻坚一线的许多干部因公负伤，有的甚至用宝贵生命践行了为人民服务的铮铮誓言。

“不破楼兰终不还”的攻坚精神

脱贫攻坚贵在精准，重在精准，成败之举在于精准。为做好精准识贫，构建脱贫攻坚干群互动机制，精准做好脱贫退出、出列工作，引导挂包群众改变陋习、养成健康文明生活方式，夯实脱贫退出工作基础，昭阳区挂包党员干部到所挂包的群众家中同吃同住同劳动。通过精准识贫，着力“把好脉”，把贫困的“病根”找准，确保应该扶的一个不落下、不该扶的一个不混入；通过精准“消贫”，着力把贫困的“病灶”消除，确保真正帮到点子上、扶到关键处；通过精准“治贫”，着力把贫困的“病根”挖掉，推动扶贫攻坚工作转入可持续发展轨道。

位于昭通城北20公里处的靖安易地扶贫搬迁安置区是全省精准扶贫重点工程，也是全国最大的跨县易地扶贫搬迁项目，这里正建成来自5个县4.06万贫困群众的崭新家园。实施易地搬迁，面临着思想统一、资金筹措、组织实施、配套支撑四大难题。在搬迁过程中，昭阳区党员干部走访核查农户，精准锁定未脱贫对象，积极动员贫困群众搬出“穷窝”，实现“能搬则搬、应搬尽搬、整村搬迁”要求。在安置过程中，党员干部率先带头，攻克难关，在做群众的工作中重视群众的生活，关心关注群众，不断创新方式，让易地扶贫搬迁后的群众更好地融入新生活。在后续帮扶中，狠抓社区党组织建设、落实后续跟踪服务、完善基础设施建设，着力构建扶贫搬迁社区民生“幸福圈”。这一场气壮山河、规模空前的易地扶贫大搬迁，斩断了贫困群众与恶劣生存环境的直接联系，加速了山里人向城市人、传统农民向产业工人的跨越，实现了城乡人口分布重构、产业结构重组、山区生态环境重塑“三位一体”整体推进。

无论是本地干部还是外来干部，他们面临的困难和挑战都是前所未有的，他们都是党的战士。面对恶劣的自然环境和繁重的工作任务，无数扶贫干部背井离乡、废寝忘食、风餐露宿，为的就是向党和人民交出一份满意的答卷。昭阳区税务局驻炎山镇屋角村的第一书记黄训勇，每次从驻点到镇上都要走两个多小时，驻村条件艰苦，为了节约来回时间，他几乎一个月才回家一次。扶贫路上，他经常一走就是一天，饿了就烧洋芋吃，或者随身携带方便面、饼干等干粮，他说“不好麻烦人家老百姓”。他白天入户，晚上回来分析核对当天数据，组织召开研判会，研判当天的疫情防控工作还有哪些不足，研究第二天重点工作在哪些方面。自春节后返岗以来，他没有睡过一个囫囵觉，经常熬夜加班，事无巨细他都想在前面、做在前面。

“俯首甘为孺子牛”的奉献精神

到2020年实现现行标准下的农村贫困人口全部脱贫，是党中央向全国人民作出的承诺，必须如期实现，没有任何退路。脱贫攻坚是真正关系到广大贫困地区人民能否实现脱贫摘帽，过上幸福生活的民生工程，在脱贫攻坚中做到担当作为，就得真正为贫困人民做实事。扶贫干部通过“扶智”与“扶志”相结合，因地制宜，采用多种形式，千方百计让困难群众“住上好房子、过上好日子、养成好习惯、形成好风气”。扶贫干部不仅要增加困难群众的收入，还要在文化建设方面狠下功夫，充分利用传统文化资源，进一步丰富群众的精神生活。例如：有计划有组织定期举办“火把节”“花山节”等民俗活动，极大增强村民的团结凝聚力。通过脱贫攻坚，让广大人民群众在物质上、精神上享受到国家繁荣发展带来的红利，进一步增强人民群众的感恩意识，促进了干群关系良好发展。

国家统计局云南调查总队派驻苏甲乡瓜寨村驻村扶贫队员普晓莉在走访过程中发现当地孩子教育资源缺乏，主动联系大学同学为贫困学生募捐衣物、图书和现金，并登上讲台为学生上课，引导贫困学子树立正确的人生观、价值观，促使贫困学子突破原生家庭的视野和格局，实现命运的弯道超车，从根本上打破了贫困的代际传递。区检察院派驻乐居镇新河村 56 岁的工作队队长黄卫民了解到新河村 CBA 希望小学因师资不足，一直没有开设外语课时，主动提出可以利用自身英语专业特长，挤出时间到校进行义务支教，为该校五、六年级两个班的学生上英语课，每周六个课时加两个早读。黄老师常常为学生上课错过了村上的午饭时间，又怕麻烦食堂，就一个人回宿舍悄悄泡方便面充饥，晚上改完作业，还会抽时间走访留守学生。为鼓励学生勤奋学习，他经常自己掏钱给学习成绩好或者有进步的学生买笔记本、练习本等奖品。功夫不负有心人，经过一年多的努力，在 2017 年小升初统一考试中，新河小学的英语竟然取得全镇第一的好成绩。义务支教期间，当黄老师了解到新河小学条件艰苦，老师们要进城才能洗上热水澡时，他把这个情况告诉了在当地做建筑勘测设计的一家昆明公司的经理。这家公司的负责人被黄卫民的扶贫精神感动，组织职工集资 7 万余元为学校修建了节能浴室，解决了教师洗澡难的问题。苏甲乡车噜村驻村工作队队员为帮助群众在拆旧建新过程中节约成本，自己开着小货车，拿着铲子到砂石堆放点，帮助群众二次转运建房物资，即使现场烈日暴晒、尘土飞扬，无人叫苦喊累。

也许很多人会问，是什么让这个群体可以日复一日、年复一年地呕心沥血、奋不顾身一心扑在脱贫攻坚工作上？我想每一个扶贫干部的答案应该都是一样的。就是为了看到农户增收、手上有钱；为了看到群众脸上露出的那种发自内心的笑容；为了看到疾病缠身的老人不再因为看不起病而无可奈何地把身体拖垮；为了适龄的孩子能够坐在明亮的教室里学习知识看到大山以外的世界；为了让几十年住在土坯房里的农户能够搬进宽敞明亮的安全住房里换个活法；为了让世世代代靠人背马驮生活的人们能够享受通乡通村通户硬化路的便利；为了给离乡背井外出打工的年轻人提供一个能够在自己家乡创业就业的平台……

奉献是中华民族的传统美德，更是共产党人的重要精神特质。脱贫攻坚是一场伟大的斗争，也是一场不能输的战役。“时代是出卷人，人民是答卷人”。在这场没有硝烟的战斗中，昭阳区各级党员干部以“赶考”的精神，心往一处想、劲往一处使，不忘初心、牢记使命，不断增强人民群众的获得感、幸福感，以“自信人生二百年，会当水击三千里”的信心和勇气夺取了脱贫攻坚大决战的最后胜利，为实现中华民族伟大复兴的中国梦贡献了昭阳力量。

（作者系中共昭阳区委组织部干部）

新民印象

宋邦彦

今年是决战决胜脱贫攻坚的收官之年，也就意味着自己驻村的日子要结束了。短暂而又漫长的驻村工作，给我留下不可磨灭的内心印迹。在这里，我从一名城管干部成了村民口中的“老宋”。我们从陌生到相识，从相识到相知，从相知到相亲，不是亲人，胜似亲人。新民社区的脱贫任务即将“收官”，自己既开心，又难受。开心的是贫困群众的生活大变样了，我也可以对组织有一个圆满的交代了；难受的是，对这里的事、这里的人、这里的一草一木、这里的泥土芬芳，我都不忍舍去。

第一印象

还记得，2018 年 3 月，根据组织安排，我和昭阳区城管委的两名同事来到新民社区驻村扶贫。说实话，第一印象并不好，感觉自己碰到了最难啃的骨头，接到了“最烫手的山芋”。新民社区的村民大多数从事烤烟种植，穿着那无法洗净的油烟服在烟地里劳作，辛苦一年，还是锅里缺粮、缸里缺水、腰里缺钱，而且思想保守长期束缚着年轻人的手脚，大家对外面的世界充满未知和排斥。村庄人居环境“脏、乱、差”，到处是土坯危房，一眼望去，破破旧旧、重重叠叠的烤烟房，就是这个村最大的“亮点”。我深知个中滋味，在他们身上，我看到了我的父母亲，看到了过去的自己。我也来自农村，家里曾经也是烤烟大户，直到我参加工作前也没有摆脱贫困。所以，面对这么重的担子，我在感到责任重大的同时，一种使命感、责任感也油然而生。我告诉自己，我要在新民社区立住脚、扎下根，为这里做一些力所能及的事情。

居民之家

我是以第一书记的身份来到新民社区的，搞好社区的基层党建工作，是组织交给我的政治任务。来到新民社区的第一个星期，我们工作队队员连落脚的地方都没有，社区居委会破败萧条、环境堪忧。社区居委会是党员和群众的“家”，如果连这样一个“家”都没有，谈什么组织的凝聚力。接下来，我和驻村队员克服重重阻力，分别走访了13名党员和部分有号召力的群众，并发动大家做群众工作，组织社区居民投工投劳对社区居民委员会、党员活动场所等进行修葺。工程开工后，我自己白天联系厂家供应沙石和水泥，晚上带头整理院坝。行胜于言，在自己的带动下，村干部、党员都带头参加，很多普通居民也积极参与，仅用一周时间，就完成社区居委会等维修和院坝平整。紧接着，我们又多方争取资金，配齐了办公桌椅，装上了电化教育和多媒体设备，占地900平方米的12间砖瓦房终于修葺一新，成为整个社区党员活动、村民议事、服务群众的中心，成了名副其实的居民之家。

拆旧建新

新民社区很多群众都住着低矮破旧的土坯房，非常危险，拆危改造迫在眉睫。通过多方努力，我们争取到了19户危房改造、1户房屋加固指标，并在昭阳区试点村中率先完成改造任务；此后，又陆续拆危改造土坯房2435间163527平方米。其中，有很多难以想象的困难和矛盾。有一位贫困户叫陈玉清，土坯房破败不堪，生活十分窘迫。他的儿子因为一场意外英年早逝，妻子几年前也因病去世，还欠下了一大笔医药费。陈玉清思想非常顽固，对危房改造存在很大的顾虑，甚至反感，“拆房子”三个字就像火药桶的引线，一点就着。我们将其作为攻坚重点，反反复复去做工作。一开始去的时候，我们小心翼翼，一概不提“拆房子”三个字，只和他“拉关系”“攀亲戚”，慢慢熟悉后，才循序渐进地切入主题。就是这样，我们也没少受陈玉清的气，“当官的了不起啊？才来几天？就要拆我的房子？”“谁拆我房子，我就跟谁拼命！”有的时候甚至破口大骂、吐沫横飞。驻村扶贫以来，第一次遇到这么难啃的“硬骨头”。我自己也安慰自己，群众骂，就让他去骂吧，反正小康路上一个也不能少，再骂也不能放弃。在前期工作基础上，我们集中一个星期时间，强力攻坚，终于将其说服。可当老房子拆到一半时，陈玉清反悔了，又重新住了进去。得知情况后，我和驻村队员第一时间跟了过去，再做思想工作，陈玉清不走，我们就不走，就这样，在拆了一半的房子中整整待了一夜。直到第二天早上，陈玉清才松口，或许是我们的行为感动了他吧。在这件事上，我们虽然吃了不少苦，受了不少委屈，但为我们推进拆危工作打开了一个缺口，此后，很多观望的群众也自愿拆除了危旧房屋，整体工作推进很顺利。

当证婚人

贫困户马礼本原来是新民社区“人穷志不坚”的典型，40多岁，仍未成家，没有任何经济来源，生活一团糟，靠方便面打发一日三顿，受到亲朋好友的嫌弃和排斥。大家都用家徒四壁来形容贫穷，可是马礼本的“家”只有一壁，四面墙倒了三面。生活中，马礼本也非常懒散，常人无法想象。比如，为了规避“内急”困扰，他为自己安装了一个简易的“导管装置”，将排放物引流到室外。我第一次去的时候，看到马礼本一个人蜷缩在墙边上，蓬头垢面，眼神中流露出害怕和躲闪。说实话，我内心久久无法平静，很想拯救这个失落的灵魂。第二次去的时候，我带了一套干净衣服和一把剃头刀，对马礼本进行彻头彻尾的“改造”。此后，每个星期我都要去个一两次，既是看望，更是监督。慢慢卸下防备的马礼本，成了我无话不谈的好朋友，在交流中我逐渐了解了他的过去。马礼本14岁时父亲病故，20岁时母亲去世。年少的马礼本因双亲先后离世，精神上受到巨大打击，逐渐失去了生活的动力和希望。知道了他过去的故事，我渐渐理解了马礼本内心的苦楚，其最难熬之事，并非生活之艰苦，而是举目无亲、形单影只的极度孤独和寂寞。为此，我增加了走访频次，三天两头往他家里跑，与他相伴拉家常，给予了其精神上的慰藉。在我的激励下，马礼本想主动找一点小工活做做，但遭受了很多白眼，甚至奚落和嘲笑，“哟！太阳从西边出来啦！”“撒尿都不愿挪步的人，也要干活了！”受到排斥的马礼本，像霜打过的茄子，蔫了，甚至绝望。我不甘心，决不能前功尽弃，每天上门带领他一起整理家务，一起烧火做饭，改变他在村民中的形象。此后，我又多次安排其参加村里的苹果种植等技能培训，并在我的协调下，在海升公司找到了一份稳定的工作，同时担任村护林员一职，自此有了稳定的收入，顺利脱贫，日子可以说发生了翻天覆地的变化。

后来，我还收到了一份珍贵而特殊的礼物——马礼本的婚礼请柬。在婚礼仪式上，我还当了他们的证婚人。婚礼现场，马礼本讲了一段很感人的话，他说："感谢党和政府，感谢驻村工作队，感谢宋大哥！有你们的无私帮助，我才娶上了媳妇，才有了一个完整的家，才会有我马礼本今天的好日子，我这辈子算是赚到的，我一定把自己的小家经营得红红火火，不辜负宋大哥对我一直以来的关照和帮助。"

建苹果园

靠山吃山、靠水吃水，新民社区最大的资源就是土地，我们一直想在发展种植业上做一点事情。结合气候和土壤条件，我们把目标瞄准在苹果产业上。做产业，就必须要上规模，但是土地流转是最大的"拦路虎"，许多群众对政策心存疑虑、不愿接受。对此，我们逐家逐户动员，为群众算成本账、算收入账、算明白账，改变群众固有观念，同时动员社区党员干部带头流转自家的土地，起到示范带动效应。通过一年的努力，我们最终顺利完成土地流转15000亩，在此基础上，引进海升集团，建成了万亩苹果基地。目前，海升苹果基地年产值达12亿元，带动群众脱贫增收3000人；同时也吸纳了大量人员就业，仅新民社区就有1000多人，人均月工资2500元左右。建档立卡贫困户双国文家有6口人，4个劳动力，之前一直靠种植烤烟维系生计，但收益不高，有时甚至亏损。另外，双国文股骨坏死，虽经手术治疗，但仍是三级残疾，导致家庭十分贫困。后来，我们动员其流转土地，四个儿子彻底解放，均在外打工，人均月收入至少3000元；老伴也在苹果基地打工，每月2400元，他自己在家经营着一个小卖部，生活发生了翻天覆地的变化。

驻村工作是平凡的，但当幸福笑容洋溢在群众脸上，一声声"谢谢"来自百姓口中，一份份满意拉近了自己和群众的距离，这份平凡让我感动、让我留恋、让我终生难忘。

（作者时任昭阳区城市规划建设管理经营委员会驻新民社区工作队第一书记）

落实落细“扶真贫”　用心用情“真扶贫”

王华杰

2019年5月，中国建材集团选派的5名扶贫队员来到太平街道，其中2名派驻到石渣河社区，3名派驻到黄竹林社区，开始了驻村扶贫工作。自驻村以来，大家严格按照中央、省、市、区及街道关于脱贫攻坚的各项工作部署，积极配合社区“两委”，深入走访，熟悉村情民情，扎实推进农危改、饮水保障、教育扶贫等工作，赢得了地方干部及辖区群众的一致好评，为脱贫攻坚工作作出了积极贡献。

我们5名扶贫队员来自中国建材集团不同地区的分公司，其中还有两名女同志，驻村前分别从事行政管理、生产管理、技术研发等不同的工作。但为了决战决胜脱贫攻坚这一目标，大家从五湖四海辗转汇集到了昭阳区太平街道。来到社区后，为了尽快地进入工作状态，我们边学习政策文件，边走访了解村情民情。我们以开展“不忘初心、牢记使命”主题教育为契机，按照昭通市委党建与脱贫攻坚“双推进”的要求，坚持党建引领，将党建工作融入脱贫攻坚和社区日常工作中，并将原单位一些好的工作方法和经验运用到驻村扶贫工作中，扎实推进了产业扶贫、教育扶贫、健康扶贫、消费扶贫等工作，帮助解决群众反映迫切的住房、饮水、收入等突出问题，充分发挥了党员的先锋模范作用。为了做好工作，我们基本两个月才休假一次，在APP核查、扶贫系统数据更新时放弃了周末休息，白天入户走访，晚上加班加点录入，快速、高效、精准地完成了多批次、多项目的入户核查工作。

2019年，我们所驻两个社区共完成了62户211人的脱贫工作，其中石渣河社区实现了建档立卡户全脱贫。驻村以来，我们共完成8轮次的住房安全排查工作，涉及1467户，完成农危改114户，易地搬迁35户，“两不愁、三保障”问题基本得到有效解决。在掌握社区情况以后，我们第一时间向中国建材集团申请了饮水安全、人居环境整治、教育扶贫等20余个脱贫攻坚项目支持，力争通过项目的实施切实帮助群众解决急难愁盼的问题。

2020年，集团投入资金60.81万元，对石渣河、黄竹林两个社区的深井、水池、供水主管、串户管进行更换和维修，建设增压泵站，彻底解决了用水高峰期局部地势较高处出现的供水不足问题；投入34.13万元，帮助两个社区完善办公设施，解决了党员活动场所办公设施、宣传设施缺乏问题；投入77.3万元用于解决两个社区的垃圾清运问题，其中购买垃圾清运车2辆，增设容积为3立方米的垃圾钩背箱60个，并为社区建档立卡贫困户开发垃圾清运车驾驶员岗位2个、垃圾清理员岗位30人，解决了环卫设施硬件不足的问题，提升了人居环境，同时还解决了部分建档立卡贫困户就业的问题。

群众再小的事也是大事，时刻把困难群众的事情放在心上，为群众办一件实实在在的事，就能和群众建立起彼此信任的桥梁。在走访群众过程中，为了不影响居民白天工作，我们多数时间就利用晚上进行入户走访，曾深夜冒雨劝返辍学学生、在中秋节时去医院和贫困户家中看望患重病的群众、冒着严寒帮助易迁户办理入住手续……农危改施工时，为确保工程按预期完成，我们每日一巡查，每日一通报，准确掌握农危改进度，也增进了与农户的感情，了解了农户的心声。

石渣河社区第一书记欧阳新峰利用自己上学时长期做家教的经验，在晚上及周末休息时间，给社区多名初中生和小学生进行课外辅导，平均每周上课4次，他所辅导的学生英语从只会26个字母到中考班级第一名，期末整体成绩从班级中等跃居班级第 8 名，语数外总成绩第 3 名，英语单科第 2 名，数学单科第 3 名。黄竹林社区第一书记杨自成帮助解开春老人，以高于市场价的价钱销售了 2000 余斤莲花白，收购那天，队员们都去帮忙收割，解开春老人脸上露出了灿烂的笑容。驻村队员张丽红在黄竹林社区一组对群众进行政策宣讲的时候，了解核实到非卡户肖元祥外孙早产，孩子心肺发育不全，住院花费了 7 万多元，家庭无法负担的情况后，第一时间为其申请了临时救助，还在水滴筹上利用公司、朋友等资源筹集资金，多次到医院看望患儿并向医生咨询情况。跟进农危改进度时，我多次到身患重病的建档立卡贫困户胡松林家走访，关心老人的病情和房屋建设进度。一次到医院看望老人时，老人曾说他自己的儿子对他都没这么尽心。老人对我非常信任，在他生病需要住院时，为方便施工队施工，亲自来社区将自家家门钥匙交给我帮他保管。黄竹林社区在年底查找短板、人居环境提升整治过程中，3 名队员在政府发放临时救助金的基础上，自掏腰包千元给卡户添置衣柜、电磁炉等生活用品。这些虽然是很平常的小事，但我们始终坚信，说一万句好话，不如做一件实事，解决建档立卡贫困户一个实际困难，只要付出真心，终会赢得群众的信任和认可。

在走访的过程中，我们了解到社区教育基础较为薄弱，就将教育扶贫当作重中之重来抓，从关爱留守儿童、控辍保学、给学生辅导作业到联系派出单位进行教育扶贫，一一落实推进，通过一件件点滴小事来履行责任、显示担当。在院坝会进行政策宣讲时，我们结合自身经历向家长和学生讲述教育对于个人未来发展的重要性，力求从思想上引导他们重视教育，同时还积极向各自派出单位争取项目资金，尽可能地补齐教育短板。2019 年，我们联系单位捐赠 19.6 万元修建了黄竹林小学直通杨马公路的“竹新路”，解决了学生出行困难问题；为石渣河社区 20 个家庭 24 名学生送去结对帮扶助学金 3.51 万元；为石渣河小学和黄竹林小学的所有学生开展了 5 批次的爱心助学活动，捐赠文具、图书、书包、校服等物资近 40 万元；为未脱贫户捐赠了桌子和电磁炉，送去了米、油等物资；为石渣河小学争取了 30

万元的“中国建材助学金”。全年中国建材集团在黄竹林社区和石渣河社区进行各类援助总计 70 余万元。我们通过一系列教育帮扶措施，一定程度上帮助孩子们改善了学习条件，使他们树立了教育脱贫、知识致富的理念。

为更好地实现消费扶贫，帮助农户增收，我们积极利用网络宣传昭通苹果，主动联系派出单位、亲朋好友参与消费助力扶贫，帮助卡户销售苹果 5 万余斤 20 余万元，实实在在帮助建档立卡贫困户解决了销售难题，提升了群众的认可度。

2020 年 5 月，昭阳区顺利实现脱贫摘帽，听到这一喜讯，我们为参与了这场脱贫攻坚伟大战役而感到无比自豪。

（作者系中国建材集团派驻太平街道办事处驻村工作队队员）

豌豆熟了　群众笑了

张国华

2020年是脱贫攻坚大决战的收官之年。为做好收官前的各项扫尾工作，根据上级总体部署，5—6月，昭阳区融媒体中心驻村工作队与旧圃镇挂钩干部、社区“两委”人员一起，又多次深入各居民小组、贫困户家中及田间地角，有序开展春耕生产、水果豌豆采摘、云南扶贫网注册、补齐贫困户短板、安全住房信息采集录入及人居环境提升、劳动力转移就业、拆旧拆危复垦等工作。虽然工作比较辛苦，但回想起五年前刚来驻村时的情景和这些年来的艰苦付出，再对比今天村庄日新月异、翻天覆地的变化，心中倍感欣慰和满足。现攫取村内的些许片段，于细微处显真情，以折射我们这些年来情倾三棵树开展的脱贫攻坚工作。

村庄的华丽蝶变

我是昭阳区融媒体中心驻旧圃镇三棵树社区的一名普通扶贫工作队队员，2016年至2020年一直在三棵树参与脱贫攻坚工作，因此也见证了三棵树的发展变化。回想五年前，虽然到村委会的道路早已硬化，但村内很多串村串户道路都还是泥土路，虽不像山区道路那样崎岖难行，但仍是晴天一身灰雨天一身泥，残垣断壁、摇摇欲坠的土坯危房随处可见。

如今再走进村子，这种反差连自己都不敢想象。放眼望去，当年的残垣断壁、土坯危房早已消失不见，取而代之的是错落有致、牢固漂亮的砖房、洋房，全村所有村民的安全住房得以解决，建新拆旧、拆旧复垦复绿工作已近尾声。食用菌基地周边、通江公路沿线的群众也开始对房屋进行“穿衣戴帽”，村庄已经从消灭危房、建设安全住房向创建美丽宜居乡村转变，这，就是一个质的飞跃。

先安居后乐业

贫困户曹勇说，前些年自己的妻子因患严重的类风湿不能外出务工，常年在家照顾两个读书的孩子。因为住的是土坯危房，早已破败不堪，加之昭通处在地震带上，常年在外务工的他，人在工地上心却随时牵挂着家里，别说遇到地震，就是遇到大一点的雷雨风暴也会提心吊胆，生怕家中出事。2019 年，在政府的帮助下，他们家终于拆除危房建好了 70 平方米的安全住房。现在好了，家里的住房安全了，妻子有低保、残疾人补贴，有时还在村子里卖点小菜，两个孩子的书学费也有国家管着，学校还有营养餐，自己在外务工也放心多了。

贫困户刘啟保说，自己的母亲 80 多岁了，因年老多病需要照顾，自己不能外出务工，因此经济较为困难，加之自己的房屋属于土坯危房，无力改造，有时自己下地干活都不放心，生怕老人在家会出现危险。要不是国家的政策好，给予补助建起了安全住房，单靠自己不知什么年月才能建起安全住房。现在出门做事，把老人留在家里也放心多了。

环境改变生活

走进刘荣聪、秦绍英、刘从生、何成莲等贫困户家里你会发现，他们虽然是贫困户，但家里的条件与城市居民差不多，虽然算不上豪华，但干净、整洁、清爽，地板铿亮，厨房里也用上了洁净灶具。我们问他们家中如此干净，是不是没种地了？他们自豪地说："近些年靠着国家的好政策，新房建好了，村子里还有公益岗位人员在打扫卫生，比以前干净多了，而且垃圾也有人清运了。加之你们常常给我们讲要讲究卫生、改变人居环境，我们也听进去了，认为确实不能再窝窝囊囊地生活了，刚开始因为农活忙，觉得打扫卫生挺累的，但打扫完卫生后坐在干净的环境里真的很舒服。心情好了，连劳累也似乎减少了不少，感觉自尊心也好像找回来了，这也许就是环境改变人、环境改变生活的缘故。"

幸福来自共产党

贫困户雷光彩等人说："因为家庭贫困，家中还有残疾人，当时心想家庭条件本来就差，房屋改造能力有限，加之以前在这屋里居住有好多年了，地震也经历多次了，也就不麻烦村上的干部和工作队了。没想到你们多次到家中、到田间地角反复给我们做工作。当时我们还很不配合，说了些不好听的话，但你们从不计较，其实当时我们是因为实在过意不去才勉强答应的。前不久听说昭通的其他县地震，住在危房内的人因房屋垮塌丢了命，想起来就后怕。今天能够安稳地住在屋里，全靠党的好政策，也全靠你们这些好干部。我们不但在你们的帮助下改造了房屋，政府还在医保、养老保险方面对我们给予了减免。现在学生上课不但不收书学费，还有营养餐，家中有残疾人的，还有生活补贴、护理补贴和低保。这样的党、这样的政府、这样的好干部，我们如果再说半个‘不’字，那就真的是不讲良心了！”

7组村民余荣柱夫妇俩说，现在的政策好，干部也好。自己年纪大了，自从儿子死后，儿媳妇陈礼琼的精神病就更加严重了，她的两个儿子，余贵鑫在外地打工，管不着家里，余贵浩尚未成年，成天待在家里玩手机，要不是驻村扶贫工作队和社区干部关心帮助，那他们一家真的就“完了”。从去年将他们一家纳入贫困户进行帮扶后，陈礼琼有了低保和残疾人补贴，生活有了保障，余贵浩在大家的帮助下也去旧圃中学上课了，学校有营养餐，还为他申请了事实无人抚养补助，一家人终于没有“垮掉”，这全靠党的好政策和我们这些好干部。

豌豆熟了　食用菌投产了

每年的五六月是三棵树村民最忙碌的季节，也是村民最开心的日子，既要采摘水果豌豆，又要忙着耙田栽秧。今年三棵树也和往年一样，整个田间地头都是一派忙碌的丰收景象，村民们个个脸上洋溢着幸福的笑容。

他们说，三棵树的水果豌豆早就出名了，不需要打广告，不需要找市场，更不需要搞什么网络销售，在田间地角就能把豌豆卖完了，而且价格也不低。村民们算了一笔账，全村有稻田1950多亩，按最低亩产豌豆2000多斤、每斤2元左右计算，全村每年仅水果豌豆就能为群众创收800万至900万元。

村民们说，三棵树的水果豌豆就是一张响亮的名片，在省内外都很有名气，昭鲁坝子凡是产豌豆的地方，人们都会拉到三棵树来卖，现在已渐渐自发形成了市场。采摘季节可热闹了，购销两旺，还带动了餐饮等产业，这些都得益于近些年开展的脱贫攻坚工作。因为实施扶贫项目，不但贫困户有产业扶持等补贴，而且政府还加大了基础设施建设，道路四通八达，不但村庄通了硬化路，就连田间地头都修通了水泥路，种地时可将车子直接开到田边地角。农用灌溉用水也方便了，田地里的沟渠纵横交错，再也不用“靠天吃饭”了。村民们还能和城里人一样用上渔洞水库的自来水了，既卫生又方便。还有在电力、网络、就医、就学、村民活动场所等方面，大家也能跟城里人享受一样的“待遇”了。如今，粤旺集团又在三棵树发展食用菌产业，建起了近千个大棚，现在已经能够生产食用菌了，一方面村民可以把土地流转给公司获得土地流转收入，另一方面还可以在基地搞承包或者打工，既能就近务工，还能照顾家里，这是广大群众盼望已久的大好事。大家离脱贫致富奔小康的日子也越来越近了，这些全得益于党的好政策和党的好干部。

（作者时任昭阳区融媒体中心副主任）

用真情　扶真贫

樊德龙

我是昭通高速公路投资发展有限责任公司工作人员樊德龙，是昭阳区田坝乡田坝村驻村扶贫工作队队长兼第一书记。2017 年我带着公司领导的信任，带着对已怀有身孕妻子的愧疚来到了田坝村参加扶贫工作，通过自己的努力，2018 年被乡党委、政府推荐为“抓党建、促脱贫”优秀个人，2019 年被乡党委、政府评为“优秀驻村工作队队员”，2019 年年底考核中被区委组织部、区脱贫攻坚指挥部、田坝乡党委、政府评为优秀个人，2020 年在昭通市妇联、市文明办、市扶贫办联合举办的寻找 2020 年度昭通市“最美家庭”活动中获得“最美扶贫干部家庭”殊荣。

按照上级要求，2019 年昭阳区要脱贫摘帽，怎样才能让田坝村贫困户脱贫？这个问题一直萦绕在我的心头。担任田坝村扶贫工作队队长兼第一书记以来，我带领三名驻村工作队队员，先后走访群众上百次，按照“两不愁、三保障”和村出列七条标准，通过走访、座谈会了解影响脱贫出列存在的问题，查找影响脱贫出列短板问题 200 多条，帮助贫困户分析致贫原因，拟定脱贫措施，制订脱贫计划。由于田坝村花椒缺水，产量不高，影响群众收入，我通过查阅关于花椒方面的知识，了解群众意愿，决定把发展花椒产业作为贫困户脱贫致富的主要抓手，2019 年争取上级投入资金 110 万元，对贫困群众种植花椒的 1000 亩地实施提质增效科学管理，新建抗旱塘 139 个，实现群众高效灌溉全覆盖，从根本上解决了花椒种植灌溉用水困难；积极探索致富新渠道，在高海拔地区新植雪椒 450 亩，为种植雪椒的贫困群众发放雪椒苗及肥料。通过产业发展项目实施，充分调动了群众发展产业的积极性，群众花椒亩产从每亩 3000 元左右提高至 7000 元，极大地增加了群众的生产收入，实现了由“输血”到“造血”的转变。

通过我的积极协调，昭通高速公路投资发展有限责任公司先后为田坝乡和田坝村的基础设施建设、产业帮扶等方面投资 830 万余元，极大地推动了田坝村基础设施建设。在田坝村 7 至 15 组实施 10 公里的串户路建设，硬化路面 10000 平方米；硬化建档立卡户庭院 2420 平方米，帮助 128 户贫困户改善住房条件；新建梯步路 4.8 公里，新建村民小组活动场所 5 个，改善了村级活动场所办公条件；巩固提升了饮水安全；资助了高中及以上的贫困学生。同时，由于田坝村地处偏远，群众卫生意识差，公司组织单位干部职工捐款，在田坝村成立“爱心扶贫超市”，以积分的形式，重点在人居环境、政策知晓等 10 个方面对群众进行积分制评比，以积分兑换物品，极大地改善了村庄环境。

2018 年年初，正赶上妻子怀孕，由于妻子体弱多病，经常要去医院保胎，我自从驻村参加扶贫工作以来没有一次陪伴过妻子去医院，怀孕中期妻子几次深夜身体不适，去医院保胎都是同事陪同。10 月 9 日小孩出生而且妻子是剖宫产，我请了一个月的产假却只休了 7 天，还没等妻子出院，便又匆匆返回工作岗位。

2018 年 6 月 15 日，我接到家里打来的电话说爷爷病危，当时正值上级督查组检查指导工作和年终贫困户动态调整期间，根本不可能返回家里与爷爷见上一面，结果没几天爷爷病逝了，得知噩耗的我强压着自己内心的悲痛没有告诉任何人。

2019 年 8 月，田坝乡下暴雨，集镇排水道堵塞，导致田坝乡集镇遭水淹，水已经快淹到群众家里了，我带领驻村工作队和村“两委”人员忍着恶臭、冒着生命危险钻进下水道，经过两个多小时的清理，终于疏通了下水道，从下水道爬出来，全身都湿透了，满身是粪便及菜叶，群众对此好评如潮。

驻村扶贫工作期间，由于任务重压力大，我头发白了一半，但是面对种种困难，我都迎难而上，从来没有退缩，积极配合乡党委、乡政府完成了田坝村各项脱贫攻坚任务，使田坝村贫困发生率从52%降到了0.89%，确保了田坝村脱贫出列各项指标达标。

情系农村、心系农民，为百姓解忧、让群众满意是我工作的宗旨，也是我作为一名共产党员的初心和使命。

（作者时任昭通高速公路投资发展有限责任公司驻田坝乡田坝村扶贫工作队队长、第一书记）

众志成城挖“穷根”

夏文成

2019 年 3 月 1 日，服从组织安排，我背起行囊来到昭阳区布嘎乡花鹿坪村担任驻村扶贫工作队第一书记、队长，开始我的驻村扶贫之旅。

花鹿坪村植被覆盖率较高，风光优美，气候宜人，但缺水，产业单一，所以也相对较穷，200 余户建档立卡贫困户还等着各方力量去帮助他们摆脱贫困，走上富裕之路。在花鹿坪村工作这一年多，我真真切切感受到了村“两委”和全村干部群众战胜贫困奔小康的信心和决心。一个个感人的故事不断在花鹿坪的大地上涌现，时刻激励着我与他们一道并肩战斗，为全村决战决胜脱贫攻坚，彻底挖断“穷根”，让乡亲们过上幸福美好的生活贡献自己的力量。

养牛走上致富路

来到施家坪子小尖山吴仕香家门口，她正弯腰整理牛饲料。见我到来，吴仕香热情地迎了过来。不算宽敞的院坝里干净整洁，新建砖房墙脚堆满了金黄的玉米，新房子对面是用水泥砖搭建的牛棚，牛棚里养着 10 头牛，但站在附近却闻不到一般养牛户牛棚里那种难闻的气味，因为牛棚总是被打扫得干干净净。

吴仕香两岁多就失去了父母，是奶奶把她拉扯长大的。她 15 岁就到云南曲靖打工，结婚后回到家乡花鹿坪村定居。由于吴仕香和丈夫沈家和身体都不好，没有稳定的收入来源，他们家陷入了贫困，2013 年被村里识别为建档立卡贫困户。成为建档立卡贫困户后，包保人员和乡村干部三天两头往吴仕香家跑，帮助他们家出主意想办法，制订帮扶计划和脱贫措施。经过深思熟虑，吴仕香家决定通过养牛脱贫致富。在村里的帮助下，吴仕香家建起了第一个牛棚，用政府资助的 2000 元钱买了第一头小牛，经过一年多的精心饲养，出售后赚到了 6000 多元。尝到甜头的吴仕香和丈夫商量，决定扩大养殖规模。在村“两委”和驻村工作队的支持和帮助下，他们家向农村信用社贷款 2 万元购买了 5 头小牛。5 头牛在夫妻俩的精心饲养下茁壮成长，成熟一头出售一头，再购入一两头小牛饲养，一年下来，收入竟有三四万元。到 2019 年年底，吴仕香家的存栏牛已经有 10 头之多。今年她和丈夫又贷款 10 万元，在现有牛棚旁边的空地上搭建了一排牛棚，又购入 10 多头小牛饲养。

随着养牛规模的不断扩大，吴仕香一家的生活也在不断发生变化。2017 年，他们家利用农村危房改造国家补助的 2 万多元，自己又筹集了几万元建起了一栋一层 80 余平方米的砖房。家里也被打理得干净清爽，地板光可鉴人，一尘不染，与城市人家相差无几。

“懒汉”变成勤快人

远远看到李元好在路上挥舞着扫帚打扫卫生，我都要停下来和他打个招呼，和他交谈几句，鼓励他一下。

说起李元好，可是村里的“名人”。在扶贫档案里，李元好的致贫原因是“生病”。据说是打工时不小心伤了腰，从此沦为贫困户，媳妇也因此跑了，剩下他独自带着一个孩子生活。2015 年被识别为建档立卡贫困户后，包保人员、乡村干部和驻村工作队队员就千方百计帮助他脱贫。大家一次又一次不停地往他家里跑，动员他出去打工挣钱。但李元好的理由总是很多，不是腰疼，就是要送娃娃上学。我每次去吴家梁子，几乎都能看到他在“懒人广场”上打牌。一段时间，李元好一见到我就躲，怕我又要劝他去打工。

大家磨破嘴皮子都没用，李元好仿佛吃了秤砣铁了心，就是不愿意去打工。村委会和驻村工作队深入分析了李元好的思想状况，决定对其进行“攻心战”，加强对众多“李元好”的思想教育和引导。村委会和工作队利用入户交心谈心、“控辍保学”院坝群众会、“三讲三评”群众会、“自强诚信感恩”主题教育群众会等机会，结合身边鲜活的典型事例进行了生动活泼的宣讲，让大家明白，各级各部门相关人员和广大扶贫干部为了帮助大家脱贫致富，不分白天黑夜奋战在扶贫一线，不少扶贫干部甚至付出了生命的代价，任何一个有良知的人，对此都不可能无动于衷。而党和政府唯一的要求就是希望大家不当懒汉，自强自立，用自己的双手和智慧勤劳致富，这就是对党和政府最好的报答和感恩。

通过一次次苦口婆心的教育感化，不少“懒汉”心里的“坚冰”开始慢慢融化，思想认识逐渐发生了转变。当村干部再次送岗上门，李元好愉快地答应了，每次打扫卫生都积极主动，也很卖力。连一度看不起保洁员这个岗位的贫困户马二清也欣然加入了保洁员队伍，并成为最负责的保洁员之一。目前，全村所有的卡户、低保户、公益岗位户都积极参与到了人居环境整治行动中来，全村卫生状况得到了较大改善，村庄面貌焕然一新。

小“文联”也有大作为

每月，昭通市文联党组书记、主席吕亚平都要定期或不定期带领市文联干部职工深入挂钩的布嘎乡花鹿坪村进行调研和入户走访。每到一家一户，吕亚平都要详细了解和掌握该村脱贫攻坚存在的问题和短板，认真记录下来，再与村“两委”研究解决。自参与挂钩扶贫以来，市文联充分发挥自身优势并积极动员社会力量参与，把挂钩扶贫和文艺扶贫结合起来，把提升文艺工作者创作水平和为群众办实事结合起来，全力为决战决胜脱贫攻坚加油鼓劲，做到了小“文联”在脱贫攻坚中也有大作为。

挂钩扶贫以来，市文联领导通过进村入户走访，听取群众心声，动真情、用真心为该村群众解决实际困难。文联是“冷背”部门，不管项目、没有资金，但是市文联领导积极加强与市、区相关部门的协调沟通，努力为挂钩扶贫村群众解决道路交通各方面的困难和问题。2015 年以来，市文联先后向有关部门争取 220 万余元资金，解决花鹿坪村交通、饮水、就医等方面的问题，同时充分发挥自身优势，加强对贫困群众的扶志与扶智工作。除每年春节期间参与上级党委、政府组织开展的“三下乡”活动外，还经常性组织全市文学艺术家开展文艺扶贫志愿活动，让文学艺术“飞”入寻常百姓家，激励他们依靠双手和智慧勤劳致富。6 年来，市文联共为群众创作、撰写书画作品和春联共 2000 余幅（副），文艺演出 10 余场，举办书画、摄影展出 5 场，取得了良好的社会效益，赢得了群众的广泛好评。

众志成城挖“穷根”

最近，村总支书董明义一大早来到村上，水都忙不过来喝上一口，就带领村社干部往地里跑。花鹿坪村第二批土地流转正在如火如荼地进行。起初我还担心土地流转难度大，会影响到脱贫攻坚其他工作，但董支书和吴德正主任的一番对话打消了我的顾虑。他们说，去年第一批土地流转难度非常大，群众开始不理解、不支持，抵触情绪很大，得挨家挨户做工作，做通一家，流转一家，费尽千辛万苦。今年就不同了，土地还没有流转的农户看到土地已流转农户拿到了土地流转租金，家里的劳动力空余出来，要么在已流转的土地上打工，要么外出务工，几笔收入远远超过以前种地的收入也动了心。他们说群众都会算账，现在自然愿意将土地流转。

为了彻底挖掉穷根，让村里的群众真正脱贫致富奔小康，村“两委”和驻村扶贫工作队在上级党委、政府和昭通市文联、昭阳区政府办等挂联单位的大力支持下，从村情出发，制订了脱贫帮扶措施，按照“缺什么补什么”的原则，因户施策，将扶志与扶智相结合，编制了脱贫攻坚项目库对应实施，通过住房、医疗、教育、饮水、产业、道路、劳动技能等方面的帮扶，村容村貌发生了显著变化，贫困群众的思想观念和生活水平明显提高，卫生习惯和健康意识初步养成，“两不愁、三保障”及饮水方面的问题基本解决，扶贫成效进一步得到巩固，现在全村贫困发生率仅为0.51%。

相信随着一系列扶贫项目相继落地实施，为全村群众稳定增收脱贫提供坚实的产业支撑，花鹿坪村的“穷根”将从此被彻底挖掉。

（作者时任昭通市文联驻布嘎乡花鹿坪村扶贫工作队队长、第一书记）

第七编　东西帮扶协作扶贫

高位推进　统筹部署扶贫协作新篇章

解道佑

昭阳地处“南丝绸之路”要冲，是云南最早连接中原、沟通世界的“北大门”和商贸重镇，也是早期云南文化三大发源地之一，曾创造过灿烂的“朱提文化”。但由于历史原因，存在历史悠久与发展滞后、区位优越与交通不便、资源富集与产业弱小、文化厚重与教育落后、山川秀美与生态脆弱并存的现状，是云南乃至全国贫困人口最多、贫困程度最深、贫困面最大的地区之一。昭阳是一座有着深厚历史文化底蕴的城市，一草一木、一山一水，无不带着历史文化的印记。无论是郁郁葱葱的凤凰山，还是碧水潺潺的洒渔河，抑或是中国南方优质苹果基地、中国彝族六祖分支祭祖圣地、黑颈鹤翩翩起舞的地方，都曾诞生过许多美好经典的诗篇。昭阳用一颗诗意的心，向外敞开交流合作的大门。

高位推动　密切联系

2016年，按照党中央、国务院统一部署，相隔2000多公里的东莞、中山和昭阳友好“牵手”，开始奏响了一曲东西部扶贫协作的颂歌。乘着东西部扶贫协作的东风，昭阳区先后召开区委常委会、政府常务会、领导组会议、联席会议等会议40余次，区政府主要领导三次率昭阳区党政企考察团赴广东省东莞市石碣、石龙、茶山镇考察调研，分别签订了“1+N”扶贫协作协议30余项。东莞、昭阳党政领导频繁开展互访调研和交流对接工作，累计达169人次，其中昭阳区领导赴东莞市石碣镇43人次，东莞市、石碣镇领导赴昭阳区126人次。昭阳区以产业协作作为东西部协作的“先手棋”，为便于协作工作更好开展，制订出台了《昭阳区东西部扶贫协作工作方案》，积极开展协调对接工作，做到优势互补、互利共赢，在促进就业、产业帮扶、医疗帮扶和教育帮扶等方面做了大量扎实有效的工作。

为进一步贯彻落实东西部扶贫协作目标任务，切实提高全区东西部扶贫协作工作水平和实效，昭阳区调整充实了区扶贫协作领导小组，细化明确对口帮扶扶贫协作工作职责，建立扶贫协作联席会议和协调推进等机制，及时研究和解决工作中存在的困难问题，全力推进工作任务落实，有效保障了协作工作有序推进和顺利开展。

一是信息调度。由区扶贫协作领导小组负责调度，各领导小组成员单位为责任单位，每月按要求向办公室报送工作信息。资金进度、管理等相关数据和资料以上报区财政部门的为准。对照国家、省东西部扶贫协作考评指标，按照省、市、区东西部扶贫协作工作重大工作部署，昭阳区及时报告工作推进情况，包括组织领导、人才交流、资金使用、产业合作、劳务协作、携手奔小康行动等六个方面重点工作推进情况，着重调度重点任务、重大项目，并按照国务院扶贫办要求及时组织相关部门录入《全国扶贫开发信息系统（东西部扶贫协作子系统）》。

二是会议调度。由区委、区政府分管领导主持召开，昭阳区东西部扶贫协作工作领导小组成员单位有关负责同志参加，根据工作需要，可适当调整参会单位和人员。原则上，待信息调度汇总情况后，每月下旬召开1次东西部扶贫协作工作调度会。根据各级关于东西部扶贫协作工作部署，分析研判全区东西部扶贫协作工作情况，安排部署下一步重点工作，指导各部门总结经验、发现问题，并分析原因、找准对策、解决问题，确保各项目标任务落实到位，推进扶贫协作问题整改，确保问题整改到位并如期“清零”。

三是工作要求。双方形成重大问题共商和工作汇报制度，总结通报工作进展情况和研究扶贫协作重大事项，进一步务实开展多层面、多角度的对接，深化沟通和合作，全面分析各项目标完成进度，加强指导协调，落实推进措施，全程跟踪督办，确保调度工作部署有效落实。原则上每月就对口帮扶资金项目开展一次监督检查，督促项目进度，监督资金使用，建立月调度会议议定事项任务清单，纳入区委、区政府重点督办事项，实行全过程管控，并将落实情况纳入对各部门年度目标管理绩效考核。

东西协作　比翼齐飞

“栽下梧桐树，引得凤凰来。”在市委、市政府和区委、区政府的坚强领导下，建设“引领省际区域发展的滇川黔省际中心城市”的宏伟目标已然确定，着力构建“一城三区、若干特色小镇、产城融合、城乡一体”的空间格局，打造“百万人口、百万亩苹果园、百万平方公里建成区”“半城苹果满城香”，具有浓郁“秋韵”的“苹果之城”和休闲避暑城市已初具规模、呼之欲出。2016 年以来，对口帮扶双方党政领导频繁开展脱贫攻坚考察调研和交流对接，累计达 181 人次，其中昭阳区党政考察团赴东莞市结对镇（街）54 人次，东莞市石碣、石龙、茶山镇考察团赴昭阳区 127 人次，昭阳区选派领导干部 59 人到东莞市挂职锻炼，东莞市派驻处级干部 1 名到昭阳区挂职区委常委、副区长，正科级干部 3 名，选派优秀骨干 22 名（其中教师 6 人、医生 16 人），组织开展业务提升培训达 20 余场次，培训教师和医生 300 人次，对昭阳区党政、事业、乡村干部培训 3 期 674 人次，开展“走进昭阳”支教活动专题讲座2期173人次、公开课83人次，医疗安全培训224人次。

一是加强资金支持，项目建设夯实脱贫基础。2016年以来，广东省累计投入昭阳区扶贫协作财政专项扶贫资金共1.691亿元，其中2016年1000万元、2017年1000万元、2018年5160万元（中山市资金2000万元）、2019年4250万元、2020年5500万元，援助力度逐年增大，资金覆盖产业、教育、医疗卫生、就业等方面，充分让老百姓受益，提升脱贫致富内生动力，实现东莞帮扶真扶贫，扶真贫。今年东莞又投入5100万元建设黄竹林社区有机蔬菜扶贫产业示范园、易地搬迁红路安置点小学扩建、靖安新区中学建设、滨江和惠民社区居家养老服务站建设及建档立卡劳动力稳岗补助、乡村公共服务岗位补助等8个项目，携手奔小康财政援助资金400万元用于结对乡镇的产业及基础设施等帮扶项目。

二是产业协作促脱贫，昭莞共筑小康梦。昭阳区全力打造苹果、马铃薯两大支柱示范产业，做到内强品质，外树品牌，实现“此苹果非彼苹果”“此马铃薯非彼马铃薯”的美丽蝶变，成功引进海升集团入驻昭阳区，发展壮大苹果产业，建立万亩矮化密自根砧植苹果产业示范园，采取“党支部+合作社+公司+基地+农户（贫困户）”的发展模式，进行优质苹果的种植、分选储藏、销售，优质无病毒自根砧苗木的繁育、加工及销售一条龙服务，带动相关产业链飞速发展，拓展就业渠道，助力产业脱贫攻坚；依托东西部扶贫协作平台建成苹果基地5万亩、胡萝卜基地3000亩、蔬菜大棚2213个及苹果产业冷链物流综合园1个。目前，陕西海升、云南农垦、山益宝、滇龙科技、昭通绿健等诸多企业纷纷扎根昭通农村，带领群众一同“掘金”，一大批特色农产品加工企业的“龙头”领舞、高扬，拓宽了农民增收渠道。在龙头企业引领和专业合作社带动下，昭通农业生产正从一家一户的传统模式，向规模化、市场化、集约化、标准化、品牌化的现代农业高歌猛进。同时，昭阳区还制订出台《关于印发昭阳区招商引资优惠办法（试行）》，清理出可利用土地2000亩，腾空闲置厂房6万平方米，东西部合作共建扶贫产业园及扶贫车间目前共有华坚鞋业、顺华科技、鸿宝科技、立时和立勤、立新6家粤商企业入驻扶贫产业园，实现稳定就业707人，其中建档立卡户260人，最近又有深圳立佳智能、亚星电子等沿海电子企业拟进驻园区。为全力克服疫情影响，积极推动消费扶贫，通过洽谈合作事宜并达成产销协议，有力地解决农产品滞销问题。截至目前，海升、江夏·吉之汇等企业向东部销售农产品2200万余元。

三是强化就业扶贫抓组织。以村委会为平台，建立劳务输出村级联络员制度，搭建企业、公司和村委会之间的有效联系，直通用工信息和劳动力信息，有序组织贫困劳动力转移，实现了“政府引导、市场主导”的有序输出和“自己选择、自发组织”输出相结合的格局。在石碣镇的大力支持和帮助下，“昭阳区驻石碣镇劳务输出工作服务站”在石碣镇挂牌成立。区政府派出工作人员3批12人次到东莞工厂服务务工人员120余人次，为就业人员提供法律咨询、社保代理、劳动维权等服务；制订出台了劳动力培训转移就业奖补政策，为东西部就业协作提供和创造了更加有利的条件；举办了“转移就业百日行动”“春风行动”等招聘活动，组织广东、浙江等省内外企业100余家，提供就业岗位近5万个；投入东西部扶贫协作资金用于就业扶贫，实施就业稳岗补助、劳动力培训及农村致富带头人培训，帮扶贫困学生702人到广东职业院校上学；有序组织劳务输出共20余批次，培训贫困劳动力1667人，帮助贫困人口稳定就业28561人，其中东莞和中山就业1277人、省内就近就业18913人、其他地区就业8353人，带动脱贫人数8万余人，2020年克服了疫情的影响，积极开展“点对点”劳动力转移输出，已累计组织输出11014人到广东就业，其中建档立卡户3770人。

四是强化社会帮扶抓合力。自东西部对口帮扶开展以来，东莞市石碣、石龙、茶山镇发挥对口帮扶作用，积极组织社会力量参与东西部扶贫协作，截至2020年已组织东部村、企业和社会组织等与昭阳区30个贫困村开展结对帮扶，宣传发动重点企业、社会团体、爱心人士开展捐资捐物活动，累计捐赠资金和物资达8846万余元（资金2553万元，物资折资6293万元），其中2017年捐赠14.5万元（资金10万元、物资4.5万元），2018年捐赠1755.76万元（资金1669.75万元、物资86.01万元），2019年捐赠资金6972.776万元（资金788.568万元、物资6184.19万元），2020年截至5月捐赠了103.55万元（资金85.5万元、物资18.05万元）。昭阳区委副书记、区长陶毅说，昭阳区将立足区位、交通、资源优势，打造滇粤产业园、扶贫车间等产业平台，重点发展电子信息、水电铝下游产业以及苹果、马铃薯、蔬菜等现代农业，希望东莞各界特别是企业一如既往将产业帮扶贯穿始终，在产业转移、消费扶贫等方面继续深化合作，实现优势互补、互惠互利、合作共赢。将人才帮扶贯穿始终，继续加大人才支持力度，通过双向挂职、两地培训和支教、支医、支农等方式，派遣政治硬、作风正、素质高、能力强、肯吃苦的干部和各类管理技术人才，对昭阳区开展“传帮带”，助推全区干部人才新发展。目前，昭阳区正在组织实施教育振兴三年行动计划，今年城区将新增6所中小学，同时还将启动滇东北区域医疗中心建设（设计床位5000张，投资50亿元），希望东莞充分发挥教育卫生资源优势，助推昭阳区教育卫生“高地”建设。将社会帮扶贯穿始终，结合2020年是昭阳区脱贫摘帽之年，对标对表脱贫出列摘帽目标，针对一些短板和弱项，希望东莞继续给予关心支持，整合部门、村企、社会组织、公民个人力量，通过“一对一”或“一对多”，加大结对帮扶力度，积极投身东西部扶贫协作和对口支援，广泛开展捐资助学、慈善公益、社会工作和志愿服务等扶贫活动。昭阳区各结对乡镇、村（社区）和企业要多向结对“亲戚”请教，交流感情，互通信息，友好往来，共同“携手奔小康”。将思想帮扶贯穿始终，东部改革开放早，干部群众思想解放、思路开阔、思维活跃，希望东莞与昭阳区开展全方位、深层次、多领域的分享、交流、培训，大力推进“扶智”“扶志”工程，实现两地干部群众观念互通、思路互动、技术互学、作风互鉴，通过思想碰撞和有效沟通，切实改变全区部分贫困群众思想观念落后、发展意识不强、“等靠要”思想严重等问题。将劳务帮扶贯穿始终，希望东莞一如既往支持服务站的工作，在就业信息、法律咨询、社保代理、劳动维权等方面加强指导，全区各级各部门将利用好这个平台，主动与工作站加强对接，实时掌握企业用工需求，完善劳务输出报备机制，及时发放稳岗交通补贴，实现贫困劳动力技能培训、有序转移输出、稳定就业三个全覆盖。

百尺竿头，更进一步。东莞经济发达、理念先进、人才聚集、技术先进，昭阳区位优越、交通便捷、气候宜人、资源丰富，双方各有优势，可以在更多领域深化合作、优势互补、互惠互利、共同发展。正如习近平总书记所言：“当前，改革在很多领域突入了‘无人区’。”做新时代的改革者，以“一条心”合众力，“一股劲”闯难关，“一手牌”解难题，“一身正”聚人心，昭阳区定能在改革“无人区”闯出一条成功之路。借着脱贫攻坚的契机，东西部一定会如雄鹰一般，在磅礴的乌蒙之巅比翼齐飞，在崛起的昭阳大地上描绘出壮美的蓝图。

（作者系昭阳区扶贫办干部）

上善若水　大爱无疆

解道佑

习近平总书记指出，东西部扶贫协作和对口支援，是推动区域协调发展、协同发展、共同发展的大战略，是加强区域合作、优化产业布局、拓展对内对外开放新空间的大布局，是实现先富帮后富、最终实现共同富裕目标的大举措。这一重要论述，深刻阐明了东西部扶贫协作和对口支援工作的重大意义。东西部扶贫协作和对口支援对于打赢脱贫攻坚战具有重要作用，是社会主义制度优越性的重要体现。

崛起的昭阳迎来了东方贵客

东西部扶贫协作同研究同部署，精准扶贫肩并肩。区委副书记、区长陶毅两次率昭阳区党政企考察团赴广东省东莞市石碣、石龙、茶山镇考察调研，分别签订了“1+8”扶贫协作协议16项，制订了《昭阳区东西部扶贫协作三年行动计划》，双方总结对口帮扶工作经验，在资金使用、人才交流、教育卫生及劳务输出等方面达成共识，加强协作，本着“石碣所能，昭阳所需，互惠互利”原则，理清思路，签订相关帮扶协议。

截至目前，东莞市派驻1名处级领导到昭阳区挂职副区长，选派优秀骨干教师6人、医生7人，开展支医、支教；石碣镇选派1名正科级干部到昭阳区扶贫办挂职副主任；广东省第五扶贫协作组选派2名干部直接挂职担任乡镇党委副书记和村委会副主任；派出44名中山、东莞名师对昭阳区的教育教学工作进行深入指导，组织专家团3次到昭阳区考察指导党建工作、招商引资、经济合作、滇粤产业园建设等工作。

雪中送炭扶真贫，穷在深山有远亲。自2016年以来，广东省累计投入昭阳区扶贫协作财政专项资金共11370万元，先行启动昭阳工业园区东西部合作共建滇粤产业园，引进东莞立时电子有限公司顺利在昭阳区注册，于2019年11月投产，投资3000万元建设手机数据线等电子电器配件生产线，并依托其引进了兄弟企业立勤、立鑫公司，分别从事电视机、手机、电脑的整机生产。三家企业全部建成后，预计年产值可达18亿元，年税收达1亿元。东西部扶贫协作还宣传发动重点企业、社会团体、爱心人士等参与帮扶，为贫困山区捐钱捐物，截至目前，企业捐款捐物累计2213.088万元。

走进靖安镇的长寨村兴隆沟，一幢幢具有乡村风情的白墙灰线格子窗的精美楼房依山而建，掩映在苍翠树木之中，干净平坦的水泥路像一条条玉带，蜿蜒盘旋到每家每户。置身其中，青山秀美，楼房崭新，悠然的芬芳扑鼻而来，那是泥土的芬芳、嫩草的清新、院子里瓜果的甜味儿。

钟应前在自家的楼房门口悠闲地捡着从地里挖来的洋芋，门前的菜园里长满了亭亭玉立的玉米，快要成熟的玉米就像有了孩子的女人，怀中都抱着一个胖嘟嘟的玉米宝宝。那一绺一绺的玉米缨犹如黄发垂髫，绿中带黄的玉米皮恰似襁褓，层层叠叠地将玉米宝宝裹在其中，它们在妈妈的胸前翘首张望，显得玲珑可爱。

“原来的兴隆沟，家家住的是土坯房，道路泥泞不堪，晴天一身灰，雨天一身泥，买点东西只能靠人背马驮，娶个媳妇回来都留不住啊……”68岁的钟应前脸色突然有些忧郁，他指着离我们不远处的一个六七岁的男孩说，那是他大儿子家的娃娃，因为穷，大儿媳妇在孩子很小的时候就跑了。像钟应前这样的人家在兴隆沟还有好几户，都是因为贫穷，很多孩子从小就没有了妈妈。

“现在好了，在上级部门和广东东莞的帮助下，我们把原来的土坯房都拆了，建起了新房子，水泥路修到家门口，大车小车都能进，村里打光棍的人渐渐少了，很多小伙子还娶回了外地媳妇，日子一天比一天好。感谢政府、感谢广东东莞的好心人啊！”钟应前激动地说着，脸上满是感激之情。

在兴隆沟路边房屋的墙上赫然写着：“粤滇携手扶真贫，长寨儿女感党恩！”千言万语汇成这句话，表达了兴隆沟村民对东西部协作的深深感激。

位于靖安镇西北部松杉村的松杉小学，一幢气势雄伟的教学楼和一幢拔地而起的学生宿舍楼遥相呼应，在蓝天白云、青山绿水的映衬下显得格外耀眼，学生宿舍楼是东莞市筹集 250 万元修建而成的，一草一木、一砖一瓦，彰显着盛德和真情。“少年智则国智，少年富则国富，少年强则国强”，这所学校凝聚着东西部协作的美好憧憬。

学校附近有一座新修的桥，是东莞资助 100 万元修建而成的，村民们为了表达感激之情，将其取名为“石碣·靖安连心桥”，这座桥不仅解决了周围 70 多户群众出入难的问题，还架起了东莞和靖安人民的心灵之桥。

“原来河上搭的是木条，牲畜不敢过，老人小孩也不敢，眼看到家了，绕道走还要走半天。现在桥修好了，车子都能开到家门口。东莞人民好啊，像我们的亲戚，真的感谢他们，还帮我们修路，修卫生室，修学校，让我们出行、看病，孩子读书也很方便！”说到这里，松杉村 7 社 60 岁的李井江脸上洋溢着幸福的笑容。

昭阳区借着国家扶贫政策、东西部扶贫协作的东风，应势而为、顺势而动、乘势而上，即将在乌蒙大地上腾空崛起。

山水相近　人缘相亲

初到昭阳区，从广东石碣派驻到昭阳区扶贫办挂职的副主任邓炳炎感慨良多。邓炳炎被有些乡镇的贫困震撼了。记得有一次，他看到有一家人正在修房子，男人、小孩、老人、背着孩子的妇女一起上阵，这样的画面一直镌刻在邓炳炎的心上挥之不去。他说："看到这样的情景，我被他们的坚强和勤劳所折服，心里顿时涌起一股酸酸的味道。我当时下定决心，一定要尽力为他们做点事，虽然一个人的力量是有限的，但是只要用心一件一件地去做，总能做成功！"

邓炳炎挂职以来，在《携手奔小康行动框架协议》的基础上，主导起草了《携手奔小康三年行动规划》《社会帮扶实施方案》等方案 20 多个，参与指导石碣镇与昭阳区的互访交流、干部派出、劳务输出、人才支援等各项工作，共接待、协调东部地区党政企代表团近 200 批次。邓炳炎说，一个人的力量是加法，只有一群人的力量才是乘法。他积极协助相关部门发动爱心企业到昭阳区捐款、捐物，资金达 800 余万元；共协调、协助双方人社部门组织召开专场招聘会 50 余场次，共发布招聘岗位 30000 余个，向东莞劳务输出 2400 余人，在昭阳成立了"莞阳人才"服务公司，定期向昭阳区人社局提供优质岗位，促进昭阳区贫困劳动力有序定向输出，助推增收脱贫；在石碣镇举办了以"携手发展，合作共赢"为主题的企业招商引资推介会，签约项目 2 个，协议引进资金达 3500 多万元。

邓炳炎经常调侃说自己就是一座沟通东西部的桥，有了这座桥，东部和西部的交流多了，感情深了，东部帮扶的力度也大了。但是邓炳炎这座桥却容不下妻子和孩子，他 2018 年来昭阳区挂职正是儿子高三的时候，在儿子人生的重大转折点上，邓炳炎缺席了。初来乍到，邓炳炎在工作和生活上都遇到了很多困难，工作上语言交流不顺畅，沟通交流不便，工作很吃力；生活上，由于水土不服，邓炳炎患上了肠胃炎和高原指疳，两个大拇指深深地凹陷下去。妻子担心他的身体，趁他生日到来之际，请了半个月假来昭阳区陪他，可是他竟没有完完整整地陪过妻子一天，不是妻子陪他在办公室写材料就是下乡检查。

是的，邓炳炎心中的信仰就是每个扶贫工作者的信仰，“人生如屋，信念如柱，柱折屋塌，柱坚屋固”。人活在世上，总得信仰点什么，国无信仰不兴，人无信仰不立。

“三春雁北飞。”当天气转暖、群雁回家时，雁群在天空中飞翔，最重要的是领头雁。头雁勤，群雁就能“春风一夜到衡阳”，而头雁惰，只会“万里寒云雁阵迟”，这就是“头雁效应”。东西部协作如雨后春笋，发展方兴未艾，离不开赵玮辛这只“领头雁”。赵玮辛是从广东东莞到云南省昭通市昭阳区挂职的昭阳区委常委、副区长。

入职以来，赵玮辛始终牢记：扶贫为民、自我奉献，为东西部扶贫工作奉献自己的全部精力，坚决打赢脱贫攻坚战。她说：“做好扶贫工作，必须立足贫困地区资源禀赋，通过定制帮贫机制，以市场为导向，因地制宜，发展适合当地的产业项目，这是贫困村脱贫致富的科学选择。”她遍访 20 个乡镇（街道），深入 60 多个贫困村、300 多户贫困户，了解贫困情况，分析致贫原因，制订脱贫措施。

在赵玮辛的统筹指导、精心组织下，昭阳区依托工业园区，加大招商引资，积极引导东部企业 27 批 70 多家企业到园区考察，推动东莞立时电子有限公司顺利在昭阳区注册；对接广东长安、虎门、沙田、中堂、望牛墩五个镇街 32 家企业到昭阳区开展招聘活动，提供岗位 10000 多个；加大农产品采购，推动消费扶贫，成功促成东莞市泽景果品有限公司在洒渔购买 2000 吨苹果，与海升集团签订 3000 吨苹果采购协议；广东万达丰农投蔬果有限公司分别与昭通远智农业科技开发有限公司、昭通天瑞农业科技有限公司、昭阳区忠举种植有限责任公司签订 3000 吨苹果采购协议，并与苏家院镇签订承包 3100 亩土地种植供港蔬菜协议，还将在北闸镇海子村承包 1000 亩土地种植药材；大岍农公司与洒渔镇签订 3000 吨苹果采购协议；东莞百康集团与昭阳区苏甲乡桂庆养殖专业合作社签订5000头牛购买协议。

赵玮辛欣慰地说："精准帮扶，让莞情在昭阳开花结果。去年至今，东莞帮扶昭阳区的财政资金共7320万元，投入2690万元打造1076亩昭阳区东西部扶贫协作苹果产业示范基地，帮助2600名贫困户脱贫，提供近200个就业岗位；投入2278万元建设教学楼、宿舍，552万元建卫生室，430万元修村路，1310万元实施就业培训、劳务输出稳岗、残疾人补贴……资金覆盖产业、教育、医疗卫生、就业等方面，充分让老百姓受益，提升脱贫致富内生动力，实现东莞帮扶真扶贫，扶真贫。"

赵玮辛说，她将一如既往，不忘初心，牢记使命，栉风沐雨，砥砺前行，全心全意为昭阳区扶贫攻坚奉献自己的力量，奋力书写出莞昭脱贫攻坚更加壮丽的篇章。

在赵玮辛的引领下，从广东各行各业来昭阳区支医、支教的业务骨干络绎不绝，他们在昭阳大地上奋力书写着自己人生的精彩篇章。

"我爱你中国，我爱你春天蓬勃的秧苗，我爱你秋日金黄的硕果……"优美动听的歌声从区二中高中部的音乐教室里传出来，东莞市石碣中学到昭阳区二中支教的教师陈国志正在给艺考学生上音乐课。自古忠孝两难全，陈国志却不远万里带着年近八旬的母亲来支教。50多岁的陈国志意气风发，斗志昂扬，他说："从第一天来到昭阳二中，我就深深地爱上了这所学校。学校校史悠久，成绩斐然，人杰地灵，人才辈出。我希望能把我的才华和对音乐执着追求的精神传递给二中的学生。脱贫攻坚是一场伟大的战役，我爱我的母亲，我更爱我们的祖国，我希望我和母亲能共同参与到这场战役中，让我们的人生变得有意义，母亲很赞同我的选择，所以毅然决然地跟着我来了！"

诺贝尔说："生命，那是自然付给人类去雕琢的宝石。"他告诉我们，生命的潜力很大，自然赋予了我们生命，我们可以努力学习，努力做事，让自己的生命更加精彩。同陈国志一样努力绽放生命光彩的还有丢下一岁孩子就来昭通市第二人民医院支医的护士长蒋洁珊，被誉为"小针刀"传奇人物的主治医师林海龙，宝刀未老、壮怀激昂的60岁主任医师谷晓辉等从广东过来支医的骨干医生，他们怀着一身绝技、满腔热忱，来到昭阳区传经送宝，为昭阳区的脱贫攻坚建言献策，贡献力量。

“昭通，带不走的只有您！”支医期限已满，即将返回家乡的林海龙对昭通充满着太多的不舍，一年的支医生活，让他与昭阳结下了不解情缘。

“两情若是久长时，又岂在朝朝暮暮。”东西部在脱贫攻坚的战场上早就成了生死兄弟，即将功成身退的战士，心中有万般的不舍。但愿人长久，千里共婵娟。

（作者系昭阳区扶贫办干部）

粤滇携手扶真贫　昭阳儿女感党恩

解道佑

习近平同志指出："小康路上一个都不能掉队！人心齐，泰山移。脱贫致富不仅仅是贫困地区的事，也是全社会的事。东西部扶贫协作和对口支援必须长期坚持下去。"有一种情谊叫心手相连，有一种坚持叫责任担当。昭阳与东莞相隔千里之遥，但扶贫协作将两地凝聚得这么亲这样近。五年来，东西协作，兄弟情深，昭阳人民在脱贫路上，忘不了来自广东的温暖和帮助。

五年来，广东对我区的帮扶成效体现在方方面面，真金白银的投入，人才技术的支持，优势企业的入驻……在社会各界的大力帮助和共同努力下，昭阳面貌焕然一新，彻底告别了贫穷落后的历史，贫困群众实现脱贫20余万人。昭阳人民纯朴善良，常怀感恩之心，铭记帮扶真情。

在扶贫协作示范点靖安长寨村的民房白墙上，写着几个红色大字——"粤滇携手扶真贫，长寨儿女感党恩。"在松杉村的一条河流的桥梁上写着"石碣昭阳连心桥"。在很多贫困村的学校、卫生室、易地搬迁点及产业示范园都有扶贫协作纪念碑或记载，这些都是昭阳人民感恩的真实写照，充分体现了脱贫群众对广东帮扶的高度赞赏和一致认可。

项目示范，助推贫困村脱贫。在靖安镇的长寨村兴隆沟，一幢幢具有乡村风情的白墙灰线格子窗精美楼房依山而建，掩映在苍翠树木之中，干净平坦的水泥路像一条条玉带，蜿蜒连接到每家每户。“我活了 70 多年，没有哪个朝代能有现在好，发展速度真快。记得年轻时到城里打工，十几层的楼房就高得让人头晕目眩，一转眼，到处都是几十层的高楼大厦。国家富强了，日子红火得很，吃得好、穿得暖，做梦都想不到会住上这么好的楼房。感谢共产党、感谢帮扶我们的东莞市！”74 岁的朱顺友老人站在自家楼房前，激动地称赞国家的好政策。肖伟家宽敞明亮的屋子里，现代化的家具一应俱全。他家共有 4 口人，妻子在村里打零工，肖伟在广东一带打工，一家人收入稳定，两个孩子也在读小学。肖伟说，自家的房子是 2017 年修建的，得到了国家和东莞的扶持，现在的好日子是党和政府给的，自己会把孩子好好教育成才，报效祖国。

医疗帮扶，方便服务群众。昭阳区中医院儿科住院部的病房里住满小孩（在东莞支医人员的努力下，区中医院建立增设儿科，结束该院建院 63 年来无儿科的历史），走道上也摆满了病床。一个男孩刚输完液坐在走道的病床上，一手正按着刚刚拔掉输液管的另一只手，年老的奶奶正在弯着腰为他系鞋带。他叫杜远成，11 岁，昭阳区二中七年级学生，家住昭阳区巩固社区。他说，上周六发烧，得了肺炎，爷爷带他在外面诊所里输液输了一天，高烧都没有退，后来在这里治疗了五天，已经好了，明天就办出院了。那么以前这里没有儿科，孩子生病在哪里看呢？杜远成的奶奶高兴地说：“就在外面随便看，市一院那边很挤，难等难排队，现在这里开设了儿科，离自己家又近，医生医术又好，几下就治好了，也方便多了。”

教育帮扶，在学校住宿读书。在靖安镇松杉小学，一幢气势雄伟的教学楼和一幢刚刚拔地而起的学生宿舍楼遥相呼应，伴着琅琅书声，在蓝天白云、青山绿水的映衬下，显得格外耀眼也格外庄严神圣。学生宿舍楼是东莞市筹集 250 万元修建而成的，一草一木、一砖一瓦，彰显着盛德和真情。学校校长罗开胜说：“东莞市的帮扶，解决了学校偏远学生和教师的住宿问题。原来教师宿舍是一间教室，生活起居极不方便。宿舍楼建成后，东莞又投资了 30 多万元，用于改善校园环境建设。以前操场呈台阶状，冬天容易打滑，很多学生都摔过跤、受过伤，现在通过东莞的帮扶改造，操场不仅平坦宽敞，让校园变美了，更保障了学生的课余娱乐安全。东莞市还为学生捐赠了住宿的床、校服、学习用品及暖手饼，虽然冬天的天气异常寒冷，但是有了东莞的关心关怀，全校师生心里都暖暖的！”一个个身穿新校服、笑靥如花的小姑娘，走在美丽的校园里，质朴的小脸上洋溢着感激和幸福。她们都知道在遥远的地方有一个东莞市，那里有很多爱心人士在关心着她们，给她们寒冷的冬天带来春天般的温暖。

产业扶贫，在家门口就业。华坚鞋厂，机器发出嗡嗡的响声，厂里的工人各自在自己的机器前专心地干活。唐天书，36 岁，昭阳区炎山镇小田村人，家有 4 口人，大的孩子在东莞技术学院读书，小的读四年级，丈夫在老家种地。她认真地做着鞋面的拉链，用尺子和铅笔认真地量着画着，生怕有一点点差池。她说，自己没什么文化做不了什么，以前去福建打工，后来这里建了厂，就到这里来工作，每月可以挣到 2000 多块，也方便照管孩子。现在住在亲戚家，过一段时间就要搬到红路安置小区，到时候就可以在家门口上班了。说话间可以看出她对“新家”和工作都很满意。走进工业园区讯尔电子科技有限公司的扶贫车间，现代化的办公大楼，流水线的扶贫车间，数十名员工正在有条不紊地进行着耳机生产加工作业。“真没想到，政府不仅帮我们挪穷窝，住上大房子，还让我们在家门口就业，像城里人一样按时上下班，既能挣钱养家又能照顾老人和小孩，我们日子有奔头啦！是党的好政策让我们住上了新房子，有了新工作，开启了新生活，打开了幸福之门！”从小龙洞宁边村搬迁到工业园区红路安置区二期的易地扶贫搬迁户杨国辉激动地说。

（作者系昭阳区扶贫办干部）

第八编　组织保障促扶贫

坚守初心　铁纪护航

张祥聪

党的十八大以来，以习近平同志为核心的党中央把脱贫攻坚作为全面建成小康社会、实现中华民族伟大复兴中国梦的突出短板和底线目标，作出一系列重大部署和安排，全面打响脱贫攻坚战。纪检监察机关是党内监督和国家监察专责机关，肩负着监督党的路线、方针、政策正确贯彻落实的政治责任和历史使命，开展扶贫领域监督执纪问责工作，是纪检监察机关职责所在、使命所系。

在区委和市纪委监委的坚强领导下，区纪委监委紧盯扶贫领域腐败和作风问题，扎实开展监督执纪问责，推动脱贫攻坚责任落实、政策落实、工作落实，为全区脱贫攻坚提供了坚强有力的作风和纪律保障，确保了全区顺利如期实现脱贫出列摘帽。

严立规矩　明红线　亮底线

“木受绳则直，金就砺则利。”打赢脱贫攻坚战，关键在干部，决胜在作风。为纠察不正之风，革除作风顽疾，确保如期实现脱贫出列摘帽，区纪委结合全区干部作风现状和违纪违法案件中暴露的问题、短板以及形势任务要求，首先从制度建设入手，先后制订印发《关于严格按照“九必须九严禁”纪律要求扎实推进“挂包帮”“转走访”工作的通知》《昭阳区加强党的建设改进工作作风锻造昭阳铁军的实施方案》《昭阳区扶贫领域作风问题专项整治规定》《昭阳区脱贫攻坚工作问责办法》《关于在全区深入开展扶贫领域腐败和作风问题专项治理工作的实施方案》《关于2019年脱贫出列摘帽加强干部作风建设的决定》和《关于学习贯彻〈党委（党组）落实全面从严治党主体责任规定〉的实施意见》等相关文件，围绕脱贫攻坚干部思想政治作风建设，聚焦形式主义、官僚主义，抓住主要矛盾和矛盾的主要方面，坚持有什么问题就解决什么问题，什么问题突出就重点解决什么问题，有针对性地提出务实举措，从“思想、政治、行动、监督”等方面作出规定，要求“思想上必须高度一致，政治上必须清醒坚定，行动上必须高效有力，监督上必须从严从实”，并明确了违反规定的具体情形和对违规干部的处理原则。市管干部一律提请市委研究处理，上级派驻干部一律提请派出单位研究处理，区管干部一律依规依纪依法从严从重从快处理，为全区脱贫攻坚亮明纪律底线，画出纪律红线。同时，区纪委始终坚持把有力有效的行动作为让制度生威发力的重要抓手，将扶贫领域作风建设和整治工作纳入全区党风廉政建设年度责任制考核，层层压实党政“一把手”和挂钩联系乡镇区级领导、乡镇、街道和部门、村（社区）“两委”、驻村扶贫工作队、结对帮扶责任人“五大主体”责任，压实各级纪委（纪检监察组）的监督责任，确保全区脱贫攻坚工作始终沿着正确的轨道有力有序推进。

注重防范　抓苗头　转作风

“禁微则易，救末者难。”全区各级纪检监察机关认真学习习近平总书记关于脱贫攻坚工作的重要论述，准确把握中央、省、市和区委关于脱贫攻坚工作要求，始终坚持把监督放在工作首位，把全面从严治党要求贯穿脱贫攻坚全过程，加强队伍建设，突出问题导向，着力破解“监督什么、怎么监督”的问题，实施经常性的监督检查、巡察和督战，有的放矢地开展监督执纪问责，注重源头防范，坚持抓早抓小，坚决打通脱贫攻坚路上的不作为乱作为慢作为“梗阻”，以铁的纪律和严的作风为全区脱贫攻坚工作顺利推进提供坚强保障。

深化改革健全监督体系。认真贯彻落实中央、省、市、区纪检监察体制改革实施意见，组建区监察委员会，与纪委合署办公，成立区委巡察办和固定巡察组，深化政治巡察，向区直单位和部门派驻纪检监察组，向乡镇街道派出监察室，建立完善党委统一指挥、全面覆盖、权威高效的监督体系。赋予派驻机构监察职能，建设“常驻不走的巡视组”，各派驻机构监督“探头”和“前哨尖兵”作用充分彰显，“派”的权威和“驻”的优势得到有力发挥，以全覆盖无死角开展脱贫攻坚监督检查，确保脱贫攻坚各项决策部署落实落地见效。

狠抓工作统筹推进。每年召开全区扶贫领域监督执纪问责工作会议，分析研判工作形势，统一思想认识，明确时间节点、任务目标，强化纪检监察干部担当精神和责任意识；紧扣区委关于对象要精准、项目安排要精准、资金使用要精准、措施到户要精准、因村派人要精准、脱贫成效要精准的要求，结合巡察工作发现的问题，统筹监督力量，牵头成立 10 支督战队和 2 支督察队，对全区 20 个乡镇、街道和涉及的区直相关单位，采取明察暗访、随机抽查、入户回访、查阅资料等方式，常态化开展监督检查和靶向监督，精准发现问题，推动问题整改，同时结合“微腐败”专项治理和“六个严禁”专项整治，深入开展扶贫领域腐败和作风问题专项治理，着力解决干部职工纪律作风建设倾向性、苗头性问题。

压实工作责任。突出结对帮扶、产业扶持、教育培训、农村危房改造、扶贫生态移民、基础设施建设“六个到村到户”等工作重点，不定期约谈财政、扶贫、审计等部门负责人，常态化约谈工作推进不力的乡镇、街道和部门主要负责人，进一步压紧压实职能部门责任，促进扶贫项目、资金廉洁高效运行，同时严格实行“挂牌整改”制度，对脱贫攻坚工作综合评价评分排名最后的三个乡镇、街道和部门，第一次予以“黄牌”警告，对不认真整改或整改不到位的，进行第二次“红牌”警告，仍然整改不到位的，由组织部门对不能适应现任岗位的领导干部实行“召回”管理，进行组织调整。

促进问题整改。对中央脱贫攻坚专项巡视“回头看”反馈问题、中央纪委调研监督发现问题、脱贫攻坚成效考核发现问题、省市挂牌督战反馈问题、第三方脱贫退出评估检查情况、省纪委蹲点监督反馈问题和各级监督检查反馈问题，逐一分析梳理，形成问题整改清单，明确整改责任，倒排整改时限，逐一落实整改，对工作中出现的不作为、慢作为及形式主义、官僚主义等作风问题进行严肃追责问责。2019 年以来，区纪委监委累计发现问题 447 个，督促整改完成 420 个，因脱贫攻坚工作推动不力约谈乡镇、街道和部门负责人 5 人次，处理干部 120 人，其中问责 13 人、批评教育 97 人、党纪政务处分 10 人，切实把问责的板子打在痛处。

铁腕执纪　惩少数　管多数

“民不容贪，法不护腐。”扶贫政策、项目、资金要真正用于增进困难群众福祉之上，对胆敢动心眼、下黑手，啃食群众获得感和幸福感的，必须坚决从严进行查处。区纪委监委始终坚持把有贪必肃、有腐必反作为扶贫领域监督执纪问责工作的基石，严格按照扶贫领域监督执纪问责五项工作机制，依照《中国共产党纪律检查机关监督执纪工作规则》和《监察机关监督执法工作规定》要求，从严开展线索处置、谈话函询、初步核实、立案审查调查、案件审理、处置执行等各环节工作；细化工作责任分工，由区纪委分管领导分片联系各乡镇、街道，区纪委监委班子领导分别联系各纪检监察室、各派驻机构；推行“1+1+1”工作配合联动机制，将纪检监察室、派驻机构、乡镇街道纪委实行工作责任捆绑，形成工作合力；充分发挥来信、来访、来电和网络的监督作用，不断拓宽问题线索来源；深化区委政治巡察和脱贫攻坚专项巡察；对扶贫领域工作问题线索，专门建立工作台账，由专人负责受理、处置，区纪委监委班子会议优先研究，在每年的区纪委全会上，作为重点进行汇报；注重加强与区财政、审计、扶贫、发改、住建等部门的联系对接，建立健全信息共享和部门联动专项工作机制，及时掌握各部门工作开展情况，严查扶贫领域腐败和作风问题。2015 年以来，全区共收到扶贫领域问题线索 236 件，立案 73 件，党纪政务处分 96 人。

标本兼治　长震慑　抓整改

“往者已不及，尚可以为来者之戒。”为实现政治效果、纪法效果、社会效果的有机统一，一体推进“不敢腐、不能腐、不想腐”，区纪委始终坚持抓好警示和整治两个关键环节，做好案件查办的“后半篇文章”，凡是查处的扶贫领域违纪典型案例，坚持查处一起，通报曝光一起，并通过“清风昭阳”微信公众号、文件、会议等多种方式开展警示教育，持续形成案件查办强大震慑力，促使全区广大干部职工知敬畏、存戒惧、守底线，自觉干净担当履职。近年来，区纪委监委共通报扶贫领域典型案例 18 起 20 人，对在案件查办中暴露出来的问题，认真落实《昭通市纪检监察机关“一案一整治”实施办法》，压实案发单位领导班子对“一案一整治”工作负主体责任，统筹推进管辖范围内的“一案一整治”工作；严格落实“三会两书两公开”的要求，召开支部大会（干部大会）、专题民主生活会（组织生活会），下发纪律检查建议书和监察建议书，在一定范围内公开违纪违法人员相关案情和以案促改情况，自觉接受各方监督，推动以案促教、以案促改、以案促建，同时针对上级巡视巡察和监督检查发现反馈的问题，通过组织召开脱贫攻坚巡视整改专题民主生活会等方式，指导督促各单位和部门对标对表、举一反三、查缺补漏整改问题，确保脱贫攻坚每个环节、各个方面都能经得起历史和人民的检验。

（作者系昭阳区纪委常委、办公室主任）

督导督战　担当作为

张春城

为深入贯彻落实中央、省、市关于脱贫攻坚的重大决策部署，扎实推进精准扶贫、精准脱贫，昭阳区大胆管理、积极服务、协调支持市委选派的70名督导员，确保督导队伍扎实深入全区督导督战，助力昭阳如期实现脱贫摘帽。

锁定目标　明确督导路线

2019年，昭阳区脱贫攻坚目标任务是“人脱贫、村出列、区摘帽”，退出70个贫困村、脱贫42211人，同时靖安新区安置区还承担着大关、永善、彝良、盐津、镇雄5个县30个贫困乡镇194个贫困村（其中深度贫困村134个）10197户43991人的跨县安置。按照每个出列村选派一名督导员原则，市委共选派70名督导员到昭阳区开展督导督战工作。70名督导员积极响应市委号召，闻令而行，迅速集结，奔赴一线，坚持以习近平新时代中国特色社会主义思想为指导，全面贯彻中央、省、市系列重要会议精神和重要部署，把脱贫攻坚作为统领全局工作的主题主线，认真践行“133”

工作思路，按照“双统领”“双保障”“双推进”的要求，扎实开展“基层党建创新提质年”行动；深入一线查摆问题，指导理清思路，督促整改问题，补齐短板弱项，既当“指挥员”又当“战斗员”，身沉一线抓落实，推动各级各部门、各乡镇、街道、村（社区）找准定位，同心同向抓扶贫，促进机关沉下去、干部干起来、群众动起来，创造性推动工作，切实解决“两不愁、三保障”突出问题，为如期完成年度脱贫目标任务添砖加瓦，赢得了广大党员干部群众的肯定和认可。

强化领导　聚焦任务方向

2019 年 4 月 16 日全市督导员下派动员会召开后，昭阳区迅速成立了脱贫摘帽督导工作协调小组，由区委副书记周祥任组长，分管脱贫攻坚工作和驻村工作队的相关领导任副组长，办公室下设在区扶贫办，由区驻村办、扶贫办负责日常工作，明确区驻村办负责驻村督导员的考核及管理工作，区扶贫办负责对驻村督导员进行脱贫攻坚工作具体业务指导。4 月 18 日，昭阳区 2019 年脱贫摘帽督导员工作座谈会召开，充分了解驻村督导员的思想情况和工作需求，协调乡镇、街道、村（社区）做好对接服务工作，向驻村督导员介绍昭阳区脱贫攻坚进程和重点难点任务，帮助驻村督导员有序到村开展工作。会后，各乡镇、街道及时成立脱贫摘帽督导工作协调机构，完善工作机制，明确专人协调管理，有效协助督导员围绕四个方面的重点任务开展工作、发挥作用。一是督导落实脱贫攻坚各项工作，及时督促组建由县乡挂村干部、挂钩帮扶单位主要负责人或分管领导、督导员、驻村扶贫工作队、村“两委”干部以及其他相关人员共同参与的村级脱贫攻坚指挥部，按照产业发展村村有亮点、组组有看点、户户有支撑的要求和易地扶贫搬迁必须坚持卡户与随迁户同步、住房建设与各类综合配套同步、人员安置与产业就业支撑同步、硬件建设与建立完善社区管理机制同步的基本原则，统筹实施村级施工图，全面落实各项帮扶措施。二是对所在村实施的各类脱贫攻坚项目进行监督，实时掌控工作进度，每月对贫困村出列、贫困户脱贫达标情况进行分析研判，梳理存在的困难和问题，按月形成问题清单报区扶贫开发领导小组办公室，对发现的问题及时跟踪督办，每季度全覆盖完成1轮村民小组和贫困户走访，全年对所在村所有农户至少完成1次走访。三是对未脱贫户进行重点研判，对照户脱贫标准和致贫原因，逐户分析研判，有针对性地引导制订扶持措施；对已脱贫户研判返贫风险、巩固措施、后续帮扶等，同时对非贫困户研判可能存在的漏评风险，关注家庭重大变故等。对村脱贫出列，对照标准逐项研判短板，提出补短板的意见建议、时限要求并督促落实。四是对综合研判发现问题进行认真梳理，并结合扶贫开发成效考核、第三方评估、各类巡视反馈以及督查检查、信访、审计等发现的问题，全面梳理形成问题清单、措施清单、任务清单、责任清单，按月交付区扶贫开发领导小组办公室，跟踪问题整改，监督各类扶贫项目的实施，确保问题逐一整改并落实到位。

畅通指挥体系　从严真督实导

为管好、用好督导员，有序、高效推进督导督战工作，区协调小组办公室迅速完善管理机制，畅通指挥体系，下发督导任务清单，及时督促各挂钩村，由区级挂村领导、区直挂钩部门主要领导、督导员、驻村扶贫工作队、村“两委”干部等共同组建村级脱贫攻坚指挥部，严格按照中央、省、市、区的部署要求，落实好各项帮扶政策。各乡镇、街道主要领导主动对接、主动汇报、主动研究，既积极配合落实督导员驻村食宿安排、党组织关系转入、办公场所安排等服务保障工作，又将辖区的脱贫攻坚工作情况向督导员讲清楚、讲透彻，让督导员手里都拿着“作战图”，眼里都盯着“时间表”，身上都带着“军令状”，心里都想着“责任书”，下足“绣花功夫”，啃下“最硬骨头”。各位督导员认真履行综合研判、督促指导、协调配合、支持帮助、及时反馈、精准把控“六大职责”，将工作细化到天、到周、到月，做到天安排、周研究、月调度，紧盯脱贫摘帽的重要因素、关键环节、重点任务，充分发挥好村级指挥部作用，用心用情用力抓好驻村督导工作。各行业部门立足自身职责，主动服务，对督导员提出的信息、指出的问题、建议的举措、衔接的事项，主动协调、及时解决；对督战督导查找出来的问题，集中研判，列出整改清单，明确责任分工，实行销号管理，确保全面整改并落实到位。

担当作为　助力脱贫摘帽

奔赴战场后，各级各部门、广大党员干部、督导员上下联动，左右沟通，密切配合，同心同向，众志成城推动昭阳区脱贫攻坚各项任务落实落细落地，涌现出了许多可圈可点的人和事。

在党建扶贫双推进方面。靖安镇碧海村王银开督导员在该村深入推进“基层党建创新提质年”活动，通过整治软弱涣散基层党组织、深入开展扶贫领域腐败和作风问题专项整治各项工作，使支委的战斗力有了明显提高，干部作风有了根本改善，为民服务的本领有了明显提升；来自市水利局的张磊督导员在靖安大坪子村成立扶贫夜校，以此为平台开展了感恩教育、扶贫政策宣传、法制讲座、文化知识提升讲座等，并组织开展了各种文体活动；针对村“两委”、驻村扶贫工作队工作相对被动、存在“见子打子、执行力较差”的情况，青岗岭乡金瓜村驻村督导员刘坚带领村“两委”、工作队每周二上午召开碰头会，传达学习相关会议、文件精神，理清思路、解决问题，明确下一步工作任务；针对脱贫攻坚期间工作强度大、压力大，部分村委干部出现厌战情绪的问题，来自市委党史研究室的张仁侠督导员通过讲《不忘初心　牢记使命　坚决打赢脱贫攻坚战》《昭通党史》党课，与村组干部交心谈心，开导思想，进一步坚定了他们打赢脱贫攻坚战的信心和决心。

在学习推动工作方面。靖安镇松杉村马旭督导员在带头督促学习的基础上，将省委、市委、区委的重要文件精神和脱贫攻坚应知应会知识，结合松杉村村情贫情以及脱贫攻坚指挥部的分工、重点工作计划和475户建档立卡户的基本信息，统一制作成《松杉村脱贫攻坚工作手册》笔记本，印发给所有镇村组干部和包保干部，确保政策清、情况清、家底清、目标清、建档立卡户的基本情况清，在全区起到了较好的带头示范作用；洒渔镇新立村熊清香督导员在认真学习昭阳区委印发的打赢脱贫攻坚战十大行动方案基础上，经过综合研判和动态分析，最终确定了以“产业扶贫、资产收益扶贫、劳动力转移就业、易地扶贫搬迁”等内容为核心的新立村2019年脱贫攻坚十项重点任务，有力地推动了各项工作开展。

在培育产业发展方面。为解决贫困群众脱贫出列后的收入稳定问题，靖安镇百顺村督导员王骥充分发挥外引内联的作用，积极联系温州世爱有限公司、大关县木杆镇林场先后到百顺考察、洽谈发展中药材重楼及筇竹产业，带领群众增收致富；大寨子乡新林村督导员吴林经过多方努力，促成新林村落地2000亩花魔芋种植项目；盘河镇油榨房村督导员熊泽结合该村生态植被较好，辖区内水资源丰富，且水质较好无任何污染等得天独厚条件，协助村“两委”在胡广沟黄泥塆包规划建设鱼塘5个，分类养殖虹鳟鱼、泥鳅、鲤鱼等，并不断优化产业结构整体布局，发展刺脑包种植试点100亩，同时争取到帮扶单位资金帮助新建油榨房至胡广沟产业发展道路860米，带动集体经济发展，实现“一方水土养一方人”目标。

在帮助基层解决问题方面。来自市总工会的雷洪旗积极协调相关企业支持，义务为靖安镇龙潭村12组、13组扩建村组路2.49公里，解决群众出行难题；秦绍平督导员协调相关部门帮助建成盘河镇头寨村8组村民出行桥梁及配套公路设施项目，投入建设资金70万元；来自团市委的驻村督导员马旭通过多方协调，积极争取团市委、团区委、市青基会支持，共为靖安镇松杉村争取物资及其资金支持10余万元用于改善办公设施、提升人居环境、贫困学生资助等工作；王骥督导员通过企业赞助，在靖安镇百顺村开展“光明行动”，组织安装太阳能路灯100盏，方便了群众出行，同时争取了总价值13万元的衣被，在搬迁前夕开展“暖冬行动”，统一发放，让搬迁群众倍感温暖，让群众快乐搬家……凡此种种，不一而足。

截至2019年年底，市委下派昭阳区的70名驻村督导员在督导工作中共发现问题22类892条，经逐月转办整改，现已全部整改清零。在大家的共同努力下，昭阳区脱贫攻坚工作取得节节胜利，2019年年底通过了省、市各级抽查、考核；2020年4月底，通过了第三方评估；2020年5月7日，云南省扶贫开发领导小组办公室宣布昭阳区退出贫困县序列。

此外，2020年春节期间，新冠疫情发生以来，全区广大督导员争做疫情防控的“逆行者”，放弃春节休假，与乡村组党员干部、驻村队员开展全覆盖排查，建立精准防控台账，通过推送微信信息、村组活动场所“大喇叭”循环播放、手持“小喇叭”喊话、发放宣传提示单等方式强化宣传，主动融入卡点一线队伍参与防控，对举办宴席、赶集、走亲访友、宗教活动等群众聚集性活动进行劝阻，风雪无阻地为居家隔离对象送去生活物资，科学指导群众有序开展春耕生产，全力配合开展劳动力转移就业增加群众收入，做到疫情防控与巩固脱贫攻坚成果两不误、双推进。

（作者系昭阳区驻村办干部）

锻昭阳铁军　强组织保障

吕国俊

从2015年开始，昭阳区委聚焦脱贫攻坚总目标，树牢“围绕扶贫抓党建，抓好党建促扶贫，检验党建看脱贫”的理念，坚持以抓党建促脱贫，不断强化政治建设、基层组织建设、干部队伍建设、人才开发建设，党组织的战斗堡垒作用和党员的先锋模范作用得到有效发挥，为全区打赢脱贫攻坚战提供了坚强的组织保障。

突出政治建设　增强脱贫攻坚引领力

昭阳区委始终坚持把党的政治建设摆在首位，把打赢脱贫攻坚战作为最大政治任务，抓实各级基层党组织和广大党员政治学习，促进党员、干部站稳政治立场，增强“四个意识”，坚定“四个自信”，做到“两个维护”。

“两学一做”学习教育方面。2016年，昭阳区委按照中央、省委和市委总体部署及要求，迅速掀起“学党章党规、学系列讲话，做合格党员”热潮，着力推动党内教育从“关键少数”向广大党员拓展、从集中性教育向经常性教育延伸；2017年，以学习贯彻习近平总书记系列重要讲话精神和治国理政新理念新思想新战略的意见为重点，把学习习近平总书记系列重要讲话和考察云南重要讲话精神融入抓党建促脱贫攻坚工作中；2018年，深入推进“两学一做”学习教育常态化制度化，不断创新学习载体，以党支部为单位，以“三会一课”“支部主题党日”为抓手，采取集中轮训、“流动党校”“网络党校”“万名党员进党校”等形式，切实提高党员、干部的政治理论水平，推动全区广大党员形成牢记党章党规、争做合格党员的良好学习氛围。

“不忘初心、牢记使命”主题教育方面。2019年，为推动党员、干部更加自觉地为实现新时代党的历史使命不懈奋斗，按照中央统一部署，昭阳区委牢牢把握“守初心、担使命、找差距、抓落实”的总要求，紧紧围绕学习贯彻习近平新时代中国特色社会主义思想这条主线，开展14个专项整治，全区87家参学单位开展集中学习363次、读书班466次、学习党的十九届四中全会精神71次、感恩教育205场、成果交流会46场、主要领导讲党课112场、支部书记轮训675人次，广大党员干部主动服从服务于脱贫摘帽“第一要事”，累计为贫困群众解决烦心事、揪心事447件，真正把初心和使命落实到为民服务解难事的具体行动上，人民群众的获得感、幸福感、满意度明显提升。

深入学习贯彻习近平新时代中国特色社会主义思想方面。2020年，昭阳区委建立督促落实第一议题学习制度，修订完善相关会议制度和学习制度，把学习习近平新时代中国特色社会主义思想和习近平总书记重要论述、重要指示批示精神等内容，作为党委（党组）会议、理论学习中心组学习、支部大会、支委会、党小组会及其他党内重要会议的“第一议题”，作为党员干部教育培训“第一内容”，以“百名讲师上讲台、千堂党课下基层、万名党员进党校”为载体，广泛运用微党课、故事党课等方式，发挥各级党校、新时代文明实践中心、各类党群服务中心等阵地作用，推动党的创新理论进企业、进农村、进机关、进校园、进社区、进网络，以新思想新理论武装头脑、指导实践、推动工作，引领全区各族人民心向党、听党话、感党恩、跟党走。

健全责任体系　增强脱贫攻坚推动力

昭阳区委始终坚持聚焦脱贫攻坚主责主业，逐步建立了横向到边、纵向到底的高效组织领导机制，以乡镇、街道为主战场，成立了由区级领导挂帅的 20 个乡镇、街道和 23 个行业部门战区指挥所；以村（社区）为作战单元，成立了由乡镇、街道派驻领导挂帅的 153 个村（社区）作战室，层层压实责任。

区级领导示范。为理顺指挥体系，2016 年全区派出第一批 58 名处级干部到乡镇、街道担任脱贫攻坚第一工作队队长、副队长，驻乡镇、街道主抓党建和脱贫攻坚工作，负责督促、指导、帮助所挂乡镇、街道和所盯村（社区）全面落实脱贫攻坚主体责任；2019 年印发《昭阳区进一步下沉力量压实责任确保打赢脱贫攻坚大决战工作方案》，构建了主体明确、责任清晰、任务具体的职责体系，形成统一指挥、精准发力的工作格局。

行业部门主导。为明确行业部门主导责任，全区设立脱贫攻坚行业部门战区指挥所，围绕脱贫退出考核指标任务，建立扶贫战区，设立战区专项指挥所，由区级分管领导担任指挥长，行业部门主要领导担任办公室主任，负责统筹协调行业部门落实行业扶贫具体目标任务，承担行业扶贫督查、检查、考核等工作，推进行业部门深入基层开展调研、指导工作，形成步调一致、齐步冲锋的工作态势。

乡镇、街道主攻。为抓好脱贫攻坚主阵地，昭阳区明确乡镇、街道负责统揽辖区内贫困村（社区）各项工作事宜，集中精力在乡镇、街道、村（社区）坐镇指挥、督促检查，建立乡、村纵向沟通机制和乡镇、街道与挂包部门的横向联络机制。2016 年以来，全区共确定 145 支驻村扶贫工作队、4 批 2392 名工作队队员和 7506 名帮扶干部，交由乡镇、街道统一指挥，形成招之即来、来之能战、战之必胜的战斗格局。

优化基层组织　增强脱贫攻坚组织力

昭阳区委坚持一年接着一年抓、一锤接着一锤敲，每年聚焦一个主题，从2016年开始，依次开展“基层党建推进年”“基层党建提升年”“基层党建巩固年”“基层党建创新提质年”活动，连续四年强化基层组织建设，切实增强了全区脱贫攻坚基层组织力。

党支部规范化建设达标创建。区委坚持“抓两头、带中间”，贯彻落实《中国共产党支部工作条例（试行）》，以“五个基本”为指引，制订下发《昭阳区党支部规范化建设达标创建工作“一单清”》等指导性文件，按照“一年典型引领作示范、两年全面规范强基础、三年巩固深化见成效”的总体思路，分3年在全区开展党支部规范化建设达标创建。全区累计达标1282个党组织，有9个党支部被评为市级示范点，1个被评为省级示范点，2020年将实现各领域党支部全部达标。

软弱涣散基层党组织整顿。全区按照巩固先进、推动一般、整顿后进的要求，落实“四个一”措施，抓实“六个刚性”要求，对标对表12种软弱涣散情形，对村（社区）基层党组织进行重点整顿。5年来，全区以村（社区）党组织为集中整顿重点，累计整顿软弱涣散党组织722个，推动各级党组织实现了普遍晋位升级，重新焕发生机，进一步夯实了脱贫攻坚的组织基础。

工作经费保障。全区建立健全了以财政投入为主、党费补充、社会支持等多渠道党建经费投入机制，确保经费保障落实到位。在农村，按照每年每个行政村不低于3万元、每个村民小组不低于1000元的标准落实基本运转经费；2019年，将社区工作经费从5万元提高到10万元，进一步提高了村（社区）保障力度；2020年，印发《昭阳区村级集体经济资金管理办法（试行）》，明确可将村级集体经济收益用于补充村级组织运转经费，确保基层党组织有钱办事、有人干事。

活动场所建管用。从 2017 年起，全区累计投入 7500 余万元，新建 23 个村级活动场所和 303 个村民小组活动场所，实现了村（社区）、村（居）民小组和党支部活动场所全覆盖。2019 年制订下发《昭阳区村组活动场所管理使用办法（试行）》，对活动场所管理使用不到位问题进行专项整治，按照“一室多用”的原则，在活动场所开展“三讲三评”“自强、诚信、感恩”等活动，明确可将村民小组活动场所用于开办扶贫车间，进一步助推了脱贫攻坚。

村级集体经济。2017 年以来，在全区 184 个村（社区）统一成立了村级集体资产管理经营有限责任公司，累计争取财政资金 8358 万元发展壮大集体经济，出台了集体经济资金管理、项目管理等一系列指导性文件，推进村级集体经济“破壳”“消薄”“强村”。2018 年，昭阳区圆满承办全省扶持村级集体经济发展试点工作推进会和全市发展壮大村级集体经济现场推进会。到 2020 年，全区有村级集体经济的村（社区）155 个，145 个贫困村集体经济收益均达 2 万元以上。

三个组织化。在产业发展组织化方面，着力优化党组织设置，加大在龙头企业、专业合作社、产业协会等建立党组织的力度，实现党组织建在产业链、党员聚在产业链、群众富在产业链。全区成立村集体经济公司 153 个，党组织创办领办合作社 123 个，共有农民专业合作社 1043 个、联合社 11 个，入社成员 19.9 万人。在劳动力转移就业组织化方面，以建档立卡贫困户和易地扶贫搬迁劳动力转移就业为重点，发挥基层党组织在宣传发动、技能培训、劳务输出等链条中的作用，推动就业意愿、就业技能与就业岗位精准对接，提高转移就业有序性、稳定性和实效性，提高劳动力转移就业的组织化程度。在易地扶贫搬迁组织化方面，全区共抽调 294 名人员、新招聘 40 名志愿者共 334 人组成靖安安置区和红路馨居、幸福馨居、虹桥馨居安置点群众服务管理中心（临时党委），在 11 个易地搬迁安置社区成立了党（总）支部和临时工作站、41 个小组党支部，全面提高易地扶贫搬迁的组织化程度。

锻造过硬队伍　增强脱贫攻坚战斗力

昭阳区委始终紧盯人这一“关键”因素，坚持在脱贫攻坚一线锻造过硬队伍，推动优秀干部、人才资源向一线聚集，投身脱贫攻坚主战场，举全区之力、集全员之智，聚焦靶心、精准发力，切实增强脱贫攻坚战斗力。

提升扶贫干部能力。从 2015 年开始，昭阳区委不断加强脱贫攻坚一线干部教育培训力度，累计开设各类培训班 100 余期，培训干部 6 万余人次；累计选送 100 余名处级干部、400 余名科级干部参加中央、省、市有关部门组织的调训；对全区脱贫攻坚工作领导小组成员单位党员、干部轮训 1.7 万余人次，乡镇、街道、村（社区）组党员干部轮训 8 万余人次，实现全区党员、干部等脱贫攻坚工作力量教育培训全覆盖，脱贫攻坚队伍能力素质得到较大提升。

充实脱贫攻坚一线力量。2016 年以来，全区招录乡镇、街道事业人员比例连续 4 年保持在 70% 左右；招录乡镇、街道公务员比例连续 4 年保持在 50% 以上；2019 年出台《昭阳区人事调配管理工作暂行办法》，落实乡镇、街道新录用工作人员 5 年服务期政策，严格乡镇、街道基层人员抽借审批，保持乡镇、街道基层干部队伍稳定；累计选派 70 余名优秀机关干部到乡镇、街道一线挂职锻炼，保障脱贫攻坚一线工作力量源源不断。

建强领导班子和干部队伍。结合 2016 年、2017 年区乡村换届、2018 年纪检监察体制改革、2019 年党政机关机构改革，区委派出调研组深入各乡镇、街道和区直部门开展领导班子调研工作，不断补齐重要、急需领导岗位空缺，调整充实脱贫攻坚、城市建设、产业发展等急难险重一线班子力量，选优配强 11 个贫困乡镇和脱贫攻坚工作领导小组成员单位领导班子；畅通基层领导班子进入渠道，不断优化班子结构，乡镇、街道党政领导班子中全部配备 35 周岁以下年轻干部，配比约占乡镇、街道领导班子成员总数的 27%，牢固树立了重实干重实绩的鲜明导向，脱贫攻坚一线领导班子整体素质有效提升。

严格队伍管理。2017 年，昭阳区出台了领导干部能上能下、召回管理等办法，对脱贫攻坚工作推动不力的干部及时进行组织处理；2018 年出台锻造昭阳铁军、治理乡镇干部“走读”等文件，强化干部日常管理，规范考勤、驻夜、请销假制度，遏制“甩手干部”“遥控领导”等苗头，持续开展慵懒滑贪“四类村官”和不胜任、不合格、不尽职村（社区）干部专项整治。2015 年以来，全区对科级干部进行组织提醒 16 名、约谈 2 名、诫勉 2 名，召回 1 名，对 1 名状态不佳的乡镇主要领导进行调整，对 1 名不胜任现职乡镇干部作出免职处理，用严的制度全面整治脱贫攻坚工作中“慵懒散拖”等行为，确保干部在脱贫攻坚中履职尽责。

确保村（社区）带头人队伍个个过硬。2016 年，昭阳区坚持“选好带头人、配强党组织班子”原则，选举产生新一届村级党组织委员 916 名、村（居）民委会成员 587 人；2018 年，建立落实村（社区）干部任职资格联审和村级党组织书记县级备案管理制度，对在职 5384 名村（社区）干部进行联审，审查清理了 87 名不符合条件的村组干部并及时配齐；2019 年实施农村优秀人才回引计划，为每个贫困村至少培养 2—3 名后备干部；2020 年，全面推行村（社区）党组织书记和村（居）民委员会主任“一肩挑”，实现村级党组织带头人队伍整体优化提升，有效打通了脱贫攻坚“最后一公里”。

建强基层党员队伍。昭阳区严格落实《发展党员工作实施细则》，严肃发展党员工作纪律，五年共发展党员 1785 名，排查出失联党员 1034 名，针对失联党员情况，坚持“分类对待、谨慎处置”的原则，规范组织关系管理 805 名，进行组织处置 228 名，给予纪律处分 1 名，建立健全 696 名流动党员信息台账，在昆明建立了在昆流动党工委和 4 个流动党支部，让党员流动不流失、离乡不离党。

引优秀人才助力脱贫攻坚。昭阳区紧扣产业发展和乡村实际需求，以苹果、马铃薯为产业重点建立了 5 个专家工作站，引进了 40 余名省内外高层次专家定期进站开展科研攻关、技术指导、人员培训等工作，带动引领

4537名农村技能型人才在脱贫攻坚一线运用技能带动产业发展，人才助力群众增收效果明显。

注重激励关怀　激发脱贫攻坚内动力

昭阳区坚持正向激励，以调动干部积极性、发挥主观能动作用和示范带动作用为重点，树立以脱贫成效论英雄的鲜明导向，持续激发扶贫干部内生动力。

树牢脱贫攻坚一线选人用人导向。2017年出台《关于在脱贫攻坚第一线考察识别领导干部的实施意见（试行）》，把脱贫攻坚第一线作为领导干部增长见识、磨砺才干的“大熔炉”，作为了解、识别、检验领导干部工作作风、素质能力的“试金石”。2015年以来，全区从脱贫攻坚一线提拔干部比例逐年提升至83.3%，累计从乡镇、街道和脱贫攻坚领导小组成员单位提拔科级领导干部200余名，旗帜鲜明地树立了脱贫攻坚一线选用干部的正确导向。

提高基层干部待遇。在规范考勤的基础上，昭阳区严格执行乡镇、街道干部岗位补贴政策，不断加大乡镇、街道办公基础设施建设，努力改善乡镇、街道干部的办公条件和生活环境。2019年，制订下发《关于建立村（社区）干部岗位补贴长效机制的通知》，实行“基本报酬＋绩效补贴＋村级集体经济创收奖励”结构性补贴，实现村正职2000元/月，“一肩挑”2320元/月，副职1800元/月，村“两委”委员600元/月，绩效补贴由优秀200元/月、合格100元/月分别提高到600元/月和400元/月，村（居）民小组干部误工补贴提高到400元/月。落实正常离任村（社区）干部生活补贴，实行脱贫攻坚专项奖励，对村（社区）干部购买养老保险给予财政补贴，村（社区）副职每月补贴735元，并为村（社区）干部进行体检和购买意外伤害险，激励村（社区）干部担当作为。

注重关心关爱。昭阳区逐年加大脱贫攻坚一线干部教育培训、评先评优、职称评聘等方面政策倾斜力度，关爱干部身心健康，严格落实区、乡、村三级干部谈心谈话制度和脱贫一线干部待遇保障制度，实现区直下派驻村工作队队员意外保险、健康体检全覆盖，外来挂职干部探亲交通报账、艰苦边远地区津贴、食宿、交通、保险、体检、法定节假日不值班等制度全覆盖。同时，不断加大一线干部交流轮岗力度，2016 年以来累计调整同一岗位工作超过 5 年的干部 113 名，评选表扬脱贫攻坚先进个人 114 名，切实增强了基层干部的获得感、幸福感和荣誉感。

（作者系中共昭阳区委组织部干部）

大事记

2015年

3月17日，区委召开农业农村暨扶贫攻坚工作会议。

4月29日，参加全市扶贫攻坚工作会的各县区领导到小龙洞乡宁边村偏坡苗寨考察学习。

5月6日，省委副书记钟勉等到苏家院镇顺山村和迤那村、永丰镇小闸村陈家营、昭阳工业园区调研。

8月24日，区委召开四届第61次常委会议，研究部署扶贫开发暨“挂包帮、转走访”、农村危房改造及抗震安居工程建设。

9月17日，市委书记范华平，区委书记江先奎一行到靖安镇大砻老村开展“挂包帮、转走访”工作。

同日，市委书记范华平主持召开昭阳区扶贫攻坚“挂包帮、转走访”座谈会，要求市直挂钩部门严格按照中央精准扶贫目标任务，紧紧围绕“五看”原则，准确摸清底数，做实做细工作方案，确保扶贫攻坚任务圆满完成。

20—21日，副省长和段琪到青岗岭乡调研，要求全区上下切实落实“挂包帮、转走访”各项工作措施。

23日，召开扶贫攻坚暨农村危房改造、抗震安居工程建设大会战动员大会，要求举全区之力坚决打赢扶贫攻坚、农村危房改造、抗震安居工程建设攻坚战。

同日，全区共339名驻村工作队队员开始进住90个贫困村。

11月5日，召开精准扶贫建档立卡“回头看”工作会议。

17日，区政协主席罗勇一行到靖安镇大耆老村检查脱贫攻坚示范点建设工作。

12月1日，市委书记范华平到靖安镇大耆老村调研。

2016年

1月，派驻驻村扶贫工作队总数90个，下派驻村干部479人。

19日，召开农业农村工作领导组第一次会议，研究讨论美丽乡村建设、土地流转、农村危房改造、农村环境综合整治、脱贫攻坚、易地搬迁等工作。

4月6日，市委书记范华平一行到靖安镇大耆老村、青岗岭乡沈家沟村调研，要求进一步加快脱贫攻坚工作步伐，确保精准脱贫各项措施落到实处。

17日，副省长张祖林到昭阳区调研，要求昭阳区要聚焦“精准”，分类施策，确保按时完成脱贫目标任务。

5月4日，鲁甸、巧家、镇雄、绥江、水富等县党政主要领导到昭阳区开展脱贫攻坚现场观摩点评活动。

5日，中国保监会副主席陈文辉调研昭阳区运用保险机制服务民生、助力精准扶贫工作。

7日，市委书记范华平一行到布嘎乡、守望乡和靖安镇就易地扶贫搬迁安置点建设、G356线（大山包一级公路）建设、卯家冲万亩烟草基地等开展脱贫攻坚现场观摩点评活动。

12—13日，分两期举办全区驻村扶贫工作队队员暨脱贫攻坚工作培训会。

13—14日，区长陶毅到四川省凉山州西昌市参加国土资源部组织召开的乌蒙山片区区域发展与脱贫攻坚部际联席会议。

21日，市委书记范华平一行到旧圃镇、洒渔镇、苏甲乡调研。

28日，召开贫困人口建档立卡“回头看”专题会议。

7月2日，市委书记范华平，市长郭大进带领参加全市脱贫攻坚城乡发展大会的市县（区）领导参观考察昭阳区脱贫攻坚城乡发展工作。

5日，市委书记范华平率国家、省、市“挂包帮”昭阳区的相关部门领导到昭阳区开展脱贫攻坚第二季度现场观摩点评活动。

29日，召开脱贫攻坚专项纪律检查动员会，要求全力抓好专项纪律检查工作，为全区打赢脱贫攻坚战提供坚强的纪律保障。

8月25日，召开精准扶贫民政兜底暨民政相关工作推进会，要求开展好社会保障兜底脱贫对象认定，推进民政兜底脱贫工作。

9月3日，区委书记江先奎出席云南·广东扶贫协作工作联席会议。

4日，中共中央政治局委员、广东省委书记胡春华，云南省委书记、省长陈豪到靖安镇长寨村调研。

10月8—9日，市委书记范华平率脱贫攻坚现场观摩点评组到昭阳区易地扶贫搬迁安置点及有关项目建设点开展现场观摩点评，对昭阳区脱贫攻坚取得的工作成绩给予充分肯定。

11—12日，市长郭大进率全市第二次脱贫攻坚现场观摩点评第二组深入昭阳区相关项目建设现场及易地扶贫搬迁安置点开展现场观摩点评活动。

13—14日，广东、东莞联合扶贫协作考察组到昭阳区考察。

16日，全市各乡镇、街道党（工）委书记和组织委员到昭阳区永丰镇绿荫社区开展股份制合作经济模式观摩活动。

11月21日，中国建材集团有限公司党委书记、副董事长刘志江一行到昭阳区调研。

29日，市委书记范华平、区委书记江先奎一行到靖安镇、小龙洞乡开展第三次脱贫攻坚工作现场观摩点评活动。

12月9日，云南省政协副主席、九三学社省委主委曾华一行到靖安镇大耆老村调研。

12月15日，副省长和段琪一行到青岗岭乡沈家沟村调研。

2017年

1月7日，市委书记范华平到太平街道、凤凰街道、永丰镇、洒渔镇、靖安镇调研，走访慰问部分施工人员、困难群众和老党员。

23日，中共中央政治局常委、国务院总理李克强到昭阳区源成农贸市场、洒渔镇视察春节期间物资供应、脱贫攻坚等工作。

2月，全区中央、省、市、区、乡共选派469名（含总队长、副总队长）驻村队员。

25日，广东省扶贫办领导到昭阳工业园区调研。

3月27日，市委书记杨亚林到太平24号安置点、侨通公司、文体公园、乌蒙水乡、机场连接线、青岗岭乡乐德古村赵家垭口自然村调研。

28日，召开城市规划建设和脱贫攻坚工作汇报会，市委书记杨亚林参加会议并作讲话。

4月5日，省人大常委会副主任和段琪一行到昭阳区督查、指导脱贫攻坚工作。

6日，省人大常委会副主任和段琪、市委书记杨亚林一行到青岗岭乡沈家沟村调研，并主持召开会议，研究沈家沟村村民小组针对“三个聚焦”对照查摆的问题及整改措施。

7日，召开脱贫攻坚“找问题、补短板、促攻坚”专项行动推进会。

9日，区委书记江先奎一行到苏家院镇、永丰镇调研。

25日，联合国驻华使节考察团到昭考察扶贫工作。

5月，市级单位下派75名队员到原挂钩村参与摸底调查，区级单位选派210名、各乡镇（街道）补充126名队员到昭阳区63个非贫困村开展摸底调查工作。

6月，昭通学院选派100名大学生到昭阳区17个乡镇参与摸底调查工作。

3日，区委五届第19次常委（扩大）会议专题研究部署精准识别、摸底调查工作。

同日，区长陶毅到苏家院、乐居等6个乡镇督查指导贫困对象精准识别摸底调查工作。

3日至4日，区委书记江先奎到苏甲乡、洒渔镇、旧圃镇和靖安镇长寨村、乐居镇上街村，督查贫困对象精准识别摸底调查工作。

17日，市委书记杨亚林到昭阳区查看G356线大山包一级公路以及绿道建设推进情况，并就沿线乡镇景点打造、大山包旅游开发、脱贫攻坚等工作提出要求。

7月1日，省委书记陈豪到苏家院镇顺山村余家院子自然村、海升苹果示范园调研。

5日，农工党中央主席陈竺等到永丰镇小闸村陈家营自然村调研，在市中医院参加农工党中央“镇彝威”革命老区白内障手术精准扶贫项目捐助仪式。

14日，东莞市石碣镇党政考察团到大山包镇、苏家院镇调研。

8月23日，宜宾市政协到昭通中心城市文化体育旅游产业发展新区、省耕山水、苏家院镇海升公司苹果基地、洒渔镇余家大冲易地扶贫搬迁安置点考察。

9月2日，市委书记杨亚林到洒渔镇集镇、乐居镇中和村、苏家院镇双河村徐家院子、凤凰街道龙山寨社区、北闸镇原驰宏地块、青岗岭乡罗德古村赵家垭口、市二院新院、乌蒙水乡拆迁点调研。

10 日，省委副书记、省长阮成发到大山包镇国际翼装飞行训练基地、苏家院镇迤那村海升苹果基地、省耕公园调研。

14 日至 16 日，东莞市石碣镇企业考察团到昭阳工业园区、大山包镇和永丰镇考察。

23 日，区委五届第 25 次常委（扩大）会议研究部署脱贫攻坚、信访维稳等工作。

10 月，选派队员 437 名（其中，中央 1 名、省级 17 名、市级 11 名、区级 408 名），组成 111 支驻村工作队到村工作。

14 日，召开 2017 年脱贫攻坚“百日行动”工作会议。

20 日，东莞市调研组到昭阳区调研。

24 日，健康扶贫巡回义诊在靖安镇大耆老村启动。

27 日，召开农村危房改造修缮加固专题推进会议。

29 日，全市“志愿服务 · 志立扶贫”工作现场会在昭阳区召开。全市十一县（区）团县（区）委书记、副书记参加现场会。

11 月 7 日至 9 日，区长陶毅率昭阳区党政企考察团赴广东省东莞市石碣镇考察，并召开扶贫协作工作联席会议。

17 日，昭通市昭阳区 · 东莞市高埗镇扶贫协作联席会议召开，签订对口帮扶协作协议。

12 月 2 日，幸福馨居举行易地扶贫搬迁入住抽签仪式，首批易地扶贫搬迁户入住幸福馨居。

3 日，市委书记杨亚林到永丰镇绿荫安置点、凤凰街道龙山寨凤凰小镇规划点、北闸镇红路安置点、太平街道“幸福馨居”等地调研。

6 日，市委书记杨亚林到永丰镇、洒渔镇集镇、洒渔镇柳树湾苹果专业合作社、青岗岭乡罗德古村赵家垭口等地调研。

8 日，召开易地扶贫搬迁对象摸底调查精准识别动员暨培训会议。

9 日，市委书记杨亚林到靖安镇调研易地扶贫搬迁工作。

12月11日，中国建材集团党委常委、董事、总经理曹江林一行到昭阳区调研。

27日，国家2017年农村危房改造绩效评价交叉检查组到北闸镇邓子村开展入户抽查工作。

2018年

1月8日，昭阳区展精准扶贫“万企帮万村”结对帮扶活动签约仪式在乐居镇举行。

10日，市委书记杨亚林到昭阳区北闸镇、永丰镇调研。

23日，区委召开五届第32次常委（扩大）会议，要求全区党员干部认真贯彻落实党的十九大精神，以新时代新思想、新目标、新定位、新举措推动昭阳升级转型，决战脱贫攻坚。

31日，东莞市劳务考察昭阳区座谈会召开，就用工、劳务输出等相关事宜进一步洽谈。

2月14日，市长郭大进一行到洒渔镇思源馨居看望慰问易地扶贫搬迁群众。

3月24日，市委书记杨亚林、市长郭大进到幸福馨居、北闸镇万亩苹果示范基地、靖安镇西魁梁子、靖安安置区、永丰镇海升苹果基地调研。

4月2日，省人大常委会常务副主任和段琪一行到北闸镇万亩苹果示范基地、靖安镇西魁梁子、永丰镇海升苹果示范基地调研。3日，到大山包镇调研。4日，到幸福馨居、文化体育产业新区、省耕公园、乌蒙水乡调研。

3日，百余名省市区记者和作家到洒渔镇联合村余家大冲安置点思源馨居举办“自强、诚信、感恩”专题讲座。

5月7日，北闸、守望、小龙洞和田坝四个乡镇的150名建档立卡群众到昭阳工业园区就业。

9 日，市委书记杨亚林到渔洞水库、苏甲乡瓜寨村和布初村调研。

10 日，全国政协、省政协有关领导到幸福馨居、永丰镇苹果产业助推脱贫攻坚示范基地调研，并入户走访。

11 日，区委书记江先奎、区长陶毅参加全国政协赴昭通市开展“解决深度贫困地区脱贫问题”专题调研座谈会议。

同日，省委副书记李秀领等到青岗岭乡水电铝项目、靖安安置区、昭阳工业园区华坚鞋业、省耕公园调研。

29 日，广西壮族自治区移民工作管理局副局长梁永文率广西考察组到昭阳区考察易地扶贫搬迁安置点建设。

6 月 13 日，广东省东西部扶贫协作调研督导团到昭阳区调研。

同日，全国政协考察团一行到幸福馨居、华坚鞋业和顺华智能调研。

20 日，省人大常委会常务副主任和段琪一行到青岗岭乡杜家梁子水电铝项目点、北闸镇红路安置点、永丰镇安置点、永丰海升苹果示范基地调研。

23 日，市委书记杨亚林到靖安镇调研。

7 月 10 日，昭通市易地扶贫搬迁誓师大会在靖安安置区举行。

26 日，省易地扶贫搬迁攻坚战指挥部调研组到北闸红路、幸福馨居、锦绣朝阳安置点调研。

27 日，中山市副市长胡建普一行到昭阳区调研。

8 月，昭阳区永丰易地扶贫搬迁安置点动工建设。

1 日，中国建材集团领导到守望乡调研。

21—23 日，东莞市委副书记、市长肖亚非一行到昭阳工业园区、昭通市职教中心、幸福馨居易地搬迁安置点、洒渔镇巡龙村苹果园调研。

8 月 25 日，昭阳区人民政府、东莞市人力资源局、昭阳区人社局共同举办昭阳区 2018 年“东西部劳务协作”暨高校毕业、就业困难人员就业专场招聘会。

9 月 30 日，区委书记江先奎、区长陶毅率区直有关部门负责人到靖安安置区、北闸红路安置区实地调研。

10月7日，市委书记杨亚林到靖安安置区、北闸红路安置点调研。

15—16日，省人大常委会常务副主任和段琪到盘河镇新店村、盘河镇卫生院、北闸镇、永丰镇新民社区调研。

18日，市委书记杨亚林到青岗岭乡赵家垭口、靖安安置区调研。

22日，中国建材集团董事长、党委书记宋志平一行到守望乡、昭阳区一中调研。

24日，省委副书记李秀领到靖安安置区、北闸红路安置点调研。

11月6日，全省扶持村级集体经济发展试点工作推进会在昭阳区召开。

14日，广东省东莞市调研组到昭阳区调研东西部扶贫协作专项资金使用情况。

19日至20日，国家发改委调研组到靖安镇、洒渔镇、永丰镇、北闸镇调研。

27日，全市发展壮大村级集体经济工作现场推进会在昭阳区召开。

12月3日，市委书记杨亚林到永丰镇绿荫安置点、凤凰街道龙山寨凤凰小镇规划点、北闸镇红路安置点、太平街道幸福馨居调研。

5日，市委书记杨亚林到永丰镇、洒渔镇集镇、洒渔镇柳树湾苹果专业合作社、青岗岭乡罗德古村赵家垭口等调研。

9日，市委书记杨亚林到靖安镇调研。

11日，中国建材集团领导到守望乡调研。

13日，省人大常委会常务副主任和段琪一行到昭阳区调研。

2019年

1月12日，省委书记、省人大常委会主任陈豪到昭阳区靖安安置点调研易地扶贫搬迁安置区和配套产业（蔬菜基地）建设，到永丰海升苹果示范园调研产业发展。

19日，中共昭通市委四届四次全体（扩大）会议召开期间，市委书记杨亚林、市长郭大进、市委副书记王忠、常务副市长陈真永分别率领参会人员参观昭阳区凤凰街道龙山寨社区、靖安安置区和昭通超越万亩苹果基地。

21日，市委书记杨亚林到青岗岭乡乐德古村赵家垭口、金瓜村，洒渔镇弓河村嘿叻自然村调研，看望慰问驻村工作队队员、基层扶贫干部，并召开座谈会议。

27日，省人大代表、区长陶毅走进云南广播电视台“两会访谈间”，谈“苹果之城”建设。陶毅介绍中说：昭阳区着力建设一座“城在园中、园在城中、100万亩苹果、100万人、半城苹果满城香”的“苹果之城”。

28日，昭通市易地搬迁产业园昭通市华孚冷链物流仓储交易中心项目在靖安镇安置区举行奠基仪式，标志着昭通市国家级100万吨冷链物流仓储交易中心项目启动建设。

2月14日，昭阳区易地搬迁劳动力帮扶暨“春风行动”现场招聘会召开。省内外40余家企业共提供16800余个就业岗位，助力昭阳区脱贫攻坚。

同日，中共昭阳区委五届四次全体（扩大）会议召开。区委书记江先奎代表区委作了《汇聚一切力量　穷尽一切措施　为决胜脱贫摘帽冲刺全面小康而努力奋斗》的报告；区长陶毅作了《决战脱贫摘帽　决胜全面小康奋力开创昭阳高质量跨越式发展新局面》的讲话；会议就《中共昭阳区委　昭阳区人民政府关于坚决打赢精准脱贫攻坚战确保如期实现脱贫出列摘帽的决定（讨论稿）》《中共昭阳区委昭阳区人民政府关于全面开展农村人居环境专项治理的决定（讨论稿）》《中共昭阳区委关于2019年脱贫出列摘帽加强干部作风建设的决定（讨论稿）》作了说明。

19—21日，政协昭阳区第五届委员会第三次会议在国际会展中心召开。区委书记江先奎在会上作题为《勠力同行　尽锐出战　为夺取脱贫摘帽根本性胜利而努力奋斗》的讲话。

20—22日，昭阳区第五届人民代表大会第三次会议在昭通国际会议会展中心召开。区委书记江先奎出席会议并讲话，要求各位代表要走在前列作表率，坚决夺取脱贫摘帽伟大胜利，谱写新时代昭阳更加精彩的新篇章，以优异成绩献礼中华人民共和国成立 70 周年。会议就《中共昭阳区委　区人民政府关于打赢脱贫攻坚，确保如期实现脱贫出列摘帽的决定》（讨论稿）、《中共昭阳区委　区人民政府关于全面开展农村人居环境专项整治的决定》（讨论稿）、《中共昭阳区委关于 2019 年脱贫出列摘帽加强干部作风的决定》（讨论稿）征求人大代表、政协委员意见。

26—27 日，国家发展改革委党组成员、副主任林念修，省政府副省长陈舜到靖安镇、北闸红路、洒渔镇余家大冲、幸福馨居、永丰镇海升集团苹果基地调研。

3 月 4 日，中共昭阳区第五届纪律检查委员会第四次全体会议召开。全会号召，要更加紧密地团结在以习近平同志为核心的党中央周围，在市纪委监委和区委的坚强领导下，保持政治定力，坚定必胜信心，不忘初心，砥砺前行，努力推动新时代纪检监察工作高质量发展，为决战决胜脱贫摘帽、奋力冲刺全面小康作出应有贡献。

5 日，召开 2019 年精准扶贫动态管理工作培训会。要求坚持动态管理常态化机制，查缺补漏。

12 日，自然资源部联合调研组到靖安安置区、青岗岭乡水电铝项目调研。

同日，人社部农村社会保险司副司长汪泽英率督导组对昭阳区社会保险扶贫工作进行调研督导。

17 日，昭阳区 2019 年决战决胜脱贫摘帽誓师大会召开。会议期间，区长陶毅为参加会议的 1200 余人举办脱贫攻坚工作业务知识讲座。区级相关领导分别就脱贫攻坚资金管理、区委政府关于全面开展农村人居环境专项治理的决定作说明、通报扶贫邻域典型案例、宣读《中共昭阳区委昭阳区人民政府关于坚决打赢脱贫摘帽歼灭战的决定》要点、《中共昭阳区委关于 2019 年脱贫摘帽加强干部作风建设的决定》《中共昭阳区委关于成立脱贫攻坚督战队和督查队的决定》。会议表彰了114名在脱贫攻坚工作中涌现出来的先进个人。会上，区、乡、村三级干部及企业代表分别就脱贫攻坚驻村队员管理、劳动力转移就业、易地扶贫搬迁、资金管理、农危改及人居环境提升、产业发展、安置点建设、就学及基本医疗、饮水保障、如期实现脱贫出列作出承诺，各乡镇、街道战区指挥长、行业部门战区主要负责人、乡镇街道战区党工委书记、乡镇长依次递交了军令状。

21—22日，广东省农业农村厅副巡视员宋宗约率深圳市调研组到昭阳区调研。

24日，市长郭大进到大山包调研。

27—28日，省人大常委会常务副主任和段琪、副秘书长单文等到昭阳区调研。

4月2日，召开专题办公会研究部署农村危房改造、劳务输出等工作。

4日，新疆维吾尔自治区党委副书记、兵团党委书记孙金龙一行到靖安安置区、工业园区立时电子有限公司、永丰海升苹果基地、省耕国学文化公园考察。

9—10日，深圳市政府党组成员陈彪一行到昭阳区调研。

11日，区政协、区工商联携手昭通市宜通页岩制砖有限公司，向靖安镇五星村捐赠页岩砖2.6万匹，助力当地危房改造。

12日，昭阳区人民政府召开五届三次全体（扩大）会议暨廉政、安全生产、烟草产业高质量发展工作会议，安排部署相关工作。区长陶毅作题为《讲政治，抓落实，树形象，打赢脱贫摘帽攻坚战开创昭阳发展新局面》讲话。

15日，召开专题办公会，研究扶贫车间建设、招商引资、易地扶贫搬迁安置点公共基础设施配套、黑臭水体治理等工作。

23—24日，广东省委副书记、深圳市委书记王伟中一行考察调研工业园区发展规划、广东劳动密集型企业落户情况、扶贫车间建设、贫困户就业、易地扶贫搬迁安置、产业发展、水电铝项目等工作。

5月8日，东莞市考察组到昭阳区考察。

14—15 日，深圳市国资委副巡视员钟少球率调研组一行 21 人到昭阳区调研。

29—30 日，省人大常委会常务副主任和段琪到渔洞水库、洒渔镇邓家院子、苏甲乡瓜寨村、靖安安置区、北闸红路安置点、太平黄竹林蔬菜基地、乌蒙水乡调研。

6 月 2 日，召开 2019 年贫困村脱贫出列区级交叉核查及乡镇全面自查工作培训会议。

3 日，区委书记江先奎到洒渔、苏甲等乡镇调研，强调各级各部门要全力以赴推进农危改工作。

5 日，中央党校副校长何毅亭一行到靖安安置区、永丰海升苹果示范基地调研。

6 日，原省人大常委会常务副主任杨应楠到靖安安置区、靖安西魁梁子、永丰海升苹果示范基地调研。

7 日，市委书记杨亚林到大寨子乡卜鲁期村、田坝乡水屯村、炎山镇大沱村调研，并与群众座谈。

10 日，召开扶贫开发领导组会议。要求全区各级各部门结合实际，打好五个“歼灭战”和四大“攻坚战”，扎实抓好扶贫开发各项工作。

15 号，召开贫困村脱贫出列区级交叉检查经验总结暨乡级核查工作推进会，通报存在问题，要求做好问题整改。

26 日至 27 日，东莞市石碣镇党政企考察团到北闸镇、昭阳扶贫产业园区和靖安镇考察。

27 日，市委书记杨亚林到小龙洞乡小龙洞社区、小米村调研，与小米村村民李才儒、马敏清交谈，到村民虎恩会等群众家中查看群众住房。

28 日，区委、区政府召开座谈会，与来自山东和广东的 21 家企业商谈来昭投资相关事宜。

7 月 1 日，新疆建设兵团领导到靖安安置区、永丰海升苹果基地调研。

2 日，省政协调研组和新疆生产建设兵团考察组到靖安镇、永丰镇调研。

3—5 日，东莞市委书记梁维东一行到昭阳区考察。

24 日，市委书记杨亚林到靖安镇松杉村西魁梁子马铃薯种植基地调研。

25 日，市委书记杨亚林到旧圃镇、北闸镇、青岗岭乡调研。

26 日，昭阳区北闸镇红路安置点启动群众搬迁入住工作。红路安置点规划安置昭阳区 13 个乡镇 5960 户 25237 人，其中，卡户 5099 户 21822 人，同步搬迁户 861 户 3415 人。分两期施工，一期于 2018 年 8 月底动工建设，EPC 总承包单位为广西建工。建设住宅 13 幢，层数均为 11 层，13 栋安置房已全部装修完成。二期分别由云南能投、云南建投、广西建工为 EPC 总承包单位。规划修建 85 栋安置房，年内，基础施工 32 栋，±0 以上主体施工 52 栋，配套实施的市政道路、燃气、卫生项目、给排水、强弱电、社区综合服务中心同步推进。主体工程及配套项目设施于 9 月 30 日完成竣工验收并达到搬迁入住标准，计划搬迁群众于 11 月 30 日全部完成搬迁入住工作。

29 日，省政协调研组到昭阳区调研。

31 日，中山市委主要领导一行，到靖安安置区、永丰海升苹果基地调研。

8 月 7 日，区委书记江先奎带领区综合执法局、住建局、人社局等部门领导到苏家院镇、乐居镇调研农危改工作。

11 日，市委书记杨亚林到永丰镇青坪村，苏家院镇坪子村、苏家院村，乐居镇仁和村，洒渔镇大桥村、白鹤村，青岗岭乡调研。

12 日，召开 2019 年健康扶贫现场工作会议。

13 日，省人大常委会常务副主任和段琪一行到昭阳区调研。

15 日，深圳市工信局优 A 势产业处处长杨宇清率深圳企业考察团赴靖安安置区考察投资环境。

18 日，市委杨亚林书记到靖安镇、北闸镇、永丰镇调研。

20—21 日，中共中央政治局委员、广东省委书记李希，广东省委副书记、省长马兴瑞率领广东省党政代表团实地考察靖安安置区，海升、超越苹果基地和昭阳扶贫产业园内的华坚鞋业、立时电子，了解易地扶贫搬迁、产业扶贫、劳务协作、教育医疗帮扶工作。

22日，中国农业大学、新洋丰农业科技股份有限公司主办的“校企合作，品质兴农”2019昭通区域苹果观摩培训会在昭阳区乐居镇举行。

25日，昭阳区举行东西部扶贫协作云南省昭通市昭阳区赴东莞就学典礼，446名贫困学生踏上赴东莞的求学之路。

27—28日，广东省东莞市茶山镇党政代表团到昭阳区，就支教支医工作进行对接，送支教教师和支医医生到昭阳区工作。

9月3日，召开扶贫开发领导组调度会议，专题研究脱贫攻坚工作。要求全面贯彻市委四届五次会议精神，坚决打赢脱贫攻坚战。主要精力要集中在“两不愁、三保障”上，缺什么补什么，具体要抓住核心问题的住房；医疗卫生工作要开展全面整顿；劳动力转移就业要做到“一户一档，一人一证”。要坚决打好“五大攻坚战”，农危改要做到“以房找人，以人找房”，并精准锁定；劳动力转业就业必须横向到边、纵向到底，完成清零销号任务；易迁建设必须按时间节点入住，配套项目必须按时间节点完成；产业扶贫要加大工业园区厂房建设力度，加快苹果产业建设步伐，加快劳动密集型企业的引进步伐，强势抓好各乡镇的扶贫车间工作。拆旧复垦和人居环境提升工作要严格按照“危房不住人，住人无危房”的要求开展工作。要继续打好教育卫生饮水道路交通四大歼灭战。要以“五查五看一感恩”为抓手，全面开展“挂包帮，转走访”活动，提高为群众办实事做好事的效率，让广大干部为荣誉而战，并拉近与群众的距离，加深与群众的感情，让群众真正能够感党恩听党话跟党走。

3—5日，东莞市石龙镇考察团一行到昭阳区考察。

11日，召开农村危房改造专题会议。

18日，省人大常委会常务副主任和段琪到昭阳区调研。

27日，云南省委副书记、省长阮成发到龙泉街道环城北路社区调研“不忘初心、牢记使命”主题教育、脱贫攻坚和基层党建工作。

30日，为期1年的“东莞·昭阳支教老师走基层活动”在昭阳区第二中学启动。该活动从9月30日开始，到2020年9月结束，其间每个月至少安排支教活动小分队到两个以上乡镇开展授课评课、专题讲座和学术交流。

同日，永丰安置点搬迁群众完成搬迁入住。昭阳区永丰安置点由中国十七冶集团有限公司建设，2018年8月动工建设，2019年9月完成工程建设并达到搬迁入住标准，项目建设点位于永丰镇新民村，总投资3.01亿元，规划用地总面积4.78公顷，建筑总面积达9.84万平方米。其中，住宅楼11栋，共755套住房，7.37万平方米；商业用房1栋，建筑面积1.12万平方米，同时配套社区、物管、地下车库等用房和扶贫车间。共安置大山包镇建档立卡贫困户742户3315人。

10月2日，市委书记杨亚林到昭阳区调研。

11日，上海工会技协小分队赴昭开展教育结对帮扶，在昭阳三小朝阳校区签订教育结对帮扶协议。

12—13日，省委书记陈豪率队到昭阳区检查指导第二批“不忘初心、牢记使命”主题教育，调研深度贫困地区脱贫攻坚工作。

19日，市委杨亚林书记到靖安安置区调研。

22日，广东省残联党组书记、理事长张永安一行到洒渔镇新立村调研。

24日，省人大常委会常务副主任和段琪等到靖安安置区、水电铝项目基地、太平黄竹林蔬菜基地调研。

28日，昭阳区与东莞市石碣镇、石龙镇、茶山镇扶贫协作联席会议在茶山镇召开。

11月1日，全国人大常委会委员、农工党中央专职副主席、精准扶贫精准脱贫工作领导小组副组长杨震，农工党中央精准扶贫精准脱贫工作领导小组办公室主任、农工党云南省委会主委、云南省红十字会常务副会长张宽寿一行11人赴靖安新区开展易地扶贫搬迁民主监督专题调研。

同日，召开脱贫攻坚领导组调度会议，安排部署迎接2019年拟退出贫困县省级核查相关工作。

3日，市长郭大进到昭阳区调研。

6—8 日，省扶贫办核查组到大山包镇老林村、田坝乡木厂村、小龙洞乡宁边村、靖安镇松杉村核查脱贫攻坚工作。

8 日，2019 年拟退出贫困县（昭阳区）省级核查组到靖安镇调研。

12 日，国家扶贫办调研组到乐居镇、苏家院镇检查。

12—13 日，茶山镇代表团在昭阳区考察。

14—18 日，靖安安置区易地扶贫搬迁安置启动摇号分房，标志着靖安安置区进入分房入住阶段。来自大关、永善、彝良、昭阳、盐津、镇雄等 6 县（区）的 8859 户 39034 名搬迁群众分到新房。靖安新区，是全国最大跨县易地扶贫搬迁安置区。占地 145.07 公顷，总投资 43.6 亿元，总建筑面积 130 万平方米，建设安置房 9256 套，学校、医院、道路、活动中心等配套设施齐全，项目于 2018 年 10 月启动建设，计划于 2019 年 12 月达到搬迁入住条件，EPC 总承包单位为中国建筑股份有限公司，项目承接大关、永善、彝良、盐津、镇雄、昭阳 5 县 1 区、39 个贫困乡镇、229 个贫困村 9256 户 40549 名搬迁群众，其中，建档立卡 6976 户 31160 人、同步搬迁 2280 户 9389 人。安置区建设有幼儿园 4 所、小学 2 所、完全中学 1 所 9.7 万平方米，满足 8742 人就学；二级综合医院 1 所、社区卫生室 6 个 3.34 万平方米。同步配套市政道路、一水两污、燃气等设施。靖安新区分为滨江社区、惠民社区、合顺社区、康庄社区、福兴社区、思源社区 6 个社区。12 月 18 日靖安新区首批近千户群众搬迁入住。在实施易地扶贫搬迁的过程中，同步规划建设了完善的产业支撑项目，确保搬迁群众做到挪穷窝、断穷根，搬得出、稳得住、能致富。靖安安置区采取“龙头企业 + 基地 + 支部 + 合作社 + 贫困户”的模式，引进了陕西海升、江夏吉之汇、广东粤旺等龙头企业和利用恒大集团援建项目，建设蔬菜大棚 1 万个，建成水果胡萝卜基地 133.33 公顷、马铃薯良种扩繁基地 1000 公顷、为搬迁群众提供就业岗位。12 月 18 日，靖安易地扶贫搬迁安置区举行搬迁启动仪式。昭通市领导杨亚林、王忠、张绍雄、江先奎、陈真永、朱家伟、尹朝禹、保明康等市四套班子领导到安置区惠民社区，看望、慰问搬迁群众。

19 日，省人大常委会副主任和段琪到靖安安置区、红路安置点、昭阳工业园区调研。

21 日至 22 日，国家发改委调研组一行到靖安镇、北闸镇、永丰镇调研。

25 日，中国建筑材料集团科学研究总院党委书记王益民一行到昭阳区调研。

26 日，市委杨亚林书记到渔洞水库调研。

28 日，召开贫困县退出区级审议会议。

28 日，财政部经建司司长孙光奇、国家烟草专卖局财务司司长张孝堂一行 6 人到靖安安置区调研。

29 日，区委书记江先奎到西凉山片区检查扶贫领域“回头看”“大排查”贯彻落实情况。

30 日,红路易地扶贫搬迁安置区一期搬迁入住档立卡户 4230 户 18209 人。

12 月 2 日，召开扶贫开发领导组会议，安排部署贫困县申报退出相关工作。

4 日，省东西部扶贫协作交叉考核组到区协作办、昭阳扶贫产业园区考核。

7 日，昭阳区扶贫开发领导组召开第二次调度会，安排全区脱贫摘帽冲刺阶段相关工作。

11 日，省人大常委会副主任和段琪到靖安安置区调研。

15 日，广东省中山市三角镇女企业家协会一行到靖安安置区调研。

19 日，广东省慈善总会调研考察组一行到靖安安置区调研。

23 日，省委副书记王予波、市委书记杨亚林到靖安安置区调研，入户走访易迁群众。

27—29 日，中央扶贫资金绩效考核工作组到乐居镇、苏家院镇、靖安镇西魁梁子、碧凹村、碧海村和太平街道永乐社区实地考核。

30 日，市委书记杨亚林到靖安安置区调研。

2020年

1月1日，国家2019年东西部扶贫协作考核组到永丰海升苹果基地调研；到洒渔镇新海小学、昭阳工业园区、太平街道黄竹林社区实地核查。

4日，市委书记杨亚林到永丰镇、守望乡、布嘎乡、小龙洞乡、靖安镇调研。

6日，中央第十二巡视组相关领导到靖安安置区调研易地扶贫搬迁、一配套两支撑工作，入户看望易迁群众。

7日，省人大常委会副主任、省总工会主席王树芬到区行政办公中心、靖安安置区、云南云铝海鑫铝业有限公司调研，开展2020年元旦春节送温暖活动。

23日，市委书记杨亚林到靖安镇松杉村西魁梁子马铃薯基地、洒渔镇新立村调研，开展春节走访慰问。

27日，省委书记陈豪、市委书记杨亚林到永丰海升苹果基地调研疫情防控、脱贫攻坚和产业发展。

3月5日，市委书记杨亚林到靖安安置区、靖安镇松杉村西魁梁子调研疫情防控、产业发展、扶贫车间建设、工程建设扫尾和脱贫攻坚等工作。

10日，区委书记江先奎、区长陶毅、常务副区长费忠平参加省人大常委会常务副主任和段琪主持召开的昭阳区脱贫攻坚工作汇报会。

12日，省政协常务副主席杨嘉武到靖安安置区督战脱贫攻坚工作。

13日，省民政厅厅长姜山、市委书记杨亚林到靖安安置区调研疫情防控、产业建设和脱贫攻坚工作。

15日，市委书记杨亚林到大山包镇、凤凰街道荷花社区调研疫情防控、易地扶贫搬迁工作。

23日，市委书记杨亚林到靖安安置区调研。

4月2日，省政协副主席何波、市委书记杨亚林到靖安安置区、永丰超越现代苹果示范园、靖安西魁梁子马铃薯基地和洒渔新立片区马铃薯种植基地调研。

6 日，市长郭大进到守望乡烟堆山调研高速公路建设。

11 日，市委书记杨亚林到靖安安置区调研。

22—25 日，云南师范大学团队 66 人（其中：专家 6 人、调查员 60 人），到昭阳区开展 2019 年贫困县退出省级第三方实地评估检查工作，共抽取 18 个乡镇 26 个村 119 个村民小组入户调查 1561 户，其中：建档立卡户 801 户（已脱贫 795 户、未脱贫 6 户）、非卡户 761 户。

25 日，中共中央政治局常委、全国政协主席汪洋，省委书记陈豪，到靖安安置区、永丰海升苹果基地调研易地扶贫搬迁安置、产业发展、扶贫车间建设、易迁群众就业、配套设施建设、复工复产、社区服务管理、脱贫攻坚工作。26 日，到大山包镇合兴村调研易地扶贫搬迁安置、群众生产生活、劳动力转移就业、脱贫攻坚工作。

5 月 7 日，云南省扶贫开发领导小组办公室对昭阳区等 31 个县市区退出贫困县序列公示。

10 日，省委政研室调研组到昭阳区调研。

17 日，省人民政府发布贫困县退出通知，昭阳区获批退出贫困县序列。

28 日，自然资源部扶贫办主任刘晞一行到靖安安置区调研。

6 月 28 日，全区剩余未脱贫人口全部达到脱贫标准。

7 月 20 日—8 月 10 日，接受脱贫攻坚国家普查，全区 20.1 万贫困人口全部达到脱贫标准。

本卷后记

在决战决胜脱贫攻坚这场史诗般波澜壮阔的硬仗中，区委、区政府以最坚定的决心、最顽强的毅力，汇聚一切力量，穷尽一切办法，团结带领全区干部群众迎难而上，经过五年艰苦卓绝的奋斗，夺取了脱贫攻坚大决战的胜利。这场胜利，彰显了区委、区政府的勇毅笃行，凝聚着全区各级各部门和各级帮扶单位的担当作为，蕴含着社会各界的倾情帮扶，倾注了广大干部群众的艰苦奋斗。以文史资料的形式及时收集整理脱贫攻坚大决战中一个个感人的故事、一幕幕动人的场景、一段段精彩的瞬间、一股股奋进的力量，是区政协义不容辞的责任。

在区委的坚强领导下，区政协把《昭通市脱贫攻坚大决战实录·昭阳卷》的编撰工作作为一种政治责任，以严谨的作风，客观地对昭阳区脱贫摘帽这一历史性跨越进行全方位、多角度的记述，力求以形式多样的亲历、亲见、亲闻“三亲”材料，真实反映昭阳区脱贫攻坚生动实践，忠实记录这一光辉历程，展现取得的历史性重大成就，给为之付出艰辛努力的干部群众一份慰藉，同时激励当代人，启迪后来者。

《昭通市脱贫攻坚大决战实录·昭阳卷》的编撰工作历时半年，倾注了各级各相关部门和广大干部群众的心血和汗水。区委、区政府领导对编撰工作给予精心指导，区级领导特别是“四套”班子主要领导为本书撰文，区直各部门、各乡镇（街道）、各级帮扶单位、干部职工及部分光荣脱贫群众积极提供文稿或素材。区政协先后5次召开主席会议、专题会议、编委会议研究推动，还从有关部门抽调责任心强、文字功底扎实的同志参与编辑、组稿、校对工作，力求把这本书编撰为无愧于脱贫攻坚伟大实践的优秀文史资料。在此，谨向各撰稿单位以及为此书付出辛勤汗水的同志们表示衷心感谢！

脱贫攻坚是一个庞大的系统工程，虽然我们希望通过一个个故事串成昭阳区脱贫攻坚完整的历史记忆，留下珍贵史料，提供有益参考，但由于脱贫攻坚工作涉及面广，难以做到面面俱到，加之五年间领导变动等原因，很多领导干部扶贫的感人故事，很多部门的艰辛付出，很多一线干部的先进典型，很多群众力战脱贫的动人事迹，没有一一记录，深表歉意！同时，由于时间仓促，水平有限，遗漏和错误在所难免，敬请读者谅解！

（编委办）

《昭通市脱贫攻坚大决战实录》后记

经过半年的筹划，历时一年的编撰，《昭通市脱贫攻坚大决战实录》〔全套书共19卷，其中市级8卷、县（市、区）11卷〕终于在党的百年华诞之际与广大读者见面了。这既是政协昭通市第四届委员会文史工作的成果展示，又是对我市脱贫攻坚工作客观真实的记录，更是用真实的故事展示历史资料的大胆尝试。

反贫困是世界性难题，也是现代国家面临的迫切任务。党的十八大以来，以习近平同志为核心的党中央把扶贫开发摆到治国理政的重要位置，提升到事关全面建成小康社会、实现第一个百年奋斗目标的新高度，纳入“五位一体”总体布局和“四个全面”战略布局进行决策部署，加大扶贫投入，创新扶贫方式，出台系列重大政策措施，扶贫开发取得巨大成就。

昭通作为全国、全省脱贫攻坚的主战场，是最难啃的“硬骨头”。2015年习近平总书记首次离京考察就到昭通，对昭通脱贫攻坚工作提出了“三个更加”的重要指示要求。昭通全市上下牢记习近平总书记的殷切嘱托，坚持把脱贫攻坚作为全市工作的主题主线，坚持“双统领”“双保障”“双推进”，践行“133”工作思路，汇聚中央和省定点单位、东西部扶贫协作、社会扶贫和各族干部群众磅礴力量，在昭通脱贫攻坚主战场上打响了一场史无前例的脱贫攻坚大决战，长期困扰昭通发展的主要“瓶颈”得以突破，实现根本性跨越，全市 185.07 万贫困人口全部脱贫、1235 个贫困村全部出列、10 个贫困县（区）全部摘帽，昭通大地发生了翻天覆地的变化，困扰昭通千百年的绝对贫困得到历史性解决。

为充分发挥政协文史资料“存史、资政、团结、育人”功能，客观、真实地记录昭通市在脱贫攻坚中各项建设和群众生活发生的变化，记述各级干部群众在脱贫攻坚工作中可歌可泣的感人故事，市政协党组拟组织相关部门、专家对 2015—2020 年我市开展脱贫攻坚的重大事件、典型故事进行搜集整理，编撰《昭通市脱贫攻坚大决战实录》丛书。

在市政协成联远主席亲自关心和指导下，编委会拟订了编撰工作的初步方案和《昭通市脱贫攻坚大决战实录》的整体框架，并于 2019 年 8 月 7 日向市委报送了关于编撰《昭通市脱贫攻坚大决战实录》的请示，市委杨亚林书记批示“此项工作很有意义，同意组织编写，请联远主席牵头负责”。按照市委的批示，市政协党组迅速行动，成联远主席亲自安排、统一部署，及时组织专家拟出了《昭通市脱贫攻坚大决战实录》编撰任务分解方案，经反复讨论、多次修改后，于 2020 年 3 月 30 日上报市委，市委杨亚林书记批示“同意所报方案，客观精准务实地做好工作”。

2020 年 4 月 14 日，市政协组织召开了《昭通市脱贫攻坚大决战实录》专题会议，市委副书记朱家伟出席会议并作动员讲话，编撰工作在全市正式启动，会议统一了认识、明确了要求。为进一步细化任务、落实责任，编委会于 2020 年 4 月 23 日印发了《昭通市脱贫攻坚大决战实录》编撰任务分解方案的通知，加强对市级单位和县区市编撰工作的指导。随后，市政协副主席陶仁带领专家对 11 个县（市、区）的编撰工作进行了调研、培训、指导、督促，推动各县（市、区）编撰工作有效开展。针对全市编撰工作存在的问题，编委会经反复研究，统一思想，召开了由 40 多个市级部门参加的征求意见协商座谈会，在此基础上，进一步完善了编撰任务细化量化分解方案，印发到各县市区加强指导，并于 2020 年 7 月 16 日召开了《昭通市脱贫攻坚大决战实录》编撰工作推进暨培训会议，推进编撰进度，提升编撰水平。

为把《昭通市脱贫攻坚大决战实录》打造成“建党一百周年特别献礼工程”“昭通脱贫攻坚工作特别纪念”，市政协抢抓时间，及时出台系列配套文件，明确了市政协机关各委室联系各单位、部门及市政协委员，专门负责催稿工作，2020年10月底稿件收集基本结束。为使编辑审稿工作有序推进，落到实处，市政协从昭通学院和市委党史研究室聘请专家对编辑工作进行审稿（其中，昭通学院教授唐靖负责市级篇章《综合卷》和《巧家卷》，市政协原经农委主任王华国负责市级篇章《产业就业扶贫卷》和《鲁甸卷》，昭通学院教授傅奠基负责市级篇章《基础设施建设卷》和《盐津卷》《大关卷》，昭通学院教授陈玥负责市级篇章《易地搬迁扶贫卷》和《永善卷》，昭通学院教授王琼负责《民生扶贫卷》和《镇雄卷》，昭通学院教授任继敏负责市级篇章《挂钩帮扶及社会扶贫卷》和《水富卷》，昭通学院教授周玲负责市级篇章《扶贫协作卷》和《彝良卷》《威信卷》，市委党史研究室副主任翟昭明负责市级篇章《组织保障卷》和《昭阳卷》《绥江卷》）。2020年11月18日，市政协陶仁副主席主持召开《昭通市脱贫攻坚大决战实录》统稿工作会，统一了丛书形式和内容、结构和逻辑框架。

在市政协党组的坚强领导下，在各位编撰专家、市直各单位、市政协机关各委室、各县市区政协以及编撰办公室成员的大力支持和共同努力下，经夏历冬，数易其稿，2021年3月初，《昭通市脱贫攻坚大决战实录》样书基本成型。2021年3月17日，市政协副主席陶仁主持召开《昭通市脱贫攻坚大决战实录》样稿讨论会，进一步推动《昭通市脱贫攻坚大决战实录》编辑出版工作。

首先，本丛书的编撰出版得益于各级领导的正确领导，特别是市委杨亚林书记、市政府郭大进市长、市委朱家伟副书记的指导和支持。其次，本丛书的编撰出版得益于市政协党组的坚强领导，特别是成联远主席亲自指挥，亲自督战，亲自修订纲要，并亲自撰写总序和文章。第三，本丛书的编撰出版得益于全市200余家单位和部门的积极参与，全市领导干部，基层工作人员，脱贫攻坚督导员、驻村工作队员，政协委员，他们不仅是脱贫攻坚一线指战员，同时还撰写亲身经历脱贫攻坚工作的真实故事。据统计，全市共有1700余人参与《昭通市脱贫攻坚大决战实录》撰稿工作中，收到初稿2526篇。应该说，本丛书的编撰工作是我市脱贫攻坚工作的有机组成部分，同样也凝聚着全市干部群众的智慧和心血，是集体智慧的结晶。最后，特别要提的是昭通学院对本丛书编撰工作的支持和帮助。昭通学院党委大力支持《昭通市脱贫攻坚大决战实录》的编撰工作，在师资紧缺的情况下，委派出周玲、傅奠基、唐靖、陈玥、任继敏、王琼等六位教授参与编撰工作中，为编撰工作注入了智慧和力量。

在编撰《昭通市脱贫攻坚大决战实录》时，编撰专家精心筛选、整理、提炼，力求将那些散落于基层的珍珠捡拾起来，洗尽铅华，还原本真，形成真实的历史故事。这套书注重文史资料“亲历、亲见、亲闻”原则，以第一人称行文，部分新闻通讯、消息类稿件，在公开媒体上发表过，体现新闻的真实性，也作为资料收录，补充《昭通市脱贫攻坚大决战实录》内容。编者旨在通过真实、感人的故事让脱贫攻坚工作在时代的聚光灯下接受检阅，给过往和经历者以心灵的依稀穿越，获取一种灵魂的战栗和反思。同时，给不曾经历，甚至不曾听闻过的后人以另一种历史的演绎，告诉他们当年自己的祖先那段荡气回肠、可歌可泣的脱贫史。

虽说《昭通市脱贫攻坚大决战实录》丛书已呈现在读者面前，但由于编撰时间紧迫、人手不够、水平有限，不免存在内容欠全面、认知不到位、归类难把握等问题和瑕疵，恳请各位方家在阅读过程中批评指正，不吝赐教，我们定当虚心接受意见建议，进一步加以修改完善，以遗后人，真正达到“存史、资政、团结、育人”之目的。

编委会办公室